文化与传媒法治丛书
Culture & Communication Law

文化产业法律
解读与应用

主编：郑宁

中国国际广播出版社

图书在版编目（CIP）数据

文化产业法律解读与应用 / 郑宁主编. —北京：中国国际广播出版社，2021.6
ISBN 978-7-5078-4906-6

Ⅰ.①文… Ⅱ.①郑… Ⅲ.①文化产业－法律－研究－中国 Ⅳ.①D922.164

中国版本图书馆CIP数据核字（2021）第094303号

文化产业法律解读与应用

主　　编	郑　宁	
责任编辑	章　玲	
校　　对	张　娜	
版式设计	邢秀娟	
封面设计	黄　旭	

出版发行	中国国际广播出版社有限公司 ［010-89508207（传真）］	
社　　址	北京市丰台区榴乡路88号石榴中心2号楼1701	
	邮编：100079	
印　　刷	天津市新科印刷有限公司	

开　　本	710×1000　1/16
字　　数	470千字
印　　张	33.25
版　　次	2021 年 9 月 北京第一版
印　　次	2021 年 9 月 第一次印刷
定　　价	78.00 元

文化与传媒法治丛书编委会

主编

郑　宁（中国传媒大学文化产业管理学院法律系主任、文化法治研究中心主任）

编委会主任

李丹林（中国传媒大学文化产业管理学院文化法治研究中心顾问委员会主任）

编委会执行主任

何　勇（中国传媒大学文化产业管理学院文化法治研究中心学术委员会执行主任）

编委

刘文杰（中国传媒大学文化产业管理学院文化法治研究中心学术委员会主任）

张鸿霞（中国传媒大学文化产业管理学院法律系副教授、文化法治研究中心副主任）

周丽娜（中国传媒大学文化产业管理学院法律系副教授、文化法治研究中心研究员）

匡敦校（中国传媒大学文化产业管理学院法律系副教授、文化法治研究中心研究员）

王　晋（中国传媒大学文化产业管理学院法律系民商与知识产权法教研室主任、文化法治研究中心研究员）

程　科（中国传媒大学文化产业管理学院法律系副主任、文化法治研究中心副主任）

韩新华（中国传媒大学文化产业管理学院法律系文化法治教研室主任、文化法治研究中心研究员）

戚春华（中国传媒大学文化产业管理学院文化法治研究中心研究员）

章　玲（中国国际广播出版社传媒编辑部编辑、中国传媒大学传媒政策与法规硕士）

文化与传媒法治丛书总序

　　文化与传媒是关系密切但又不同的两个概念。文化是指社会的意识形态及与之相适应的制度和组织机构。每一种社会形态都有与其相适应的文化，每一种文化都随着社会物质生产的发展而发展。传媒又被称为媒体、媒介，传媒即信息的传播。随着传播技术的不断发展，传媒形态从报刊、广播、电视逐步进化到互联网等新媒体。

　　文化行业既包括文化事业，又包括文化产业。文化事业是公益性的，强调社会效益，具有较强的意识形态属性，而文化产业是面向市场的，强调社会效益和经济效益的统一，二者的管理体制不同。无论是文化事业还是文化产业，核心部分是传媒行业，如出版、广播电视、电影等。可以说，文化是传媒的上位概念，传媒是文化的核心内容，因此经常可见"文化传媒行业"或者"文化与传媒行业"这样的表述。

　　我国正在推进法治国家、法治政府和法治社会一体建设，文化与传媒法治是其中的应有之义。文化与传媒行业由于具有很强的意识形态属性，在相当长的一段时间里，法治化程度不高。随着技术的不断进步、观念的不断更新，文化与传媒行业法治化的呼声渐高，实现文化与传媒行业的科学立法、严格执法、公正司法、全民守法，需要立法部门、监管部门、司法部门、文化和传媒行业单位及从业人员、行业协会、公民等各方主体的共同努力，需要学界通过产出前瞻性、高水平的研究成果来持续推动。

　　中国传媒大学文化产业管理学院文化法治研究中心（简称"中心"）成立于2020年，前身是成立于2003年的中国传媒大学媒体法规政策研究中心。中心拥有一支高水平的教学科研团队，多年来致力于文化法、传媒法、知识产权法、网络法、娱乐法的研究，参与了许多重要的文化与传媒立法、司法政策的制定，承担了许多国家级、省部级课题，出版了大量论著，举办了一系列研讨会和讲座，为文化和传媒行业输送了众多人才。这套文化与传媒法治丛书是中心师生研究成果的集中反映，内容和形式丰富，包括专著、教材、论文集、工具书等，希望对文化与传媒行业的法治化及社会主义文化强国的建设起到积极的推动作用。感谢所有作者的智力劳动，感谢丛书编委会全体成员，感谢中国国际广播出版社对丛书出版的大力支持，特别是章玲编辑为此付出的辛勤努力。

功不唐捐，玉汝于成。行远自迩，笃行不怠。谨以此丛书献给那些为文化与传媒法治化建设而不懈奋斗的人们！

丛书主编：郑宁
2021 年 5 月 12 日

前　言

文化立法是为中国特色社会主义文化繁荣发展制定最权威、最稳定的法律制度和规范，是中国特色社会主义法律体系的重要组成部分。党的十八大以来，我国文化立法工作驶入快车道，取得了显著成绩。我国文化方面的法律已经有《中华人民共和国公共文化服务保障法》《中华人民共和国著作权法》《中华人民共和国文物保护法》《中华人民共和国非物质文化遗产法》《中华人民共和国电影产业促进法》《中华人民共和国公共图书馆法》《中华人民共和国档案法》《中华人民共和国网络安全法》等。其中，直接调整文化产业的立法主要有著作权法、电影产业促进法、网络安全法。这些立法明确了文化产业从业主体的权利、义务、责任，规定了监管部门的职权职责，维护了文化安全，规范了文化产业秩序，保障了从业主体的合法权益。

了解这些法律规范的内涵，并以之为从事文化产业活动的指引，是每一位文化产业从业者的必修课。徒法不足以自行，法律的具体应用和实施，能够生动形象地展示法律的运行现状。因此，本书定位于文化产业法律的解读与应用两个层面，解读从每一个法条入手，揭示其含义、制定背景，应用包括相关立法和典型案例两个部分。作为一本覆盖文化产业三部主要法律的工具书，本书具有系统性、实用性、可读性的特点，适合文化产业从业人员、文化市场监管和执法人员、文化产业管理与法学专业的教师、学生，以及对该领域有兴趣的各界人士。本书的内容前沿新颖，涉及2021年6月1日实施的新修订著作权法的解读，对网络安全法出台后的相关配套法规的解读，以及2018年机构改革后电影主管部门归属变化等内容。为准确表述，本书在阐述2018年3月国家市场监督管理总局成立前的机构时，仍采用工商行政管理部门的表述。本书也首次尝试数字发行，便于读者更方便地获取。

　　本书的编写团队是中国传媒大学文化产业管理学院法律系的师生及毕业生。中国传媒大学是国内首批开设文化产业管理专业的高校，也一直致力于文化法、传媒法、网络法、著作权法等领域的教学科研，参与了《中华人民共和国公共文化服务保障法》《中华人民共和国电影产业促进法》《中华人民共和国广播电视法（征求意见稿）》《中华人民共和国文化产业促进法（草案送审稿）》等重要立法的制定。我们期待本书把文化产业立法及实践以简明、易懂、实用的方式呈现给读者，成为广大文化产业从业人员的一本案头工具书，帮助他们更好地防范和化解法律风险，为文化法治建设贡献力量。

郑宁

2021年4月16日于北京

目　录

第三编　电影产业促进法

第一编
网络安全法

《中华人民共和国网络安全法》概述

　　《中华人民共和国网络安全法》由中华人民共和国第十二届全国人民代表大会常务委员会第二十四次会议于2016年11月7日通过，共有七章七十九条，分别是总则、网络安全支持与促进、网络运行安全、网络信息安全、监测预警与应急处置、法律责任、附则，自2017年6月1日起施行。网络安全法是我国第一部全面规范网络空间安全管理方面问题的基础性法律，是我国网络空间法治建设的重要里程碑。

　　网络和信息技术的迅猛发展，极大地改变和影响着人们的社会活动和生活方式，在促进技术创新、经济发展、文化繁荣、社会进步的同时，网络安全问题也日益凸显。党的十八大以来，以习近平同志为核心的党中央从总体国家安全观出发，就网络安全问题提出了一系列新思想、新观点、新论断，对加强国家网络安全工作作出重要部署。党的十八届四中全会决定要求完善网络安全保护方面的法律法规。广大人民群众十分关注网络安全，强烈要求依法加强网络空间治理，规范网络信息传播秩序，惩治网络违法犯罪，使网络空间清朗起来。全国人大代表也提出许多议案、建议，呼吁出台网络安全相关立法。为适应国家网络安全工作的新形势、新任务，落实党中央的要求，回应人民群众的期待，十二届全国人大常委会将制定网络安全方面的立法列入了立法规划、年度立法工作计划。2014年上半年，全国人大法工委组成工作专班，开展网络安全法研究起草工作，在起草阶段，主要经过了以下环节：一是开展调查研究，掌握各方面的立法需求；二是研究确定立法的总体思路，起草草案大纲；三是根据草案大纲，拟订主要制度的初步方案，并征求有关部门的意见；四是起草草案初稿，并征求有关部门、企业、专家的意见；五是根据各有关方面的意见对草案初稿进行修改，形成征求意见稿；六是进一步征求意见，形成草案。2015年6月，网络安全法草案由全国人大常委会委员长会议提请十二届全国人大常委会第十五次会议进行了初审；2016年6月，十二届全国人大常委会第二十一次会议对草案进行了二审；2016年10月底至11月初，十二届全国人大常委会第二十四次会议对草案进行了三审；2016年11月7日，十二届全国人大常委会第二十四次会议以154票赞成、0票反对、1票弃权的表决结果通过了这部法律。

网络安全法的指导思想是坚持以总体国家安全观为指导，全面落实党的十八大和十八届三中、四中全会决策部署，坚持积极利用、科学发展、依法管理、确保安全的方针，充分发挥立法的引领和推动作用，针对当前我国网络安全领域的突出问题，以制度建设提高国家网络安全保障能力，掌握网络空间治理和规则制定方面的主动权，切实维护国家网络空间主权、安全和发展利益。①

---

① 郎胜.关于《中华人民共和国网络安全法（草案）》的说明［EB/OL］.（2017-02-20）［2021-02-26］.http://www.npc.gov.cn/wxzl/gongbao/2017-02/20/content_2007537.htm.

第一章 总 则

第一条 立法目的

为了保障网络安全，维护网络空间主权和国家安全、社会公共利益，保护公民、法人和其他组织的合法权益，促进经济社会信息化健康发展，制定本法。

解读 📖

本条是关于立法目的的规定。

飞速发展的网络和信息技术在促进技术创新、经济发展、文化繁荣、社会进步的同时，也带来了突出的网络安全问题：一是网络入侵、网络攻击等非法活动严重威胁着电信、能源、交通、金融，以及国防军事、行政管理等重要领域的信息基础设施的安全；二是非法获取、泄露、倒卖公民个人信息，侮辱诽谤他人、侵犯知识产权等违法活动严重损害公民、法人和其他组织的合法权益；三是宣扬恐怖主义、极端主义，煽动颠覆国家政权、推翻社会主义制度，以及传播淫秽色情等违法信息，严重危害国家安全和社会公共利益。

党的十八大以来，党中央从总体国家安全观出发，对加强国家网络安全工作作出重要部署。党的十八届四中全会决定要求完善网络安全保护方面的法律法规。广大人民群众也十分关注网络安全，强烈要求依法加强网络空间治理，规范网络信息传播秩序，惩治网络违法犯罪。

网络安全法出台的目的包括以下四个方面。

一、保障网络安全

这是本法的主要目的。本法通过确立国家、有关主管部门、网络运营者、网络使用者的网络安全责任，确立了网络设备设施安全、网络运营安全、网络数据安全、网络信息安全等方面的法律制度，切实保障网络安全。

二、维护网络空间主权、国家安全和社会公共利益

（一）维护网络空间主权

网络空间主权是国家主权的重要组成部分，是我国维护国家利益，参与网络空间国际治理与合作坚持的基本原则。国家主席习近平在第二届世界互联网大会上代表中国政府提出了推进全球互联网治理体系的四项原则：尊重网络主权、维护和平安全、促进开放合作、构建良好秩序。《中华人民共和国国家安全法》（简称"国家安全法"）首次确立网络空间主权原则。网络空间主权是指一个国家在建设、运营、维护和使用网络，以及在网络安全的监督管理方面所拥有的自主决定权，可以独立自主地处理网络内外事务，享有在网络空间的管辖权、独立权、自卫权和平等权等权利。

（二）维护国家安全

国家安全是指国家政权、主权、统一和领土完整、人民福祉、经济社会可持续发展和国家其他重大利益相对处于没有危险和不受内外威胁的状态，以及保障持续安全状态的能力。网络安全是国家安全的重要部分，没有网络安全就没有国家安全。

（三）维护社会公共利益

社会公共利益是社会最广大群体的共同价值追求，网络安全关系公众的安全和权益保障，保障网络安全运营，保障信息真实准确，能够维护社会公众的共同福祉。

三、保护公民、法人和其他组织的合法权益

公民、法人和其他组织是网络活动的主体，扮演着参与、运营、管理、监督等不同角色，本法通过设定权利、义务和责任，为网络活动主体的行为划定界限，保障他们的人身权、财产权等合法权益。

四、促进经济社会信息化健康发展

网络安全和信息化是相辅相成的。安全是发展的前提，发展是安全的保障，安全和发展要同步推进。本法通过维护网络安全，防范和化解各种网络安全风险，为经济社会信息化的发展创造良好环境。

应用 ✍

相关立法

《中华人民共和国国家安全法》（2015 年）

第二十五条 国家建设网络与信息安全保障体系，提升网络与信息安全保护能力，加强网络和信息技术的创新研究和开发应用，实现网络和信息核心技术、关键基础设施和重要领域信息系统及数据的安全可控；加强网络管理，防范、制止和依法惩治网络攻击、网络入侵、网络窃密、散布违法有害信息等网络违法犯罪行为，维护国家网络空间主权、安全和发展利益。

第二条 调整范围

在中华人民共和国境内建设、运营、维护和使用网络，以及网络安全的监督管理，适用本法。

解读 📖

本条是关于本法调整范围的规定。

调整的地域范围是中华人民共和国境内，体现了网络空间主权原则。但是由于网络活动往往具有跨境的特点，本法还规定了特定的境外效力：第一，本法第五条规定，国家采取措施，监测、防御、处置来源于中华人民共和国境内外的网络安全风险和威胁；第二，本法第五十条规定，国家网信部门和有关部门对来源于中华人民共和国境外的上述信息，应当通知有关机构采取技术措施和其他必要措施阻断传播；第三，本法第七十五条规定，境外的机构、组织、个人从事攻击、侵入、干扰、破坏等危害中华人民共和国的关键信息基础设施的活动，造成严重后果的，依法追究法律责任。

调整的行为广泛，包括建设、运营、维护和使用网络及网络安全的监督管理。

本法不是调整上述行为的唯一法律，上述行为也要受到其他相关立法的规范。

应用 ☑

相关立法

《全国人民代表大会常务委员会关于加强网络信息保护的决定》（2012年）

《中华人民共和国治安管理处罚法》（2013年）

《中华人民共和国电子商务法》（2019年）

《中华人民共和国刑法》（2021年）

《中华人民共和国民法典》（2021年）

《互联网信息服务管理办法》（2011年）

《中华人民共和国计算机信息系统安全保护条例》（2011年）

《中华人民共和国计算机信息网络国际联网管理暂行规定》（1997年）

第三条 基本原则

国家坚持网络安全与信息化发展并重，遵循积极利用、科学发展、依法管理、确保安全的方针，推进网络基础设施建设和互联互通，鼓励网络技术创新和应用，支持培养网络安全人才，建立健全网络安全保障体系，提高网络安全保护能力。

解读 📖

本条是关于网络安全工作基本原则的规定。

一、关于网络安全和信息化工作的基本原则

2010年，国务院新闻办公室发布《中国互联网状况》白皮书，首次公开阐明积极利用、科学发展、依法管理、确保安全是中国政府的基本互联网政策。此后，该政策成为我国网络安全与信息化建设的工作方针，本法将之上升为法律。"积极利用"就是要主动适应网络发展要求，应对网络社会各种挑战，充分利用网络技术，开发利用信息资源，发挥网络对经济社会的积极作用；"科学发展"就是尊重网络发展规律，科学决策、合理布局，加强顶层设计和规范，促进网络技术和产业规范、健康有序的发展；"依法管理"就是加强网络法治建设，推进科学立法、严格执法、公正司法、全民守法；"确保安全"就是提高防范网络安全风险、抵御网络安全威胁的能力，切实保障网络安全。

二、关于统筹推进网络安全和信息化工作

从安全和发展并重的原则出发，确立了网络安全与信息化工作的基本内容：一是推进网络基础设施建设和互联互通，要加快网络基础设施建设，优化网络结构，提高网络性能，促进网络融合；二是鼓励网络技术创新和应用，实施创新驱动战略，加大对新技术研发和转化的支持力度；三是支持培养网络安全人才，人才的竞争是最终的竞争，因此要完善网络安全人才的培养、管理、激励机制；四是建立健全网络安全保障体系，完善网络风险防范、监督管理、应急处置保障体系，提高网络安全保护能力。

应用 ✎

相关立法

《中华人民共和国科学技术进步法》（2008 年）

《中华人民共和国电信条例》（2016 年）

第四条　国家网络安全战略

国家制定并不断完善网络安全战略，明确保障网络安全的基本要求和主要目标，提出重点领域的网络安全政策、工作任务和措施。

解读 📖

本条是关于国家网络安全战略的规定。

国家网络安全战略是国家从网络安全国内外形势出发，确定网络安全工作目标、任务及相应的方略和规划，具有全局性、综合性、长远性。世界主要国家纷纷出台网络安全战略。美国自 2003 年以来，先后制定了三个重要的网络空间战略：《确保网络空间安全的国家战略》（2003 年 2 月）、《网络空间国际战略》（2011 年 5 月）、《网络空间行动战略》（2011 年 7 月），分别从网络安全、外交和国防等领域提出网络空间的战略目标、任务及措施。①2013年欧盟出台《欧盟网络安全战略：公开、可靠和安全的网络空间》，2017年对其进行评估，并在同年9月出台《欧盟网络安全战略》修订版，在加强构建复原力和防御力的同时，增加了建立有效网络威慑力的要求，强调复原力、防御力与威慑力"三力一体"的网络安全体系。2020年12月，欧盟发布了新的网络安全战略，旨在加强欧盟对抗网络威胁的能力与增强集体防御的可靠性，以确保所有公民和企业能够充分从可信、可靠的服务和数字化工具中受益。②

2016年12月27日，经中央网络安全和信息化领导小组批准，国家互联网信息办公室发布了我国《国家网络空间安全战略》，重点分析了目前我国网络安全面临的"七种机遇"和"六大挑战"，指出网络空间安全的目标是以总体国家安全观为指导，贯彻落实创新、协调、绿色、开放、共享的发展理念，增强风险意识和危机意识，统筹国内、国际两个大局，统筹发展、安全两件大事，积极防御、有效应对，推进网络空间和平、安全、开放、合作、有序，维护国家主权、安全、发展利益，实现建设网络强国的战略目标。建立了共同维护网络空间和平安全的"四项原则"，即尊重网络主权、维护和平安全、促进开放合作、构建良好秩序。制定了推动网络空间和平利用与共同治理的"九大任务"，是我国网络空间安全的纲领性文件。

本条基于上述背景，对国家制定和完善网络安全战略作出了要求。首先，国家安全战略需要与时俱进，不断完善；其次，网络安全战略的内容包括保障网络安全的基本要求、主要目标、重点领域的网络安全政策、工作任务和措施等。

应用

相关立法

《国家网络空间安全战略》（2016年）

---

① 网络空间安全战略思考与启示［EB/OL］.（2015-06-01）［2021-02-26］. http://www. cac.gov.cn/2015-06/01/c_1115472703.htm.

② 国外网络安全立法对我国的启示［EB/OL］.（2015-07-13）［2021-02-26］. http:// www.cac.gov.cn/2015-07/13/c_1115902684.htm.

第五条　国家网络安全的主要任务

国家采取措施，监测、防御、处置来源于中华人民共和国境内外的网络安全风险和威胁，保护关键信息基础设施免受攻击、侵入、干扰和破坏，依法惩治网络违法犯罪活动，维护网络空间安全和秩序。

解读 📖

本条规定了国家网络安全的主要任务。

一、监测、防御、处置来源于中华人民共和国境内外的网络安全风险和威胁

我国面临诸多网络安全风险和威胁，如网络入侵、网络攻击、非法侵害个人信息、侵害他人人格权和知识产权、散布危害国家安全的信息、传播淫秽色情信息等。本条规定国家应当采取措施，监测、防御、处置这些网络安全风险和威胁。网络安全威胁监测、防御与处置应当坚持及时发现、科学认定、有效处置的原则。明确责任部门、责任人和联系人，加强相关技术手段建设，不断提高网络安全威胁监测、防御与处置的及时性、准确性和有效性。

二、保护关键信息基础设施免受攻击、侵入、干扰和破坏

关键信息基础设施是指为社会提供基础性、关键性服务的领域，如能源、交通、水利、金融等国民经济重要行业，供电、供水、教育、医疗卫生等关系民生的公共服务领域，一旦遭到攻击、侵入、干扰和破坏，损害巨大。以美国为例，2001年美国在《爱国者法案》中把"关键基础设施"界定为对美国极为重要的系统和资产，无论物理的或虚拟的，其遭到破坏或失去运转能力时，将对美国国家安全、经济安全、公共健康或安全中的一项或多项产生破坏性影响。2013年2月，美国发布13636号总统行政令《改进关键基础设施网络安全》和第21号总统政策指示《关键基础设施安全和弹性》，将关键基础设施重新确定为16类（不再沿用"重要资源"的概念）：化学制品、商业设施、通信、关键制造业、大坝、国防工业基地、应急服务、能源、金融服务、食品和农业、政府设施、公共健康和医疗、信息技术、核反应堆及核材料与废弃物、运输、水和废水处理系统。2021年，国务院公布了《关键信息基础设施安全保护条例》，详细阐明了关键信息基础设施的范围与认定规则、运营者应履行的职责以及对产品和服务的要求。

三、依法惩治网络违法犯罪活动

网络违法犯罪活动侵害国家利益、社会公共利益，以及公民的人身、财产等合法权益，破坏社会秩序、经济秩序，应当依法受到惩治。

四、维护网络空间安全和秩序

采取上述措施的最终目的是维护网络空间安全和秩序，控制网络安全风险，保障个人和组织的合法权益。

应用

相关立法

《网络产品和服务安全审查办法（试行）》（2017年）

《网络安全审查办法》（2020年）

《关键信息基础设施安全保护条例》（2021年）

第六条　网络安全的社会参与

国家倡导诚实守信、健康文明的网络行为，推动传播社会主义核心价值观，采取措施提高全社会的网络安全意识和水平，形成全社会共同参与促进网络安全的良好环境。

解读

本条是关于网络安全的社会参与的规定。

网络空间是全人类共同活动的空间，合作共治是互联网治理的基本趋势。我国积极倡导发挥政府、企业、社会组织、专家学者、公民等各方主体的作用，共同维护网络安全。各级政府应当完善政策，健全法制，加强执法，提高司法保护水平；企业应当切实履行法律义务和社会责任，保障网络运行安全和信息安全，保障网民权益；社会组织应当加强行业自律，推动行业建设；

专家学者应该发挥专业优势，在制定网络安全政策、发展网络安全技术方面发挥力量；广大公民应当遵守法律法规，自觉抵制违法和不良网络行为，积极监督举报网络违法犯罪行为。

本条规定了形成全社会共同参与促进网络安全的良好环境的三个主要路径。

一、倡导诚实守信、健康文明的网络行为

国家倡导文明办网、文明上网，坚决打击违法信息在网络空间的传播，形成安全、文明、健康、有序的网络环境。

二、推动传播社会主义核心价值观

党的十九大报告指出，培育和践行社会主义核心价值观"要以培养担当民族复兴大任的时代新人为着眼点，强化教育引导、实践养成、制度保障，发挥社会主义核心价值观对国民教育、精神文明创建、精神文化产品创作生产传播的引领作用，把社会主义核心价值观融入社会发展各方面，转化为人们的情感认同和行为习惯"。国家应当加强网络思想文化阵地建设，发展积极向上的网络文化，传播社会主义核心价值观。

三、采取措施提高全社会的网络安全意识和水平

国家应当积极通过各种媒体开展网络安全宣传，普及网络安全知识，加强对各行各业人员的网络安全培训，提高全社会的网络安全意识和水平。

应用

典型案例

A网站因发布违法图片信息被处罚案

简介：

2019年4月11日，A网站因"黑洞"照片版权问题引发公众质疑。当日下午，共青团中央官方微博发布两张A网站提供的中华人民共和国国旗和国徽图案的截屏，质问"国旗、国徽的版权也是贵公司的？"当晚，天津市互联网信息办公室连夜约谈该网站，责令该网站立即停止违法违规行为，全面彻底整改。4月12日，A网站发布致歉信，下线不合规图片，自愿关闭网站开展整改。当天，国

家版权局称将把图片版权保护纳入即将开展的"剑网2019"专项行动中，进一步规范图片市场版权秩序。4月18日，天津市互联网信息办公室因A网站在其发布的多张图片中刊发敏感有害信息标注，依据网络安全法第四十七条和第六十八条第一款之规定，对网站运营主体某公司作出30万元罚款的行政处罚。

简评：

本案是版权部门、网信部门、共青团中央、公众等各方主体共同参与维护网络安全的典型案例，体现了合作共治的力量。

第七条　网络安全的国际合作

国家积极开展网络空间治理、网络技术研发和标准制定、打击网络违法犯罪等方面的国际交流与合作，推动构建和平、安全、开放、合作的网络空间，建立多边、民主、透明的网络治理体系。

解读 📖

本条是关于网络安全国际合作的规定。

网络空间的安全与稳定成为攸关各国主权、安全和发展利益的全球关切。互联网领域发展不平衡、规则不健全、秩序不合理等问题日益凸显。国家和地区间的"数字鸿沟"不断拉大。关键信息基础设施存在较大风险隐患。全球互联网基础资源管理体系难以反映大多数国家意愿和利益。网络恐怖主义成为全球公害，网络犯罪呈蔓延之势。滥用信息通信技术干涉别国内政、从事大规模网络监控等活动时有发生。网络空间缺乏普遍有效规范各方行为的国际规则，自身发展受到制约。在此背景下，国际组织、国家之间纷纷通过各种形式进行网络安全的国际合作。联合国召开信息社会世界首脑峰会，建立了联合国互联网治理论坛；亚太经济合作组织、上海合作组织、北大西洋公约组织、欧盟等纷纷把网络安全作为重要议题；中国和美国、俄罗斯、日本、韩国、德国等国建立了网络对话与合作机制；国际电信联盟、互联网名称与数字地址分配机构等国际机构也成为各国进行网络安全合作的重要平台。

2017年3月1日，经中央网络安全和信息化领导小组批准，外交部和国家互联网信息办公室共同发布《网络空间国际合作战略》，确立了中国参与网络空间国际合作的战略目标：坚定维护中国网络主权、安全和发展利益，保障互联网信息安全有序流动，提升国际互联互通水平，维护网络空间和平安全稳定，推动网络空间国际法治，促进全球数字经济发展，深化网络文化交流互鉴，让互联网发展成果惠及全球，更好造福各国人民。战略还从九个方面提出了中国推动并参与网络空间国际合作的行动计划：倡导和促进网络空间和平与稳定、推动构建以规则为基础的网络空间秩序、不断拓展网络空间伙伴关系、积极推进全球互联网治理体系改革、深化打击网络恐怖主义和网络犯罪国际合作、倡导对隐私权等公民权益的保护、推动数字经济发展和数字红利普惠共享、加强全球信息基础设施建设和保护、促进网络文化交流互鉴。

本条规定了我国网络安全国际合作的重点包括网络空间治理、网络技术研发和标准制定，打击网络违法犯罪等方面。"网络空间治理"主要是指参与网络空间国际规则的制定，与其他国家开展网络安全对话与合作，促进互联网公平治理。"网络技术研发"是指加强与境外企业在资金、技术、人才、项目等方面的合作交流，提高网络技术创新水平。"网络技术标准制定"是指国家鼓励有关机构、企业参与国际标准化活动，增强话语权，推动我国标准成为国际标准。"打击网络违法犯罪"是指与其他国家或国际组织建立警务合作机制，健全打击网络犯罪司法协助机制，加强打击网络犯罪技术经验交流。

本条还规定了网络空间国际合作的目的是推动构建和平、安全、开放、合作的网络空间，建立多边、民主、透明的网络治理体系。

应用

相关立法

《网络空间国际合作战略》（2017年）

第八条　网络安全监督管理体制

国家网信部门负责统筹协调网络安全工作和相关监督管理工作。国务院电信主管部门、公安部门和其他有关机关依照本法和有关法律、行政法规的规定，在各自职责范围内负责网络安全保护和监督管理工作。

县级以上地方人民政府有关部门的网络安全保护和监督管理职责，按照国家有关规定确定。

解读 📖

本条是关于网络安全监督管理体制的规定。

一、国家网信部门的职责

2011年5月，国务院设立国家互联网信息办公室，其主要职责包括落实互联网信息传播方针政策和推动互联网信息传播法制建设，指导、协调、督促有关部门加强互联网信息内容管理，依法查处违法违规网站等。国家互联网信息办公室不另设新的机构，在国务院新闻办公室加挂国家互联网信息办公室牌子。2014年2月，中央网络安全和信息化领导小组成立，着眼国家安全和长远发展，统筹协调涉及经济、政治、文化、社会及军事等各个领域的网络安全和信息化重大问题，研究制定网络安全和信息化发展战略、宏观规划和重大政策，推动国家网络安全和信息化法治建设，不断增强安全保障能力。同时成立了领导小组办事机构，即中央网络安全和信息化领导小组办公室，由国家互联网信息办公室承担具体职责。2014年8月，国务院发布《国务院关于授权国家互联网信息办公室负责互联网信息内容管理工作的通知》，授权重新组建的国家互联网信息办公室负责全国互联网信息内容管理工作，并负责监督管理执法。因此，本条规定了国家网信部门的职责：网络安全工作的统筹协调职责和网络安全相关的监督管理职责。

二、国务院电信主管部门、公安部门和其他有关机关的职责

根据国务院确定的职责，工业和信息化部作为电信行业主管部门，主要承担互联网行业管理、信息通信领域网络与信息安全保障体系建设及网络安全防护、应急管理和处置等职责；公安部主要承担计算机信息系统安全保护、计算机病毒等防治管理、网络违法犯罪案件的查处等职责。本法涉及面广、涉及的部门多，如广播电视、新闻出版、文化和旅游、教育、市场监管、卫生等部门都负有一定的职责，具体由本法和其他法律、行政法规来规定。

三、地方政府有关部门的职责

地方的网信、电信、公安部门是承担网络安全保护和监督管理职责的主要部门，地方政府机构设置与中央不同，本法对地方政府有关部门的网络安全职责未作具体规定，按照国家有关规定确定并执行。

应用 ✎

相关立法

《互联网信息服务管理办法》（2011年）

《通信网络安全防护管理办法》（2010年）

《公共互联网网络安全突发事件应急预案》（2017年）

《公安机关互联网安全监督检查规定》（2018年）

《网络安全审查办法》（2020年）

第九条　网络运营者的义务

网络运营者开展经营和服务活动，必须遵守法律、行政法规，尊重社会公德，遵守商业道德，诚实信用，履行网络安全保护义务，接受政府和社会的监督，承担社会责任。

解读 📖

本条是关于网络运营者的义务的基本规定。

网络运营者开展经营和服务活动，应当履行下列六个方面的义务。

一、遵守法律、行政法规

法律是由全国人大或者全国人大常委会制定的法律规范，是除了宪法之外位阶最高的法律规范；行政法规是由国务院制定的，地位仅次于宪法和法律。法律和行政法规都是适用于全国范围内的法律规范，因此网络运营者开展经营和服务活动应当遵守法律、行政法规，履行法律、行政法规规定的义务，承担法律、行政法规规定的责任。

二、尊重社会公德，遵守商业道德

社会公德是全体公民在社会交往和公共生活中应遵循的行为准则；商业道德是在长期商业活动中形成的、被社会广泛承认和接受的、对商业活动具有影响力和约束力的准则和规范。网络运营者开展经营和服务活动，应当尊重社会公德，遵守商业道德，才能获得健康长远的发展。

三、诚实信用

诚实信用是民事活动的基本原则，民法典第七条也规定了诚信原则，要求民事主体从事民事活动应当秉持诚实，恪守承诺，善意行使权利和履行义务。

四、履行网络安全保护义务

网络运营者是网络安全的第一责任人，应当履行法律规定的维护网络安全的义务，建立健全网络安全相关制度，配备相应人员，采取监测、记录、及时处置、报告等措施。

五、接受政府和社会的监督

网络安全事关国家利益、公共利益及用户利益，网络运营者应当接受政府和社会公众的监督，对政府及有关部门依法实施的监督管理予以配合，对社会公众的投诉进行及时处理。

六、承担社会责任

网络运营者的影响力日益增强，对社会治理发挥着重要作用，因此，在履行法律、行政法规规定的法定义务的基础上，还应当自觉承担社会责任，如保护生态环境、参与社会公益事业等，实现自身和社会可持续发展。

应用

相关立法

《中华人民共和国民法典》（2021年）

第七条　民事主体从事民事活动，应当遵循诚信原则，秉持诚实，恪守承诺。

第十条　维护网络安全的总体要求

建设、运营网络或者通过网络提供服务，应当依照法律、行政法规的规定和国家标准的强制性要求，采取技术措施和其他必要措施，保障网络安全、稳定运行，有效应对网络安全事件，防范网络违法犯罪活动，维护网络数据的完整性、保密性和可用性。

解读 📖

本条是关于维护网络安全的总体要求的规定。

本条概括规定了建设、运营网络或者通过网络提供服务应当遵守的维护网络安全的总体要求，包括以下三个方面。

一、保障网络运行安全

网络运行安全是网络安全的重要基础。要保障网络运行安全，首先，应当遵守法律、行政法规的规定和国家标准的强制性要求；其次，应当采取必要的技术措施和管理措施；最后，要确保网络运行的持续、健康、稳定，以及对网络安全事件的有效应对。

二、防范网络违法犯罪活动

网络违法犯罪活动，既包括非法侵入他人网络、干扰他人网络正常功能、窃取网络数据等危害网络安全的违法犯罪活动，也包括利用网络从事危害国家安全、损害公共利益、侵害他人合法权益等各种违法犯罪活动。建设、运营网络或者通过网络提供服务，应当依照法律、行政法规的规定和国家标准的强制性要求，采取技术措施和其他必要措施，及时发现并处置网络违法犯罪活动，防止网络违法犯罪活动发生。对怠于履行防范网络违法犯罪活动的义务，或者放任网络违法犯罪活动发生、蔓延的，有可能会违反本法的规定，承担行政责任，严重的可能构成拒不履行信息网络安全管理义务罪，依法承担刑事责任。

三、维护网络数据安全

维护网络数据安全，即维护网络数据的完整性、保密性和可用性。完整性是指网络数据在传输、交换、存储和处理过程中，保持不被破坏或修改、未经授权不能改变的特性；保密性是指防止对网络数据未经授权的访问及泄露；可用性是指确保网络数据能够及时、可靠地获取和使用。

应用 ✔

相关立法

《中华人民共和国刑法》（2021 年）

第二百八十六条之一 【拒不履行信息网络安全管理义务罪】网络服务提供者不履行法律、行政法规规定的信息网络安全管理义务，经监管部门责令采取改正措施而拒不改正，有下列情形之一的，处三年以下有期徒刑、拘役或者管制，并处或者单处罚金：

（一）致使违法信息大量传播的；

（二）致使用户信息泄露，造成严重后果的；

（三）致使刑事案件证据灭失，情节严重的；

（四）有其他严重情节的。

单位犯前款罪的，对单位判处罚金，并对其直接负责的主管人员和其他直接责任人员，依照前款的规定处罚。

有前两款行为，同时构成其他犯罪的，依照处罚较重的规定定罪处罚。

第十一条　网络安全行业自律

网络相关行业组织按照章程，加强行业自律，制定网络安全行为规范，指导会员加强网络安全保护，提高网络安全保护水平，促进行业健康发展。

解读 📖

本条是关于网络安全行业自律的规定。

行业自律是行业主体为维护共同利益、维护公平竞争、促进行业健康发展而开展的行业自我管理、自我约束的行为，往往通过成立行业组织进行。本条对网络安全行业自律的主体、内容和目标都作了原则规定。

一、行业自律的主体

行业自律的主体是网络相关行业组织，本条规定的行业自律组织不限于以促进网络安全为目的的专门组织，还包括按照组织章程负有网络安全自律管理职能的其他网络相关行业组织。2001年，中国互联网协会成立，由国内从事互联网行业的网络运营商、服务提供商、设备制造商、系统集成商，以及科研、教育机构等70多家互联网从业者共同发起成立，是由中国互联网行业及与互联网相关的企事业单位自愿结成的行业性的、全国性的、非营利性的社会组织，业务主管单位是工业和信息化部。2016年，我国成立了中国网络空间安全协会，是中国首个网络安全领域的全国性社会团体，接受业务主管单位国家互联网信息办公室和社团登记管理机关民政部的业务指导和监督管理。行业组织依照章程规范本组织及其成员行为的基本纲领和准则，开展行业自律活动。

二、行业自律的主要内容

本条规定了行业自律的两项主要内容。一是制定网络安全行为规范。行业行为规范是行业组织开展行业自律的重要依据。网络相关行业组织应当依照法律、法规、相关标准及本行业的通行做法，制定适用于本行业的网络安全行为规范，规范本组织成员的行为，并且随着技术的发展，不断更新行为规范。二是指导会员加强网络安全保护。网络相关行业组织应当利用自身优势，通过业务培训、技术支持等方式，指导本组织成员采取有利于网络安全的技术措施和管理措施。

三、行业自律的目标

行业自律的目标是提高本组织成员及本行业的网络安全保护水平，从而促进本行业健康发展。

应用

相关立法

《中国互联网行业自律公约》（2002年）

《网络空间安全行业自律公约》（2016年）

第十二条　网络活动参与者的权利和义务

国家保护公民、法人和其他组织依法使用网络的权利，促进网络接入普及，提升网络服务水平，为社会提供安全、便利的网络服务，保障网络信息依法有序自由流动。

任何个人和组织使用网络应当遵守宪法法律，遵守公共秩序，尊重社会公德，不得危害网络安全，不得利用网络从事危害国家安全、荣誉和利益，煽动颠覆国家政权、推翻社会主义制度，煽动分裂国家、破坏国家统一，宣扬恐怖主义、极端主义，宣扬民族仇恨、民族歧视，传播暴力、淫秽色情信息，编造、传播虚假信息扰乱经济秩序和社会秩序，以及侵害他人名誉、隐私、知识产权和其他合法权益等活动。

解读 📖

本条是关于国家保护网络活动参与者的权利以及网络活动参与者应履行的义务的规定。

一、国家保护网络活动参与者的权利

数字时代，网络对于缩小不同地区、不同人群的数字鸿沟，促进社会公平具有积极意义，本法第一款规定了国家的义务包括三个方面：一是促进网络接入普及，即通过推进信息基础设施建设，在城乡普及网络设施；二是提升网络服务水平，提高网速和网络服务质量，为社会提供安全、便利的网络服务；三是保障网络信息依法有序自由流动，依法加强网络信息监管，保护网络活动参与者合法利用网络开展活动的权利，惩治危害网络信息自由流动的违法行为，维护网络传播秩序。

二、网络活动参与者应履行的义务

网络空间不是法外之地，本法保护网络活动参与者合法权利的同时，也规定了他们应当履行的义务：一是积极义务，即遵守宪法法律，遵守公共秩序，尊重社会公德，这些义务也是宪法第五十三条规定的公民基本义务；二是消极义务，即不得危害网络安全，不得利用网络从事危害国家安全、荣誉和利益，煽动颠覆国家政权、推翻社会主义制度，煽动分裂国家、破坏国家统一，宣扬恐怖主义、极端主义，宣扬民族仇恨、民族歧视，传播暴力、淫秽色情信息，编造、传播虚假信息扰乱经济秩序和社会秩序，以及侵害他人名誉、隐私、知识产权和其他合法权益等活动。通过列举常见的网络违法行为，既有危害国家安全、公共秩序的，也有侵害他人合法权益的，划定了网络活动参与者的行为边界。

三、违反本条的法律责任

根据本法第七十条的规定，发布或者传输本法第十二条第二款和其他法律、行政法规禁止发布或者传输的信息的，依照有关法律、行政法规的规定处罚。这里的有关法律和行政法规包括《中华人民共和国治安管理处罚法》《中华人民共和国刑法》《互联网信息服务管理办法》等。

应用 ✒

相关立法

《互联网信息服务管理办法》（2011年）

第十五条　互联网信息服务提供者不得制作、复制、发布、传播含有下列内容的信息：

（一）反对宪法所确定的基本原则的；

（二）危害国家安全，泄露国家秘密，颠覆国家政权，破坏国家统一的；

（三）损害国家荣誉和利益的；

（四）煽动民族仇恨、民族歧视，破坏民族团结的；

（五）破坏国家宗教政策，宣扬邪教和封建迷信的；

（六）散布谣言，扰乱社会秩序，破坏社会稳定的；

（七）散布淫秽、色情、赌博、暴力、凶杀、恐怖或者教唆犯罪的；

（八）侮辱或者诽谤他人，侵害他人合法权益的；

（九）含有法律、行政法规禁止的其他内容的。

《中华人民共和国宪法》（2018年）

第五十三条　中华人民共和国公民必须遵守宪法和法律，保守国家秘密，爱护公共财产，遵守劳动纪律，遵守公共秩序，尊重社会公德。

典型案例

网络主播传播淫秽色情信息被处罚案

简介：

2020年，海南州"扫黄打非"办公室会同贵南县网安大队查处一起网络主播利用某直播平台传播淫秽色情信息案。经查，该主播为吸引关注，多次利用某直播平台，通过"真心话大冒险"等游戏方式，在线发表大量低俗淫秽言论，观看粉丝达4.5万人，严重扰乱了正常的网络秩序。根据治安管理处罚法第六十八条之规定，依法对违法嫌疑人处以行政拘留13日处罚决定。①

简评：

本案涉及传播淫秽色情信息，社会危害性较大，是网络安全法第十二条所禁止的行为，治安管理处罚法第六十八条规定了法律责任，处十日以上十五日以下拘留，可以并处三千元以下罚款；情节较轻的，处五日以下拘留或者五百元以下罚款。

第十三条　未成年人网络保护

国家支持研究开发有利于未成年人健康成长的网络产品和服务，依法惩治利用网络从事危害未成年人身心健康的活动，为未成年人提供安全、健康的网络环境。

解读 📖

本条是关于未成年人网络保护的规定。

一、未成年人网络保护的问题

随着互联网的普及，尤其是智能手机、移动互联网的快速发展，未成年

---

① 青海：海南州查办一起利用直播平台传播淫秽信息案［EB/OL］.（2020-08-27）［2021-02-28］.http://www.shdf.gov.cn/shdf/contents/2865/420637.html.

人"触网"变得越来越普遍。虚拟的网络世界在给青少年带来数字机遇的同时，由于未成年人心智尚不健全，网络对未成年人的身心健康造成的危害也成为突出的社会问题。暴力、淫秽色情、赌博、教唆犯罪等网络违法信息散布、个人信息泄露、网络沉迷、网络欺凌等现象时有发生。对未成年人网络保护专门立法是国际通行做法。1959年，《儿童权利宣言》把儿童权利保护的"最大利益原则"确认为保护儿童权利的一项国际性指导原则。

二、我国立法对于未成年人网络保护的规定

我国高度重视对未成年人的网络保护。2012年修订的未成年人保护法就对未成年人的网络保护作了规定。比如，父母或者其他监护人应当关注未成年人的生理、心理状况和行为习惯，预防和制止未成年人沉迷于网络；国家采取措施，预防未成年人沉迷于网络；国家鼓励研究开发有利于未成年人健康成长的网络产品，推广用于阻止未成年人沉迷于网络的新技术；禁止任何组织、个人制作或者向未成年人出售、出租或者以其他方式传播淫秽、暴力、凶杀、恐怖、赌博等毒害未成年人的电子出版物以及网络信息等；中小学校园周边不得设置互联网上网服务营业场所等不适宜未成年人活动的场所；互联网上网服务营业场所等不适宜未成年人活动的场所，不得允许未成年人进入，经营者应当在显著位置设置未成年人禁入标志；任何组织或者个人不得披露未成年人的个人隐私等，鼓励新闻、出版、信息产业、广播、电影、电视、文艺等单位和作家、艺术家、科学家以及其他公民，创作或者提供有利于未成年人健康成长的作品。出版、制作和传播专门以未成年人为对象的内容健康的图书、报刊、音像制品、电子出版物以及网络信息等，国家给予扶持。对未成年人犯罪案件，新闻报道、影视节目、公开出版物、网络等不得披露该未成年人的姓名、住所、照片、图像以及可能推断出该未成年人的资料。2012年的预防未成年人犯罪法也规定，任何单位和个人不得向未成年人出售、出租含有诱发未成年人违法犯罪以及渲染暴力、色情、赌博、恐怖活动等危害未成年人身心健康内容的读物、音像制品或者电子出版物。任何单位和个人不得利用通讯、计算机网络等方式提供前款规定的危害未成年人身心健康的内容及其信息。

2019年，国家网信办通过了《儿童个人信息网络保护规定》，这是国内第一部专门针对儿童网络信息保护的部门规章。2020年，未成年人保护法再次修订，其中新增"网络保护"专章，对网络保护的理念、网络环境管理、相关企业责任、网络信息管理、个人网络信息保护、网络沉迷防治、网络欺凌等作出全面规范。新法要求网络产品和服务提供者不得向未成年人提供诱导其沉迷的产品和服务。网络游戏、网络直播、网络音视频、网络社交等网络服务提供者应当针对未成年人使用其服务设置相应的时间管理、权限管理、消费管理等功能。以未成年人为服务对象的在线教育网络产品和服务，不得插入网络游戏链接，不得推送广告等与教学无关的信息。网络游戏服务提供者应当要求未成年人以真实身份信息注册并登录网络游戏，应当按照国家有关规定和标准，对游戏产品进行分类，作出适龄提示，并采取技术措施，不得让未成年人接触不适宜的游戏或者游戏功能，也不得在每日二十二时至次日八时向未成年人提供网络游戏服务。在未成年人个人信息保护方面，法律规定信息处理者通过网络处理不满十四周岁未成年人个人信息的，应当征得未成年人的父母或者其他监护人同意，但法律、行政法规另有规定的除外。在应对网络欺凌方面，法律规定遭受网络欺凌的未成年人及其父母或者其他监护人有权通知网络服务提供者采取删除、屏蔽、断开链接等措施。网络服务提供者接到通知后，应当及时采取必要的措施制止网络欺凌行为，防止信息扩散。

2020年修订的预防未成年人犯罪法也把"沉迷网络""阅览、观看或者收听宣扬淫秽、色情、暴力、恐怖、极端等内容的读物、音像制品或者网络信息等"列为不良行为，需要全社会共同干预。

三、本条解读

为了给未成年人提供安全、健康的网络环境，维护未成年人的合法权益，促进未成年人的健康成长。本条对未成年人网络保护问题作了原则规定。第一，鼓励研究开发有利于未成年人健康成长的网络产品和服务，鼓励个人和组织研发并向社会提供符合未成年人身心发展特点的优秀网络产品和服务，使未成年人自觉远离影响身心健康的产品和服务。第二，依法惩治利用网络从事危害未成年人身心健康的活动，就是要对利用网络提供含有诱发未成年人违法犯罪、危害未成年人身心健康内容的信息，以及利用网络从事其他危害未成年人身心健康活动的行为，依照治安管理处罚法、刑法等法律规定，追究法律责任。

应用 ✔

相关立法

《中华人民共和国治安管理处罚法》（2013年）

《中华人民共和国未成年人保护法》（2021年）

《中华人民共和国预防未成年人犯罪法》（2021年）

《中华人民共和国刑法》（2021年）

《儿童个人信息网络保护规定》（2019年）

典型案例

蒋某网络猥亵儿童案

简介：

2015年5月—2016年11月，被告人蒋某虚构身份，谎称自己代表某工作室招聘童星，在某聊天软件上结识女童。以检查身材比例和发育情况等为由，要求被害人在线拍摄和发送裸照，并谎称需要面试，诱骗被害人通过视频裸聊并做出淫秽动作。对部分女童还以公开裸照相威胁，逼迫对方与自己继续裸聊。经查，蒋某视频裸聊猥亵儿童达到31人。

法院经审理认为，被告人蒋某为满足自身变态欲求，以视频裸聊方式猥亵儿童，其行为已构成猥亵儿童罪。而且，其诱骗被害人达30余名，遍布全国各地，多数被害人未满12周岁，最小的不到10周岁，有些被害人被猥亵2次以上，依法应当认定为"有其他恶劣情节"。据此，以犯猥亵儿童罪依法从重判处被告人蒋某有期徒刑十一年。

简评：

本案是一起典型的利用互联网猥亵未成年人的案件。被告人以选拔童星、网友聊天、冒充老师等方式诱骗或强迫被害人进行视频裸聊或拍摄裸照，虽然没有与被害人进行身体接触，与传统意义上的猥亵行为有所不同，但其目的是满足自身性欲，客观上侵犯了被害人的人身权利，同样构成猥亵儿童罪。本案对被告人蒋某依法从重判刑，彰显了人民法院本着"儿童利益最大化"的原则，依法严厉惩治侵害未成年人犯罪行为的坚定决心。

第十四条　危害网络安全行为的举报及处理

任何个人和组织有权对危害网络安全的行为向网信、电信、公安等部门举报。收到举报的部门应当及时依法作出处理；不属于本部门职责的，应当及时移送有权处理的部门。

有关部门应当对举报人的相关信息予以保密，保护举报人的合法权益。

解读 📖

本条是关于危害网络安全行为的举报及处理的规定。

一、举报危害网络安全的行为是个人、组织的权利

举报是指个人、组织以口头或书面形式向有关部门检举、揭发其所发现或了解到的有关违法行为并要求其处理的制度，这是个人、组织的一项权利。举报有利于发现违法行为，对于维护网络安全具有积极意义。

二、有关部门应当及时处理举报

本条列举了接受危害网络安全行为举报的主要部门，包括网信、电信、公安部门等。对个人、组织的举报，收到举报的部门应当受理，并根据举报内容、性质等及时作出处理，对不属于本部门职责的，收到举报的部门应当及时移送有权处理的部门，接收移送的部门也应当在规定的时限内依法及时处理，不能相互推诿。

三、举报处理部门的保密义务

为鼓励社会监督，保护举报人的合法权益，接收、处理举报的部门应当对举报人的相关信息，主要是举报人的身份信息和举报的内容等予以严格保密，不得泄露。

应用 ✔

相关立法

《违法和不良信息举报中心举报指南》（2019年）

第二章　网络安全支持与促进

第十五条　网络安全标准

国家建立和完善网络安全标准体系。国务院标准化行政主管部门和国务院其他有关部门根据各自的职责，组织制定并适时修订有关网络安全管理以及网络产品、服务和运行安全的国家标准、行业标准。

国家支持企业、研究机构、高等学校、网络相关行业组织参与网络安全国家标准、行业标准的制定。

解读 📖

本条是关于网络安全标准的制定、修订与社会参与的规定。

一、网络安全标准的制定

网络安全标准是国家网络安全保障体系的重要组成部分。根据《中华人民共和国标准化法》，对需要在全国范围统一的技术要求，应当制定国家标准，由国家标准化行政主管部门制定。对没有国家标准又需要在全国某个行业范围内统一的技术要求，可以制定行业标准，由国务院有关行政主管部门制定。因此，本法规定国务院标准化行政主管部门和国务院其他有关部门根据各自的职责，组织制定有关网络安全管理以及网络产品、服务和运行安全的国家标准、行业标准。

二、网络安全标准的修订

随着技术的飞速发展和经济社会的快速变化，已经制定出来的标准也要与时俱进进行修订，本法规定，应适时修订有关网络安全的国家标准、行业标准。

三、网络安全标准的社会参与

社会参与是网络安全标准民主化和科学化的保障。《中华人民共和国标准化法》第十五条规定，制定强制性标准、推荐性标准，应当在立项时对有关行政主管部门、企业、社会团体、消费者和教育、科研机构等方面的实际需求进行调查。本法支持企业、研究机构、高等学校、网络相关行业组织参与网络安全国家标准、行业标准的制定。

应用

相关立法

《中华人民共和国标准化法》（2018年）

第十六条　支持网络安全技术与产业发展

国务院和省、自治区、直辖市人民政府应当统筹规划，加大投入，扶持重点网络安全技术产业和项目，支持网络安全技术的研究开发和应用，推广安全可信的网络产品和服务，保护网络技术知识产权，支持企业、研究机构和高等学校等参与国家网络安全技术创新项目。

解读

本条是关于支持网络安全技术与产业发展的规定。

网络安全技术对于网络安全保护具有十分重要的作用。世界各国加大对网络安全技术的研发。2002年美国的《网络安全研发法》、2013年《欧盟网络安全战略：公开、可靠和安全的网络空间》和日本的《网络安全战略》都制定了支持网络安全技术研发和产业发展的政策。

党的十八大提出实施创新驱动发展战略，强调科技创新是提高社会生产力和综合国力的战略支撑，必须摆在国家发展全局的核心位置。在网络安全领域，大力支持技术研发和高科技产品推广。2016年，《国家网络空间安全战略》也多次提到加强网络安全技术投入、创新和应用。

本条从以下三个方面规定了支持网络安全技术和产业发展的措施：第一，统筹规划，加大投入，扶持重点网络安全技术产业和项目，支持网络安全技术的研究开发和应用，推广安全可信的网络产品和服务；第二，保护网络技术知识产权，加大对网络技术的著作权、专利、商标、商业秘密等知识产权保护力度，坚决打击侵犯知识产权的违法行为；第三，支持企业、研究机构和高等学校等参与国家网络安全技术创新项目。

应用

相关立法

《国家网络空间安全战略》（2016年）

第十七条　网络安全社会化服务体系建设

国家推进网络安全社会化服务体系建设，鼓励有关企业、机构开展网络安全认证、检测和风险评估等安全服务。

解读

本条是关于网络安全社会化服务体系建设的规定。

网络安全社会化服务体系是指社会各部门合作围绕网络安全形成的服务体系。随着我国网络安全专业服务的发展，相关专业服务机构开展的网络安全认证、检测和风险评估等安全服务在提升网络产品的质量和安全性方面发挥了日益重要的作用。

本法第二十三条规定，网络关键设备和网络安全专用产品应当按照相关国家标准的强制性要求，由具备资格的机构安全认证合格或者安全检测符合要求后，方可销售或者提供。国家网信部门会同国务院有关部门制定、公布网络关键设备和网络安全专用产品目录，并推动安全认证和安全检测结果互认，避免重复认证、检测。本法第三十八条规定，关键信息基础设施的运营者应当自行或者委托网络安全服务机构对其网络的安全性和可能存在的风险每年至少进行一次检测评估，并将检测评估情况和改进措施报送相关负责关键信息基础设施安全保护工作的部门。

本条鼓励有关企业、机构开展网络安全认证、检测和风险评估等安全服务，从而推进网络安全社会化服务体系建设。

应用 ✔

相关立法

《网络安全等级保护测评机构管理办法》（2018年）

第十八条　促进数据资源开放利用

国家鼓励开发网络数据安全保护和利用技术，促进公共数据资源开放，推动技术创新和经济社会发展。

国家支持创新网络安全管理方式，运用网络新技术，提升网络安全保护水平。

解读 📖

本条是关于促进数据资源开放利用和支持创新网络安全管理方式的规定。

一、鼓励数据资源开放利用

大数据是以容量大、类型多、存取速度快、应用价值高为主要特征的数据集合，信息技术与经济社会的交汇融合引发了数据迅猛增长，数据已成为国家基础性战略资源，大数据正日益对全球生产、流通、分配、消费活动，以及经济运行机制、社会生活方式和国家治理能力产生重要影响。2015年，国务院印发《促进大数据发展行动纲要》，对大数据的发展形势和重要意义、指导思想和总体目标、主要任务、政策机制作出了规定。主要任务是加快政府数据开放共享，推动资源整合，提升治理能力；推动产业创新发展，培育新兴业态，助力经济转型；强化安全保障，提高管理水平，促进健康发展。政策机制是完善组织实施机制，加快法规制度建设，健全市场发展机制，建立标准规范体系，加大财政金融支持，加强专业人才培养，促进国际交流合作。"十三五"规划纲要提出，实施国家大数据战略，把大数据作为基础性战略资源，全面实施促进大数据发展行动，加快推动数据资源共享开放和开发应用，助力产业转型升级和社会治理创新。"十四五"规划提出，推动互联网、大数据、人工智能等同各产业深度融合，提升大数据等现代技术手段辅助治理能力。

公共数据资源开放是透明政府的必然要求，也是促进大数据发展的内在需要。《促进大数据发展行动纲要》指出，大力推动政府部门数据共享，实现信息系统跨部门、跨区域共享。在依法加强安全保障和隐私保护的前提下，稳步推动公共数据资源开放。推动建立政府部门和事业单位等公共机构数据资源清单，按照"增量先行"的方式，加强对政府部门数据的国家统筹管理，加快建设国家政府数据统一开放平台。制定公共机构数据开放计划，落实数据开放和维护责任，推进公共机构数据资源统一汇聚和集中向社会开放，提升政府数据开放共享标准化程度。

"十三五"规划纲要指出，全面推进重点领域大数据高效采集、有效整合，深化政府数据和社会数据关联分析、融合利用，提高宏观调控、市场监管、社会治理和公共服务精准性和有效性。依托政府数据统一共享交换平台，加快推进跨部门数据资源共享共用。加快建设国家政府数据统一开放平台，推动政府信息系统和公共数据互联开放共享。制定政府数据共享开放目录，依法推进数据资源向社会开放。统筹布局建设国家大数据平台、数据中心等基础设施。研究制定数据开放、保护等法律法规，制定政府信息资源管理办法。

2016年，国务院印发《政务信息资源共享管理暂行办法》指出，要加快推动政务信息系统互联和公共数据共享，充分发挥政务信息资源共享在深化改革、转变职能、创新管理中的重要作用，增强政府公信力，提高行政效率，提升服务水平。政务信息资源包括政务部门依法采集、依法授权管理和在履行职责过程中产生的信息资源。按照资源共享属性，政务信息资源分为无条件共享、有条件共享、不予共享等三种类型。

本条从法律层面要求鼓励开发网络数据安全保护和利用技术，促进公共数据资源开放，从而推动技术创新和经济社会发展。

二、支持创新网络安全管理方式

维护网络安全，管理是关键，技术是保障。如何运用新技术，创新和加强网络安全管理，是各级政府和单位都需要不断思考和实践的问题。

本条对国家支持创新网络安全管理方式，运用网络新技术，提升网络安全保护水平作了原则性规定，从而为相关具体措施的出台提供法律依据。

应用 ✔

相关立法

《促进大数据发展行动纲要》（2015年）

《政务信息资源共享管理暂行办法》（2016年）

第十九条　网络安全宣传教育

各级人民政府及其有关部门应当组织开展经常性的网络安全宣传教育，并指导、督促有关单位做好网络安全宣传教育工作。

大众传播媒介应当有针对性地面向社会进行网络安全宣传教育。

解读 📖

本条是关于网络安全宣传教育的规定。

维护网络安全，人人有责。面向社会公众开展网络安全宣传教育，提升公众的网络安全意识和水平，是国家网络安全保障体系的重要一环。各国都重视网络安全教育。美国国家网络安全意识月由美国国土安全部和国家网络安全联盟、跨州信息共享与分析中心在每年10月共同举办，旨在引导公众和企业关注网络安全，提升安全意识，向公众和企业提供安全上网所需的工具和资源，并借此增强国家在遭遇网络事件时的恢复能力。欧洲网络安全月（ECSM）于每年10月举办，旨在通过开展形式多样的网络安全宣传教育活动，引发社会各界对信息安全的普遍关注，增强欧盟公民的网络安全意识和个人防护能力，改变人们在面对网络威胁时的消极态度。日本网络安全月于每年2月1日至3月18日举办，以了解如何构建安全的网络环境，遵守网络安全法规并防止自身受到网络安全危险，持续跟踪研判不断变化的新型网络安全危险并做出对策为目的。①

我国自2014年开始设立了"中国国家网络安全宣传周"，每年主题不同。2020年，国家网络安全宣传周以"网络安全为人民，网络安全靠人民"为主题，开展网络安全高峰论坛、数字化展会、主题晚会、全民知识竞赛等活动。

本条从以下两个方面对网络安全宣传教育进行了规定。

第一，各级政府及有关部门的职责。即各级人民政府应当组织开展经常性的网络安全宣传教育，制订宣传教育规划计划，并做好落实工作。网信、公安、电信、教育等部门应当在本部门职责范围内指导、督促有关单位做好网络安全宣传教育工作。

第二，大众传播媒介的职责。广播电台、电视台、报纸、杂志、网站等大众传播媒介应当面向社会开展多种形式的网络安全宣传教育，传播网络安全知识，普及网络安全法律法规，倡导网络安全良好行为，增强网络安全意识，提升网络安全防护水平。

应用

典型案例

《第五空间》网络安全专题片

简介：

《第五空间》是网络安全大型专题片，在中央网信办网络安全协调局、上海市网信办的联合指导下，由上海广播电视台融媒体中心制作。这是国内第一部聚焦网络安全的电视新闻专题片，该专题片分为三集，分别是《透明的时代》《隐秘的威胁》《真实的较量》，对应个人、社会、国家三个维度，呈现一份震撼的网络安全调查报告。2017年9月15日开播。

---

① 国外网络安全宣传教育录［EB/OL］.（2018-02-02）［2021-02-28］.http://www.cac.gov.cn/2018-02/02/c_1122359270.htm.

简评：

该专题片是大众媒体面向公众宣传网络安全知识的有益实践，对于丰富网络安全教育方式具有积极意义。

第二十条　网络安全人才培养

国家支持企业和高等学校、职业学校等教育培训机构开展网络安全相关教育与培训，采取多种方式培养网络安全人才，促进网络安全人才交流。

解读 📖

本条是关于网络安全人才培养的规定。

网络空间竞争实际上是高层次人才的竞争，世界各国都高度重视网络安全人才培养。美国《网络安全研发法》、日本《网络安全战略》都规定了网络安全人才培养的目标和路径。目前，我国高层次人才稀缺。统计数据显示，截至2019年9月，我国网络安全人才数量缺口达70万，预计未来将突破100万。[①]

我国高度重视网络安全人才培养。2015年，教育部把"网络空间安全"设为一级学科。2016年2月，网络安全专项基金成立，主要用于奖励网络安全优秀人才、优秀教师、优秀标准、优秀教材，支持网络安全人才培养基地等工作。同年6月，中央网信办、国家发改委、教育部、科技部、工信部、人社部联合发文《关于加强网络安全学科建设和人才培养的意见》，提出了加强网络安全学院学科建设和人才培养的8条意见。

为了进一步加大网络安全人才培养力度，本条规定了以下两项措施。

一、支持企业开展网络安全教育与培训

企业应当建立网络安全工作人员培训制度，提升网络安全从业人员安全意识和专业技能，制定网络安全岗位分类规范及能力标准。同时，支持企业与高校、职业学校合作培养网络安全人才。

[①] 我国网络空间安全人才缺口大［EB/OL］.（2019-09-18）［2021-02-28］. http://www.xinhuanet.com/politics/2019-09/18/c_1125011126.htm.

二、支持高等学校、职业学校等教育培训机构开展网络安全人才培养

（一）加强学科专业建设

高校应当在已设立网络空间安全一级学科的基础上，加强学科专业建设。发挥学科引领和带动作用，加大经费投入，开展高水平科学研究，加强实验室等建设，完善本专科、研究生教育和在职培训网络安全人才培养体系。有条件的高等院校可建立网络安全学院。合理确定相关专业人才培养规模，建设跨理学、工学、法学、管理学等门类的网络安全人才综合培养平台，探索网络安全人才培养模式。

（二）聘请优秀教师

聘请经验丰富的网络安全技术和管理专家、民间特殊人才担任兼职教师，鼓励高等院校有计划地组织网络安全专业教师赴网信企业、科研机构和国家机关合作科研或挂职。

（三）编写优秀教材

网络安全教材要体现党和国家意志，体现网络强国战略思想，体现中国特色治网主张，适应我国网络空间发展需要。根据信息技术，特别是网络安全技术的发展，建立完善网络安全教材体系，适应网络教学、远程教学的发展。

应用

相关立法

《关于加强网络安全学科建设和人才培养的意见》（2016年）

第三章　网络运行安全

第一节　一般规定

第二十一条　网络安全等级保护制度

国家实行网络安全等级保护制度。网络运营者应当按照网络安全等级保护制度的要求，履行下列安全保护义务，保障网络免受干扰、破坏或者未经授权的访问，防止网络数据泄露或者被窃取、篡改：

（一）制定内部安全管理制度和操作规程，确定网络安全负责人，落实网络安全保护责任；

（二）采取防范计算机病毒和网络攻击、网络侵入等危害网络安全行为的技术措施；

（三）采取监测、记录网络运行状态、网络安全事件的技术措施，并按照规定留存相关的网络日志不少于六个月；

（四）采取数据分类、重要数据备份和加密等措施；

（五）法律、行政法规规定的其他义务。

解读 📖

本条是关于网络安全等级保护制度的规定。

网络安全等级保护制度是我国现行的网络安全领域的一项重要制度。等级保护是我国关于信息安全的基本政策，保护对象为国家重要信息、法人和其他组织及公民的专有信息及公开信息和存储、传输、处理上述信息的信息系统。通过对信息系统中使用的信息安全产品实行分等级管理，对信息系统中发生的信息安全事件分等级响应、处置，达到安全保护的目的。网络安全中的等级保护是指对网络（含信息系统、数据）实施分等级保护、分等级监管，对网络中使用的网络安全产品实行按等级管理，对网络中发生的安全事件分等级响应、处置。《信息安全等级保护管理办法》将信息网络、信息系统、网络上的数据和信息，按照重要性和遭受损坏后的危害性分为以下五个安全保护等级，从第一级到第五级，逐级增高：

第一级，信息系统受到破坏后，会对公民、法人和其他组织的合法权益造成损害，但不损害国家安全、社会秩序和公共利益。

第二级，信息系统受到破坏后，会对公民、法人和其他组织的合法权益产生严重损害，或者对社会秩序和公共利益造成损害，但不损害国家安全。

第三级，信息系统受到破坏后，会对社会秩序和公共利益造成严重损害，或者对国家安全造成损害。

第四级，信息系统受到破坏后，会对社会秩序和公共利益造成特别严重损害，或者对国家安全造成严重损害。

第五级，信息系统受到破坏后，会对国家安全造成特别严重损害。

等级确定后，第二级（含第二级）以上网络到公安机关备案，公安机关对备案材料和定级准确性进行审核，审核合格后颁发备案证明；备案单位根据网络的安全等级，按照国家标准开展安全建设整改，建设安全设施、落实安全措施、落实安全责任、建立和落实安全管理制度；选择符合国家要求的测评机构开展等级测评；公安机关对第二级网络进行指导，对第三级、第四级网络定期开展监督、检查。

网络安全等级保护制度的具体内容可以分为技术类安全要求和管理类安全要求两大类。技术类安全要求主要从物理安全、网络安全、主机安全、应用安全和数据安全几个层面提出，通过在信息系统中部署软硬件并正确配置其安全功能来实现；管理类安全要求主要从安全管理制度、安全管理机构、人员安全管理、系统建设管理和系统运维管理几个方面提出，通过控制各种角色的活动，从政策、制度、规范、流程及记录等方面作出规定来实现。

本条根据网络安全等级保护制度，还对网络运营者的安全保护义务作了基本规定，主要包括以下五个方面。

一、制定内部安全管理制度和操作规程，确定网络安全负责人，落实网络安全保护责任

网络运营者应当依照法律、行政法规及网络安全等级保护制度的规定，制定内部安全管理制度和操作规程，细化并落实安全管理义务，根据不同保护等级设置安全管理机构、安全管理人员、安全主管、安全管理负责人等，并明确相关机构和人员的职责。安全管理制度和操作规程规定的每一项具体制度、每一个操作步骤都应当有具体的责任人，哪个环节出了责任事故都要有相应的人员负责。

二、采取防范危害网络安全行为的技术措施

网络运营者应当建立健全网络安全保护制度和责任制，依照法律、行政法规及网络安全等级保护制度的规定，切实采取技术防范措施，从技术上防范计算机病毒和网络攻击、网络侵入等网络安全风险。同时，网络安全保护措施应当与关键信息基础设施同步规划、同步建设、同步使用。

三、配备相应的硬件和软件监测、记录网络运行状态、网络安全事件，按照规定留存相关的网络日志

网络日志是对网络信息系统的用户访问、运行状态、系统维护等情况的记录，对于追溯非法操作、未经授权的访问，并维护网络安全及调查网络违法犯罪活动具有重要作用。考虑到网络日志的种类较多，哪些需要按照本条规定留存不少于六个月，需要根据维护网络安全的实际来确定。因此，本条规定，网络运营者应当按照规定留存相关的网络日志不少于六个月。

四、采取数据分类、重要数据备份和加密等措施

数据分类就是按照某种标准，如重要程度，对数据进行区分、归类。数据备份就是为防止系统故障或者其他安全事件导致数据丢失，而将数据从应用主机的硬盘或阵列复制、存储到其他存储介质。数据加密就是通过加密算法和密钥将明文数据转变为密文数据，从而实现数据的保密性。网络运营者应当依照本法和有关法律、行政法规及网络安全等级保护制度的规定，采取数据分类、重要数据备份和加密等措施，保护网络数据安全。

五、网络运营者的其他义务

除了本法规定的义务外，网络运营者还应当履行其他有关法律、行政法规规定的网络安全保护义务。网络安全法出台后，公安部对GB/T 22239—2008年《信息安全技术　信息系统安全等级保护基本要求》作了调整，形成GB/T 22239—2019年《信息安全技术　网络安全等级保护基本要求》（以下简称"等保2.0标准"）及其系列配套制度（如GB/T 25070—2019年《信息安全技术　网络安全等级保护安全设计技术要求》、GB/T 28448—2019年《信息安全技术　网络安全等级保护测评要求》），规定了网络安全等级保护对象的安全通用要求和安全扩展要求。等保2.0标准的保护对象为网络，全面覆盖了基础信息网络、云计算平台、大数据应用/平台/资源、物联网、工业控制系统和采用移动互联网技术的系统等，并根据网络安全等级保护对象在国家安全、经济建设、社会生活中的重要程序遭到破坏后对国家安全、社会秩序、公共利益，以及公民、法人和其他组织的合法权益的危害程度等，由低到高划分为五个安全保护等级，不同级别的等级保护对象应具备的基本安全保护能力不同。网络安全等级保护制度的落实，对于个人及单位尽到网络安全保护义务具有积极意义。通过等级保护工作发现单位信息系统存在的安全隐患和不足，通过安全整改提高信息系统的信息安全防护能力，合理规避风险，维护国家安全，保护公众利益，保障和促进信息化发展。

应用

相关立法

《信息安全等级保护管理办法》（2007年）

《中华人民共和国计算机信息系统安全保护条例》（2011年）

第九条　计算机信息系统实行安全等级保护。安全等级的划分标准和安全等级保护的具体办法，由公安部会同有关部门制定。

《互联网群组信息服务管理规定》（2017年）

第十三条　互联网群组信息服务提供者应当配合有关主管部门依法进行的监督检查，并提供必要的技术支持和协助。

互联网群组信息服务提供者应当按规定留存网络日志不少于六个月。

《网络安全等级保护测评机构管理办法》（2018年）

《信息安全技术　网络安全等级保护实施指南》（2019年）

《贯彻落实网络安全等级保护制度和关键信息基础设施安全保护制度的指导意见》（2020年）

《关键信息基础设施安全保护条例》（2021年）

典型案例

未按规定留存网络日志，公安机关启动"一案双查"

简介：

2020年5月，广州某科技公司遭受勒索病毒攻击导致系统瘫痪。由于急于恢复系统运作以开展业务，该公司在未留存涉案相关网络日志线索且未及时告知公安机关的情况下，直接进行系统清理和数据恢复工作，导致案发现场遭到破坏，案件线索无法进一步追踪。针对该公司未依法留存网络日志达法定时长的违法行为，当地警方对其作出行政处罚，并责令其限期改正。

简评：

依照网络安全法第二十一条第三款之规定，落实网络安全技术措施，留存网络日志是网络运营者应尽的法律义务，相关举措不仅可以保障自身网络免受干扰、破坏或未经授权的访问，同时也为公安机关依法侦查犯罪提供支持和帮助。在侦办网络安全案件中，公安机关启动"一案双查"网络安全执法工作制，同步检查相关运营者网络安全义务履行情况，督促运营者做好网络安全防范措施，避免出现由于运营者未尽网络安全主体责任义务，导致信息系统存有网络安全风险漏洞，进而给滋生不法活动留下空间。

第二十二条　网络产品和服务提供者的安全义务

网络产品、服务应当符合相关国家标准的强制性要求。网络产品、服务的提供者不得设置恶意程序；发现其网络产品、服务存在安全缺陷、漏洞等风险时，应当立即采取补救措施，按照规定及时告知用户并向有关主管部门报告。

网络产品、服务的提供者应当为其产品、服务持续提供安全维护；在规定或者当事人约定的期限内，不得终止提供安全维护。

网络产品、服务具有收集用户信息功能的，其提供者应当向用户明示并取得同意；涉及用户个人信息的，还应当遵守本法和有关法律、行政法规关于个人信息保护的规定。

解读 📖

本条是关于网络产品和服务提供者保证安全和保护个人信息的义务的规定。

一、网络产品、服务提供者的安全义务

首先，网络产品、服务应当符合国家标准的强制性要求。本法所称的网络产品、服务，指的是作为网络组成部分以及维持网络功能的设备、软件和服务。要维护网络安全，首先要保障这些组成网络并维持网络正常功能的产品和服务的安全。国家标准是对重要产品等需要在全国范围内统一适用的技术要求，网络产品和服务应当符合国家标准的强制性要求。根据标准化法，对需要在全国范围内统一的技术要求，应当制定国家标准，由国家标准化行政主管部门制定。对没有国家标准又需要在全国某个行业范围内统一的技术要求，可以制定行业标准，由国务院有关行政主管部门制定。如2019年12月1日起实施的国家标准《信息安全技术 信息系统安全等级保护基本要求》在我国推行信息安全等级保护制度的过程中起到了非常重要的作用，被广泛用于各行业或领域，指导用户开展信息系统安全等级保护的建设整改、等级测评等工作。

其次，网络产品、服务提供者不得设置恶意程序。恶意程序是指专门编写的用于实施网络攻击、干扰网络正常使用、窃取网络数据等行为的程序，通常是指计算机病毒以及侵害用户软件安装、使用和卸载知情权、选择权的恶意软件。设置恶意程序，给网络安全或者他人合法权益带来严重损害的，应当予以禁止。

最后，网络产品、服务提供者发现网络风险时应当及时采取应对措施。我国消费者权益保护法第十九条规定，经营者发现其提供的商品或者服务存在缺陷，有危及人身、财产安全危险的，应当立即向有关行政部门报告和告知消费者，并采取相应的处置措施。本条与上述规定相衔接，要求网络产品和服务的提供者发现其网络产品、服务存在安全缺陷、漏洞等风险时，应当立即采取补救措施，按照规定及时告知用户并向有关主管部门报告，以防止风险扩大或者避免损害发生，维护用户的合法权益。

二、网络产品、服务提供者的安全维护义务

我国消费者权益保护法规定经营者应当保证在正常使用商品或者接受服务的情况下其提供的商品或者服务应当具有的质量、性能、用途和有效期限，应当依法承担退货、更换、维修等义务。由于网络的特殊性，网络产品和服务通常都需要进行经常性的安全维护，以弥补安全缺陷，防范可能发生的安全风险。本条要求网络产品和服务提供者对其产品和服务持续提供安全维护服务，是保护消费者权益的具体体现。网络运营者应当切实履行本条规定的安全维护义务，在规定或者当事人约定的期限内，不得终止提供安全维护。在实践中可综合产品、服务的重要程度、使用范围、终止安全服务后可能造成的后果等因素合理确定应当提供安全维护的期限。

三、网络产品、服务提供者的用户信息保护的义务

个人信息是以电子或者其他方式记录的与已识别或者可识别的自然人有关的各种信息，包括但不限于自然人的姓名、出生日期、身份证件号码、个人生物识别信息、住址、电话号码等，不包括匿名化处理后的信息。用户信息是比个人信息范围更宽泛的概念。如果用户信息和个人身份相分离，则不再构成个人信息；但是，如果相关用户信息具备识别个人身份的功能或者与其他信息结合可具备识别个人身份的功能，则构成个人信息。本法第四章第四十一条规定了网络运营者对个人信息的收集使用规则，第四十二条对用户信息保护义务作了规定，但这一章规定的网络运营者并不能涵盖网络产品、

服务的提供者。因此，本条特别作了衔接性规定，要求网络产品、服务的提供者应当向用户明示并取得同意后，方可收集用户信息；涉及用户个人信息的，网络产品、服务的提供者应当对其个人信息处理活动负责，并采取必要措施保障所处理的个人信息的安全，遵守本法和有关法律、行政法规关于个人信息保护的规定。

应用

相关立法

《互联网信息服务管理办法》（2011年）

《电信和互联网用户个人信息保护规定》（2013年）

《网络产品和服务安全审查办法（试行）》（2017年）

《互联网群组信息服务管理规定》（2017年）

《中华人民共和国民法典》（2021年）

《中华人民共和国个人信息保护法》（2021年）

典型案例

某软件有限公司诉安徽某信息科技有限公司不正当竞争纠纷案

简介：

原告甲公司系某电子商务交易平台共同运营商。甲公司开发并投入市场运营的涉案数据产品，面向某电子商务交易平台商家提供大数据分析参考，帮助商家实时掌握相关类目商品的市场行情变化，改善经营水平。涉案数据产品的数据内容是甲公司在收集网络用户浏览、搜索、收藏、加购、交易等行为痕迹信息所产生的巨量原始数据基础上，以特定的算法通过深度分析过滤、提炼整合后而形成的以趋势图、排行榜、占比图等图形呈现的衍生数据。被告乙公司系被诉侵权的某平台运营商，其以提供远程登录已订购涉案数据产品用户电脑技术服务的方式，招揽、组织、帮助他人获取甲公司涉案数据产品中的数据内容，从中牟利。原告甲公司认为被告乙公司的行为对涉案数据产品已构成实质性替代，恶意破坏了甲公司的商业模式，构成不正当竞争行为，诉至法院。①

简评：

本案除被告反不正当竞争行为的讨论以外，还涉及数据产品的法律属性及权利归属的认定。网络用户网上行为痕迹信息不具备能够单独或者与其他信息结合识别特定自然人个人身份的可能性，属于非个人信息。网络运营者收集、使用非会员网络用户行为痕迹信息应受网络安全法第二十二条"明示具有收集信息功能＋用户默认同意"规则的规制。

第二十三条 网络关键设备和网络安全专用产品的认证检测

网络关键设备和网络安全专用产品应当按照相关国家标准的强制性要求，由具备资格的机构安全认证合格或者安全检测符合要求后，方可销售或者提供。国家网信部门会同国务院有关部门制定、公布网络关键设备和网络安全专用产品目录，并推动安全认证和安全检测结果互认，避免重复认证、检测。

解读 📖

本条是关于网络关键设备和网络安全专用产品安全认证和安全检测的规定。

网络关键设备和网络安全专用产品安全认证是依据网络安全法为提升国家网络安全保障能力而实施的一项认证制度。为保障国家网络安全，解决我国信息安全产品测评认证领域存在的各部门分别实施评价或许可制度，造成检测标准不一致和重复检测等问题，国家有关部门自2002年起便开始致力于建立国家统一的信息安全产品认证认可体系。

2003年，中央办公厅和国务院办公厅转发了《国家信息化领导小组关于加强信息安全保障工作的意见》，要求"推进认证认可工作，规范和加强信息

---

① 参见：杭州市中级人民法院，（2018）浙01民终7312号判决书。

安全产品测评认证"。2004年，国家认监委等八部门联合发布《关于建立国家信息安全产品认证认可体系的通知》，提出要建立统一的信息安全产品认证认可体系，对于重要的信息安全产品实行强制性认证。2008年，国家质检总局和国家认监委联合发布了《关于部分信息安全产品实施强制性认证的公告》，宣布对部分重要信息安全产品实施强制性认证。2010年，国家认监委发布了《关于信息安全产品认证制度实施要求的公告》，明确了信息安全产品认证制度的名称、证书式样及认证标志。2017年，国家网信办、工业和信息化部、公安部、国家认监委联合发布了《关于发布〈网络关键设备和网络安全专用产品目录（第一批）〉的公告》（2017年第1号，以下简称"1号公告"），路由器、交换机等4类网络关键设备，以及数据备份一体机、防火墙等11类网络安全专用产品列入目录。1号公告目录中对网络关键设备和网络安全专用产品的界定包括类别和范围，其中，"范围"中列出了部分技术指标参数。

本条是本法第十七条网络安全社会化服务体系建设的要求体现之一，根据本条，销售或提供网络关键设备和网络安全专用产品须通过安全认证和安全检测。这里的"提供"既包括有偿供他人使用，也包括无偿供他人使用。安全认证和安全检测须由具备资格的机构进行。同时本条要求国家网信部门会同国务院有关主管部门从两个方面开展工作，避免重复认证、检测：一是制定和公布网络关键设备和网络安全专用产品目录，提高安全认证和检测的透明度，避免应检产品的重复；二是推动安全认证和安全检测结果互认，减少某一类产品认证、检测项目的重复。国家信息安全产品认证制度的实施是我国网络安全产品认证认可体系建设的重要里程碑，经过近十年的发展，认证体系不断完善，在提高我国网络安全认证、检测技术水平，减轻企业负担，服务网络安全产业健康发展，推动我国网络安全产品自主标准体系建设等方面发挥了重要作用。

应用

相关立法

《中华人民共和国计算机信息系统安全保护条例》（2011年）

《中华人民共和国电信条例》（2016年）

第十二条　国务院信息产业主管部门审查经营基础电信业务的申请时，应当考虑国家安全、电信网络安全、电信资源可持续利用、环境保护和电信市场的竞争状况等因素。

颁发《基础电信业务经营许可证》，应当按照国家有关规定采用招标方式。

《关于网络关键设备和网络安全专用产品安全认证实施要求的公告》（2018年）

第二十四条　网络用户身份管理制度

网络运营者为用户办理网络接入、域名注册服务，办理固定电话、移动电话等入网手续，或者为用户提供信息发布、即时通讯等服务，在与用户签订协议或者确认提供服务时，应当要求用户提供真实身份信息。用户不提供真实身份信息的，网络运营者不得为其提供相关服务。

国家实施网络可信身份战略，支持研究开发安全、方便的电子身份认证技术，推动不同电子身份认证之间的互认。

解读 📖

本条是关于网络用户身份管理的规定。

世界上许多国家都在立法中对网络用户身份管理制度作了规定。例如，日本的《手机不当使用防止法》规定，所有手机用户无论申请新号码还是转让号码，都必须经过机主本人持有效证件进行确认。法国的《邮政与电信法》规定，消费者在办理固定电话、手机业务时必须出示身份证、护照等身份证件并提供个人联系方式。德国的《电信法》规定，电信服务提供者必须建立用户资料档案库，记载用户的号码、姓名和地址、合同开始日期及自然人的出生日期。澳大利亚、韩国、新加坡等国家也要求用户在办理手机入网时应当提供身份证件。美国的后付费手机在入网时均被要求提供社会安全号并核对身份证件；对预付费手机，运营商也都要求用户提供社会安全号或者证明申请人身份的银行卡等证明资料，只有极少数预付费手机用户未实现实名登记。

本法规定的用户身份管理制度包括基础环节和应用环节。基础环节包括网络接入、域名注册、固定电话和移动电话入网等。按照我国目前有关网络接入、互联网域名注册及电话用户身份管理方面的规定，都要求服务提供者在为用户办理业务时，必须要求用户出示有效证件，并予以核对、登记。应用环节包括提供信息发布、即时通讯服务等。在我国，按照《互联网用户账号名称管理规定》，互联网信息服务提供者应当按照"后台实名、前台自愿"的原则，要求互联网信息服务使用者通过真实身份信息认证后注册账号。在实际操作中，多数服务提供者通过手机号进行验证，实现用户身份实名制。要求用户提供真实身份信息是网络运营者的一项法定义务，早在《全国人民代表大会常务委员会关于加强网络信息保护的决定》中便规定，网络服务提供者为用户办理网站接入服务，办理固定电话、移动电话等入网手续，或者为用户提供信息发布服务，应当在与用户签订协议或者确认提供服务时，要求用户提供真实身份信息。网络运营者在与用户签订协议或者确认提供服务时，应当要求用户提供真实身份信息，用户不提供真实身份信息的，网络运营者不得为其提供相关服务。

本条第二款是对我国网络可信身份生态建设的战略要求。实现网络身份可信，创造安全、可信的网络环境对于促进网络健康发展、更好地发挥网络作用具有重要战略意义。在我国，网络可信身份体系建设仍有完善的空间。一是网络可信身份体系建设缺乏顶层设计，统筹规划和布局尚不明晰。我国还未明确将网络身份管理纳入国家安全战略，也未形成推进网络可信身份体系建设的整体框架和具体路径。二是身份基础资源尚未实现广泛的互联互通，基础设施重复建设现象严重。由于缺乏战略设计和统筹规划，我国网络可信身份基础设施共享合作相对滞后，导致基础可信身份资源数据库还未实现广泛的互通共享，使得数据核查成本较高、效率较低。三是认证技术发展滞后，还不能满足新兴技术和应用的要求。云计算、大数据、移动互联网、工业互联网等新一代信息技术不断涌现，新兴技术和应用环境中数据的传输、存储、处理等方式与传统信息技术及应用存在重大差异，已有的身份认证技术、手段和机制还不足以支撑新技术、新应用的发展。因此，亟须开展针对性的研究，尽快制定国家网络可信身份战略，创建可信网络空间。[①]

应用 ✍

相关立法

《全国人民代表大会常务委员会关于加强网络信息保护的决定》（2012 年）

《电话用户真实身份信息登记规定》（2013 年）

《互联网用户账号名称管理规定》（2015 年）

第二十五条　网络运营者的应急处置措施

网络运营者应当制定网络安全事件应急预案，及时处置系统漏洞、计算机病毒、网络攻击、网络侵入等安全风险；在发生危害网络安全的事件时，立即启动应急预案，采取相应的补救措施，并按照规定向有关主管部门报告。

解读 📖

本条是关于网络运营者防范和应对网络安全事件义务的规定。

建立健全国家网络安全事件应急工作机制，提高应对网络安全事件能力，对于预防和减少网络安全事件造成的损失和危害，保护公众利益，维护国家安全、公共安全和社会秩序具有积极意义。我国的国家级网络安全应急预案最早制定于 2008 年，即《国家网络与信息安全事件应急预案》。中央网络安全和信息化领导小组成立后，结合实际情况对该预案进行了修订，但以上预案都没有对社会公开。2017 年 6 月，中央网信办在网络安全法及突发事件应对法的基础上制定公布了《国家网络安全事件应急预案》。应急预案通常应当包括下列内容：一是明确有关各方的分工和责任；二是明确各类事故的诊断方法和流程，事故场景应覆盖电力故障、火情水灾、人为破坏、病毒暴发、网络攻击、计算机硬件故障、操作系统故障、系统漏洞、应用系统故障以及

---

① 赛迪智库网络安全形势分析课题组 . 2019 年中国网络安全发展形势展望［N］. 中国计算机报，2019-04-01（14）.

其他各类与网络相关的故障；三是制定网络恢复流程和应急处置操作手册；四是明确应急恢复过程中的关键状态，并明确不同状态的沟通和报告内容及等级；五是明确应急相关人员的协调内容和沟通方式；六是明确系统重建步骤，确保网络恢复正常业务处理能力。

本条对网络运营者的应急处置措施作出基本要求，同时本法第五十三条还规定，国家网信部门协调有关部门建立健全网络安全风险评估和应急工作机制，制定网络安全事件应急预案，并定期组织演练。应急预案是指突发事件应急方针、政策，应急组织结构及其职责，应急行动、措施和保障等方面的要求和程序的文件。为了有效应对、处置网络安全事件，保障网络安全、稳定运行，本条要求网络运营者制定网络安全事件应急预案。网络运营者应当结合自身生产经营情况，对系统漏洞、计算机病毒、网络攻击、网络侵入等安全风险进行系统评估并作出预测，提出应对网络安全事件的指导思想、基本策略，组织机构、人员、技术、物资保障，指挥处置程序、应急和支持措施等，制定形成预案，使网络安全事件应急处置工作有章可循、有据可依。

此外，为监督网络运营者履行网络安全事件处置义务，并防止网络安全事件危害的扩大、蔓延，本条还要求网络运营者按照规定向有关主管部门报告网络安全事件及其应急处置的情况。在发生危害网络安全的事件时，网络运营者应当立即启动应急预案，根据应急预案采取相应的补救措施，及时查明影响范围，分析、确定事件原因，提出防止危害扩大及恢复网络正常功能的措施和方案并组织实施，将危害造成的损失降低到最小。

应用 ✔

相关立法

《中华人民共和国突发事件应对法》（2007年）

《国家网络安全事件应急预案》（2017年）

第二十六条　网络安全服务活动的规范

开展网络安全认证、检测、风险评估等活动，向社会发布系统漏洞、计算机病毒、网络攻击、网络侵入等网络安全信息，应当遵守国家有关规定。

解读 📖

本条是关于开展网络安全服务活动应当遵守国家相关规范的规定。

当前，网络安全服务活动发展迅猛，相关组织广泛开展网络产品和服务及网络运行管理等方面的安全认证、检测和风险评估业务，在提升网络产品和服务的质量、安全性及网络安全保护水平等方面作出很大贡献。但是也应看到，在实践中，网络安全服务活动也存在着很多问题。例如，有组织或个人打着研究、交流、传授网络安全技术的旗号，随意发布计算机病毒、木马、勒索软件等恶意程序的源代码和制作方法，以及网络攻击、网络侵入过程和方法的细节，为恶意分子和"网络黑产"从业人员提供了技术资源，降低了网络攻击的门槛；有组织或个人未经网络运营者同意，公开网络规划设计、拓扑结构、资产信息、软件代码等属性信息和脆弱性信息，容易被恶意分子利用，威胁网络运营者网络安全，特别是关键信息基础设施的相关信息一旦被公开，危害更大；部分网络安全企业和机构为推销产品、赚取眼球，不当评价有关地区、行业网络安全攻击、事件、风险、脆弱性状况，误导舆论，造成不良影响；部分媒体、网络安全企业随意发布网络安全预警信息，夸大危害和影响，容易造成社会恐慌等。这些问题对国家安全、公共安全、个人信息，以及他人合法的商业利益都会造成不良影响，因此需要特别加以规范。

本法第二十三条明确要求，网络关键设备和网络安全专用产品应当按照相关国家标准的强制性要求，由具备资格的机构安全认证合格或者安全检测符合要求后，方可销售或者提供。本法第三十八条规定，关键信息基础设施的运营者应当自行或者委托网络安全服务机构对其网络的安全性和可能存在的风险每年至少进行一次检测评估。这些认证、检测和风险评估需要专业服务机构来进行。本条对网络安全服务活动作了原则性规定，为后续相关部门制定具体办法和积极开展执法活动提供参考。2019年为规范发布网络安全威胁信息的行为，有效应对网络安全威胁和风险，保障网络运行安全，国家互联网信息办公室会同公安部等有关部门起草了《网络安全威胁信息发布管理办法（征求意见稿）》，针对网络安全专业性强、技术演进快、应用难度大的特点，倡导"安全即服务"的理念，鼓励网络安全企业由提供安全产品向提供安全服务和解决方案转变。首先，一切组织和个人在发布网络安全威胁信息前，应首先对发布的内容进行评估，不得发布禁止性内容，并且遵循相应的报告、征求意见等程序；其次，发布网络安全威胁信息，以向社会展示技术能力，促进网络安全意识提升，传播普及网络安全防护技术知识，提供网络安全服务为目的，企业仍可研发网络安全技术，在发布信息时要同时注意守法；最后，支持专业机构和企业开展网络安全规划咨询、威胁情报、风险评估、检测认证、安全集成、应急响应等安全服务，规范漏洞扫描、披露等活动。支持合法设立的认证机构依法开展网络安全认证，大力发展基于云模式的网络安全公共服务平台，积极创新网络安全服务模式。

应用

相关立法

《全国人民代表大会常务委员会关于维护互联网安全的决定》（2011 年）

《计算机病毒防治管理办法》（2000 年）

《互联网安全保护技术措施规定》（2006 年）

第二十七条　禁止危害网络安全的行为

任何个人和组织不得从事非法侵入他人网络、干扰他人网络正常功能、窃取网络数据等危害网络安全的活动；不得提供专门用于从事侵入网络、干扰网络正常功能及防护措施、窃取网络数据等危害网络安全活动的程序、工具；明知他人从事危害网络安全的活动的，不得为其提供技术支持、广告推广、支付结算等帮助。

解读

本条是关于禁止危害网络安全行为的规定。

一、不得从事侵入他人网络、干扰他人网络正常功能、窃取网络数据等危害网络安全的活动

这里涉及三个行为的概念，"侵入"是指未经他人授权，通过技术手段进入他人网络；"干扰他人网络正常功能"是指对网络功能进行删除、修改、增加，造成计算机信息系统不能正常运行；"窃取网络数据"是指未经他人允许，采用技术手段，获取网络中存储、传输、处理的数据的行为。对上述三类危害网络安全的行为，有关法律、行政法规已经规定为违法犯罪行为，本条的规定是与相关法律、行政法规的规定相衔接的。例如，《中华人民共和国电信条例》第五十七条规定任何组织或者个人不得有下列危害电信网络安全和信息安全的行为：（一）对电信网的功能或者存储、处理、传输的数据和应用程序进行删除或者修改；（二）利用电信网从事窃取或者破坏他人信息、损害他人合法权益的活动；（三）故意制作、复制、传播计算机病毒或者以其他方式攻击他人电信网络等电信设施；（四）危害电信网络安全和信息安全的其他行为。电信业务经营者应当按照国家有关电信安全的规定，建立健全内部安全保障制度，实行安全保障责任制。

同时，刑法第二百八十五条、第二百八十六条对下列危害网络安全的行为规定了刑事处罚：违反国家规定，侵入国家事务、国防建设、尖端科学技术领域的计算机信息系统；侵入其他计算机信息系统或者采用其他技术手段，获取该计算机信息系统中存储、处理或者传输的数据，或者对该计算机信息系统实施非法控制；对计算机信息系统功能进行删除、修改、增加、干扰，造成计算机信息系统不能正常运行；对计算机信息系统中存储、处理或者传输的数据和应用程序进行删除、修改、增加的操作的。

二、不得为他人从事危害网络安全的活动提供专门程序、工具

本条规定与刑法相衔接，向他人提供专门用于从事侵入网络、干扰网络正常功能及防护措施、窃取网络数据等危害网络安全活动的程序、工具，说明行为人具有主观恶意，客观上起到了帮助他人从事危害网络活动的结果，刑法第二百八十五条第二款将这种行为规定为犯罪。根据《最高人民法院、最高人民检察院关于办理危害计算机信息系统安全刑事案件应用法律若干问题的解释》的规定，上述"程序、工具"是指具有避开或者突破计算机信息系统安全保护措施，未经授权或者超越授权，获取计算机信息系统数据的功能，对计算机信息系统实施控制的功能，以及其他专门设计用于侵入、非法控制计算机信息系统，非法获取计算机信息系统数据的程序、工具。

三、不得为他人从事危害网络安全的活动提供技术支持、广告推广、支付结算等帮助

"技术支持"是指为从事危害网络安全的行为提供互联网接入、服务器托管、网络存储、通讯传输等技术方面的帮助。"广告推广"是指为从事危害网络安全的行为做广告宣传或推广，帮助其扩大影响或者获得收入来源。广告法第四十四条第二款规定，利用互联网发布、发送广告，不得影响用户正常使用网络。"支付结算"是指为从事危害网络安全的行为或行为人提供收款、转账、取款、付款等服务，为行为人获得资金支持提供便利。刑法第二百八十七条之二将明知他人利用信息网络实施犯罪，为其犯罪提供互联网接入、服务器托管、网络存储、通讯传输等技术支持，或者提供广告推广、支付结算等帮助的行为规定为帮助信息网络犯罪活动罪。

应用

相关立法

《中华人民共和国治安管理处罚法》(2013年)

第二十九条　有下列行为之一的，处五日以下拘留；情节较重的，处五日以上十日以下拘留：

（一）违反国家规定，侵入计算机信息系统，造成危害的；

（二）违反国家规定，对计算机信息系统功能进行删除、修改、增加、干扰，造成计算机信息系统不能正常运行的；

（三）违反国家规定，对计算机信息系统中存储、处理、传输的数据和应用程序进行删除、修改、增加的；

（四）故意制作、传播计算机病毒等破坏性程序，影响计算机信息系统正常运行的。

《中华人民共和国广告法》（2021年）

《中华人民共和国刑法》（2021年）

《中华人民共和国电信条例》（2016年）

第二十八条 网络运营者的技术支持和协助义务

网络运营者应当为公安机关、国家安全机关依法维护国家安全和侦查犯罪的活动提供技术支持和协助。

解读 📖

本条是关于网络运营者为有关机关提供技术支持和协助义务的规定。

通过立法确立网络运营者为有关执法机关维护国家安全和侦查犯罪的活动提供技术和协助的义务，是世界各国为维护国家安全和惩治犯罪所必需的。如1995年欧盟的《关于合法拦截电子通讯的决议》，规定执法机关可以要求互联网企业提供技术接口，确保被拦截的信息可传输至执法监控设备。美国的《通信协助执法法案》要求电信运营商根据法院命令或者其他的合法授权，采取必要措施对某类通信进行隔离，并保证有关执法机关能够对其实施监听及获取可用的呼叫识别信息、监听到的通信。日本的《通信监听法》规定，检察官或者司法警察可以要求通信运营商为其实施窃听，提供连接窃听有关设备等必要协助。德国的《电信法》规定，提供电信服务的电信系统运营主体应当提供法律规定的技术设施来执行通信协助监控措施。

本条规定的网络运营者的义务，与我国有关国家安全的法律制度相衔接。"公安机关"作为政府的职能部门之一，依法管理社会治安，行使国家的行政权，同时公安机关又依法侦查刑事案件，行使国家的司法权，即公安机关的性质具有双重性，既有行政性又有司法性。"国家安全机关"是国家安全法规定的国家安全工作的主管机关，国家安全机关和公安机关按照国家规定的职权划分，各司其职，密切配合，维护国家安全。"国家安全"是指国家政权、主权、统一和领土完整、人民福祉、经济社会可持续发展和国家其他重大利益相对处于没有危险和不受内外威胁的状态及保障持续安全状态的能力。我国有关法律还对"提供技术支持和协助"的范围、措施等作了规定。根据国家安全法、反恐怖主义法、反间谍法、刑事诉讼法的规定，任何公民和组织对有关机关维护国家安全和侦查犯罪的活动都有提供支持和协助的义务。反恐怖主义法、反间谍法、刑事诉讼法明确规定，公安机关、国家安全机关为获取情报或者追查相关犯罪，根据国家有关规定，经过严格的批准手续，可以采取技术侦查措施。反恐怖主义法还规定，电信业务经营者、互联网服务提供者应当为公安机关、国家安全机关依法进行防范、调查恐怖活动提供技术接口和解密等技术支持和协助。本条规定的网络运营者的技术支持和协助义务，是与有关国家安全的法律和有关刑事诉讼的法律相衔接的，公安机关、国家安全机关行使此项权力，必须严格遵守规定的权限和程序。

应用 ✔

相关立法

《中华人民共和国反间谍法》（2014年）

《中华人民共和国国家安全法》（2015年）

《中华人民共和国反恐怖主义法》（2018年）

《中华人民共和国刑事诉讼法》（2018年）

第二十九条　网络安全风险的合作应对

国家支持网络运营者之间在网络安全信息收集、分析、通报和应急处置等方面进行合作，提高网络运营者的安全保障能力。

有关行业组织建立健全本行业的网络安全保护规范和协作机制，加强对网络安全风险的分析评估，定期向会员进行风险警示，支持、协助会员应对网络安全风险。

解读 📖

本条是关于国家支持开展网络安全合作的规定。

一、国家支持网络运营者之间开展相关合作

国家支持网络运营者之间开展网络安全合作，共同提高网络安全保障能力。网络运营者之间的合作可以包括以下三个方面：一是技术方面的合作，二是管理方面的合作，三是信息方面的合作。在技术方面，网络运营者可以在防范计算机病毒、网络攻击等方面开展合作，相互配合，针对计算机病毒等共同研究提出技术解决方案，也可以合作研究防范网络风险的新技术；在管理方面，网络运营者可以在安全风险防控、应急处置管理等方面相互交流，共同完善各自的网络安全风险防控和应对管理制度；在信息方面，网络运营者可以在网络风险信息收集、通报等方面加强合作，实现网络安全相关信息的共享，共同防范和处置网络安全事件。

二、行业组织加强网络安全协作

为维护网络安全，除了网络运营者的责任落实，还应当充分发挥有关行业组织的作用。行业组织在加强网络安全协作方面的作用主要体现在以下四个方面：一是制定本行业的网络安全保护规范和协作机制，为加强本行业协作提供制度和机制保护；二是加强网络安全风险分析评估，为本组织会员掌握风险、提前应对提供协助；三是向会员进行风险警示，在进行网络安全风险分析评估的基础上，可以定期向会员发出风险警示，及早防范网络安全事件的发生；四是为会员提供人才、技术和信息等方面的支持，帮助会员有效应对网络安全风险。

应用

相关立法

《中华人民共和国国家安全法》（2015年）

《电信业务经营许可管理办法》（2017年）

《通信网络安全防护管理办法》（2010年）

第三十条　执法信息用途限制

网信部门和有关部门在履行网络安全保护职责中获取的信息，只能用于维护网络安全的需要，不得用于其他用途。

解读 📖

本条是关于网信部门和有关部门在履行网络安全保护职责中获取的信息的用途的规定。

国家互联网信息办公室、工业和信息化部、公安部等负有网络安全保护职责的部门在履行网络安全保护职责中不可避免地会获取到有关组织和个人的信息。这些信息有的可能涉及个人隐私，有的可能涉及有关企业的商业秘密，一旦泄露，会给这些个人和组织的合法权益造成损害。为保护个人和组织的合法权益，并鼓励其向负责网络安全保护的部门提供网络安全相关信息，本条对网信部门和有关部门在履行网络安全保护职责中获取的信息的用途作了限制，即只能用于维护网络安全的需要，不能用于其他用途。这里的"其他用途"包括窃取或者以其他非法方式获取、非法出售或者非法向他人提供个人信息等侵害个人或组织合法权益的行为。本法第七十三条还规定了相应的法律责任，即网信部门和有关部门违反本法第三十条规定，将在履行网络安全保护职责中获取的信息用于其他用途的，对直接负责的主管人员和其他直接责任人员依法给予处分。对于发现个人信息处理活动存在较大风险或者发生个人信息安全事件的，可以按照规定的权限和程序对该个人信息处理者的法定代表人或者主要负责人进行约谈，或者要求个人信息处理者委托专业机构对其个人信息处理活动进行合规审计。有关部门应当遵守必要性原则，严格限定信息的使用范围，并建立健全信息使用的批准和执行程序，防止信息的不合理使用。履行信息保护职责的部门在履行职责中，发现违法处理信息涉嫌犯罪的，应当及时移送公安机关依法处理。本条从公权力角度阻止信息泄露，确保负有网络安全保护职责的部门在保护个人和组织合法权益的前提下合理使用信息，从而实现公权力与私人权益在一定程度上的平衡。

应用 ✔

相关立法

《全国人民代表大会常务委员会关于加强网络信息保护的决定》（2012年）

《信息网络传播权保护条例》（2013年）

《中华人民共和国电信条例》（2016年）

《互联网信息内容管理行政执法程序规定》（2017年）

《中华人民共和国民法典》（2021年）

第一千零三十九条　国家机关、承担行政职能的法定机构及其工作人员对于履行职责过程中知悉的自然人的隐私和个人信息，应当予以保密，不得泄露或者向他人非法提供。

《中华人民共和国个人信息保护法》（2021年）

第二节　关键信息基础设施的运行安全

第三十一条　关键信息基础设施保护制度

国家对公共通信和信息服务、能源、交通、水利、金融、公共服务、电子政务等重要行业和领域，以及其他一旦遭到破坏、丧失功能或者数据泄露，可能严重危害国家安全、国计民生、公共利益的关键信息基础设施，在网络安全等级保护制度的基础上，实行重点保护。关键信息基础设施的具体范围和安全保护办法由国务院制定。

国家鼓励关键信息基础设施以外的网络运营者自愿参与关键信息基础设施保护体系。

解读 📖

本条是关于关键信息基础设施保护制度的规定。

互联网时代，能源、电力、教育等重要行业和领域对网络的依赖性越来越强，而世界范围内针对关键信息基础设施的网络攻击活动却愈演愈烈。例如，2017年WannaCry勒索病毒席卷全球，中国数十所高校及政府的网站遭受重创。基于此，本法根据我国的实践需要，借鉴其他国家的保护经验，首次对关键信息基础设施保护制度作了规定。

一、以"非穷尽列举+危害后果"的方式初步界定关键信息基础设施的范围

这种划定方式，经网络安全法（草案）三次审议稿才确定下来，体现了立法的科学性、严谨性及注重实用性。但是，由于本条对于关键信息基础设施的范围仅列举了七个重点行业和领域，且并未具体规定判断关键信息基础设施的标准和方法，故仍需配套的法规规章及政策性文件加以明确。《关键信息基础设施安全保护条例》第二条，在增列"国防科技工业"这一重要行业和领域的基础上，采用"非穷尽列举+危害后果"的方式，明确了关键基础设施的定义。关键信息基础设施，是指公共通信和信息服务、能源、交通、水利、金融、公共服务、电子政务、国防科技工业等重要行业和领域的，以及其他一旦遭到破坏、丧失功能或者数据泄露，可能严重危害国家安全、国计民生、公共利益的重要网络设施、信息系统等。

二、对关键信息基础设施实行重点保护

本条强调在第二十一条规定的网络安全等级保护制度的基础上，对关键信息基础设施实行重点保护，这就意味着关键信息基础设施的运营者较一般的网络运营者需承担更多的安全保护义务。具体来看，应当包括开展安全建设，进行等级测评，发现问题和风险隐患及时整改；开展安全检测评估；梳理网络资产，建立资产档案，强化核心岗位人员管理、监测预警、应急处置等重点保护措施，合理分区分域，收敛互联网暴露面，加强网络攻击威胁管控，强化纵深防御，积极利用新技术开展网络安全保护，构建新型网络安全保护体系，不断提升关键信息基础设施安全、主动免疫和主动防御能力；有条件的运营者应组建自己的安全服务机构，承担关键信息基础设施安全保护任务，也可通过迁移上云或购买安全服务等方式，提高网络安全专业化、集约化保障能力。

三、规定关键信息基础设施的具体范围和安全保护办法由国务院制定

在关键信息基础设施具体范围的问题上，《关键信息基础设施安全保护条例》从我国国情出发，借鉴国外通行做法，明确了关键信息基础设施的认定程序，即由负责关键信息基础设施安全保护工作的部门，结合本行业、本领域实际，制定关键信息基础设施认定规则，并组织认定本行业、本领域的关键信息基础设施。在制定认定规则时，重点考虑该网络设施、信息系统等对于本行业、本领域关键核心业务的重要程度，一旦遭到破坏、丧失功能或者数据泄露可能带来的危害程度以及与其他行业和领域的关联性影响等因素。同时，关键信息基础设施具体范围的确定是一个动态的配置过程。当关键信息基础设施发生较大变化，可能影响其认定结果时，运营者应当及时报告保护工作部门，由保护工作部门重新认定。

四、鼓励关键信息基础设施以外的网络运营者自愿参与关键信息基础设施保护体系

这体现出我国发挥和调动社会各方力量，协调配合、群策群力，形成网络安全保护工作合力，提高国家网络安全综合防控能力的网络安全战略。对此，《关键信息基础设施安全保护条例》第四条规定，关键信息基础设施安全保护坚持综合协调、分工负责、依法保护，强化和落实关键信息基础设施运营者主体责任，充分发挥政府及社会各方面的作用，共同保护关键信息基础设施安全。

应用

相关立法

《国家网络安全检查操作指南》（2016年）

《贯彻落实网络安全等级保护制度和关键信息基础设施安全保护制度的指导意见》（2020年）

《信息安全技术　网络安全等级保护定级指南》（2020年）

《关键信息基础设施安全保护条例》（2021年）

第三十二条　关键信息基础设施安全保护工作部门的职责

按照国务院规定的职责分工，负责关键信息基础设施安全保护工作的部门分别编制并组织实施本行业、本领域的关键信息基础设施安全规划，指导和监督关键信息基础设施运行安全保护工作。

解读 📖

本条是关于关键信息基础设施安全保护工作部门职责的规定。

不同行业和领域的关键信息基础设施的性能、风险及防护重点不尽相同，因此，由最了解本行业、本领域状况的主管部门开展具体的关键信息基础设施网络安全保护工作成为众多国家的通行做法。以美国为例，美国确定了10个联邦主管部门负责行业内的关键基础设施保护工作，如国土安全部门负责通信和信息技术、关键制造、商业设施等7个行业，国土安全部和联邦事务管理总局共同负责政府设施的安全保护等。[①]从目前实践及本法规定看，我国对关键信息基础设施的安全保护实行的也是部门分工负责的体制。

一、关联规定

《关键信息基础设施安全保护条例》第三条规定，在国家网信部门统筹协调下，国务院公安部门负责指导监督关键信息基础设施安全保护工作。国务院电信主管部门和其他有关部门依照本条例和有关法律、行政法规的规定，在各自职责范围内负责关键信息基础设施安全保护和监督管理工作。省级人民政府有关部门依据各自职责对关键信息基础设施实施安全保护和监督管理。

二、实施主体

根据《关键信息基础设施安全保护条例》《贯彻落实网络安全等级保护制度和关键信息基础设施安全保护制度的指导意见》的相关规定，公安部负责关键信息基础设施安全保护工作的顶层设计和规划部署，会同相关部门健全完善关键信息基础设施安全保护制度体系。关键信息基础设施运营者应当建

---

① 杨合庆.中华人民共和国网络安全法释义［M］.北京：中国民主法制出版社，2017：91.

立健全网络安全保护制度和责任制，保障人力、财力、物力投入。运营者的主要负责人对关键信息基础设施安全保护负总责，领导关键信息基础设施安全保护和重大网络安全事件处置工作，组织研究解决重大网络安全问题。

应用

相关立法

《贯彻落实网络安全等级保护制度和关键信息基础设施安全保护制度的指导意见》（2020年）

《关键信息基础设施安全保护条例》（2021年）

第三十三条　关键信息基础设施建设的安全要求

建设关键信息基础设施应当确保其具有支持业务稳定、持续运行的性能，并保证安全技术措施同步规划、同步建设、同步使用。

解读

本条是关于关键信息基础设施建设安全要求的规定。

一、关键信息基础设施建设的必要性

"支持业务稳定、持续运行"是建设关键信息基础设施的目的之一，也是网络安全体系建设的价值和意义所在。关键信息基础设施不同于一般设施与网络服务，它是国家安全、稳定的基础，关系到国家安全、国计民生和公共利益。同时，关键信息基础设施也是工业化、城市型社会正常运转的根本所在，任何现代国家都不能承受其运营中断的后果。例如，美国曾利用"震网"病毒入侵伊朗核电站中的计算机网络系统，掌握了核电设备的关键控制权。①

二、"三同步"的具体要求

网络安全等级保护有技术类安全要求和管理类安全要求两种，本条提出的"保证安全技术措施同步规划、同步建设、同步使用"属于技术类的安全

---

① 陈越峰.关键信息基础设施保护的合作治理［J］.法学研究，2018，46（6）：175.

要求。具体而言，关键信息基础设施安全技术措施"三同步"应达到以下要求：第一，建设项目的设计单位在编制项目设计文件时，应当按照规定编制安全技术措施的设计文件；第二，关键信息基础设施运营者在编制建设项目投资计划时，应当将安全技术措施所需投资纳入预算；第三，关键信息基础设施运营者应当要求施工单位严格按照安全技术措施的设计要求施工；第四，在建设项目验收时，应当对安全技术措施进行调试、检测和验收；第五，安全技术措施应当与主体工程同时投入使用。①

三、相关规定

根据《贯彻落实网络安全等级保护制度和关键信息基础设施安全保护制度的指导意见》有关"科学开展安全建设整改"的规定，网络运营者应在网络建设和运营过程中，同步规划、同步建设、同步使用有关网络安全保护措施。应依据《信息安全技术 网络安全等级保护基本要求》《信息安全技术 网络安全等级保护安全设计技术要求》等国家标准，在现有安全保护措施的基础上，全面梳理分析安全保护需求，并结合等级测评过程中发现的问题隐患，按照"一个中心（安全管理中心）、三重防护（安全通信网络、安全区域边界、安全计算环境）"的要求，认真开展网络安全建设和整改加固，全面落实安全保护技术措施。网络运营者可将网络迁移上云，或将网络安全服务外包，充分利用云服务商和网络安全服务商提升网络安全保护能力和水平。

应用 ✔

相关立法

《贯彻落实网络安全等级保护制度和关键信息基础设施安全保护制度的指导意见》（2020年）

《信息安全技术 网络安全等级保护定级指南》（2020年）

《关键信息基础设施安全保护条例》（2021年）

---

① 中国法制出版社.中华人民共和国网络安全法：实用版［M］.北京：中国法制出版社，2018：17.

典型案例

某能源公司长期存在关键信息基础设施安全隐患遭罚

简介：

2020年6月，广州警方在日常检查中发现，广州某能源公司所使用的"数据采集与监视系统"存在高危风险隐患，若发生网络安全事件，可能直接导致相关工业设备运行失控，进而发生工业生产安全事故。由于该系统于2019年底已中病毒，但至今仍未清除，且相关安全技术措施履行未能达到法律要求，同时存在网络安全管理制度缺失的情况。针对上述违法行为，广州警方依法对该公司作出行政处罚，并责令其限期改正。

简评：

关键信息基础设施网络安全关乎国家安全和行业发展，一旦发生网络安全事件将会对国民经济和国家安全造成重大损失，因此关键信息基础设施运营企业尤其需要重视网络安全工作，运营者必须依法严格落实网络安全等级保护，制定网络安全管理制度，确保系统安全与系统建设同步规划、同步建设、同步使用，定期开展应急演练和检测评估，确保信息系统安全稳定运行。

第三十四条　关键信息基础设施运营者的安全保护义务

除本法第二十一条的规定外，关键信息基础设施的运营者还应当履行下列安全保护义务：

（一）设置专门安全管理机构和安全管理负责人，并对该负责人和关键岗位的人员进行安全背景审查；

（二）定期对从业人员进行网络安全教育、技术培训和技能考核；

（三）对重要系统和数据库进行容灾备份；

（四）制定网络安全事件应急预案，并定期进行演练；

（五）法律、行政法规规定的其他义务。

解读 📖

本条是关于关键信息基础设施运营者安全保护义务的规定。

一、关键信息基础设施运营者的具体保护义务

基于关键信息基础设施网络安全保护的重要性，本法第三十一条规定，在网络等级保护制度的基础上，对关键信息基础设施实行重点保护。这就意味着关键信息基础设施运营者除了需要承担本法第二十一条对一般网络运营者设置的确定网络安全责任、采取网络安全防护措施等义务外，还需要承担以下安全保护义务。[①]

第一，完善网络安全管理体系，设置专门安全管理机构和安全管理负责人。安全管理机构和安全管理负责人主要负责组织制定本单位网络安全保护方案和管理制度，对安全管理工作进行协调、指导和监督，以加强对关键信息基础设施网络安全保护工作的领导和统一管理，确保各项安全措施的落实。同时，关键信息基础设施的运营者还应当对安全管理负责人和具有较高权限、能够接触到敏感信息的关键岗位的人员进行安全背景审查，以确定其从事网络安全管理和关键岗位业务的可靠性。

第二，定期对从业人员进行网络安全教育、技术培训和技能考核，提高从业人员的网络安全意识和网络安全技术技能。

第三，对重要系统和数据库进行容灾备份，以保证关键信息基础设施因网络攻击、自然灾害、故障等原因业务受到影响或者停止运行时，备份系统能够替代主系统运行，保证其业务正常进行，数据不会丢失。

第四，制定网络安全事件应急预案，并定期进行演练，以提高应急工作人员的能力，检验应急预案的有效性。

二、其他具体规定

《关键信息基础设施安全保护条例》第三章对关键信息基础设施运营者的责任义务进行了细化规定。例如，建立健全网络安全保护制度和责任制，实行"一把手负责制"，明确运营者主要负责人负总责，保障人力、财力、物力

---

① 杨合庆.中华人民共和国网络安全法释义［M］.北京：中国民主法制出版社，2017：94.

投入；设置专门安全管理机构，履行安全保护职责，参与本单位与网络安全和信息化有关的决策，并对机构负责人和关键岗位人员进行安全背景审查等。此外，根据《贯彻落实网络安全等级保护制度和关键信息基础设施安全保护制度的指导意见》的规定，关键信息基础设施运营者还应建立并落实重要数据和个人信息安全保护制度，对关键信息基础设施中的重要网络和数据库进行容灾备份，采取身份鉴别、访问控制、密码保护、安全审计、安全隔离、可信验证等关键技术措施，切实保护重要数据全生命周期安全。

应用 ✔

相关立法

《贯彻落实网络安全等级保护制度和关键信息基础设施安全保护制度的指导意见》（2020年）

《关键信息基础设施安全保护条例》（2021年）

第三十五条　关键信息基础设施采购的安全审查

关键信息基础设施的运营者采购网络产品和服务，可能影响国家安全的，应当通过国家网信部门会同国务院有关部门组织的国家安全审查。

解读 📖

本条是关于关键信息基础设施采购安全审查的规定。

一、关键信息基础设施运营者在采购网络产品和服务时进行网络安全审查已成为国际社会的通行做法

2000年，美国率先在其国家安全系统采购工作中开展安全审查；2013年，美国率先在其国防系统采购工作中开展供应链安全审查；2014年，美国的《2014财年综合拨款法案》规定，商务部、司法部、国家宇航局和国家科学基金会采购高影响或中度影响的信息技术系统之前，必须进行供应链安全审查，并评估可能出现的网络间谍或破坏行为；2019年，美国的《确保信息通信技术与服务供应链安全》规定，禁止交易、使用可能对美国国家安全、外交政策和经济构成特殊威胁的外国信息技术和服务；2020年，美国的《安全和可信通信网络法》规定，禁止联邦补贴购买构成国家安全风险的通信设备或服务，并建立10亿美元的补偿计划帮助小型偏远电信运营商更换"可疑的网络设备"。

英国内阁办公室在颁布的09/14号行动公告中同样规定，自2014年10月1日开始，中央政府信息技术采购特定信息技术产品和服务之前，如采购参与处理个人信息和提供特定信息通信技术产品和服务，信息技术产品和服务的提供商应接受必要的安全审查。[①]

二、网络安全审查是我国治理体系和治理能力现代化的重要内容

根据国家安全法第五十九条规定，国家建立国家安全审查和监管的制度和机制，对影响或者可能影响国家安全的外商投资、特定物项和关键技术、网络信息技术产品和服务等，进行安全审查，有效预防和化解国家安全风险。为确保关键信息基础设施供应链安全和国家安全，《网络安全审查办法》通过开展网络安全审查，预判和检查产品及服务投入使用后可能带来的网络安全风险，防范因供应链产品安全漏洞引发的安全事件，从源头上消除安全隐患，具体内容如下。

第一，确立了网络安全审查的理念，即坚持防范网络安全风险与促进先进技术应用相结合、过程公正透明与知识产权保护相结合、事前审查与持续监管相结合、企业承诺与社会监督相结合。

第二，在中央网络安全和信息化委员会领导下，建立12部门联席的网络安全审查工作机制。设立网络安全审查办公室，负责制定网络安全审查相关制度规范，组织网络安全审查。

第三，规定了关键信息基础设施运营者的预判和审查申报义务、产品和服务提供者的配合审查义务、申报审查提交的材料及审查评估需考虑的因素等内容。

---

① 马宁.落实网络安全审查制度 保障国家网络安全［EB/OL］.（2020-05-09）［2021-02-04］.http://www.cac.gov.cn/2020-05/09/c_1590570892931592.htm.

第四，规定了网络安全审查的操作流程，具体包括网络安全审查办公室受理并完成初步审查，审查工作机制成员单位和关键信息基础设施保护工作部门反馈意见，进入特别审查程序的步骤要求、操作办法及工作时限等。

三、法律责任

当关键信息基础设施运营者违反本条规定，使用未经安全审查或者安全审查未通过的网络产品或者服务的，依照本法第六十五条的规定处理，即由有关主管部门责令停止使用，处采购金额一倍以上十倍以下罚款；对直接负责的主管人员和其他直接责任人员处一万元以上十万元以下罚款。同时，针对运营者的上述行为，《关键信息基础设施安全保护条例》第四十一条规定，由国家网信部门等有关主管部门依据职责责令改正，处采购金额1倍以上10倍以下罚款，对直接负责的主管人员和其他直接责任人员处1万元以上10万元以下罚款。

应用 ✒

相关立法

《中华人民共和国国家安全法》（2015年）

《网络安全审查办法》（2020年）

《关键信息基础设施安全保护条例》（2021年）

第三十六条　关键信息基础设施采购的安全保密义务

关键信息基础设施的运营者采购网络产品和服务，应当按照规定与提供者签订安全保密协议，明确安全和保密义务与责任。

解读 📖

本条是关于关键信息基础设施采购时安全保密义务的规定。

一、关键信息基础设施采购中加强安全保密工作的必要性

本条要求关键信息基础设施运营者在采购时与提供者签订安全保密协议，

明确其安全和保密义务与责任，既是因为关键信息基础设施安全关涉到国家安全、国计民生和公共利益，也是基于当前网络安全形势尖锐复杂、供应链风险问题突出的现实状况。2019年2月，全球知名安全企业赛门铁克发布报告称，2018年全球供应链网络攻击暴增78%，且2019年仍在持续扩大增长。这类攻击瞄准和利用第三方产品的安全漏洞或脆弱环节，通过入侵和感染联网设备、重要系统，造成设备破坏、系统崩溃、敏感数据丢失等后果，以实现对关键信息基础设施的破坏性打击。[①]

二、关键信息基础设施运营者采购时的保密义务

结合《关键信息基础设施安全保护条例》第十九条、第二十条，以及《网络安全审查办法》第十八条的规定，本条对关键信息基础设施运营者的要求主要体现在以下四个方面。

第一，加强资质资信审查，慎重选择网络产品和服务的提供者，优先采购安全可信的网络产品和服务。

第二，采购网络产品和服务可能影响国家安全的，应当按照国家网络安全规定通过安全审查。

第三，采购网络产品和服务，应当按照国家规定与网络产品和服务提供者签订安全保密协议，明确提供者的技术支持和安全保密义务与责任。

第四，监督提供者进行设备安装、测试、检修等工作，留存操作记录，督促提供者按照双方约定履行安全及保密义务。

三、关键信息基础设施运营者的法律责任

根据本法第五十九条规定，当关键信息基础设施运营者违反本条规定的网络安全保护义务时，由有关主管部门责令改正，给予警告；拒不改正或者导致危害网络安全等后果的，处十万元以上一百万元以下罚款，对直接负责的主管人员处一万元以上十万元以下罚款。

---

① 尹丽波.开展网络安全审查 保障关键信息基础设施安全［EB/OL］.（2020-04-28）［2021-02-04］. http://www.cac.gov.cn/2020-04/28/c_1589619555949169.htm.

应用 ✍

相关立法

《网络安全审查办法》（2020年）

《关键信息基础设施安全保护条例》（2021年）

第三十七条　关键信息基础设施数据的境内存储和对外提供

关键信息基础设施的运营者在中华人民共和国境内运营中收集和产生的个人信息和重要数据应当在境内存储。因业务需要，确需向境外提供的，应当按照国家网信部门会同国务院有关部门制定的办法进行安全评估；法律、行政法规另有规定的，依照其规定。

解读 📖

本条是关于关键信息基础设施数据的境内存储和对外提供的规定。

一、信息出境的法律规制

《中华人民共和国数据安全法》第三十一条规定，关键信息基础设施的运营者在中华人民共和国境内运营中收集和产生的重要数据的出境安全管理，适用《中华人民共和国网络安全法》的规定。因此，本条是目前为止关于关键信息基础设施重要数据出境的唯一可操作性规定。根据本条的规定，对于关键信息基础设施运营者在我国境内运营中收集和产生的个人信息和重要数据，以境内存储为原则，以境外提供为例外。并且，对于这些个人信息和重要数据的境外提供附加了一定的条件，即"业务需要"和"安全评估"。

本条仅为原则性规定，对于"安全评估"的细化规则，国家网信办曾先后于2017年和2019年发布《个人信息和重要数据出境安全评估办法（征求意见稿）》（以下简称"2017征求意见稿"）和《个人信息出境安全评估办法（征求意见稿）》（以下简称"2019征求意见稿"）。虽然均是征求意见稿，但仍然可以看到国家对数据跨境转移的重视和监管政策的变化。例如，在评估主体上，本法规定的评估义务人为关键信息基础设施运营者，2017征求意见稿和

2019征求意见稿则规定为网络运营者；在评估方式上，本法仅为原则性规定，而2017征求意见稿规定以运营者自行评估为主、特殊情况下行业主管部门或网信部门评估，2019征求意见稿则规定由经营者所在地省级网信部门评估。

二、法律责任

本法第六十六条规定，关键信息基础设施运营者违反法律规定，在境外存储网络数据或者向境外提供网络数据时，除由有关主管部门责令改正、警告、没收违法所得、罚款之外，还可以责令其暂停相关业务、停业整顿、关闭网站、吊销相关业务许可证或者吊销营业执照。

应用 ✔

相关立法

《个人信息和重要数据出境安全评估办法（征求意见稿）》（2017年）

《个人信息出境安全评估办法（征求意见稿）》（2019年）

《中华人民共和国数据安全法》（2021年）

第三十八条　关键信息基础设施的定期安全监测评估

关键信息基础设施的运营者应当自行或者委托网络安全服务机构对其网络的安全性和可能存在的风险每年至少进行一次检测评估，并将检测评估情况和改进措施报送相关负责关键信息基础设施安全保护工作的部门。

解读 📖

本条是关于关键信息基础设施安全监测评估的规定。

基于关键信息基础设施的重要性和当前严峻的网络安全形势，本条和《关键信息基础设施安全保护条例》第十七条都对关键信息基础设施运营者的网络安全检测、评估及报送义务进行了规定，即运营者应当自行或者委托网络安全服务机构对关键信息基础设施每年至少进行一次网络安全检测和风险评估，对发现的安全问题及时整改，并按照保护工作部门要求报送情况。对此，《贯彻落实网络安全等级保护制度和关键信息基础设施安全保护制度的指导意见》亦有相关的配套规定，具体为网络运营者应依据有关标准规范，对已定级备案网络的安全性进行检测评估，查找可能存在的网络安全问题和隐患。第三级以上网络运营者应委托符合国家有关规定的等级测评机构，每年开展一次网络安全等级测评，并及时将等级测评报告提交受理备案的公安机关和行业主管部门。新建第三级以上网络应在通过等级测评后投入运行。网络运营者在开展测评服务过程中要与测评机构签署安全保密协议，并对测评过程进行监督管理。公安机关要加强对本地等级测评机构的监督管理，建立测评人员背景审查和人员审核制度，确保等级测评过程客观、公正、安全。

应用

相关立法

《贯彻落实网络安全等级保护制度和关键信息基础设施安全保护制度的指导意见》（2020年）

《关键信息基础设施安全保护条例》（2021年）

第三十九条 关键信息基础设施保护的统筹协作机制

国家网信部门应当统筹协调有关部门对关键信息基础设施的安全保护采取下列措施：

（一）对关键信息基础设施的安全风险进行抽查检测，提出改进措施，必要时可以委托网络安全服务机构对网络存在的安全风险进行检测评估；

（二）定期组织关键信息基础设施的运营者进行网络安全应急演练，提高应对网络安全事件的水平和协同配合能力；

（三）促进有关部门、关键信息基础设施的运营者以及有关研究机构、网络安全服务机构等之间的网络安全信息共享；

（四）对网络安全事件的应急处置与网络功能的恢复等，提供技术支持和协助。

解读 📖

本条是关于关键信息基础设施保护统筹协作机制的规定。

统筹协作是关键信息基础设施保护制度的核心。例如，美国在确定10个联邦主管部门负责相关领域关键信息基础设施保护工作外，还建立了由国土安全部牵头负责统筹协调工作机制；德国将关键信息基础设施安全保护的统筹协作职能赋予内政部下属的联邦信息技术安全局；日本则由内阁下设的网络安全战略本部承担这一职责。本条根据国家网信部门的职能，要求其统筹协调有关部门对关键信息基础设施的安全保护采取系列措施。①

一、对关键信息基础设施的安全风险进行抽查检测

关键信息基础设施保护工作部门应当定期组织开展本行业、本领域关键信息基础设施网络安全检查检测，指导监督运营者及时整改安全隐患、完善安全措施。国家网信部门统筹协调国务院公安部门、保护工作部门对关键信息基础设施进行网络安全检查检测，提出改进措施。有关部门在开展关键信息基础设施网络安全检查时，应当加强协同配合、信息沟通，避免不必要的检查和交叉重复检查。检查工作不得收取费用，不得要求被检查单位购买指定品牌或者指定生产、销售单位的产品和服务。运营者对保护工作部门开展的关键信息基础设施网络安全检查检测工作，以及公安、国家安全、保密行政管理、密码管理等有关部门依法开展的关键信息基础设施网络安全检查工作应当予以配合。

二、组织关键信息基础设施运营者进行应急演练

国家网信部门会同有关部门组织关键信息基础设施运营者进行应急演练，可以检验政府部门及运营者之间应急处置指挥的有效性、信息传递的及时性、处置行动的一致性及预案的科学性，从而提高应对网络安全事件的水平和协同配合能力。对此，《关键信息基础设施安全保护条例》第二十五条规定，保护工作部门应当按照国家网络安全事件应急预案的要求，建立健全本行业、本领域的网络安全事件应急预案，定期组织应急演练。《贯彻落实网络安全等

---

① 杨合庆.中华人民共和国网络安全法释义［M］.北京：中国民主法制出版社，2017：98.

级保护制度和关键信息基础设施安全保护制度的指导意见》（以下简称"指导意见"）提出，行业主管部门、网络运营者要按照国家有关要求制定网络安全应急预案，加强网络安全应急力量建设和应急资源储备，与公安机关密切配合，建立网络安全事件报告制度和应急处置机制。关键信息基础设施运营者和第三级以上网络运营者应定期开展应急演练，有效处置网络安全事件，并针对应急演练中发现的突出问题和漏洞隐患，及时整改加固，完善保护措施。

三、促进关键信息基础设施网络安全信息共享

相关机构共享网络安全信息，一方面可以不断增强有关部门的网络安全风险感知能力，为网络安全形势的研判、网络安全风险的预警、网络安全事件的应急处置及相关管理制度的完善提供依据；另一方面，关键信息基础设施运营者可以分享网络安全保护的经验，借鉴其他运营者的最佳实践，提升其安全保护能力。对此，《关键信息基础设施安全保护条例》第二十三条规定，国家网信部门统筹协调有关部门建立网络安全信息共享机制，及时汇总、研判、共享、发布网络安全威胁、漏洞、事件等信息，促进有关部门、保护工作部门、运营者以及网络安全服务机构等之间的网络安全信息共享。指导意见提出，加强网络安全信息共享和通报预警。行业主管部门、网络运营者要依托国家网络与信息安全信息通报机制，加强本行业、本领域网络安全信息通报预警力量建设，及时收集、汇总、分析各方网络安全信息，加强威胁情报工作，组织开展网络安全威胁分析和态势研判，及时通报预警和处置。第三级以上网络运营者和关键信息基础设施运营者要开展网络安全监测预警和信息通报工作，及时接收、处置来自国家、行业和地方网络安全预警通报信息，按规定向行业主管部门、备案公安机关报送网络安全监测预警信息和网络安全事件。

四、对关键信息基础设施的应急处置和功能恢复提供支持和协助

《关键信息基础设施安全保护条例》第二十五条规定，保护工作部门应当指导运营者做好网络安全事件应对处置，并根据需要组织提供技术支持与协助。第二十九条规定，在关键信息基础设施安全保护工作中，国家网信部门和国务院电信主管部门、国务院公安部门等应当根据保护工作部门的需要，

及时提供技术支持和协助。指导意见提出，关键信息基础设施、第三级以上网络发生重大网络安全威胁和事件时，行业主管部门、网络运营者和公安机关应联合开展处置。电信业务经营者、网络服务提供者应提供支持及协助。网络运营者应配合公安机关打击网络违法犯罪行为；发现违法犯罪线索、重大网络安全威胁和事件时，应及时报告公安机关和有关部门并提供必要协助。

应用

相关立法

《贯彻落实网络安全等级保护制度和关键信息基础设施安全保护制度的指导意见》（2020年）

《关键信息基础设施安全保护条例》（2021年）

第四章　网络信息安全

第四十条　用户信息保护制度

网络运营者应当对其收集的用户信息严格保密，并建立健全用户信息保护制度。

解读 📖

本条是关于网络运营者用户信息保护制度的规定。

随着互联网经济的高速发展、互联网社交应用的广泛普及，越来越多的系统和平台在通过不同方式收集个人信息，并对个人信息进行存储、分析，甚至交换。个人信息的非法收集、泄露及滥用等已成为社会关注的焦点问题，相关个人权益严重受损情况屡见不鲜，甚至出现了很多与个人信息滥用有关的违法犯罪活动。

在个人信息收集环节上，技术的发展使得对个人信息的收集日益密集、多样且隐蔽性更强，多来源的个人信息组合可以形成数字画像并实时追踪个人动态，数据挖掘增加了个人信息，特别是敏感隐私信息暴露的风险；在信息保管环节上，大数据环境中，信息处理的主体复杂，数据流转、交易和共享带来新的安全问题。因此，如何在个人信息安全保护与鼓励新技术应用和创新之间达成平衡，已成为信息时代重要的命题。不仅中国，很多国际组织、国家和地区都制定了有关个人信息保护的指南、公约和法律等。如1974年美国的《隐私法案》、1976年德国的《联邦数据保护法》、1981年欧洲理事会的《个人信息保护公约》、2003年日本的《个人信息保护法》、2016年欧盟的《通用数据保护条例》更新了1995年的《数据保护指令》。

本条对网络运营者保护用户信息作出了原则性的规定，要求网络运营者对其收集的用户信息严格保密，建立健全用户信息保护制度。《中华人民共和国个人信息保护法》第五十一条规定，个人信息处理者需要采取制定内部管理制度和操作规程等方式，确保个人信息处理活动符合法律、行政法规的规定，并防止未经授权的访问以及个人信息泄露、篡改、丢失。《全国人民代表大会常务委员会关于加强网络信息保护的决定》中规定，网络服务提供者和其他企业事业单位及其工作人员对在业务活动中收集的公民个人电子信息必须严格保密，不得泄露、篡改、损毁，不得出售或者非法向他人提供。

应用

相关立法

《中华人民共和国保守国家秘密法》（2010年）

第二十八条　互联网及其他公共信息网络运营商、服务商应当配合公安机关、国家安全机关、检察机关对泄密案件进行调查；发现利用互联网及其他公共信息网络发布的信息涉及泄露国家秘密的，应当立即停止传输，保存有关记录，向公安机关、国家安全机关或者保密行政管理部门报告；应当根据公安机关、国家安全机关或者保密行政管理部门的要求，删除涉及泄露国家秘密的信息。

《互联网信息服务管理办法》（2011年）

第六条　从事经营性互联网信息服务，除应当符合《中华人民共和国电信条例》规定的要求外，还应当具备下列条件：

（一）有业务发展计划及相关技术方案；

（二）有健全的网络与信息安全保障措施，包括网站安全保障措施、信息安全保密管理制度、用户信息安全管理制度；

（三）服务项目属于本办法第五条规定范围的，已取得有关主管部门同意的文件。

《互联网视听节目服务管理规定》（2015年）

第十九条　互联网视听节目服务单位应当选择依法取得互联网接入服务电信业务经营许可证或广播电视节目传送业务经营许可证的网络运营单位提

供服务；应当依法维护用户权利，履行对用户的承诺，对用户信息保密，不得进行虚假宣传或误导用户、做出对用户不公平不合理的规定、损害用户的合法权益；提供有偿服务时，应当以显著方式公布所提供服务的视听节目种类、范围、资费标准和时限，并告知用户中止或者取消互联网视听节目服务的条件和方式。

第四十一条　收集、使用个人信息的规则

网络运营者收集、使用个人信息，应当遵循合法、正当、必要的原则，公开收集、使用规则，明示收集、使用信息的目的、方式和范围，并经被收集者同意。

网络运营者不得收集与其提供的服务无关的个人信息，不得违反法律、行政法规的规定和双方的约定收集、使用个人信息，并应当依照法律、行政法规的规定和与用户的约定，处理其保存的个人信息。

解读 📖

本条是关于网络运营者收集、使用个人信息的规则的规定。

信息安全是网络安全的重中之重，明确收集、使用个人信息的规则是网络安全法能否准确地规范实践行为的基本要求。本条文通过义务性条款和禁止性条款从正反两方面对收集、使用个人信息的规则作出了详尽的规定。明确了关于个人信息保护的知情同意和特定目的原则，增加了个人信息收集过程中的透明度，将选择权交给了用户。从义务性条款上规定了网络运营者对个人信息应尽的义务，包括合法、正当、必要的原则，以及公开规则，明示目的、方式和范围，并且应当经被收集者同意作出了具体的规定；从禁止性条款中规定了网络运营者不得为的行为类型。

应用 ✔

相关立法

《全国人民代表大会常务委员会关于加强网络信息保护的决定》（2012年）

二、网络服务提供者和其他企业事业单位在业务活动中收集、使用公民个人电子信息，应当遵循合法、正当、必要的原则，明示收集、使用信息的目的、方式和范围，并经被收集者同意，不得违反法律、法规的规定和双方的约定收集、使用信息。

网络服务提供者和其他企业事业单位收集、使用公民个人电子信息，应当公开其收集、使用规则。

《中华人民共和国民法典》（2021年）

第一千零三十五条　处理个人信息的，应当遵循合法、正当、必要原则，不得过度处理，并符合下列条件：

（一）征得该自然人或者其监护人同意，但是法律、行政法规另有规定的除外；

（二）公开处理信息的规则；

（三）明示处理信息的目的、方式和范围；

（四）不违反法律、行政法规的规定和双方的约定。

个人信息的处理包括个人信息的收集、存储、使用、加工、传输、提供、公开等。

《中华人民共和国个人信息保护法》（2021年）

第五条　处理个人信息应当遵循合法、正当、必要和诚信原则，不得通过误导、欺诈、胁迫等方式处理个人信息。

第六条　处理个人信息应当具有明确、合理的目的，并应当与处理目的直接相关，采取对个人权益影响最小的方式。

收集个人信息，应当限于实现处理目的的最小范围，不得过度收集个人信息。

第七条　处理个人信息应当遵循公开、透明原则，公开个人信息处理规则，明示处理的目的、方式和范围。

第八条　处理个人信息应当保证个人信息的质量，避免因个人信息不准确、不完整对个人权益造成不利影响。

第九条　个人信息处理者应当对其个人信息处理活动负责，并采取必要措施保障所处理的个人信息的安全。

第十条　任何组织、个人不得非法收集、使用、加工、传输他人个人信息，不得非法买卖、提供或者公开他人个人信息；不得从事危害国家安全、公共利益的个人信息处理活动。

第四十二条　个人信息保护义务

网络运营者不得泄露、篡改、毁损其收集的个人信息；未经被收集者同意，不得向他人提供个人信息。但是，经过处理无法识别特定个人且不能复原的除外。

网络运营者应当采取技术措施和其他必要措施，确保其收集的个人信息安全，防止信息泄露、毁损、丢失。在发生或者可能发生个人信息泄露、毁损、丢失的情况时，应当立即采取补救措施，按照规定及时告知用户并向有关主管部门报告。

解读 📖

本条是关于个人信息保护义务的规定。

本条由个人信息安全原则、个人信息匿名处理和个人信息泄露报告义务三项构成。个人信息一旦传输到网络，可以非常轻易地被篡改、复制和毁损。如果没有妥善的措施对传输到网络上的个人信息进行管理，个人信息保护就无从谈起。因此，个人信息安全应运而生。本条文第一部分要求网络运营者不得泄露、篡改、毁损其收集的个人信息，以及未经被收集者同意，不得向他人提供个人信息。

本条的立法目的在于如何斩断信息买卖利益链，未经同意，提供、销售个人信息违法。"经过处理无法识别特定个人且不能复原的"所包含的匿名化标准为大数据流通和交易环节提供了法律依据和要求。同时，也提出了网络运营者要承担的义务，以及出现问题时要遵守双告知原则。所谓"匿名化"，即经过数据脱敏等技术手段处理后，过程必须不可逆，不能再从脱敏后的信息中识别出个人。从企业的角度来说，需要对脱敏后的数据进行评估和验证，以确保没有遗漏。网络运营者掌握着大量的用户数据和个人信息，这些数据如果得不到妥善的保护被泄露、篡改或毁损，就违反了个人信息保护制度的最基本原则——安全原则，也会导致个人对网络安全失去信心，网络发展受到阻碍。因此，网络运营者应当对其获取的个人信息采取必要的技术等措施，确保收集的个人信息安全，防止未经授权的访问、非法处理或者数据的丢失、毁损和破坏。

同时，本条也规定了一旦发生数据泄露事件，应当立即采取相应的通知和补救措施，以防止安全事故发生和损害的扩大。但是，本条并未明确规定通知时限、方式，仍属于原则性、一般性的规定。

应用

相关立法

《全国人民代表大会常务委员会关于加强网络信息保护的决定》（2012年）

四、网络服务提供者和其他企业事业单位应当采取技术措施和其他必要措施，确保信息安全，防止在业务活动中收集的公民个人电子信息泄露、毁损、丢失。在发生或者可能发生信息泄露、毁损、丢失的情况时，应当立即采取补救措施。

《中华人民共和国民法典》（2021年）

第一千零三十八条　信息处理者不得泄露或者篡改其收集、存储的个人信息；未经自然人同意，不得向他人非法提供个人信息，但是经过加工无法识别特定个人且不能复原的除外。

《最高人民法院、最高人民检察院关于办理侵犯公民个人信息刑事案件适用法律若干问题的解释》（2017年）

第三条　向特定人提供公民个人信息，以及通过信息网络或者其他途径发布公民个人信息的，应当认定为刑法第二百五十三条之一规定的"提供公民个人信息"。

未经被收集者同意，将合法收集的公民个人信息向他人提供的，属于刑法第二百五十三条之一规定的"提供公民个人信息"，但是经过处理无法识别特定个人且不能复原的除外。

《中华人民共和国个人信息保护法》（2021年）

第五十七条　发生或者可能发生个人信息泄露、篡改、丢失的，个人信息处理者应当立即采取补救措施，并通知履行个人信息保护职责的部门和个人。通知应当包括下列事项：

（一）发生或者可能发生个人信息泄露、篡改、丢失的信息种类、原因和可能造成的危害；

（二）个人信息处理者采取的补救措施和个人可以采取的减轻危害的措施；

（三）个人信息处理者的联系方式。

个人信息处理者采取措施能够有效避免信息泄露、篡改、丢失造成危害的，个人信息处理者可以不通知个人；履行个人信息保护职责的部门认为可能造成危害的，有权要求个人信息处理者通知个人。

第四十三条　个人信息删除权和更正权

个人发现网络运营者违反法律、行政法规的规定或者双方的约定收集、使用其个人信息的，有权要求网络运营者删除其个人信息；发现网络运营者收集、存储的其个人信息有错误的，有权要求网络运营者予以更正。网络运营者应当采取措施予以删除或者更正。

解读 📖

本条是关于个人信息删除权和更正权的规定。

一、个人信息删除权

个人信息删除权是指个人享有对其信息删除的请求权。主要包含两种情形：一是数据主体发现网络运营者违反法律、行政法规的规定或双方的约定收集和使用其信息；二是网络运营者所收集的个人信息的特定目的已经消灭或双方约定的期限已经届满。在这两种情形下，数据主体均有权要求网络运营者删除和停止使用其个人信息。基于此，当数据主体对要求删除其个人信息具有正当理由时，包括相关平台在内的公共及商用服务信息系统应及时对所涉个人信息进行删除。其对有关个人信息删除权的规定，是目前我国相关法律中最接近欧盟被遗忘权的表述。

经过多年的发展，我国电子商务平台普遍在其内部建立起了一套较为合理的个人信息删除规则，并结合社会需求不断地加以完善。在平台对信息删除后能否恢复或修改进行规范，即信息或者对服务的评价在一段存留时期后是否可以进行修改或删除处理这一问题上，一般而言，社交类平台用户可以修改、删除相关个人信息，也有诸如微博平台对用户注册时提供的某些初始注册信息及验证信息作出的不能修改的规定。

二、个人信息更正权

个人信息更正权是指个人在发现网络运营者收集、存储的其个人信息有错误的，有权要求网络运营者予以更正。欧盟《通用数据保护条例》第十六条规定，数据主体应当有权从控制者那里及时得知对与其相关的不正确信息的更正。在考虑处理目的的前提下，数据主体应当有权完善不充分的个人数据，包括通过提供额外声明的方式来进行完善。

本条限定了更正权的适用条件，即只能在本人信息出现错误时，要求网络运营者予以更正，对权利主体进行限制，避免了因为他人随意修改个人信息导致的权利冲突。同时，也对网络运营者的更正义务作出规定，即网络运营者应当在个人发出更正请求后，及时处理更正请求，对个人信息予以更正。

只有在个人信息完整、准确的情况下，网络运营者才能保证服务质量，并有效维护个人的合法权益。因此，本条赋予了个人对其个人信息的更正权，以避免信息错误或者网络运营者不作为给个人带来的不利影响。

应用

相关立法

《全国人民代表大会常务委员会关于加强网络信息保护的决定》（2012年）

八、公民发现泄露个人身份、散布个人隐私等侵害其合法权益的网络信息，或者受到商业性电子信息侵扰的，有权要求网络服务提供者删除有关信息或者采取其他必要措施予以制止。

《中华人民共和国电子商务法》（2019年）

第二十四条　电子商务经营者应当明示用户信息查询、更正、删除以及用户注销的方式、程序，不得对用户信息查询、更正、删除以及用户注销设置不合理条件。

电子商务经营者收到用户信息查询或者更正、删除的申请的，应当在核实身份后及时提供查询或者更正、删除用户信息。用户注销的，电子商务经营者应当立即删除该用户的信息；依照法律、行政法规的规定或者双方约定保存的，依照其规定。

《中华人民共和国民法典》（2021年）

第一千零三十七条　自然人可以依法向信息处理者查阅或者复制其个人信息；发现信息有错误的，有权提出异议并请求及时采取更正等必要措施。

自然人发现信息处理者违反法律、行政法规的规定或者双方的约定处理其个人信息的，有权请求信息处理者及时删除。

《中华人民共和国个人信息保护法》（2021年）

第四十六条　个人发现其个人信息不准确或者不完整的，有权请求个人信息处理者更正、补充。

个人请求更正、补充其个人信息的，个人信息处理者应当对其个人信息予以核实，并及时更正、补充。

第四十七条　有下列情形之一的，个人信息处理者应当主动删除个人信息；个人信息处理者未删除的，个人有权请求删除：

（一）处理目的已实现、无法实现或者为实现处理目的不再必要；

（二）个人信息处理者停止提供产品或者服务，或者保存期限已届满；

（三）个人撤回同意；

（四）个人信息处理者违反法律、行政法规或者违反约定处理个人信息；

（五）法律、行政法规规定的其他情形。

法律、行政法规规定的保存期限未届满，或者删除个人信息从技术上难以实现的，个人信息处理者应当停止除存储和采取必要的安全保护措施之外的处理。

第四十四条　禁止非法获取、出售、提供个人信息

任何个人和组织不得窃取或者以其他非法方式获取个人信息，不得非法出售或者非法向他人提供个人信息。

解读 📖

本条是关于禁止非法获取、非法出售、非法提供个人信息的规定。

本法第四章从第四十一条到第四十三条均是对网络运营者对个人信息收集、使用的规则作出的规定。本条款将主体扩大至任何个人和组织。但对于这一囊括式的主体仅规定了禁止性规则，包括禁止非法获取、出售和提供，而无义务性规定，体现出法无禁止即可为的特征。

一、禁止非法获取个人信息

无论是有关政府部门在职责范围内获取个人信息的，还是有关服务提供者根据合同或其他方式获取个人信息的，都应当遵循法律规定，按照合法方式获取个人信息，不得通过购买、技术手段等非法方式获取个人信息。其他不特定主体也不得以窃取、购买等方式获取个人信息。

二、禁止非法出售、提供个人信息

本部分值得注意的是"非法出售"个人信息和合法数据交易的区别。

当前，数据共享已成为互联网发展的潮流和必然趋势，在数据交易产业中，如何保护个人信息，也是网络安全法需要关注的。"非法出售"个人信息和合法数据交易之间的区别可以概括为以下两点。

第一，是否获得信息权利人的授权。个人信息的权利是属于权利人的，即便数据开发者经过权利人同意对个人信息进行了搜集、开发，将数据与他人共享之前还需经过当事人的许可和授权。

第二，是否符合最小化适用原则。个人信息的搜集、使用和共享等，都应当遵循"最小化适用原则"，获得当事人的授权后，数据开发者亦不能无限

制地使用个人信息，即使用范围应当受到限制。

应用

相关立法

《中华人民共和国刑法》（2021年）

第二百五十三条之一　【侵犯公民个人信息罪】违反国家有关规定，向他人出售或者提供公民个人信息，情节严重的，处三年以下有期徒刑或者拘役，并处或者单处罚金；情节特别严重的，处三年以上七年以下有期徒刑，并处罚金。

违反国家有关规定，将在履行职责或者提供服务过程中获得的公民个人信息，出售或者提供给他人的，依照前款的规定从重处罚。

窃取或者以其他方法非法获取公民个人信息的，依照第一款的规定处罚。

单位犯前三款罪的，对单位判处罚金，并对其直接负责的主管人员和其他直接责任人员，依照各该款的规定处罚。

《中华人民共和国个人信息保护法》（2021年）

第十条　任何组织、个人不得非法收集、使用、加工、传输他人个人信息，不得非法买卖、提供或者公开他人个人信息；不得从事危害国家安全、公共利益的个人信息处理活动。

第四十五条　保密义务

依法负有网络安全监督管理职责的部门及其工作人员，必须对在履行职责中知悉的个人信息、隐私和商业秘密严格保密，不得泄露、出售或者非法向他人提供。

解读

本条是关于保密义务的规定。

依法负有网络安全监督管理职责的部门及其工作人员，不可避免地会接触、收集、存储个人信息、隐私和商业秘密。为保护当事人的合法权益，并保障网络安全监督管理活动的正常进行，依法负有网络安全监督管理职责的部门及其工作人员必须对在履行职责中知悉的个人信息、隐私和商业秘密采取必要措施严格保密。我国现行的许多法律、行政法规都对这一特殊主体的保密义务作了规定。如电子商务法第八十七条规定，依法负有电子商务监督管理职责的部门的工作人员，玩忽职守、滥用职权、徇私舞弊，或者泄露、出售或者非法向他人提供在履行职责中所知悉的个人信息、隐私和商业秘密的，依法追究法律责任。

应用 ✔

相关立法

《电信和互联网用户个人信息保护规定》（2013年）

第十八条　电信管理机构及其工作人员对在履行职责中知悉的用户个人信息应当予以保密，不得泄露、篡改或者毁损，不得出售或者非法向他人提供。

第四十六条　禁止非法使用网络

任何个人和组织应当对其使用网络的行为负责，不得设立用于实施诈骗，传授犯罪方法，制作或者销售违禁物品、管制物品等违法犯罪活动的网站、通讯群组，不得利用网络发布涉及实施诈骗，制作或者销售违禁物品、管制物品以及其他违法犯罪活动的信息。

解读 📖

本条是关于禁止设置专门用于实施犯罪行为的网站、通讯群组和禁止利用网络发布犯罪信息的规定。

本条文的关键词是网络犯罪。网络犯罪是指行为人运用计算机技术，借助于网络对其系统或信息进行攻击，破坏或利用网络进行其他犯罪的总称，既包括行为人运用其编程、加密、解码技术或工具在网络上实施的犯罪，也包括行为人利用软件指令、网络系统或产品加密等技术及法律规定上的漏洞在网络内外交互实施的犯罪，还包括行为人借助于其居于网络服务提供者特定地位或其他方法在网络系统实施的犯罪。简言之，网络犯罪是针对和利用网络进行的犯罪，网络犯罪的本质特征是危害网络及其信息的安全与秩序。网络安全法原二审稿并没有该项条款，正式出台时增加了这一规定，体现了立法和监管机关对目前泛滥的电信诈骗、电商乱象的整治决心。

本法在第六十七条规定了相应的法律责任，违反本法第四十六条规定，设立用于实施违法犯罪活动的网站、通讯群组，或者利用网络发布涉及实施违法犯罪活动的信息，尚不构成犯罪的，由公安机关处五日以下拘留，可以并处一万元以上十万元以下罚款；情节较重的，处五日以上十五日以下拘留，可以并处五万元以上五十万元以下罚款。关闭用于实施违法犯罪活动的网站、通讯群组。单位有前款行为的，由公安机关处十万元以上五十万元以下罚款，并对直接负责的主管人员和其他直接责任人员依照前款规定处罚。

应用

相关立法

《中华人民共和国刑法》（2021年）

第二百八十七条　【利用计算机实施犯罪的提示性规定】利用计算机实施金融诈骗、盗窃、贪污、挪用公款、窃取国家秘密或者其他犯罪的，依照本法有关规定定罪处罚。

第二百八十七条之一　【非法利用信息网络罪】利用信息网络实施下列行为之一，情节严重的，处三年以下有期徒刑或者拘役，并处或者单处罚金：

（一）设立用于实施诈骗、传授犯罪方法、制作或者销售违禁物品、管制物品等违法犯罪活动的网站、通讯群组的；

（二）发布有关制作或者销售毒品、枪支、淫秽物品等违禁物品、管制物品或者其他违法犯罪信息的；

（三）为实施诈骗等违法犯罪活动发布信息的。

单位犯前款罪的，对单位判处罚金，并对其直接负责的主管人员和其他直接责任人员，依照第一款的规定处罚。

有前两款行为，同时构成其他犯罪的，依照处罚较重的规定定罪处罚。

第二百八十七条之二　【帮助信息网络犯罪活动罪】明知他人利用信息网络实施犯罪，为其犯罪提供互联网接入、服务器托管、网络存储、通讯传输等技术支持，或者提供广告推广、支付结算等帮助，情节严重的，处三年以下有期徒刑或者拘役，并处或者单处罚金。

单位犯前款罪的，对单位判处罚金，并对其直接负责的主管人员和其他直接责任人员，依照第一款的规定处罚。

有前两款行为，同时构成其他犯罪的，依照处罚较重的规定定罪处罚。

第四十七条　安全管理义务

网络运营者应当加强对其用户发布的信息的管理，发现法律、行政法规禁止发布或者传输的信息的，应当立即停止传输该信息，采取消除等处置措施，防止信息扩散，保存有关记录，并向有关主管部门报告。

解读 📖

本条是关于安全管理义务的规定。

网络环境不是法外之地，任何人利用网络发布信息或从事其他活动，应当对其行为负责，遵守宪法法律，遵守公共秩序，尊重社会公德，不得从事危害国家安全、破坏社会秩序、侵犯他人合法权益的活动。

根据此条规定，网络运营者发现用户发布法律、行政法规禁止发布或者传输的信息的，一是应当立即停止传输该信息，阻止违法信息通过其所提供的网络服务传播给他人；二是应当采取消除等处置措施，防止信息扩散，减小违法信息的影响和危害；三是应当保存有关记录，为依法追究信息发布者的责任提供依据；四是应当根据违法信息的内容和性质，向有关主管部门报告。网络安全法还规定了平台对网民发布的信息有管理义务，确保用户发布的内容符合法律规定。对此，企业应该引导用户规范网络行为的合法性，宣传积极合法地使用互联网服务。同时，要加强内容审计，建立专门的制度，通过机器和人工相结合的方式审核内容的合法性。

应用 ⚒

相关立法

《全国人民代表大会常务委员会关于维护互联网安全的决定》（2011年）

七、各级人民政府及有关部门要采取积极措施，在促进互联网的应用和网络技术的普及过程中，重视和支持对网络安全技术的研究和开发，增强网络的安全防护能力。有关主管部门要加强对互联网的运行安全和信息安全的宣传教育，依法实施有效的监督管理，防范和制止利用互联网进行的各种违法活动，为互联网的健康发展创造良好的社会环境。从事互联网业务的单位要依法开展活动，发现互联网上出现违法犯罪行为和有害信息时，要采取措施，停止传输有害信息，并及时向有关机关报告。任何单位和个人在利用互联网时，都要遵纪守法，抵制各种违法犯罪行为和有害信息。人民法院、人民检察院、公安机关、国家安全机关要各司其职，密切配合，依法严厉打击利用互联网实施的各种犯罪活动。要动员全社会的力量，依靠全社会的共同努力，保障互联网的运行安全与信息安全，促进社会主义精神文明和物质文明建设。

《全国人民代表大会常务委员会关于加强网络信息保护的决定》（2012年）

五、网络服务提供者应当加强对其用户发布的信息的管理，发现法律、法规禁止发布或者传输的信息的，应当立即停止传输该信息，采取消除等处置措施，保存有关记录，并向有关主管部门报告。

第四十八条　信息安全管理义务

任何个人和组织发送的电子信息、提供的应用软件，不得设置恶意程序，不得含有法律、行政法规禁止发布或者传输的信息。

电子信息发送服务提供者和应用软件下载服务提供者，应当履行安全管理义务，知道其用户有前款规定行为的，应当停止提供服务，采取消除等处置措施，保存有关记录，并向有关主管部门报告。

解读 📖

本条是关于电子信息发送服务提供者和应用软件下载服务提供者的信息安全管理义务的规定。

本条第一款禁止实践中个人和组织利用发送的电子信息、提供的应用软件故意设置恶意程序、发布传播禁止性信息的行为。

本条第二款进一步对电子信息发送服务提供者和应用软件下载服务提供者这一特殊义务主体作出了义务规定，明确表明这一主体具有安全管理义务，在发现用户有前款行为时，应当作出停止服务、消除影响等措施，并保存记录及报告。

应用 ⚖

相关立法

《互联网新闻信息服务管理规定》（2017年）

第十六条　互联网新闻信息服务提供者和用户不得制作、复制、发布、传播法律、行政法规禁止的信息内容。

互联网新闻信息服务提供者提供服务过程中发现含有违反本规定第三条或前款规定内容的，应当依法立即停止传输该信息、采取消除等处置措施，保存有关记录，并向有关主管部门报告。

《全国人民代表大会常务委员会关于加强网络信息保护的决定》（2012年）

五、网络服务提供者应当加强对其用户发布的信息的管理，发现法律、法规禁止发布或者传输的信息的，应当立即停止传输该信息，采取消除等处置措施，保存有关记录，并向有关主管部门报告。

第四十九条　网络信息安全投诉、举报和网络运营者配合监督检查的义务

网络运营者应当建立网络信息安全投诉、举报制度，公布投诉、举报方式等信息，及时受理并处理有关网络信息安全的投诉和举报。

网络运营者对网信部门和有关部门依法实施的监督检查，应当予以配合。

解读 📖

本条是关于网络信息安全投诉、举报和网络运营者配合监督检查的义务的规定。

维护网络信息安全需要全社会的共同努力，充分发挥广大网民的作用。对危害网络信息安全的行为，公民有监督的权利，网络运营者有接受监督的义务。为了维护公民对网络信息安全的监督权利，发挥社会监督在保障网络信息安全方面的重要作用，本条对网络运营者建立网络信息安全投诉、举报制度，及时受理并处理社会公众的投诉、举报提出了要求。

一是网络运营者应当建立网络信息安全投诉、举报制度，明确受理、处理投诉、举报的机构、人员及其职责、范围及方式、程序及操作规程等事项；二是网络运营者应当以合理方式公布投诉、举报方式等信息，方便投诉举报人；三是网络运营者应当及时受理投诉、举报，无正当理由不得拒绝；四是网络运营者应当按照内部操作规程及时处理投诉和举报，并告知投诉举报人处理结果。依照本法第四十七条、第四十八条的规定，网络运营者受理用户的投诉、举报，对法律、行政法规禁止发布或者传输的信息的，应当立即停止传输该信息，采取消除等处置措施，防止信息扩散，保存有关记录，并向有关主管部门报告。

本条第二款对网络运营者的配合义务作出了规定，明确网络运营者应当接受网信部门和有关部门的监督检查，并予以配合。例如，如实说明有关情况和数据，提供信息和资料，为监督执法行为提供便利，不得拒绝、阻碍网络运营者的监督检查行为。

应用 ✒️

相关立法

《中华人民共和国电子商务法》（2019年）

第五十九条 电子商务经营者应当建立便捷、有效的投诉、举报机制，公开投诉、举报方式等信息，及时受理并处理投诉、举报。

《中华人民共和国个人信息保护法》（2021 年）

第六十五条　任何组织、个人有权对违法个人信息处理活动向履行个人信息保护职责的部门进行投诉、举报。收到投诉、举报的部门应当依法及时处理，并将处理结果告知投诉、举报人。

履行个人信息保护职责的部门应当公布接受投诉、举报的联系方式。

第五十条　违法信息的处置

国家网信部门和有关部门依法履行网络信息安全监督管理职责，发现法律、行政法规禁止发布或者传输的信息的，应当要求网络运营者停止传输，采取消除等处置措施，保存有关记录；对来源于中华人民共和国境外的上述信息，应当通知有关机构采取技术措施和其他必要措施阻断传播。

解读 📖

本条是关于国家网信部门和有关部门处置违法信息的规定。

依照本法规定，国家网信部门和有关部门负有网络信息安全监督管理职责。国家网信部门和有关部门应当按照职责分工，加强网络信息安全管理，在履行职责过程中，如果发现法律、行政法规禁止发布或者传输的信息的，有权依照本法规定采取下列措施：一是要求网络运营者停止传输该违法信息，防止违法信息通过网络运营者的网络再次传播；二是要求网络运营者删除违法信息，减小、消除违法信息的影响和危害；三是要求网络运营者保存有关记录，为调查处理违法犯罪行为提供依据；四是对来源于中华人民共和国境外的违法信息，应当通知有关机构采取技术措施和其他必要措施阻断传播。

应用 ✔

相关立法

《全国人民代表大会常务委员会关于加强网络信息保护的决定》（2012 年）

十、有关主管部门应当在各自职权范围内依法履行职责，采取技术措施和其他必要措施，防范、制止和查处窃取或者以其他非法方式获取、出售或者非法向他人提供公民个人电子信息的违法犯罪行为以及其他网络信息违法犯罪行为。有关主管部门依法履行职责时，网络服务提供者应当予以配合，提供技术支持。

国家机关及其工作人员对在履行职责中知悉的公民个人电子信息应当予以保密，不得泄露、篡改、毁损，不得出售或者非法向他人提供。

《互联网域名管理办法》（2017年）

第四十条　域名注册管理机构、域名注册服务机构应当配合国家有关部门依法开展的检查工作，并按照电信管理机构的要求对存在违法行为的域名采取停止解析等处置措施。

域名注册管理机构、域名注册服务机构发现其提供服务的域名发布、传输法律和行政法规禁止发布或者传输的信息的，应当立即采取消除、停止解析等处置措施，防止信息扩散，保存有关记录，并向有关部门报告。

《中华人民共和国个人信息保护法》（2021年）

第六十条　国家网信部门负责统筹协调个人信息保护工作和相关监督管理工作。国务院有关部门依照本法和有关法律、行政法规的规定，在各自职责范围内负责个人信息保护和监督管理工作。

县级以上地方人民政府有关部门的个人信息保护和监督管理职责，按照国家有关规定确定。

前两款规定的部门统称为履行个人信息保护职责的部门。

第五章　监测预警与应急处置

第五十一条　国家网络安全监测预警和信息通报制度

国家建立网络安全监测预警和信息通报制度。国家网信部门应当统筹协调有关部门加强网络安全信息收集、分析和通报工作，按照规定统一发布网络安全监测预警信息。

解读 📖

本条是关于建立国家网络安全监测预警和信息通报制度的规定。

建立国家网络安全监测预警和信息通报制度是应对当前层出不穷的网络安全风险、提高网络空间管理水平的必然之举。我国有必要按照"早发现、早报告、早处置"的原则，建立高效的国家网络安全监测预警和信息通报制度。

一、明确国家网络安全监测预警和信息通报制度的组织机构

网络安全监测预警机制由国家网信部门统筹协调基础电信业务经营者、跨省经营的增值电信业务经营者、国家计算机网络应急技术处理协调中心、互联网域名注册管理机构、互联网域名注册服务机构等有关部门建设。通过建立健全覆盖全网的信息监测预警机制，完善对网络安全隐患、网络安全事件的发现、监控渠道，增强网络空间安全综合防御能力。

国家网信部门统一负责网络安全信息通报制度，按照规定统一发布网络安全监测预警信息。由国家网信部门统一负责网络安全信息通报，有利于保障网络安全信息的真实性、权威性，使各方主体对网络威胁能够有所重视，及时发现问题、弥补漏洞，提高网络空间安全防御效率。

二、明确国家网络安全监测预警和信息通报制度的工作机制

网络安全监测是实现及时准确预警的前提和基础，科学的监测研判结果能够为网络安全预警提供有力依据，提高预警的可信度。

网络安全监测是指采用技术手段对网络与信息系统进行实时、动态且持续性的监控，以全面掌握网络的运行状态，发现网络入侵、攻击等网络安全风险的活动。[①]

网络安全预警是指基于对监测结果的实时分析，对即将发生或正在发生的网络安全事件或威胁，提前或及时发出安全警示，以达到主动发现入侵活动、确保网络安全的目的。

网络安全监测预警和信息通报制度意在构建一个涵盖事先监测预警、事中应急响应、事后惩治与恢复的"三位一体"的治理框架，将针对信息系统攻击的规制扩展至事前、事中及事后的全过程，通过对网络攻击中各个连接要点的控制来实现有效防范与治理。

根据相关法律规定，相关部门或单位需要及时全面地向通信保障局和相关通信管理局报送已发生的网络安全事件信息、存在潜在安全威胁或隐患的信息，或者对事件信息分析后得出的预防性信息，为及时发现网络安全风险和妥善处置网络安全事件做好准备。对于认为可能发生特别重大或重大突发事件的，立即向工业和信息化部网络安全应急办公室报告；对于认为可能发生较大或一般突发事件的，应当立即向相关省（自治区、直辖市）通信管理局报告。

通信管理局汇总分析突发事件隐患和预警信息，必要时组织相关单位、专业技术人员、专家学者进行会商研判，并通过网站、短信、微信等多种形式面向社会发布预警信息，包括预警级别、起始时间、可能的影响范围、可能造成的危害结果、应采取的防范措施、时限要求和发布机关等。

应用

相关立法

《中华人民共和国网络安全法》（2017年）第二十一条、第二十六条、第

[①]　马民虎.网络安全法律遵从［M］.上海：电子工业出版社，2018：106.

五十一条、第五十二条

《国家网络安全事件应急预案》（2017年）

《公共互联网网络安全威胁监测与处置办法》（2018年）

《公共互联网网络安全突发事件应急预案》（2017年）

第五十二条　关键信息基础设施的网络安全监测预警和信息通报

负责关键信息基础设施安全保护工作的部门，应当建立健全本行业、本领域的网络安全监测预警和信息通报制度，并按照规定报送网络安全监测预警信息。

解读 📖

本条是关于建立健全关键信息基础设施的网络安全监测预警和信息通报制度的规定。

由于国家关键信息基础设施关系国家安全、国计民生，一旦其数据泄露、遭到破坏或者丧失功能，可能严重危害国家安全、公共利益，因此有必要采取一切必要措施保护关键信息基础设施及其重要数据不受攻击破坏，建立实施关键信息基础设施保护制度。故网络安全法专设本条规定了关键信息基础设施的网络安全监测预警和信息通报制度，要求负责关键信息基础设施安全保护工作的部门必须在本行业、本领域内建设专门的网络安全监测预警和信息通报制度，并按照规定与要求报送网络安全监测预警信息，以此实现对关键信息基础设施的重点保护。

一、境外关键信息基础设施安全保护实践

随着关键信息基础设施战略价值的进一步凸显，各国纷纷开始了对关键信息基础设施安全保护的研究工作，以立法形式建设关键信息基础设施安全保护机制。

（一）美国

美国作为最早界定关键基础设施范围的国家，早在2002年就已经将关键基础设施的安全保护纳入国土安全部的工作范围。2010年以后，美国陆续通过《国家网络基础设施保护法案2010》《网络空间作为国有资产保护法案2010》《提高关键基础设施网络安全框架》等文件对关键信息基础设施的保护工作作出进一步的规定。

（二）德国

2015年，《德国网络安全法》再次明确了"关键基础设施"的范围为"凡是涉及水资源、能源、通信、医疗、交通、金融、保险等与德国民众日常生活紧密相关的行业或企业"，并首次赋予该定义以法律效力。同时，通过对"关键基础设施"的运营者责任、电信运营商义务、网络监管权、网络安全报告制度等的进一步规定，加强了对关键信息基础设施的保护。

（三）英国

英国创设性地提出从数字经济影响力、数据资源特性等维度，将关键基础设施划分为五类，打破了美国以行业特征和部门属性划分关键信息基础设施的传统界定方式，为关键信息基础设施的界定提供了新的视角，以完善原有关键信息基础设施保护的缺漏。

二、我国对关键信息基础设施的网络安全监测预警与信息通报制度

2021年正式公布的《关键信息基础设施安全保护条例》（以下简称"条例"），在网络安全法的基础上，围绕关键信息基础设施安全保护的总体目标，以规范性文件形式明确了各部门在关键信息基础设施安全保护上的职责和分工，细化了各责任主体的义务和要求，不仅为落实关键信息基础设施安全保护工作提供了有力保障，也为建立健全关键信息基础设施的安全监测预警与信息通报制度提供了有效的指引。

首先，明确涉及关键信息基础设施行业和领域的主管部门、监督管理部门是负责关键信息基础设施安全保护工作的部门（以下简称"保护工作部门"）。保护工作部门具有建立健全网络安全监测预警制度，预警通报网络安全威胁和隐患，定期组织开展网络安全检查检测的责任义务，负有及时掌握关键信息基础设施运行状况、安全态势，做好对网络安全威胁和隐患的防范指导工作，以及指导监督运营者及时整改安全隐患、完善安全措施等职责。

其次，明确关键信息基础设施运营者在网络安全监测预警、信息通报等环节须遵循的义务要求。运营者应当自行或者委托网络安全服务机构对关键信息基础设施每年至少进行一次网络安全检测和风险评估，对发现的安全问题及时整改，并按照保护工作部门要求报送情况。

在关键信息基础设施发生重大网络安全事件或者发现重大网络安全威胁时，运营者应当及时按照有关规定向保护工作部门、公安机关报告。在关键信息基础设施发生特别重大网络安全事件或者发现特别重大网络安全威胁时，保护工作部门应当在收到报告后，及时向国家网信部门、国务院公安部门报告。

最后，明确保护工作部门、运营商在未履行对关键信息基础设施的网络安全监测预警和信息通报义务的法律责任。保护工作部门及其工作人员未履行关键信息基础设施安全保护和监督管理职责或者玩忽职守、滥用职权、徇私舞弊的，依法对直接负责的主管人员和其他直接责任人员给予处分。运营者未对关键信息基础设施每年至少进行一次网络安全检测和风险评估，未对发现的安全问题及时整改，或者未按照保护工作部门要求报送情况的，由有关主管部门依据职责责令改正，给予警告；拒不改正或者导致危害网络安全等后果的，对单位和直接负责的主管人员处以罚款。

应用 ✔

相关立法

《关键信息基础设施安全保护条例》（2021年）

第五十三条　网络安全事件应急预案

国家网信部门协调有关部门建立健全网络安全风险评估和应急工作机制，制定网络安全事件应急预案，并定期组织演练。

负责关键信息基础设施安全保护工作的部门应当制定本行业、本领域的网络安全事件应急预案，并定期组织演练。

网络安全事件应急预案应当按照事件发生后的危害程度、影响范围等因素对网络安全事件进行分级，并规定相应的应急处置措施。

解读 📖

本条是关于建立健全应急工作机制和网络安全事件应急预案的规定。

一、建立健全网络安全风险评估，制定网络安全事件应急预案

由于网络安全事件波及范围广、涉及的部门多，不同性质的网络安全事件可能在危害程度上也存在差异，要实现"反应灵敏、协调有序、运转高效"，必须在合理的风险评估和调查的基础上制定应急预案，提高应急预案的科学性和可操作性。同时，需要加强有关部门、单位间的统筹协调，厘清各单位的职权、义务，提高应急预案的实施效率。因此，根据《中华人民共和国网络安全法》和《关键信息基础设施安全保护条例》的相关规定，由国家网信部门协调有关部门建立健全网络安全风险评估和应急工作机制，制定网络安全事件应急预案；针对需要重点保护的关键信息基础设施行业或领域，由负责关键信息基础设施安全保护工作的部门制定本行业、本领域的网络安全事件应急预案。再由运营者按照国家及行业网络安全事件应急预案，制定本单位应急预案，定期开展应急演练，及时处置系统漏洞、计算机病毒、网络攻击、网络侵入等安全风险；在发生危害网络安全的事件时，立即启动应急预案，采取相应的补救措施，并按照规定向有关主管部门报告。

同时，负责关键信息基础设施安全保护工作的部门、国家网信部门以及其他有关部门还需要定期组织应急演练，指导运营者做好网络安全事件应对处置，并根据需要组织提供技术支持与协助。

二、建立健全应急工作机制

本条要求国家网信部门协调有关部门建立健全其组织内部的网络安全事件应急响应机制。

根据《国家网络安全事件应急预案》的规定，在中央网络安全和信息化领导小组的领导下，中央网络安全和信息化领导小组办公室统筹协调组织国家网络安全事件的应急响应工作，建立健全跨部门联动处置机制，工业和信息化部、公安部、国家保密局等相关部门按照职责分工负责相关网络安全事件应对工作。必要时成立国家网络安全事件应急指挥部负责特别重大网络安全事件处置的组织指挥和协调。

（一）网络安全事件应急演练

由于网络安全事件应急预案仅是可能发生的网络安全事件的预测性应对方案，为了及时发现应急预案中的问题与缺漏，提高应急预案的科学性和可操作性，本条要求应急预案的制定单位建立常态化的应急演练制度。

根据有关法律的规定，应急演练制度主要由国家网信部门和负责关键信息基础设施安全保护工作的部门负责组织，由相关运营者具体实施。各省（区、市）、各部门每年至少组织一次预案演练，并将演练情况报中央网信办。中央网信办及有关地区和部门对不按照规定制定预案和组织开展演练的，依照相关规定对有关责任人给予处分；构成犯罪的，依法追究刑事责任。

（二）网络安全事件的分级

由于不同性质、程度的网络安全事件存在危害程度、影响范围上的差异，因此网络安全事件应急预案应当按照事件发生后的危害程度、影响范围等因素对网络安全事件进行分级，并规定相应的应急处置措施。

《国家网络安全事件应急预案》将网络安全事件分为以下四级。

第一，特别重大网络安全事件。符合下列情形之一的：重要网络和信息系统遭受特别严重的系统损失，造成系统大面积瘫痪，丧失业务处理能力；国家秘密信息、重要敏感信息和关键数据丢失或被窃取、篡改、假冒，对国家安全和社会稳定构成特别严重威胁；其他对国家安全、社会秩序、经济建设和公众利益构成特别严重威胁、造成特别严重影响的网络安全事件。

第二，重大网络安全事件。符合下列情形之一且未达到特别重大网络安全事件的：重要网络和信息系统遭受严重的系统损失，造成系统长时间中断或局部瘫痪，业务处理能力受到极大影响；国家秘密信息、重要敏感信息和关键数据丢失或被窃取、篡改、假冒，对国家安全和社会稳定构成严重威胁；其他对国家安全、社会秩序、经济建设和公众利益构成严重威胁、造成严重影响的网络安全事件。

第三，较大网络安全事件。符合下列情形之一且未达到重大网络安全事件的：重要网络和信息系统遭受较大的系统损失，造成系统中断，明显影响系统效率，业务处理能力受到影响；国家秘密信息、重要敏感信息和关键数据丢失或被窃取、篡改、假冒，对国家安全和社会稳定构成较严重威胁；其他对国家安全、社会秩序、经济建设和公众利益构成较严重威胁、造成较严重影响的网络安全事件。

第四，一般网络安全事件。除上述情形外，对国家安全、社会秩序、经济建设和公众利益构成一定威胁、造成一定影响的网络安全事件。

应用

相关立法

《中华人民共和国网络安全法》（2017年）第二十五条、第三十四条、第五十三条、第五十五条

《突发事件应急预案管理办法》（2013年）

《国家网络安全事件应急预案》（2017年）

《关键信息基础设施安全保护条例》（2021年）

第十五条　专门安全管理机构具体负责本单位的关键信息基础设施安全保护工作，履行下列职责：

（一）建立健全网络安全管理、评价考核制度，拟订关键信息基础设施安全保护计划；

（二）组织推动网络安全防护能力建设，开展网络安全监测、检测和风险评估；

（三）按照国家及行业网络安全事件应急预案，制定本单位应急预案，定期开展应急演练，处置网络安全事件；

（四）认定网络安全关键岗位，组织开展网络安全工作考核，提出奖励和惩处建议；

（五）组织网络安全教育、培训；

（六）履行个人信息和数据安全保护责任，建立健全个人信息和数据安全

保护制度；

（七）对关键信息基础设施设计、建设、运行、维护等服务实施安全管理；

（八）按照规定报告网络安全事件和重要事项。

典型案例

2020年江苏省网络安全事件应急演练

简介：

2020年10月，江苏省网络安全事件应急演练在镇江举行，本次演练由江苏网信办、镇江市委网信委联合举办，镇江网信办承办，江苏省信息安全测评中心等单位协办，筛选了700多个重要网站和信息系统作为预设目标，涉及全省58个党政机关和重点企事业单位。

通过设置系统攻击致瘫、重要敏感数据泄露、网站页面篡改三个科目，以贴近实战的方式开展攻防对抗，以直观的方式真实展现检测结果和应急处置过程，来提高大家对网络安全风险和威胁的认识，检验江苏省网络安全事件应急体系，锻炼应急管理和技术支撑队伍，提升网络安全事件的预警响应、分析研判、应急处置和恢复重建能力。[1]

简评：

2020年10月的江苏省网络安全事件应急演练，是省级网信部门组织协调有关部门开展网络安全事件应急演练的一个典范。本次演练不仅开创了全国网络安全事件应急"实战"演练的先河，通过"真"攻、"实"演、"直"观的形式，直接展示应急处置水平和应急处置过程，也有利于提高对应急处置能力的重视，为网络与网络安

---

[1] 2020年江苏省网络安全事件应急演练在镇江举行［EB/OL］.（2020-10-26）［2021-02-28］. http://www.cac.gov.cn/2020-10/26/c_1605275819933756.htm.

全保驾护航。

第五十四条　网络安全风险预警

网络安全事件发生的风险增大时，省级以上人民政府有关部门应当按照规定的权限和程序，并根据网络安全风险的特点和可能造成的危害，采取下列措施：

（一）要求有关部门、机构和人员及时收集、报告有关信息，加强对网络安全风险的监测；

（二）组织有关部门、机构和专业人员，对网络安全风险信息进行分析评估，预测事件发生的可能性、影响范围和危害程度；

（三）向社会发布网络安全风险预警，发布避免、减轻危害的措施。

解读 📖

本条是关于网络安全风险预警措施的规定。

网络安全监测预警机制是预防网络安全事件发生、控制事件爆发规模的有效手段。但在网络安全事件发生前后的整个监测阶段中，并非都采取同等程度的处置手段。

本条正是针对在监测过程中发现网络安全事件发生的风险增大的情形，要求省级以上人民政府及相关部门按照规定的程序和权限及时采取相应措施。

第一，要求有关部门、机构和人员及时收集、报告网络安全风险相关信息，进一步加强对网络安全风险的监测。

第二，组织有关部门、机构和专业人员，对网络安全风险信息进行分析评估，预测事件发生的可能性、影响范围和危害程度，为启动应急预案做好准备。根据《国家网络安全事件应急预案》的规定，各省（区、市）、各部门组织对监测信息进行研判，认为需要立即采取防范措施的，应当及时通知有关部门和单位，对可能发生重大及以上网络安全事件的信息及时向应急办报告。各省（区、市）、各部门可根据监测研判情况，发布本地区、本行业的橙色及以下预警。应急办组织研判，确定和发布红色预警和涉及多省（区、市）、多部门、多行业的预警。

第三，及时向社会发布网络安全风险预警，说明事件的类别、预警级别、起始时间、可能影响的范围、警示事项、应采取的措施和时限要求等信息，使社会公众能够及时知悉网络安全风险，做好应对准备，尽量避免或减轻网络安全风险带来的损害。

应用 ✎

相关立法

《中华人民共和国网络安全法》（2017年）第五十一条、第五十二条、第五十四条

《国家网络安全事件应急预案》（2017年）

第五十五条　网络安全事件的应急处置

发生网络安全事件，应当立即启动网络安全事件应急预案，对网络安全事件进行调查和评估，要求网络运营者采取技术措施和其他必要措施，消除安全隐患，防止危害扩大，并及时向社会发布与公众有关的警示信息。

解读 📖

本条是关于网络安全事件发生后的应急处置措施的规定。

在网络安全事件发生后，负责网络安全事件应急处置工作的有关部门应当立即启动应急预案，实施处置并及时报送信息。

各有关地区、部门需要立即组织先期处置，控制事态，消除隐患，在组织研判的基础上，针对不同级别的网络安全事件启动相应级别的应急响应。对于初判为特别重大、重大网络安全事件的，应当立即报告应急办。

而网络运营者处在网络安全事件的第一线，本身负有采取应急处置措施，防止危害扩大的义务与责任。同时，也有义务服从有关部门的要求，采取相关技术措施和其他必要措施，消除安全隐患、防止危害扩大。

对于经调查评估认为会对社会公众产生较大影响的网络安全事件，负责网络安全事件应急处置工作的有关部门应当及时、准确、客观地向社会发布与公众有关的警示信息，告知公众相关的事件信息和可采取的防控措施，以减少损失的进一步扩大，保障公众利益。

应用 ✍

相关立法

《国家网络安全事件应急预案》（2017 年）

第五十六条 约谈制度

省级以上人民政府有关部门在履行网络安全监督管理职责中，发现网络存在较大安全风险或者发生安全事件的，可以按照规定的权限和程序对该网络的运营者的法定代表人或者主要负责人进行约谈。网络运营者应当按照要求采取措施，进行整改，消除隐患。

解读 📖

本条是关于网络安全监督管理中约谈制度的规定。

一、约谈的主体

由于约谈具有警示告诫作用，在一定程度上会向社会传递一种消极信号，减损企业的社会形象，因此本条将约谈的主体限定为"省级以上人民政府有关部门"。避免约谈成为一种被随意使用的手段，影响企业的正常经营。

二、约谈的对象

本条规定约谈对象为"网络运营者的法定代表人或者主要负责人"。约谈主体可以根据具体情况确定约谈法定代表人或者主要负责人，由于约谈主要通过沟通实现指导教育，这里的"或者"应当作"可以择其一，也可以一起"理解。

三、约谈的程序

约谈应当在发现网络存在较大安全风险或者发生安全事件的情形下，按照规定的权限和程序实施。

但由于目前尚未有规范性文件规定网络安全监督管理约谈制度的具体程序，只能参考《互联网新闻信息服务单位约谈工作规定》，要求国家网信办、地方网信办对互联网新闻信息服务单位实施约谈时，应当提前告知约谈事由，并约定时间、地点和参加人员等。同时，需要两名以上执法人员参加，主动出示证件，并记录约谈情况。

四、约谈的法律效力

约谈通过对被约谈对象的指导教育，意图实现对网络安全风险有效防控。本法虽然没有明确规定被约谈对象能否拒绝约谈，但要求被约谈的网络运营者应当按照要求采取措施，进行整改，消除隐患。《互联网新闻信息服务单位约谈工作规定》也明示互联网新闻信息服务单位应当配合约谈，不得拒绝、阻挠。

应用 ✔

相关立法

《公共互联网网络安全威胁监测与处置办法》（2018 年）

《互联网新闻信息服务单位约谈工作规定》（2015 年）

典型案例

2018 年国家网信办就"某 App 年度账单事件"约谈当事企业负责人

简介：

2018 年，某 App 以极小字体在"查看年度账单"中设置用户默认同意《某服务协议》的选项，一旦用户未注意到该选项就会直接同意这个协议，允许该 App 收集用户信息包括在第三方保存的信息，而该协议与是否查看年度账单并无关联性。这一事件经一律师分析曝光后迅速引起网友热议，担心个人信息是否存在泄露风险。

随后，国家互联网信息办公室网络安全协调局立即组织约谈了某网络技术有限公司、某信用管理有限公司的有关负责人，要求其严格按照网络安全法的要求，加强对平台的全面排查，进行专项整顿，切实采取有效措施，防止类似事件再次发生。某网络技术有限公司和某信用管理有限公司也表示，将认真落实监管部门要求，从源头查找问题，深刻吸取教训，全面整改。

简评：

本案是省级以上人民政府有关部门在发现网络存在较大安全风险或者发生安全事件时，采用约谈手段及时迅速解决网络安全风险、隐患，有效防控网络安全风险进一步发酵、扩大的典范，充分展现了约谈制度在防控网络安全风险上的优越性。

第五十七条　突发事件和生产安全事故的处置

因网络安全事件，发生突发事件或者生产安全事故的，应当依照《中华人民共和国突发事件应对法》、《中华人民共和国安全生产法》等有关法律、行政法规的规定处置。

解读 📖

本条是关于处置因网络安全事件发生的突发事件或者生产安全事故的规定。

网络安全事件是指由于人为因素、软硬件缺陷或故障、自然灾害等，对网络和信息系统或者其中的数据造成危害，进而对社会造成负面影响的事件。在一定程度上，网络安全事件会与突发事件或者生产安全事故重叠，一些网络安全事件可能会突破网络安全事件的限度，引发突发事件或者生产安全事故。在此情形下，根据本条规定应当优先适用《中华人民共和国突发事件应对法》（以下简称"突发事件应对法"）、《中华人民共和国安全生产法》等有关法律、法规的规定进行处置，避免处理部门、职权、程序等的冲突，提高事件或事故的处理效率。

一、因网络安全事件发生突发事件的处置

突发事件是指突然发生，造成或者可能造成严重社会危害，需要采取应急处置措施予以应对的自然灾害、事故灾难、公共卫生事件和社会安全事件。按照社会危害程度、影响范围等因素，可以分为特别重大、重大、较大和一般四级。

国务院、地方各级人民政府和县级以上地方各级人民政府有关部门应当根据突发事件应对法和其他有关法律、法规的规定，针对突发事件的性质、特点和可能造成的社会危害制定相应的应急预案，具体规定突发事件应急管理工作的组织指挥体系与职责和突发事件的预防与预警机制、处置程序、应急保障措施及事后恢复与重建措施等内容，并根据实际需要和情势变化，适时修订应急预案。

在由网络安全事件引起的突发事件发生后，履行统一领导职责或者组织处置突发事件的人民政府应当针对其性质、特点和危害程度，立即组织有关部门，调动应急救援队伍和社会力量，依照突发事件应对法和有关法律、法规、规章的规定采取应急处置措施，并按照有关规定统一、准确、及时发布有关突发事件事态发展和应急处置工作的信息。

对于严重影响国民经济正常运行的突发事件，国务院或者国务院授权的有关主管部门可以采取保障、控制等必要的应急措施，保障人民群众的基本生活需要，最大限度地减轻突发事件的影响。

二、因网络安全事件发生生产安全事故的处置

生产安全事故是指在生产经营活动中发生的造成人身伤亡或者直接经济损失的事件。根据《生产安全事故报告和调查处理条例》的规定，事故一般分为特别重大事故（造成30人以上死亡，或者100人以上重伤，或者1亿元以上直接经济损失）、重大事故（造成10人以上30人以下死亡，或者50人以上100人以下重伤，或者5000万元以上1亿元以下直接经济损失）、较大事故（造成3人以上10人以下死亡，或者10人以上50人以下重伤，或者1000万元以上5000万元以下直接经济损失）、一般事故（造成3人以下死亡，或者10人以下重伤，或者1000万元以下直接经济损失）四级。

国务院安全生产监督管理部门建立全国统一的生产安全事故应急救援信息系统，国务院有关部门建立健全相关行业、领域的生产安全事故应急救援信息系统。县级以上地方各级人民政府应当组织有关部门制定本行政区域内生产安全事故应急救援预案，建立应急救援体系。生产经营单位应当制定本单位生产安全事故应急救援预案，与所在地县级以上地方人民政府组织制定的生产安全事故应急救援预案相衔接，并定期组织演练。

在由网络安全事件引起的生产安全事故发生后，事故现场有关人员应当立即报告本单位负责人。单位负责人接到事故报告后，应当迅速采取有效措施，组织抢救，防止事故扩大，减少人员伤亡和财产损失，并按照国家有关规定立即如实报告当地负有安全生产监督管理职责的部门，不得隐瞒不报、谎报或者迟报，不得故意破坏事故现场、毁灭有关证据。

负有安全生产监督管理职责的部门接到事故报告后，应当立即按照国家有关规定上报事故情况。负有安全生产监督管理职责的部门和有关地方人民政府对事故情况不得隐瞒不报、谎报或者迟报。

有关地方政府和职能部门的负责人在接到生产安全事故报告后，应当按照生产安全事故应急救援预案的要求立即赶到事故现场，组织事故抢救。参与事故抢救的部门和单位应当服从统一指挥，加强协同联动，采取有效的应急救援措施，防止事故扩大和次生灾害的发生，减少人员伤亡和财产损失。同时，事故抢救过程中也应当采取必要措施，避免或者减少对环境造成的危害。

应用 ✔

相关立法

《中华人民共和国突发事件应对法》（2007年）

《中华人民共和国安全生产法》（2021年）

《生产安全事故报告和调查处理条例》（2007年）

第五十八条 网络通信临时限制措施

因维护国家安全和社会公共秩序，处置重大突发社会安全事件的需要，经国务院决定或者批准，可以在特定区域对网络通信采取限制等临时措施。

解读 📖

本条是关于网络通信临时限制措施的规定。

互联网是一把双刃剑，它在给人们生活带来便利的同时，也常被不法分子利用于制造恐慌、宣传民族分裂和宗教极端思想、串联组织犯罪活动等犯罪行为。因此，根据国家安全法、突发事件应对法的有关规定，为了维护国家安全和社会公共秩序，及时有效控制、减轻和消除事件引起的严重社会危害，保护人民生命财产安全，在处置重大突发社会安全事件时，可以依法采取一些特别的措施。

本条所规定的网络通信临时限制正是特别措施之一。由于网络通信临时限制将对社会生产生活产生较大影响，因此必须对网络通信临时限制措施进行严格限制。

一、实施条件

（一）因维护国家安全和社会公共秩序，处置重大突发社会安全事件的需要

网络通信临时限制措施的实施，必须以满足国家安全和社会公共秩序，处置重大突发社会安全事件的需要为前提，禁止滥用网络通信临时限制措施。

本条将"重大突发社会安全事件"作为实施的前提之一，却未在本法中对其作出明确解释，需要关联突发事件应对法等相关规定进一步阐明。"社会安全事件"是突发事件的法定分类之一，但突发事件应对法中并未对社会安全事件的分级作出明确规定。《特别重大、重大突发公共事件分级标准（试行）》将社会安全事件分为群体性事件、金融突发事件、涉外突发事件、影响市场稳定的突发事件、刑事案件和恐怖袭击事件六类，并对前五类的"特别重大"和"重大"标准作出了界定，可为理解本条所指向的重大突发社会安全事件提供参考。

（二）经国务院决定或者批准，在特定区域实施

本条明确规定了网络通信临时限制措施的决定和批准机关为国务院，实施范围为基于特定事件的特定区域。这一规定意在防止地方政府在应急处置

过程中滥用网络通信限制措施，有利于实现网络通信限制措施的规范化和对公民基本权利的充分保障。

二、实施要求

网络通信限制措施作为一种紧急情况下的临时性社会安全管理手段，只能在处置重大突发事件时短期实施，用于切断不法分子的联通渠道，避免事态进一步恶化，尽可能地减少人身和财产损失、降低对社会正常秩序的不良影响。

因此，网络通信限制措施的实施必须与重大突发社会安全事件可能造成的危害的性质、程度和范围相适应。在事件的威胁和危害得到控制或者消除后，必须立即恢复正常的通信和网络运营，满足社会正常网络通信的需求。

应用 ✎

相关立法

《中华人民共和国突发事件应对法》（2007年）

第五十条 社会安全事件发生后，组织处置工作的人民政府应当立即组织有关部门并由公安机关针对事件的性质和特点，依照有关法律、行政法规和国家其他有关规定，采取下列一项或者多项应急处置措施：

（一）强制隔离使用器械相互对抗或者以暴力行为参与冲突的当事人，妥善解决现场纠纷和争端，控制事态发展；

（二）对特定区域内的建筑物、交通工具、设备、设施以及燃料、燃气、电力、水的供应进行控制；

（三）封锁有关场所、道路，查验现场人员的身份证件，限制有关公共场所内的活动；

（四）加强对易受冲击的核心机关和单位的警卫，在国家机关、军事机关、国家通讯社、广播电台、电视台、外国驻华使领馆等单位附近设置临时警戒线；

（五）法律、行政法规和国务院规定的其他必要措施。

严重危害社会治安秩序的事件发生时，公安机关应当立即依法出动警力，根据现场情况依法采取相应的强制性措施，尽快使社会秩序恢复正常。

《中华人民共和国国家安全法》（2015年）

第六十三条 发生危及国家安全的重大事件，中央有关部门和有关地方根据中央国家安全领导机构的统一部署，依法启动应急预案，采取管控处置措施。

第六章　法律责任

第五十九条　未履行网络运行安全义务的法律责任

网络运营者不履行本法第二十一条、第二十五条规定的网络安全保护义务的，由有关主管部门责令改正，给予警告；拒不改正或者导致危害网络安全等后果的，处一万元以上十万元以下罚款，对直接负责的主管人员处五千元以上五万元以下罚款。

关键信息基础设施的运营者不履行本法第三十三条、第三十四条、第三十六条、第三十八条规定的网络安全保护义务的，由有关主管部门责令改正，给予警告；拒不改正或者导致危害网络安全等后果的，处十万元以上一百万元以下罚款，对直接负责的主管人员处一万元以上十万元以下罚款。

解读 📖

本条是关于网络运营者及关键信息基础设施的运营者不履行网络安全保护义务的法律责任的规定。

一、网络运营者应当履行网络安全保护义务

网络运营者应当履行网络安全保护义务，按照网络安全等级保护制度的要求，保障网络免受干扰、破坏或者未经授权的访问，防止网络数据泄露或者被窃取、篡改。同时，制定网络安全事件应急预案，及时处置系统漏洞、计算机病毒、网络攻击、网络侵入等安全风险；在发生危害网络安全的事件时，立即启动应急预案，采取相应的补救措施，并按照规定向有关主管部门报告。本法的第二十一条、第二十五条规定了网络运营者的网络安全保护义务，本条第一款是关于网络运营者不履行第二十一条、第二十五条规定的网络安全保护义务的处罚规定。

（一）违法行为

1.未按照网络安全等级保护制度的要求，履行下列安全保护义务的：制定内部安全管理制度和操作规程，确定网络安全负责人，落实网络安全保护责任；采取防范计算机病毒和网络攻击、网络侵入等危害网络安全行为的技术措施；采取监测、记录网络运行状态、网络安全事件的技术措施，并按照规定留存相关的网络日志不少于六个月；采取数据分类、重要数据备份和加密等措施；法律、行政法规规定的其他义务。

2.网络运营者未制定网络安全事件应急预案，未及时处置系统漏洞、计算机病毒、网络攻击、网络侵入等安全风险；或者在发生危害网络安全的事件时，未立即启动应急预案，采取相应的补救措施，并按照规定向有关主管部门报告。

（二）违反上述规定的法律责任

1.责令改正，给予警告。首先须明确的是，责令改正不是行政处罚行为，责令改正是有关主管部门要求违法当事人中止违法行为，并将其违法行为恢复至合法状态。该行为不具有惩罚性，属于行政命令行为。警告是一种行政处罚行为，是有关主管部门对违法者的违法行为给予严肃告诫，使其认识该行为违法性的行为。

2.对拒不改正或者导致危害网络安全等后果的，并处罚款。本款实行双罚制，对拒不改正或者导致危害网络安全等后果的，有关部门对网络运营者处一万元以上十万元以下的罚款，对直接负责的主管人员处五千元以上五万元以下罚款。该款的"直接负责的主管人员"是指对违法行为起决定性作用的、负有组织、决策、指挥责任的领导人员。

二、关键信息基础设施运营者应当履行网络安全保护义务

因关键信息基础设施涉及国家安全和社会公共利益，国家对其实行重点保护，法律也给予关键信息基础设施的运营者更重的安全保护义务。本法第三十三条、第三十四条、第三十六条、第三十八条对该义务作出特别规定，本条第二款是关于关键信息基础设施的运营者不履行上述规定的网络安全保护义务的处罚规定。

（一）违法行为

1.建设关键信息基础设施时，不能确保该设施具有支持业务稳定、持续运行的性能，或者不能保证安全技术措施同步规划、同步建设、同步使用。

2.不能履行下列安全保护义务的：设置专门安全管理机构和安全管理负责人，并对该负责人和关键岗位的人员进行安全背景审查；定期对从业人员进行网络安全教育、技术培训和技能考核；对重要系统和数据库进行容灾备份；制定网络安全事件应急预案，并定期进行演练；法律、行政法规规定的其他义务。

3.采购网络产品和服务时，未按照规定与提供者签订安全保密协议，明确安全和保密义务与责任。

4.未自行或者委托网络安全服务机构对其网络的安全性和可能存在的风险进行每年至少一次的检测评估，或者未将检测评估情况和改进措施报送相关负责关键信息基础设施安全保护工作的部门。

（二）违反上述规定的法律责任

1.责令改正，给予警告。

2.对拒不改正或者导致危害网络安全等后果的，并处罚款。但对关键信息基础设施运营者的罚款重于一般的网络运营者，即拒不改正或者导致危害网络安全等后果的，处十万元以上一百万元以下罚款，对直接负责的主管人员处一万元以上十万元以下罚款。

本条及本法规定的处罚部门为有关主管部门，未规定具体的处罚部门。一般情况下，对网络运营者的违法行为由网络安全等级保护制度的实施机关进行处罚，而关键信息基础设施运营者则由国务院相关规定确定的处罚部门进行处罚。

应用 ✔

相关立法

《计算机信息网络国际联网安全保护管理办法》（2011年）

《公安机关互联网安全监督检查规定》（2018年）

第二十一条　公安机关在互联网安全监督检查中，发现互联网服务提供者和联网使用单位有下列违法行为的，依法予以行政处罚：

（一）未制定并落实网络安全管理制度和操作规程，未确定网络安全负责人的，依照《中华人民共和国网络安全法》第五十九条第一款的规定予以处罚；

（二）未采取防范计算机病毒和网络攻击、网络侵入等危害网络安全行为的技术措施的，依照《中华人民共和国网络安全法》第五十九条第一款的规定予以处罚；

（三）未采取记录并留存用户注册信息和上网日志信息措施的，依照《中华人民共和国网络安全法》第五十九条第一款的规定予以处罚；

（四）在提供互联网信息发布、即时通讯等服务中，未要求用户提供真实身份信息，或者对不提供真实身份信息的用户提供相关服务的，依照《中华人民共和国网络安全法》第六十一条的规定予以处罚；

（五）在公共信息服务中对法律、行政法规禁止发布或者传输的信息未依法或者不按照公安机关的要求采取停止传输、消除等处置措施、保存有关记录的，依照《中华人民共和国网络安全法》第六十八条或者第六十九条第一项的规定予以处罚；

（六）拒不为公安机关依法维护国家安全和侦查犯罪的活动提供技术支持和协助的，依照《中华人民共和国网络安全法》第六十九条第三项的规定予以处罚。

有前款第四至六项行为违反《中华人民共和国反恐怖主义法》规定的，依照《中华人民共和国反恐怖主义法》第八十四条或者第八十六条第一款的规定予以处罚。

《贯彻落实网络安全等级保护制度和关键信息基础设施安全保护制度的指导意见》（2020年）

《关键信息基础设施安全保护条例》（2021年）

第三十九条　运营者有下列情形之一的，由有关主管部门依据职责责令改正，给予警告；拒不改正或者导致危害网络安全等后果的，处10万元以上100万元以下罚款，对直接负责的主管人员处1万元以上10万元以下罚款：

（一）在关键信息基础设施发生较大变化，可能影响其认定结果时未及时将相关情况报告保护工作部门的；

（二）安全保护措施未与关键信息基础设施同步规划、同步建设、同步使用的；

（三）未建立健全网络安全保护制度和责任制的；

（四）未设置专门安全管理机构的；

（五）未对专门安全管理机构负责人和关键岗位人员进行安全背景审查的；

（六）开展与网络安全和信息化有关的决策没有专门安全管理机构人员参与的；

（七）专门安全管理机构未履行本条例第十五条规定的职责的；

（八）未对关键信息基础设施每年至少进行一次网络安全检测和风险评估，未对发现的安全问题及时整改，或者未按照保护工作部门要求报送情况的；

（九）采购网络产品和服务，未按照国家有关规定与网络产品和服务提供者签订安全保密协议的；

（十）发生合并、分立、解散等情况，未及时报告保护工作部门，或者未按照保护工作部门的要求对关键信息基础设施进行处置的。

典型案例

某网站日志保存少于六个月被处罚

简介：

2019年4月3日，耒阳市公安局对某论坛网站进行网络安全执法检查，发现该网站的日志只保存了四个月，耒阳市公安局通过立案调查，该论坛网站实际运营者为徐某。2019年4月25日，耒阳市公安局对徐某作出《责令予以改正通知书》，责令徐某立即予以改正。同日，耒阳市公安局根据网络安全法第五十九条第一款的规定，作出处罚决定，对徐某处以警告的行政处罚。徐某不服该行政行为，后提起复议和诉讼，最终法院维持了耒阳市公安局的行政处罚决定。[①]

简评：

徐某保存网络日志少于六个月，违反网络安全法第二十一条"网络运营者应采取检测、记录网络运行状态、网络安全事件的技术措施，并按照规定留存相关的网络日志不少于六个月"的规定，耒阳市公安局根据网络安全法第五十九条第一款，对其予以警告的行政处罚，符合法律规定。

第六十条 未履行网络产品和服务安全义务的法律责任

违反本法第二十二条第一款、第二款和第四十八条第一款规定，有下列行为之一的，由有关主管部门责令改正，给予警告；拒不改正或者导致危害网络安全等后果的，处五万元以上五十万元以下罚款，对直接负责的主管人员处一万元以上十万元以下罚款：

（一）设置恶意程序的；

（二）对其产品、服务存在的安全缺陷、漏洞等风险未立即采取补救措施，或者未按照规定及时告知用户并向有关主管部门报告的；

（三）擅自终止为其产品、服务提供安全维护的。

解读 📖

本条是关于网络产品和服务提供者、个人或组织设置恶意程序，不及时补救安全缺陷、漏洞，以及擅自终止安全维护服务的法律责任的规定。

一、网络产品和服务提供者应当履行网络安全保护义务

网络产品、服务应当符合相关国家标准的强制性要求，本法第二十二条第一款、第二款明确规定了网络产品、服务提供者的网络安全保护义务。本条是关于违反上述规定存在设置恶意程序，不及时补救安全缺陷、漏洞，以

---

① 参见：衡阳铁路运输法院，（2019）湘8602行初118号判决书。

及擅自终止安全维护服务行为的处罚规定。

（一）违法行为

1.设置恶意程序。

2.发现其网络产品、服务存在安全缺陷、漏洞等风险时，未立即采取补救措施，或者未按照规定及时告知用户并向有关主管部门报告。

3.在规定或者当事人约定的期限内，擅自终止为其产品、服务提供安全维护。

（二）违反上述规定的法律责任

1.责令改正，给予警告。

2.对拒不改正或者导致危害网络安全等后果的，处五万元以上五十万元以下罚款，对直接负责的主管人员处一万元以上十万元以下罚款。

二、电子信息发送服务提供者和应用软件下载服务提供者应当履行信息安全管理义务

本法第四十八条第一款规定了个人和组织发送电子信息、提供应用软件不得设置恶意程序，不得含有法律、行政法规禁止发布或者传输的信息。本条是关于违反本法第四十八条第一款规定存在设置恶意程序，不及时补救安全缺陷、漏洞，以及擅自终止安全维护服务行为的处罚规定。

（一）违法行为

个人和组织发送的电子信息、提供的应用软件，设置恶意程序，或者含有法律、行政法规禁止发布或者传输的信息。且具有如下行为之一：对其产品、服务存在的安全缺陷、漏洞等风险未立即采取补救措施，或者未按照规定及时告知用户并向有关主管部门报告的；擅自终止为其产品、服务提供安全维护的。

（二）违反上述规定的法律责任

1.责令改正，给予警告。

2.拒不改正或者导致危害网络安全等后果的，处五万元以上五十万元以下罚款，对直接负责的主管人员处一万元以上十万元以下罚款。

应用 ✔

相关立法

《公安机关互联网安全监督检查规定》（2018年）

第二十三条　公安机关在互联网安全监督检查中，发现互联网服务提供者和联网使用单位在提供的互联网服务中设置恶意程序的，依照《中华人民共和国网络安全法》第六十条第一项的规定予以处罚。

《关键信息基础设施安全保护条例》（2021年）

第四十条　运营者在关键信息基础设施发生重大网络安全事件或者发现重大网络安全威胁时，未按照有关规定向保护工作部门、公安机关报告的，由保护工作部门、公安机关依据职责责令改正，给予警告；拒不改正或者导致危害网络安全等后果的，处10万元以上100万元以下罚款，对直接负责的主管人员处1万元以上10万元以下罚款。

典型案例

某公司网络服务存在安全缺陷未能及时检测和修补被处罚

简介：

广州市某计算机科技有限公司提供的浏览器服务存在安全缺陷和漏洞风险，未能及时全面检测和修补，已被用于传播违法有害信息，造成不良影响。相关部门依据网络安全法第二十二条第一款，责令该公司立即整改，采取补救措施，并要求其开展通信网络安全防护风险评估，建立新业务上线前安全评估机制和已上线业务定期核查机制，对已上线网络产品服务进行全面检查，排除安全风险隐患，避免类似事件再次发生。

简评：

广州市某计算机科技有限公司的网络服务存在安全缺陷、漏洞等风险时，应立即采取补救措施，按照规定及时告知用户，并向有关主管部门报告。

第六十一条　违反用户身份管理规定的法律责任

网络运营者违反本法第二十四条第一款规定，未要求用户提供真实身份信息，或者对不提供真实身份信息的用户提供相关服务的，由有关主管部门责令改正；拒不改正或者情节严重的，处五万元以上五十万元以下罚款，并可以由有关主管部门责令暂停相关业务、停业整顿、关闭网站、吊销相关业务许可证或者吊销营业执照，对直接负责的主管人员和其他直接责任人员处一万元以上十万元以下罚款。

解读

本条是关于网络运营者违反用户身份管理规定的法律责任的规定。

随着网络的高速发展，网络违法犯罪行为愈加常见，在打击网络违法犯罪的过程中，因互联网的虚拟性，无法核实违法犯罪行为人的身份信息，导致很多违法犯罪不能得到及时查处、公民合法权益不能得到有效维护，因而迫切需要一套身份登记制度来处理这一问题。国家陆续制定多部法律来确立网络实名登记制度，本法在此基础上作出了进一步完善。

本法第二十四条第一款规定了提供网络服务时，要求用户提供真实身份信息。本条对网络运营者违反上述规定的行为规定了法律责任。

一、违法行为

为用户办理网络接入、域名注册服务，办理固定电话、移动电话等入网手续，或者为用户提供信息发布、即时通讯等服务，在与用户签订协议或者确认提供服务时，未要求用户提供真实身份信息或对不提供真实身份信息的用户提供相关服务。

二、违反上述规定的法律责任

1.责令改正。

2.对拒不改正或者情节严重的，处五万元以上五十万元以下罚款，并可以由有关主管部门责令暂停相关业务、停业整顿、关闭网站、吊销相关业务许可证或者吊销营业执照，对直接负责的主管人员和其他直接责任人员处一万元以上十万元以下罚款。需要注意的是，不同网络违法情形，处罚的主体不同：电信主管部门处罚在网络接入、域名注册服务和固定电话、移动电话业务中违反本法规定的行为；网信等业务主管部门处罚在提供信息发布、即时通讯等服务中违反本法规定行为；相关业务主管部门和证照的颁发部门实施暂停相关业务、停业整顿、关闭网站、吊销相关业务许可证或者吊销营业执照的处罚措施。

应用 ✔

相关立法

《全国人民代表大会常务委员会关于加强网络信息保护的决定》（2012 年）

《电话用户真实身份信息登记规定》（2013 年）

《互联网用户账号名称管理规定》（2015 年）

《互联网域名管理办法》（2017 年）

《公安机关互联网安全监督检查规定》（2018 年）

第二十一条　公安机关在互联网安全监督检查中，发现互联网服务提供者和联网使用单位有下列违法行为的，依法予以行政处罚：

（一）未制定并落实网络安全管理制度和操作规程，未确定网络安全负责人的，依照《中华人民共和国网络安全法》第五十九条第一款的规定予以处罚；

（二）未采取防范计算机病毒和网络攻击、网络侵入等危害网络安全行为的技术措施的，依照《中华人民共和国网络安全法》第五十九条第一款的规定予以处罚；

（三）未采取记录并留存用户注册信息和上网日志信息措施的，依照《中华人民共和国网络安全法》第五十九条第一款的规定予以处罚；

（四）在提供互联网信息发布、即时通讯等服务中，未要求用户提供真实身份信息，或者对不提供真实身份信息的用户提供相关服务的，依照《中华人民共和国网络安全法》第六十一条的规定予以处罚；

（五）在公共信息服务中对法律、行政法规禁止发布或者传输的信息未依法或者不按照公安机关的要求采取停止传输、消除等处置措施、保存有关记录的，依照《中华人民共和国网络安全法》第六十八条或者第六十九条第一项的规定予以处罚；

（六）拒不为公安机关依法维护国家安全和侦查犯罪的活动提供技术支持和协助的，依照《中华人民共和国网络安全法》第六十九条第三项的规定予以处罚。

有前款第四至六项行为违反《中华人民共和国反恐怖主义法》规定的，依照《中华人民共和国反恐怖主义法》第八十四条或者第八十六条第一款的规定予以处罚。

《区块链信息服务管理规定》（2019年）

典型案例

某公司为用户办理网络接入服务，
未要求用户提供真实身份信息被处罚

简介：

　　某公司在为用户办理网络接入服务时，未要求用户提供真实身份信息，该事实有上海市闵行区公安局提供的检查笔录、办案民警出具的工作情况等证据证明，亦有办理网络接入的用户提交的书面说明和该公司提交的与用户签订的电信通信产品接入服务合同等证据印证，该公司的上述行为违反了网络安全法第二十四条第一款的规定，上海市闵行区公安局根据网络安全法第六十一条的规定，对该公司作出责令限期整改通知。①

简评：

　　该公司为用户办理网络接入服务时，未要求用户提供真实身份信息，违反网络安全法第二十四条第一款规定，上海市闵行区公安局有权根据网络安全法第六十一条的规定，对该公司作出责令限期整改的通知。

---

① 参见：上海市第一中级人民法院，（2018）沪01行终601号判决书。

第六十二条　违法开展网络安全服务活动的法律责任

违反本法第二十六条规定，开展网络安全认证、检测、风险评估等活动，或者向社会发布系统漏洞、计算机病毒、网络攻击、网络侵入等网络安全信息的，由有关主管部门责令改正，给予警告；拒不改正或者情节严重的，处一万元以上十万元以下罚款，并可以由有关主管部门责令暂停相关业务、停业整顿、关闭网站、吊销相关业务许可证或者吊销营业执照，对直接负责的主管人员和其他直接责任人员处五千元以上五万元以下罚款。

解读 📖

本条是关于违反国家网络安全服务活动管理规定的法律责任的规定。

一、违法行为

违反国家有关规定，开展网络安全认证、检测、风险评估等活动，或者向社会发布系统漏洞、计算机病毒、网络攻击、网络侵入等网络安全信息的。

二、违反上述规定的法律责任

1.责令改正，给予警告。

2.拒不改正或者情节严重的，处一万元以上十万元以下罚款，并可以由有关主管部门责令暂停相关业务、停业整顿、关闭网站、吊销相关业务许可证或者吊销营业执照，对直接负责的主管人员和其他直接责任人员处五千元以上五万元以下罚款。

应用 ✔

相关立法

《中华人民共和国企业法人登记管理条例》（2019年）

第六十三条　实施危害网络安全行为的法律责任

违反本法第二十七条规定，从事危害网络安全的活动，或者提供专门用于从事危害网络安全活动的程序、工具，或者为他人从事危害网络安全的活动提供技术支持、广告推广、支付结算等帮助，尚不构成犯罪的，由公安机关没收违法所得，处五日以下拘留，可以并处五万元以上五十万元以下罚款；情节较重的，处五日以上十五日以下拘留，可以并处十万元以上一百万元以下罚款。

单位有前款行为的，由公安机关没收违法所得，处十万元以上一百万元以下罚款，并对直接负责的主管人员和其他直接责任人员依照前款规定处罚。

违反本法第二十七条规定，受到治安管理处罚的人员，五年内不得从事网络安全管理和网络运营关键岗位的工作；受到刑事处罚的人员，终身不得从事网络安全管理和网络运营关键岗位的工作。

解读 📖

本条是关于个人和单位实施危害网络安全行为的法律责任的规定。

本法第二十七条规定了危害网络安全的行为。本条是对违反本法第二十七条规定直接或间接实施危害网络安全的行为的处罚规定。

一、违法行为

1.从事非法侵入他人网络、干扰他人网络正常功能、窃取网络数据等危害网络安全的活动，尚不构成犯罪的。

2.提供专门用于从事侵入网络、干扰网络正常功能及防护措施、窃取网络数据等危害网络安全活动的程序、工具，尚不构成犯罪的。

3.明知他人从事危害网络安全的活动的，为其提供技术支持、广告推广、支付结算等帮助，尚不构成犯罪的。

二、违反上述规定的法律责任

1.本条第一款是对于个人的处罚措施：没收违法所得、拘留、罚款。具体而言，一般由公安机关没收违法所得，处五日以下拘留，可以并处五万元以上五十万元以下罚款；情节较重的，处五日以上十五日以下拘留，可以并处十万元以上一百万元以下罚款。判断是否情节较重，可参考实施违法行为次数、所造成危害后果、非法获利数额等情况综合确定。

2.本条第二款是针对单位及其有关人员的处罚措施：没收违法所得、拘留、罚款。具体而言，单位实施前述违法行为的，由公安机关没收违法所得，处十万元以上一百万元以下罚款。对单位中直接负责的主管人员和其他直接责任人员依照第一款的规定处罚。

"直接负责的主管人员"是指在企业事业单位、机关、团体中，对本单位实施违法行为起决定作用的、负有组织、决策、指挥责任的领导人员。单位的领导人如果没有参与单位违法活动的组织、决策、指挥，或者仅是一般参与，并不起决定作用的，则不应对单位的违法行为承担责任。

"直接责任人员"是指直接实施本单位违法行为或者虽对单位违法行为负有部分组织责任，但对本单位违法行为不起决定作用，只是具体执行、积极参与的该单位的部门负责人或者一般工作人员。

3.本条第三款的处罚措施：从业限制。具体而言，违反本法第二十七条规定，受到治安管理处罚的人员，五年内不得从事网络安全管理和网络运营关键岗位的工作；受到刑事处罚的人员，终身不得从事网络安全管理和网络运营关键岗位的工作。本款规定的从业限制处罚是为了防止上述人员在任职网络安全管理或网络运营关键岗位的工作时，继续实施危害网络安全的违法犯罪行为。

应用

相关立法

《中华人民共和国治安管理处罚法》（2013年）

《中华人民共和国刑法》（2021年）

第二百八十五条 【非法侵入计算机信息系统罪】违反国家规定，侵入国家事务、国防建设、尖端科学技术领域的计算机信息系统的，处三年以下有期徒刑或者拘役。

【非法获取计算机信息系统数据、非法控制计算机信息系统罪】违反国家规定，侵入前款规定以外的计算机信息系统或者采用其他技术手段，获取该计算机信息系统中存储、处理或者传输的数据，或者对该计算机信息系统实施非法控制，情节严重的，处三年以下有期徒刑或者拘役，并处或者单处罚金；情节特别严重的，处三年以上七年以下有期徒刑，并处罚金。

【提供侵入、非法控制计算机信息系统程序、工具罪】提供专门用于侵入、非法控制计算机信息系统的程序、工具，或者明知他人实施侵入、非法控制计算机信息系统的违法犯罪行为而为其提供程序、工具，情节严重的，依照前款的规定处罚。

单位犯前三款罪的，对单位判处罚金，并对其直接负责的主管人员和其他直接责任人员，依照各该款的规定处罚。

第二百八十六条　【破坏计算机信息系统罪】违反国家规定，对计算机信息系统功能进行删除、修改、增加、干扰，造成计算机信息系统不能正常运行，后果严重的，处五年以下有期徒刑或者拘役；后果特别严重的，处五年以上有期徒刑。

违反国家规定，对计算机信息系统中存储、处理或者传输的数据和应用程序进行删除、修改、增加的操作，后果严重的，依照前款的规定处罚。

故意制作、传播计算机病毒等破坏性程序，影响计算机系统正常运行，后果严重的，依照第一款的规定处罚。

单位犯前三款罪的，对单位判处罚金，并对其直接负责的主管人员和其他直接责任人员，依照第一款的规定处罚。

《公安机关互联网安全监督检查规定》（2018年）

第二十五条　受公安机关委托提供技术支持的网络安全服务机构及其工作人员，从事非法侵入监督检查对象网络、干扰监督检查对象网络正常功能、窃取网络数据等危害网络安全的活动的，依照《中华人民共和国网络安全法》第六十三条的规定予以处罚；窃取或者以其他非法方式获取、非法出售或者非法向他人提供在工作中获悉的个人信息的，依照《中华人民共和国网络安全法》第六十四条第二款的规定予以处罚，构成犯罪的，依法追究刑事责任。

前款规定的机构及人员侵犯监督检查对象的商业秘密，构成犯罪的，依法追究刑事责任。

第六十四条　侵犯个人信息权利的法律责任

网络运营者、网络产品或者服务的提供者违反本法第二十二条第三款、第四十一条至第四十三条规定，侵害个人信息依法得到保护的权利的，由有关主管部门责令改正，可以根据情节单处或者并处警告、没收违法所得、处违法所得一倍以上十倍以下罚款，没有违法所得的，处一百万元以下罚款，对直接负责的主管人员和其他直接责任人员处一万元以上十万元以下罚款；情节严重的，并可以责令暂停相关业务、停业整顿、关闭网站、吊销相关业务许可证或者吊销营业执照。

违反本法第四十四条规定，窃取或者以其他非法方式获取、非法出售或者非法向他人提供个人信息，尚不构成犯罪的，由公安机关没收违法所得，并处违法所得一倍以上十倍以下罚款，没有违法所得的，处一百万元以下罚款。

解读 📖

本条是关于侵害个人信息权利的法律责任的规定。

一、网络运营者、网络产品或者服务的提供者应当履行不得侵害个人信息的义务

我国法律保护公民的个人信息。本法第二十二条第三款、第四十一条至第四十三条规定了网络运营者、网络产品或者服务的提供者个人信息保护的义务，本条第一款是关于违反上述义务侵害个人信息依法得到保护的权利的处罚规定。

（一）违法行为

网络运营者、网络产品或者服务的提供者有下列行为之一，侵害个人信息依法得到保护的权利的。

1.收集用户信息前，未向用户明示并取得同意；涉及用户个人信息的，违反本法和有关法律、行政法规关于个人信息保护的规定。

2.收集、使用个人信息，不遵循合法、正当、必要的原则，不公开收集、使用规则，明示收集、使用信息的目的、方式和范围，未经被收集者同意。收集与其提供的服务无关的个人信息，违反法律、行政法规的规定和双方的约定收集、使用个人信息，并违反法律、行政法规的规定和与用户的约定处理已保存的个人信息。

3.泄露、篡改、毁损其收集的个人信息；未经被收集者同意，向他人提供个人信息（可以识别特定个人的信息）。未采取技术措施和其他必要措施，确保其收集的个人信息安全，防止信息泄露、毁损、丢失。在发生或者可能发生个人信息泄露、毁损、丢失的情况时，未立即采取补救措施，按照规定及时告知用户并向有关主管部门报告。

4.个人依法要求删除或者更正其个人信息，网络运营者未采取措施予以删除或者更正。

（二）违反上述规定的法律责任

1.责令改正。

2.可以根据情节单处或者并处警告。

3.可以根据情节单处或者并处没收违法所得。

4.可以根据情节单处或者并处违法所得一倍以上十倍以下罚款。没有违法所得的，处一百万元以下罚款，对直接负责的主管人员和其他直接责任人员处一万元以上十万元以下罚款。

5.情节严重的，由有关主管部门并处责令暂停相关业务、停业整顿、关闭网站、吊销相关业务许可证或者吊销营业执照。这里的情节严重包括多次实施上述违法行为，违法收集、使用用户个人信息数量众多，经主管部门责令改正仍拒不改正等情形。

二、任何个人和组织应当履行不得窃取或者以其他非法方式获取个人信息、不得非法出售或者非法向他人提供个人信息的义务

本法第四十四条规定了任何个人和组织对他人个人信息的保护义务，本条第二款是关于违反该保护义务的处罚规定。

（一）违法行为

1.窃取或者以其他非法方式获取个人信息。

2.非法出售或者非法向他人提供个人信息。

（二）违反上述规定的法律责任

1.尚不构成犯罪的，根据本条规定，由公安机关没收违法所得，并处违法所得一倍以上十倍以下罚款，没有违法所得的，处一百万元以下罚款。

2.构成犯罪的，根据刑法第二百五十三条，对于向他人出售或者提供公民个人信息的行为，情节严重，构成侵犯公民个人信息罪的，处三年以下有期徒刑或者拘役，并处或者单处罚金；情节特别严重的，处三年以上七年以下有期徒刑，并处罚金。

应用

相关立法

《中华人民共和国刑法》（2021年）

第二百五十三条之一　【侵犯公民个人信息罪】违反国家有关规定，向他人出售或者提供公民个人信息，情节严重的，处三年以下有期徒刑或者拘役，并处或者单处罚金；情节特别严重的，处三年以上七年以下有期徒刑，并处罚金。

《规范互联网信息服务市场秩序若干规定》（2012年）

《电信和互联网用户个人信息保护规定》（2013年）

《公安机关互联网安全监督检查规定》（2018年）

第二十二条　公安机关在互联网安全监督检查中，发现互联网服务提供者和联网使用单位，窃取或者以其他非法方式获取、非法出售或者非法向他人提供个人信息，尚不构成犯罪的，依照《中华人民共和国网络安全法》第六十四条第二款的规定予以处罚。

第二十五条　受公安机关委托提供技术支持的网络安全服务机构及其工作人员，从事非法侵入监督检查对象网络、干扰监督检查对象网络正常功能、窃取网络数据等危害网络安全的活动的，依照《中华人民共和国网络安全法》第六十三条的规定予以处罚；窃取或者以其他非法方式获取、非法出售或者非法向他人提供在工作中获悉的个人信息的，依照《中华人民共和国网络安全法》第六十四条第二款的规定予以处罚，构成犯罪的，依法追究刑事责任。

前款规定的机构及人员侵犯监督检查对象的商业秘密，构成犯罪的，依法追究刑事责任。

典型案例

汪某非法获取小区业主个人信息用于单位经营被处罚

简介：

2017年6月7日，汪某通过邮箱从蔡某处非法获取如皋市A、B、C等小区业主信息共3841条，用于单位的经营，后被如皋市公安局查获。如皋市公安局认为，汪某上述行为违反了网络安全法第四十四条之规定。2018年10月30日，如皋市公安局通过跟汪某谈话，告知汪某拟作出行政处罚的内容、事实和理由、依据及其依法享有陈述、申辩的权利。在规定的时间内，汪某未提出陈述、申辩。

2018年12月4日，如皋市公安局根据网络安全法第六十四条第二款之规定，对汪某作出行政处罚决定：给予其所在工作室罚款五万元。[①]

简评：

汪某通过邮箱非法收集小区业主信息共3841条，用于单位经营，违反了网络安全法第四十四条，如皋市公安局对其公司作出罚款五万元处罚，符合法律规定。

第六十五条　违反关键信息基础设施采购国家安全审查规定应承担的法律责任

关键信息基础设施的运营者违反本法第三十五条规定，使用未经安全审查或者安全审查未通过的网络产品或者服务的，由有关主管部门责令停止使

---

① 　参见：江苏省如皋市人民法院，（2019）苏0682行审157号裁定书。

用，处采购金额一倍以上十倍以下罚款；对直接负责的主管人员和其他直接责任人员处一万元以上十万元以下罚款。

解读 📖

本条是关于关键信息基础设施运营者使用未经安全审查或安全审查未通过的网络产品或者服务行为的处罚规定。

关键信息基础设施涉及国家安全、社会公共利益，为了保护国家安全、维护社会公共利益，本法第三十五条规定了关键信息基础设施运营者采购产品或者服务应当经过国家安全审查。为保证本法第三十五条规定的落实，本条对关键信息基础设施运营者使用未经安全审查或者安全审查未通过的网络产品或者服务的行为的处罚规定。

一、违法行为

1.使用应审而未审的网络产品或服务的行为。

2.使用审查未通过的网络产品或服务的行为。

二、违反上述规定的法律责任

1.责令停止使用。

2.罚款。对关键信息基础设施的运营者处采购金额一倍以上十倍以下罚款，对直接负责的主管人员和其他直接责任人员处一万元以上十万元以下罚款。

应用 ✒️

相关立法

《中华人民共和国网络安全法》（2017年）

第三十五条　关键信息基础设施的运营者采购网络产品和服务，可能影响国家安全的，应当通过国家网信部门会同国务院有关部门组织的国家安全审查。

《关键信息基础设施安全保护条例》（2021年）

第四十一条　运营者采购可能影响国家安全的网络产品和服务，未按照国家网络安全规定进行安全审查的，由国家网信部门等有关主管部门依据职责责令改正，处采购金额 1 倍以上 10 倍以下罚款，对直接负责的主管人员和其他直接责任人员处 1 万元以上 10 万元以下罚款。

第六十六条　违法在境外存储网络数据和向境外提供网络数据的法律责任

关键信息基础设施的运营者违反本法第三十七条规定，在境外存储网络数据，或者向境外提供网络数据的，由有关主管部门责令改正，给予警告，没收违法所得，处五万元以上五十万元以下罚款，并可以责令暂停相关业务、停业整顿、关闭网站、吊销相关业务许可证或者吊销营业执照；对直接负责的主管人员和其他直接责任人员处一万元以上十万元以下罚款。

解读 📖

本条是关于关键信息基础设施运营者违法在境外存储网络数据和向境外提供网络数据的处罚规定。

关键信息基础设施收集和产生的个人信息和重要数据被窃取或泄露将会影响国家安全、社会公共利益。本法第三十七条对关键信息基础设施数据在境内存储和向境外提供作了规定。本条是关于关键信息基础设施运营者违反上述规定，在境外存储网络数据或者向境外提供网络数据的行为的处罚规定。

一、违法行为

1.关键信息基础设施运营者将在中华人民共和国境内运营中收集和产生的个人信息和重要数据在境外存储的行为。

2.关键信息基础设施运营者因业务需要向境外提供数据，但未按照规定进行安全评估的行为。

二、违反上述规定的法律责任

1.责令改正，给予警告。

2.没收违法所得。

3.罚款。处五万元以上五十万元以下罚款，对直接负责的主管人员和其他直接责任人员处一万元以上十万元以下罚款。

4.可以责令暂停相关业务、停业整顿、关闭网站、吊销相关业务许可证或者吊销营业执照。

应用

相关立法

《中华人民共和国网络安全法》（2017年）

第三十七条　关键信息基础设施的运营者在中华人民共和国境内运营中收集和产生的个人信息和重要数据应当在境内存储。因业务需要，确需向境外提供的，应当按照国家网信部门会同国务院有关部门制定的办法进行安全评估；法律、行政法规另有规定的，依照其规定。

《个人信息和重要数据出境安全评估办法（征求意见稿）》（2017年）

第六十七条　利用网络从事与违法犯罪相关的活动的法律责任

违反本法第四十六条规定，设立用于实施违法犯罪活动的网站、通讯群组，或者利用网络发布涉及实施违法犯罪活动的信息，尚不构成犯罪的，由公安机关处五日以下拘留，可以并处一万元以上十万元以下罚款；情节较重的，处五日以上十五日以下拘留，可以并处五万元以上五十万元以下罚款。关闭用于实施违法犯罪活动的网站、通讯群组。

单位有前款行为的，由公安机关处十万元以上五十万元以下罚款，并对直接负责的主管人员和其他直接责任人员依照前款规定处罚。

解读

本条是关于设立用于违法犯罪活动的网站、通讯群组，利用网络发布违法犯罪活动信息行为的处罚规定。

为了防止和惩治他人通过互联网从事犯罪活动，刑法修正案（九）第二百八十七条之一规定，将为实施犯罪活动而设立网站、通讯群组以及利用网络发布相关违法信息的行为单独规定为犯罪。本法第四十六条与本条规定相互衔接，本条是对违反本法第四十六条规定的义务的处罚规定。

一、违法行为

1.设立用于实施诈骗，传授犯罪方法，制作或者销售违禁物品、管制物品等违法犯罪活动的网站、通讯群组，尚不构成犯罪的。

2.利用网络发布涉及实施诈骗，制作或者销售违禁物品、管制物品以及其他违法犯罪活动的信息，尚不构成犯罪的。

二、违反上述规定的法律责任

1.第一款规定个人违法的法律责任：由公安机关处五日以下拘留，可以并处一万元以上十万元以下罚款；情节较重的，处五日以上十五日以下拘留，可以并处五万元以上五十万元以下罚款。关闭用于实施违法犯罪活动的网站、通讯群组。

2.第二款规定单位违法的法律责任：由公安机关对单位处十万元以上五十万元以下罚款；对单位直接负责的主管人员和其他直接责任人员依照第一款规定处罚。

应用

相关立法

《中华人民共和国网络安全法》（2017年）

第四十六条 任何个人和组织应当对其使用网络的行为负责，不得设立用于实施诈骗，传授犯罪方法，制作或者销售违禁物品、管制物品等违法犯罪活动的网站、通讯群组，不得利用网络发布涉及实施诈骗，制作或者销售违禁物品、管制物品以及其他违法犯罪活动的信息。

《中华人民共和国刑法》（2021年）

第二百八十七条 【利用计算机实施犯罪的提示性规定】利用计算机实施金融诈骗、盗窃、贪污、挪用公款、窃取国家秘密或者其他犯罪的，依照本法有关规定定罪处罚。

第二百八十七条之一 【非法利用信息网络罪】利用信息网络实施下列行为之一，情节严重的，处三年以下有期徒刑或者拘役，并处或者单处罚金：

（一）设立用于实施诈骗、传授犯罪方法、制作或者销售违禁物品、管制物品等违法犯罪活动的网站、通讯群组的；

（二）发布有关制作或者销售毒品、枪支、淫秽物品等违禁物品、管制物品或者其他违法犯罪信息的；

（三）为实施诈骗等违法犯罪活动发布信息的。

单位犯前款罪的，对单位判处罚金，并对其直接负责的主管人员和其他直接责任人员，依照第一款的规定处罚。

有前两款行为，同时构成其他犯罪的，依照处罚较重的规定定罪处罚。

第二百八十七条之二【帮助信息网络犯罪活动罪】明知他人利用信息网络实施犯罪，为其犯罪提供互联网接入、服务器托管、网络存储、通讯传输等技术支持，或者提供广告推广、支付结算等帮助，情节严重的，处三年以下有期徒刑或者拘役，并处或者单处罚金。

单位犯前款罪的，对单位判处罚金，并对其直接负责的主管人员和其他直接责任人员，依照第一款的规定处罚。

有前两款行为，同时构成其他犯罪的，依照处罚较重的规定定罪处罚。

典型案例

谭某设置群组用于打牌、打麻将等活动，并从中收取管理费被处罚

简介：

2019年4月9日，谭某主动到茶陵县公安局网安大队投案，并如实供述其利用网络，使用某手机App组建亲友圈，召集朋友和社会上的人员进亲友圈玩人民币1元的碰胡、跑得快、麻将等，并从中抽取管理费。根据网络安全法第四十六条、第六十七条，《公安机关办理行政案件程序规定》第一百五十九条第一款第四项之规定，决定对谭某行政拘留五日，并责令其关闭实施违法活动的通讯群组。

简评：

谭某利用网络使用手机App建群召集朋友和他人进亲友圈玩碰

胡、跑得快、麻将等，并从中抽取管理费，该行为违反了网络安全法第四十六条及第六十七条。

第六十八条　未履行信息安全管理义务的法律责任

网络运营者违反本法第四十七条规定，对法律、行政法规禁止发布或者传输的信息未停止传输、采取消除等处置措施、保存有关记录的，由有关主管部门责令改正，给予警告，没收违法所得；拒不改正或者情节严重的，处十万元以上五十万元以下罚款，并可以责令暂停相关业务、停业整顿、关闭网站、吊销相关业务许可证或者吊销营业执照，对直接负责的主管人员和其他直接责任人员处一万元以上十万元以下罚款。

电子信息发送服务提供者、应用软件下载服务提供者，不履行本法第四十八条第二款规定的安全管理义务的，依照前款规定处罚。

解读 📖

本条是关于网络运营者、电子信息发送服务提供者、应用软件下载服务提供者不履行信息安全管理义务的处罚规定。

本法第四十七条、第四十八条第二款分别规定了网络运营者和电子信息发送服务提供者、应用软件下载服务提供者处置违法信息的义务，本条第一款、第二款分别规定了上述主体不履行违法信息处置义务应承担的法律责任。

一、违法行为

1.网络运营者的违法行为：未加强对其用户发布的信息的管理，发现法律、行政法规禁止发布或者传输的信息的，未立即停止传输该信息、采取消除等处置措施、防止信息扩散、保存有关记录，未向有关主管部门报告。

2.电子信息发送服务提供者、应用软件下载服务提供者的违法行为：未履行安全管理义务，知道其用户有设置恶意程序、发布或传输含有法律、行政法规禁止发布或者传输的信息的行为，未停止提供服务、采取消除等处置措施、保存有关记录，未向有关主管部门报告。

二、违反上述规定的法律责任

1.责令改正，给予警告。

2.没收违法所得。

3.拒不改正或者情节严重的，处十万元以上五十万元以下罚款，并可以责令暂停相关业务、停业整顿、关闭网站、吊销相关业务许可证或者吊销营业执照，对直接负责的主管人员和其他直接责任人员处一万元以上十万元以下罚款。

应用

相关立法

《中华人民共和国网络安全法》（2017年）第四十七条、第四十八条

《互联网信息服务管理办法》（2011年）

《中华人民共和国电信条例》（2016年）

《互联网新闻信息服务管理规定》（2017年）

《公安机关互联网安全监督检查规定》（2018年）

典型案例

某科技有限公司接入非法网站传输禁止传输的信息被处罚

简介：

宿城公安分局在日常检查中发现，某科技有限公司服务器内接入一违法网站，民警在经过细致勘验取证后，立即传唤该公司法定代表人王某，要求其公司对提供互联网接入服务的服务器内涉及法律、行政法规禁止传输的信息，立即予以停止传输、采取消除等处置措施，并保存有关记录。宿城公安分局依据网络安全法第四十七条及第六十八条之规定，给予上述公司警告处罚并要求其立即整改到位。

简评：

　　某科技有限公司接入违法网站，传输禁止传输的信息，应当予以停止传输、采取消除等处置措施，并保存有关记录。宿城公安局依据网络安全法第四十七条和第六十八条之规定，给予该公司警告处罚，并责令改正。

第六十九条　网络运营者阻碍执法的法律责任

网络运营者违反本法规定，有下列行为之一的，由有关主管部门责令改正；拒不改正或者情节严重的，处五万元以上五十万元以下罚款，对直接负责的主管人员和其他直接责任人员，处一万元以上十万元以下罚款：

　　（一）不按照有关部门的要求对法律、行政法规禁止发布或者传输的信息，采取停止传输、消除等处置措施的；

　　（二）拒绝、阻碍有关部门依法实施的监督检查的；

　　（三）拒不向公安机关、国家安全机关提供技术支持和协助的。

解读 📖

本条是关于网络运营者违反配合、协助监督执法义务的处罚规定。

网信部门、公安部门等有关部门对网络安全有监督管理的职责，网络运营者在履行网络安全保护义务的同时，还应接受上述部门的监督检查，配合、支持上述部门对网络违法犯罪活动的调查处理。本法相关条款规定了网络运营者配合、协助有关主管部门监督检查和执法的义务，本条对不履行这些义务的网络经营者规定了相应的法律责任。

一、违法行为

1.不按照有关部门的要求对法律、行政法规禁止发布或者传输的信息，采取停止传输、消除等处置措施的。

2.拒绝、阻碍有关部门依法实施的监督检查的。

3.拒不向公安机关、国家安全机关提供技术支持和协助的。

二、违反上述规定的法律责任

1.责令改正。

2.罚款。对拒不改正或者情节严重的，处五万元以上五十万元以下罚款，对直接负责的主管人员和其他直接责任人员，处一万元以上十万元以下罚款。

应用 ✍

相关立法

《中华人民共和国治安管理处罚法》（2013年）

《公安机关互联网安全监督检查规定》（2018年）

《网络信息内容生态治理规定》（2020年）

《网络安全审查办法》（2020年）

《关键信息基础设施安全保护条例》（2021年）

第四十二条 运营者对保护工作部门开展的关键信息基础设施网络安全检查检测工作，以及公安、国家安全、保密行政管理、密码管理等有关部门依法开展的关键信息基础设施网络安全检查工作不予配合的，由有关主管部门责令改正；拒不改正的，处5万元以上50万元以下罚款，对直接负责的主管人员和其他直接责任人员处1万元以上10万元以下罚款；情节严重的，依法追究相应法律责任。

第七十条　发布或者传输违法信息的法律责任

发布或者传输本法第十二条第二款和其他法律、行政法规禁止发布或者传输的信息的，依照有关法律、行政法规的规定处罚。

解读 📖

本条是关于发布或者传输违法信息的处罚规定。

本法第十二条第二款规定了任何个人和组织使用网络应当履行的义务和

不得从事的活动。本条是关于发布或传输违法信息的法律责任。

一、违法行为

1.发布或者传输与危害国家安全、荣誉和利益，煽动颠覆国家政权、推翻社会主义制度，煽动分裂国家、破坏国家统一，宣扬恐怖主义、极端主义，宣扬民族仇恨、民族歧视，传播暴力、淫秽色情信息，编造、传播虚假信息扰乱经济秩序和社会秩序，以及侵害他人名誉、隐私、知识产权和其他合法权益等活动有关的信息。

2.发布或者传输其他法律、行政法规禁止发布或传输的信息。

二、违反上述规定的法律责任

依照有关法律、行政法规的规定处罚。本条仅是衔接性规定。

应用 ✔

相关立法

《中华人民共和国治安管理处罚法》（2013年）

《互联网文化管理暂行规定》（2017年）

典型案例

梁某网上传播虚假信息被处罚案

简介：

2018年9月15日，梁某在某社区网站法治论坛版块发表一篇帖文，该帖文包含"某县党委的领导弱化，全面从严治党不力，组织涣散，纪律松弛，违反政治纪律、廉洁纪律、群众纪律、工作纪律，基层党组织软弱涣散"等内容，至2019年3月4日，该帖文点击量为4196次。2019年3月4日11时，某县公安局某派出所民警在工作中发现该帖文编造虚假信息在网络上散布，造成不良社会影响，涉嫌违法，便进行立案登记。当日下午，某县公安局网络监察大队民警对上述帖文进行电子数据勘验检查，经勘验检查搜索固定了相关证据。当日晚上，某县公安局民警传唤梁某并进行询问调查，告知了其相关权利义务。梁某在询问笔录中承认其所发帖文中部分内容未经查实。3月5日，某县公安局在查明事实后，对梁某进行了处罚前告知，并于同日以梁某编造虚假信息在网络上散布，造成不良社会影响，构成寻衅滋事，依据治安管理处罚法第二十六条第（四）项之规定，对梁某作出行政拘留十五日的行政处罚决定，并于当日予以送达。[①]

简评：

梁某擅自在网络公共平台上发布包含其个人凭空臆想、未经证实的虚假信息，且该信息点击量较大，严重损害了当地党政机关形象和公信力，侵害了他人名誉，造成了不良的社会效果，扰乱了网络公共秩序，构成了寻衅滋事。

第七十一条　对违法行为人的信用惩戒

有本法规定的违法行为的，依照有关法律、行政法规的规定记入信用档案，并予以公示。

解读 📖

本条是关于对违法行为人的信用惩戒的规定。

信用档案是有关管理机关或征信部门对信用主体的信用信息进行采集、保存、加工而提供的信用记录和信用报告，是记录信用主体从事各项社会活动有关信誉或行为规范状态的档案，是证实信用主体是否诚实守信、遵纪守法或有无违法违约、欺诈等行为的重要凭证和依据。

信用对个人或组织的经济生活有重要影响，随着经济的发展，我国的信用管理体系也在不断完善，信用记录对惩戒失信行为方面发挥越来越重要的作用。本条规定将违法行为人、违法行为等信息记录记入信用档案，并予以

---

① 参见：湖北省武穴市人民法院，（2019）鄂1182行初44号判决书。

公示，既惩戒了违法行为人，也对潜在违法行为人起到一定的警示作用。

应用 ✔

相关立法

《中华人民共和国电子商务法》（2019年）

第八十六条　电子商务经营者有本法规定的违法行为的，依照有关法律、行政法规的规定记入信用档案，并予以公示。

《电信和互联网用户个人信息保护规定》（2013年）

《"构建诚信　惩戒失信"合作备忘录》（2014年）

四、信用惩戒的实施方式

最高人民法院通过光盘、专线等信息技术手段向公安部、国务院国资委、国家工商总局、中国银监会、中国民用航空局、中国铁路总公司推送失信被执行人名单。相关部门收到名单后，在其管理系统中记载限制高消费和实施其他信用惩戒措施等内容的名单信息，或者要求受监管各企业、部门、行业成员和分支机构实时监控，进行有效信用惩戒。在媒体广为发布，对失信被执行人形成强大的舆论压力，营造构建诚信、惩戒失信的浓厚氛围。

第七十二条　政务网络运营者不履行安全保护义务的法律责任

国家机关政务网络的运营者不履行本法规定的网络安全保护义务的，由其上级机关或者有关机关责令改正；对直接负责的主管人员和其他直接责任人员依法给予处分。

解读 📖

本条是关于国家机关政务网络的运营者不履行网络安全保护义务的处罚规定。

一、违法行为

不履行本法规定的网络安全保护义务。

二、违反上述规定的法律责任

1.由其上级机关或者有关机关责令改正。

2.处分。对直接负责的主管人员和其他直接责任人员依法给予处分。该处分为政务处分，按照违法行为性质、情节和危害程度分为警告、记过、记大过、降级、撤职或者开除。

应用 ✔

相关立法

《中华人民共和国网络安全法》（2017年）

第二十一条　国家实行网络安全等级保护制度。网络运营者应当按照网络安全等级保护制度的要求，履行下列安全保护义务，保障网络免受干扰、破坏或者未经授权的访问，防止网络数据泄露或者被窃取、篡改：

（一）制定内部安全管理制度和操作规程，确定网络安全负责人，落实网络安全保护责任；

（二）采取防范计算机病毒和网络攻击、网络侵入等危害网络安全行为的技术措施；

（三）采取监测、记录网络运行状态、网络安全事件的技术措施，并按照规定留存相关的网络日志不少于六个月；

（四）采取数据分类、重要数据备份和加密等措施；

（五）法律、行政法规规定的其他义务。

第三十四条　除本法第二十一条的规定外，关键信息基础设施的运营者还应当履行下列安全保护义务：

（一）设置专门安全管理机构和安全管理负责人，并对该负责人和关键岗位的人员进行安全背景审查；

（二）定期对从业人员进行网络安全教育、技术培训和技能考核；

（三）对重要系统和数据库进行容灾备份；

（四）制定网络安全事件应急预案，并定期进行演练；

（五）法律、行政法规规定的其他义务。

《中华人民共和国公务员法》（2019年）

第六十二条　处分分为：警告、记过、记大过、降级、撤职、开除。

《中华人民共和国公职人员政务处分法》（2020年）

第七条　政务处分的种类为：

（一）警告；

（二）记过；

（三）记大过；

（四）降级；

（五）撤职；

（六）开除。

第八条　政务处分的期间为：

（一）警告，六个月；

（二）记过，十二个月；

（三）记大过，十八个月；

（四）降级、撤职，二十四个月。

政务处分决定自作出之日起生效，政务处分期自政务处分决定生效之日起计算。

《关键信息基础设施安全保护条例》（2021年）

第四十八条　电子政务关键信息基础设施的运营者不履行本条例规定的网络安全保护义务的，依照《中华人民共和国网络安全法》有关规定予以处理。

第七十三条　执法部门渎职的法律责任

网信部门和有关部门违反本法第三十条规定，将在履行网络安全保护职责中获取的信息用于其他用途的，对直接负责的主管人员和其他直接责任人员依法给予处分。

网信部门和有关部门的工作人员玩忽职守、滥用职权、徇私舞弊，尚不构成犯罪的，依法给予处分。

解读 📖

本条是关于网络安全监督管理渎职行为的法律责任的规定。

一、网信部门和有关部门不得将在履行网络安全保护职责中获取的信息用于其他用途

为规范网信部门和有关部门的行政行为，本法第三十条对网信部门和有关部门在履行网络安全保护职责中获取的信息的用途作限制性规定，本条第一款是对违反上述规定的处罚规定。

（一）违法行为

将在履行网络安全保护职责中获取的信息用于维护网络安全外的其他用途的。

（二）违反上述规定的法律责任

对直接负责的主管人员和其他直接责任人员依法给予处分。处分内容包括警告、记过、记大过、降级、撤职或者开除。

二、网信部门和有关部门的工作人员不得玩忽职守、滥用职权、徇私舞弊

网信部门和有关部门有网络安全监督管理的职责，所以其应当按照法律规定履行职责，不得怠于履行或超越法定权限履行职责。本条第二款规定了网信部门和有关部门的工作人员怠于履行或者超越法定权限履行职责的法律责任。

（一）违法主体

网信部门和有关部门的工作人员。需要注意的是，本条第一款的违法主体为单位，本条第二款的违法主体为工作人员。

（二）违法行为

1.玩忽职守，尚不构成犯罪的。玩忽职守是指国家工作人员严重不负责任，不履行或不认真履行职责。

2.滥用职权，尚不构成犯罪的。滥用职权是指国家工作人员超越职权，违法决定、处理其无权决定、处理的事项或者违法处理公务。

3.徇私舞弊，尚不构成犯罪的。徇私舞弊是指国家工作人员为了私情或牟取私利，采用欺骗方式做违法乱纪之事。

（三）违反上述规定的法律责任

尚不构成犯罪的，依法给予处分。处分种类包括警告、记过、记大过、降级、撤职或者开除。

应用

相关立法

《中华人民共和国公务员法》（2019年）

《中华人民共和国公职人员政务处分法》（2020年）

《中华人民共和国刑法》（2021年）

第三百九十七条　【滥用职权罪】【玩忽职守罪】国家机关工作人员滥用职权或者玩忽职守，致使公共财产、国家和人民利益遭受重大损失的，处三年以下有期徒刑或者拘役；情节特别严重的，处三年以上七年以下有期徒刑。本法另有规定的，依照规定。

国家机关工作人员徇私舞弊，犯前款罪的，处五年以下有期徒刑或者拘役；情节特别严重的，处五年以上十年以下有期徒刑。本法另有规定的，依照规定。

《关键信息基础设施安全保护条例》（2021年）

第四十四条　网信部门、公安机关、保护工作部门和其他有关部门及其工作人员未履行关键信息基础设施安全保护和监督管理职责或者玩忽职守、滥用职权、徇私舞弊的，依法对直接负责的主管人员和其他直接责任人员给予处分。

第四十六条　网信部门、公安机关、保护工作部门等有关部门、网络安全服务机构及其工作人员将在关键信息基础设施安全保护工作中获取的信息用于其他用途，或者泄露、出售、非法向他人提供的，依法对直接负责的主管人员和其他直接责任人员给予处分。

第七十四条　民事责任、治安管理处罚及刑事责任的衔接性规定

违反本法规定，给他人造成损害的，依法承担民事责任。

违反本法规定，构成违反治安管理行为的，依法给予治安管理处罚；构成犯罪的，依法追究刑事责任。

解读 📖

本条是关于违反本法行为的民事责任、治安管理处罚和刑事责任的原则规定。

一、民事责任

停止侵害、恢复原状、赔偿损失、消除影响、恢复名誉、赔礼道歉等。

二、与本法相关的治安管理处罚的情形

1.对于有散布谣言，谎报险情、疫情、警情或者以其他方法故意扰乱公共秩序的行为的，处五日以上十日以下拘留，可以并处五百元以下罚款；情节较轻的，处五日以下拘留或者五百元以下罚款。

2.对于有违反国家规定，侵入计算机信息系统，造成危害的；或者违反国家规定，对计算机信息系统功能进行删除、修改、增加、干扰，造成计算机信息系统不能正常运行的；或者违反国家规定，对计算机信息系统中存储、处理、传输的数据和应用程序进行删除、修改、增加的；或者故意制作、传播计算机病毒等破坏性程序，影响计算机信息系统正常运行的行为的，处五日以下拘留；情节较重的，处五日以上十日以下拘留。

3.对于有多次发送淫秽、侮辱、恐吓或者其他信息，干扰他人正常生活的行为的，处五日以下拘留或者五百元以下罚款；情节较重的，处五日以上十日以下拘留，可以并处五百元以下罚款。

4.对于有煽动民族仇恨、民族歧视，或者在出版物、计算机信息网络中刊载民族歧视、侮辱内容的行为的，处十日以上十五日以下拘留，可以并处一千元以下罚款。

5.利用网络从事其他违反治安管理行为。

三、与本法相关的刑法罪名

（一）侵犯公民个人信息罪

违反国家有关规定，向他人出售或者提供公民个人信息，情节严重的，处三年以下有期徒刑或者拘役，并处或者单处罚金；情节特别严重的，处三年以上七年以下有期徒刑，并处罚金。违反国家有关规定，将在履行职责或者提供服务过程中获得的公民个人信息，出售或者提供给他人的，依照前款的规定从重处罚。窃取或者以其他方法非法获取公民个人信息的，依照第一款的规定处罚。单位犯前三款罪的，对单位判处罚金，并对其直接负责的主管人员和其他直接责任人员，依照各该款的规定处罚。

（二）非法侵入计算机信息系统罪

违反国家规定，侵入国家事务、国防建设、尖端科学技术领域的计算机信息系统的，处三年以下有期徒刑或者拘役。单位犯该罪的，对单位判处罚金，并对其直接负责的主管人员和其他直接责任人员，依照该款的规定处罚。

（三）非法获取计算机信息系统数据、非法控制计算机信息系统罪

违反国家规定，侵入前款规定以外的计算机信息系统或者采用其他技术手段，获取该计算机信息系统中存储、处理或者传输的数据，或者对该计算机信息系统实施非法控制，情节严重的，处三年以下有期徒刑或者拘役，并处或者单处罚金；情节特别严重的，处三年以上七年以下有期徒刑，并处罚金。单位犯本罪的，对单位判处罚金，并对其直接负责的主管人员和其他直接责任人员，依照该款的规定处罚。

（四）提供侵入、非法控制计算机信息系统程序、工具罪

提供专门用于侵入、非法控制计算机信息系统的程序、工具，或者明知他人实施侵入、非法控制计算机信息系统的违法犯罪行为而为其提供程序、工具，情节严重的，依照前款的规定处罚。单位犯本罪的，对单位判处罚金，并对其直接负责的主管人员和其他直接责任人员，依照该款的规定处罚。

（五）破坏计算机信息系统罪

违反国家规定，对计算机信息系统功能进行删除、修改、增加、干扰，造成计算机信息系统不能正常运行，后果严重的，处五年以下有期徒刑或者拘役；后果特别严重的，处五年以上有期徒刑。

违反国家规定，对计算机信息系统中存储、处理或者传输的数据和应用程序进行删除、修改、增加的操作，后果严重的，依照前款的规定处罚。

故意制作、传播计算机病毒等破坏性程序，影响计算机系统正常运行，后果严重的，依照第一款的规定处罚。

单位犯本罪的，对单位判处罚金，并对其直接负责的主管人员和其他直接责任人员，依照第一款的规定处罚。

（六）拒不履行信息网络安全管理义务罪

网络服务提供者不履行法律、行政法规规定的信息网络安全管理义务，经监管部门责令采取改正措施而拒不改正，有下列情形之一的，处三年以下有期徒刑、拘役或者管制，并处或者单处罚金：致使违法信息大量传播的；致使用户信息泄露，造成严重后果的；致使刑事案件证据灭失，情节严重的；有其他严重情节的。

单位犯本罪的，对单位判处罚金，并对其直接负责的主管人员和其他直接责任人员，依照前款的规定处罚。

有前两款行为，同时构成其他犯罪的，依照处罚较重的规定定罪处罚。

（七）非法利用信息网络罪

利用信息网络实施下列行为之一，情节严重的，处三年以下有期徒刑或者拘役，并处或者单处罚金：设立用于实施诈骗、传授犯罪方法、制作或者销售违禁物品、管制物品等违法犯罪活动的网站、通讯群组的；发布有关制作或者销售毒品、枪支、淫秽物品等违禁物品、管制物品或者其他违法犯罪信息的；为实施诈骗等违法犯罪活动发布信息的。

单位犯本罪的，对单位判处罚金，并对其直接负责的主管人员和其他直接责任人员，依照第一款的规定处罚。

有前两款行为，同时构成其他犯罪的，依照处罚较重的规定定罪处罚。

（八）帮助信息网络犯罪活动罪

明知他人利用信息网络实施犯罪，为其犯罪提供互联网接入、服务器托管、网络存储、通讯传输等技术支持，或者提供广告推广、支付结算等帮助，情节严重的，处三年以下有期徒刑或者拘役，并处或者单处罚金。

单位犯本罪的，对单位判处罚金，并对其直接负责的主管人员和其他直接责任人员，依照前款的规定处罚。

有前两款行为，同时构成其他犯罪的，依照处罚较重的规定定罪处罚。

（九）编造、故意传播虚假信息罪

编造虚假的险情、疫情、灾情、警情，在信息网络或者其他媒体上传播，或者明知是上述虚假信息，故意在信息网络或者其他媒体上传播，严重扰乱社会秩序的，处三年以下有期徒刑、拘役或者管制；造成严重后果的，处三年以上七年以下有期徒刑。

（十）利用网络从事其他构成犯罪的行为

应用

相关立法

《中华人民共和国治安管理处罚法》（2013年）

《最高人民法院、最高人民检察院关于办理利用互联网、移动通讯终端、声讯台制作、复制、出版、贩卖、传播淫秽电子信息刑事案件具体应用法律若干问题的解释》（2010年）

《最高人民法院、最高人民检察院关于办理非法利用信息网络、帮助信息网络犯罪活动等刑事案件适用法律若干问题的解释》（2019年）

《最高人民法院、最高人民检察院关于办理危害计算机信息系统安全刑事案件应用法律若干问题的解释》（2011年）

《最高人民法院关于审理侵害信息网络传播权民事纠纷案件适用法律若干问题的规定》（2021年）

《关键信息基础设施安全保护条例》（2021年）

第四十三条　实施非法侵入、干扰、破坏关键信息基础设施，危害其安全的活动尚不构成犯罪的，依照《中华人民共和国网络安全法》有关规定，由公安机关没收违法所得，处5日以下拘留，可以并处5万元以上50万元以下罚款；情节较重的，处5日以上15日以下拘留，可以并处10万元以上100万元以下罚款。

单位有前款行为的，由公安机关没收违法所得，处10万元以上100万元以下罚款，并对直接负责的主管人员和其他直接责任人员依照前款规定处罚。

违反本条例第五条第二款和第三十一条规定，受到治安管理处罚的人员，5年内不得从事网络安全管理和网络运营关键岗位的工作；受到刑事处罚的人员，终身不得从事网络安全管理和网络运营关键岗位的工作。

第四十九条　违反本条例规定，给他人造成损害的，依法承担民事责任。

违反本条例规定，构成违反治安管理行为的，依法给予治安管理处罚；构成犯罪的，依法追究刑事责任。

典型案例

石某倒卖公民个人信息被判侵犯公民个人信息罪

简介：

2012年至2016年，石某从陈某处购买大量各地区公民移动通讯联系方式，人员类型涉及车险、寿险、教育、金融等，后每条加价0.01至0.02元出售获利，非法获利40070元。后被公安机关抓获，石某被沂南县人民法院判定侵犯公民个人信息罪，判处有期徒刑三年。

简评：

石某违反国家有关规定，非法获取公民个人信息并向他人出售，情节特别严重，其行为构成侵犯公民个人信息罪。

第七十五条　对攻击关键信息基础设施的境外机构、组织、个人的制裁

境外的机构、组织、个人从事攻击、侵入、干扰、破坏等危害中华人民共和国的关键信息基础设施的活动，造成严重后果的，依法追究法律责任；国务院公安部门和有关部门并可以决定对该机构、组织、个人采取冻结财产或者其他必要的制裁措施。

解读 📖

本条是关于追究、制裁损害我国关键信息基础设施安全的境外行为人的规定。

本法第五条规定，国家采取措施，监测、防御、处置来源于中华人民共和国境内外的网络安全风险和威胁，保护关键信息基础设施免受攻击、侵入、干扰和破坏，依法惩治网络违法犯罪活动，维护网络空间安全和秩序。因此，本条特对境外机构、组织、个人侵害我国关键信息基础设施的活动的责任作出规定，这一规定与我国的管辖权相关法律相衔接。

因境外机构、组织、个人的违法犯罪行为的责任追究较为困难，为了对境外违法者进行震慑和制裁，所以本条还特别规定了国务院公安部门和有关部门可以决定对该机构、组织、个人采取冻结财产或者其他必要的制裁措施。

应用 ✔

相关立法

《关键信息基础设施安全保护条例》（2021年）

第五条　国家对关键信息基础设施实行重点保护，采取措施，监测、防御、处置来源于中华人民共和国境内外的网络安全风险和威胁，保护关键信息基础设施免受攻击、侵入、干扰和破坏，依法惩治危害关键信息基础设施安全的违法犯罪活动。

任何个人和组织不得实施非法侵入、干扰、破坏关键信息基础设施的活动，不得危害关键信息基础设施安全。

第七章　附　则

第七十六条　有关用语的含义

本法下列用语的含义：

（一）网络，是指由计算机或者其他信息终端及相关设备组成的按照一定的规则和程序对信息进行收集、存储、传输、交换、处理的系统。

（二）网络安全，是指通过采取必要措施，防范对网络的攻击、侵入、干扰、破坏和非法使用以及意外事故，使网络处于稳定可靠运行的状态，以及保障网络数据的完整性、保密性、可用性的能力。

（三）网络运营者，是指网络的所有者、管理者和网络服务提供者。

（四）网络数据，是指通过网络收集、存储、传输、处理和产生的各种电子数据。

（五）个人信息，是指以电子或者其他方式记录的能够单独或者与其他信息结合识别自然人个人身份的各种信息，包括但不限于自然人的姓名、出生日期、身份证件号码、个人生物识别信息、住址、电话号码等。

解读 📖

本条是关于本法中一些关键用语含义的规定。

一、"网络"的含义

"网络"是本法的基础性概念。我国在许多法律中都使用了"网络"的概念，但在本法通过前并未从法律层面对这一概念作出界定。在日常的使用中，网络主要指由若干节点和连接链路所构成的，能够联系各个点、面、体的信息从而实现信息传输、接收、共享、处理的系统，可以指向互联网、局域网和工业控制系统，等等。

但随着计算机、网络技术、物联网的快速发展，信息化与工业化的深度融合，互联网、局域网和工业控制系统的物理界限越来越模糊。大多数主流国家趋向将网络定义为由相关设备和资源组成的传输、处理信息的系统。

因此，将网络界定为由计算机或者其他信息终端及相关设备组成的按照一定的规则和程序对信息进行收集、存储、传输、交换、处理的系统，不仅同时满足互联网、局域网和工业控制系统等的抽象特征，符合我国网络安全管理的发展需要，也同国际立法经验接轨。

二、"网络安全"的含义

"网络安全"是本法的另一个核心概念。

从网络运行的角度来看，网络安全是指网络系统中的硬件、软件及系统中的数据受到保护，不因偶然的或者恶意的原因而遭受到破坏、更改、泄露，系统连续可靠地正常运行，网络服务不中断。

从网络信息的角度来看，网络安全还需要保障网络环境下电子载体所承载的数据信息的完整性、保密性、可用性不受破坏。

目前，国外主流国家也主要基于网络安全保护的目的，从保障网络信息数据的完整性、保密性和可用性的角度来定义网络安全或信息安全。

其中，美国《2002年联邦信息安全管理法案》还进一步明确了完整性、保密性、可用性的内容：完整性指防止信息被不正当地修改或破坏，并且包括确保信息的不可否认性和真实性；保密性指保留对获取和披露的授权限制，包括保护个人隐私和专有信息；可用性指能够确保及时可靠地获取和使用信息。

因此，本法立足于国外立法实践与技术研究，从网络运行安全和网络信息安全两个方面将网络安全界定为"通过采取必要措施，防范对网络的攻击、侵入、干扰、破坏和非法使用以及意外事故，使网络处于稳定可靠运行的状态，以及保障网络数据的完整性、保密性、可用性的能力"具备合理性基础。

三、"网络运营者"的含义

"网络运营者"是与"网络""网络安全"紧密相关的又一个概念，是网络安全责任主体。

本条将网络运营者定义为三类主体，即网络所有者、网络管理者和网络服务提供者。

其中，"网络所有者""网络管理者"根据上述"网络"的定义应理解为是前述信息系统的所有者和管理者，如移动、联通、电信等基础电信网络的所有者和管理者。而"网络服务提供者"则指的是依托于网络信息系统的各类服务提供者，包括网络信息服务、网络接入服务及其他网络服务等。

四、"网络数据"的含义

本法所称的网络数据是指通过网络收集、存储、传输、处理和产生的以电子方式记录的各种数据，是信息的电子化形式。

五、"个人信息"的含义

个人信息的概念是在网络技术、信息化的发展中逐步确立的，网络安全法、民法典等都将其界定为"以电子或者其他方式记录的能够单独或者与其他信息结合识别自然人个人身份的各种信息"。

这一概念内涵揭示了个人信息的如下特征。

一是个人信息的可识别性。个人信息是他人能够直接根据该信息，或者借助其他信息的辅助，或者对信息进行综合分析后，识别出某一自然人的身份和特征的类型信息。

二是个人信息的自然人属性。个人信息的主体只能是自然人，而法人的信息以一般人格权的形式受到部分保护。

三是个人信息的客观性。个人信息只有呈现在一定的物质载体之上，才能为人类进行认识并加以利用。

应用

相关立法

《中华人民共和国民法典》(2021年)

第一千零三十四条　自然人的个人信息受法律保护。

个人信息是以电子或者其他方式记录的能够单独或者与其他信息结合识别特定自然人的各种信息，包括自然人的姓名、出生日期、身份证件号码、生物识别信息、住址、电话号码、电子邮箱、健康信息、行踪信息等。

个人信息中的私密信息，适用有关隐私权的规定；没有规定的，适用有关个人信息保护的规定。

第七十七条　涉密网络安全保护

存储、处理涉及国家秘密信息的网络的运行安全保护，除应当遵守本法外，还应当遵守保密法律、行政法规的规定。

解读 📖

本条是关于涉密网络安全保护的规定。

随着现代通信和办公自动化技术的广泛应用，信息化和电子政务的建设发展，国家秘密的存在形态和运行方式发生巨大变化，涉密载体由纸介质形式为主发展到声、光、电、磁等多种形式，泄密的渠道增多、行为日趋复杂、后果影响亦呈加重态势。因此，对于涉及国家秘密信息的网络保护，除应当遵守本法外，还应当遵守保密法律、行政法规的规定。

国家秘密是指涉及国家安全和利益，泄露后可能损害国家在政治、经济、国防、外交等领域的安全和利益的事项，根据重要程度，分为绝密、机密、秘密三级。

《中华人民共和国保守国家秘密法》《中华人民共和国保守国家秘密法实施条例》中对涉密信息系统的安全保护作了专门规定。

首先，它要求存储、处理国家秘密的计算机信息系统（以下简称"涉密信息系统"）按照涉密程度分为绝密级、机密级、秘密级，进行分级保护。机关、单位应当根据涉密信息系统存储、处理信息的最高密级确定系统的密级，按照分级保护要求采取相应的安全保密防护措施。保密设施、设备应当与涉密信息系统同步规划、同步建设、同步运行。涉密信息系统需要按照规定，经检查合格后，方可投入使用。机关、单位在运行、使用、管理涉密信息系统的过程中，要指定专门机构或者人员负责运行维护、安全保密管理和安全审计，定期开展安全保密检查和风险评估。当涉密信息系统的密级、主要业务应用、使用范围和使用环境等发生变化或者涉密信息系统不再使用时，应当按照国家保密规定及时向保密行政管理部门报告，并采取相应措施。对于未按照规定检测评估、审查却投入使用涉密信息系统的机关、单位，由保密行政管理部门责令改正，并建议有关机关、单位对直接负责的主管人员和其他直接责任人员依法给予处分。

其次，它通过反面列举明确机关、单位对涉密信息系统的管理行为范围，要求任何组织和个人不得有下列行为：将涉密计算机、涉密存储设备接入互联网及其他公共信息网络；在未采取防护措施的情况下，在涉密信息系统与互联网及其他公共信息网络之间进行信息交换；使用非涉密计算机、非涉密存储设备存储、处理国家秘密信息；擅自卸载、修改涉密信息系统的安全技术程序、管理程序；将未经安全技术处理的退出使用的涉密计算机、涉密存储设备赠送、出售、丢弃或者改作其他用途。对于违反法律规定，实施前述行为的，应当依法给予处分，构成犯罪的依法追究刑事责任。

应用

相关立法

《中华人民共和国保守国家秘密法》（2010年）

第二十三条　存储、处理国家秘密的计算机信息系统（以下简称涉密信息系统）按照涉密程度实行分级保护。

涉密信息系统应当按照国家保密标准配备保密设施、设备。保密设施、设备应当与涉密信息系统同步规划，同步建设，同步运行。

涉密信息系统应当按照规定，经检查合格后，方可投入使用。

第二十四条　机关、单位应当加强对涉密信息系统的管理，任何组织和个人不得有下列行为：

（一）将涉密计算机、涉密存储设备接入互联网及其他公共信息网络；

（二）在未采取防护措施的情况下，在涉密信息系统与互联网及其他公共信息网络之间进行信息交换；

（三）使用非涉密计算机、非涉密存储设备存储、处理国家秘密信息；

（四）擅自卸载、修改涉密信息系统的安全技术程序、管理程序；

（五）将未经安全技术处理的退出使用的涉密计算机、涉密存储设备赠送、出售、丢弃或者改作其他用途。

第四十八条　违反本法规定，有下列行为之一的，依法给予处分；构成犯罪的，依法追究刑事责任：

（一）非法获取、持有国家秘密载体的；

（二）买卖、转送或者私自销毁国家秘密载体的；

（三）通过普通邮政、快递等无保密措施的渠道传递国家秘密载体的；

（四）邮寄、托运国家秘密载体出境，或者未经有关主管部门批准，携带、传递国家秘密载体出境的；

（五）非法复制、记录、存储国家秘密的；

（六）在私人交往和通信中涉及国家秘密的；

（七）在互联网及其他公共信息网络或者未采取保密措施的有线和无线通信中传递国家秘密的；

（八）将涉密计算机、涉密存储设备接入互联网及其他公共信息网络的；

（九）在未采取防护措施的情况下，在涉密信息系统与互联网及其他公共信息网络之间进行信息交换的；

（十）使用非涉密计算机、非涉密存储设备存储、处理国家秘密信息的；

（十一）擅自卸载、修改涉密信息系统的安全技术程序、管理程序的；

（十二）将未经安全技术处理的退出使用的涉密计算机、涉密存储设备赠送、出售、丢弃或者改作其他用途的。

有前款行为尚不构成犯罪，且不适用处分的人员，由保密行政管理部门督促其所在机关、单位予以处理。

《中华人民共和国保守国家秘密法实施条例》（2014年）

第二十三条　涉密信息系统按照涉密程度分为绝密级、机密级、秘密级。机关、单位应当根据涉密信息系统存储、处理信息的最高密级确定系统的密级，按照分级保护要求采取相应的安全保密防护措施。

第二十四条　涉密信息系统应当由国家保密行政管理部门设立或者授权的保密测评机构进行检测评估，并经设区的市、自治州级以上保密行政管理部门审查合格，方可投入使用。

公安、国家安全机关的涉密信息系统投入使用的管理办法，由国家保密行政管理部门会同国务院公安、国家安全部门另行规定。

第二十五条　机关、单位应当加强涉密信息系统的运行使用管理，指定专门机构或者人员负责运行维护、安全保密管理和安全审计，定期开展安全保密检查和风险评估。

涉密信息系统的密级、主要业务应用、使用范围和使用环境等发生变化或者涉密信息系统不再使用的，应当按照国家保密规定及时向保密行政管理部门报告，并采取相应措施。

第四十二条　涉密信息系统未按照规定进行检测评估和审查而投入使用的，由保密行政管理部门责令改正，并建议有关机关、单位对直接负责的主管人员和其他直接责任人员依法给予处分。

第七十八条　军事网络安全保护

军事网络的安全保护，由中央军事委员会另行规定。

解读 📖

本条是关于军事网络安全保护的规定。

随着部队信息化建设步伐加快，各类信息化设备覆盖日常办公、指挥控制、武器装备管理等方面，随之而来的军事网络风险也不容小觑。军事网络的特殊性决定了其在任何一个环节的细微漏洞，都有可能给部队安全保密工作带来隐患，危及国家安全。因此，为了加强对军事网络的安全保护，本条赋予了中央军事委员根据宪法和法律，制定军事网络安全保护相关军事法规的权力。

应用 ✔

相关立法

《中华人民共和国立法法》（2015年）

第一百零三条　中央军事委员会根据宪法和法律，制定军事法规。

中央军事委员会各总部、军兵种、军区、中国人民武装警察部队，可以根据法律和中央军事委员会的军事法规、决定、命令，在其权限范围内，制定军事规章。

军事法规、军事规章在武装力量内部实施。

军事法规、军事规章的制定、修改和废止办法，由中央军事委员会依照本法规定的原则规定。

《中华人民共和国国家安全法》（2015 年）

第三十八条　中央军事委员会领导全国武装力量，决定军事战略和武装力量的作战方针，统一指挥维护国家安全的军事行动，制定涉及国家安全的军事法规，发布有关决定和命令。

《中华人民共和国国防法》（2021 年）

第十五条　中央军事委员会领导全国武装力量，行使下列职权：

（一）统一指挥全国武装力量；

（二）决定军事战略和武装力量的作战方针；

（三）领导和管理中国人民解放军、中国人民武装警察部队的建设，制定规划、计划并组织实施；

（四）向全国人民代表大会或者全国人民代表大会常务委员会提出议案；

（五）根据宪法和法律，制定军事法规，发布决定和命令；

（六）决定中国人民解放军、中国人民武装警察部队的体制和编制，规定中央军事委员会机关部门、战区、军兵种和中国人民武装警察部队等单位的任务和职责；

（七）依照法律、军事法规的规定，任免、培训、考核和奖惩武装力量成员；

（八）决定武装力量的武器装备体制，制定武器装备发展规划、计划，协同国务院领导和管理国防科研生产；

（九）会同国务院管理国防经费和国防资产；

（十）领导和管理人民武装动员、预备役工作；

（十一）组织开展国际军事交流与合作；

（十二）法律规定的其他职权。

第七十九条　施行日期

本法自2017年6月1日起施行。

解读 📖

本条是关于施行日期的规定。

法律的施行日期，即法律的时间效力，是指一部法律开始生效的日期。本法由十二届全国人大常委会第二十四次会议于2016年11月7日通过，并于同日由国家主席习近平签署第五十三号主席令公布，自2017年6月1日起施行。这一施行日期的确定既有利于新法与既有法律规章的顺利衔接，也有利于为新法内容预留学习、宣传时间以便于新法的准确实施。

一、施行日期

《中华人民共和国立法法》（以下简称"立法法"）第五十七条规定："法律应当明确规定施行日期。"结合我国立法实践，法律对施行日期的规定，主要分为以下四种情况。

1.法律中明确规定"本法自公布之日起施行"。这种情况主要出现于新法内容未对既有法律法规作出主要变更的情形，各权利义务主体无须准备就能够立即施行。

2.法律中明确规定"本法自颁布后的某一具体的时间起施行"。这一规定通过为权利义务主体预留一段学习、准备的时间，来保障新法中的新制度、新措施能够在今后的施行中更好地贯彻落实。本法正属于本种情况，由2016年11月7日十二届全国人大常委会第二十四次会议通过、中华人民共和国主席令第五十三号公布，自2017年6月1日起施行。

3.法律中明确规定新法的施行以另一部法律的施行为前提。在这一情况下，新法内容是在另一部法律颁布施行一段时间以后，该法律才开始正式生效。

4.法律的具体条文中未明确施行日期，但在主席令或法律名称下明确施行日期。

二、法的溯及力

法律的施行日期还会涉及法的溯及力问题。法的溯及力是指法律溯及既往的效力，也就是指一部法律能否适用于其生效以前发生的事件和行为，能够适用则表明该法具有溯及力；如果不能够适用则表明该法不具有溯及力。

根据立法法的有关规定，我国法律原则上不溯及既往，但为了更好地保护公民、法人和其他组织的权利和利益，可以通过特别规定赋予法律溯及力。由于本法无此类特别规定，因此本法不具有溯及力，也就不适用于本法生效以前发生的事件和行为。

本法正式施行后，将会产生以下法律后果。

1.自本法生效后，凡属于本法调整范围内的关系，都要受本法内容调整。一切违法行为，都需要依法受到责任追究。

2.自本法生效后，凡是位阶低于本法的规范性文件，都应当符合本法的要求，不得与本法的规定相抵触，否则应当归属无效。对于位于同一位阶但存在规定不一致情形的法律，应当按照立法法的有关规定处理。

应用

相关立法

《中华人民共和国立法法》（2015年）

第五十七条　法律应当明确规定施行日期。

第九十四条　法律之间对同一事项的新的一般规定与旧的特别规定不一致，不能确定如何适用时，由全国人民代表大会常务委员会裁决。

行政法规之间对同一事项的新的一般规定与旧的特别规定不一致，不能确定如何适用时，由国务院裁决。

第九十六条　法律、行政法规、地方性法规、自治条例和单行条例、规章有下列情形之一的，由有关机关依照本法第九十七条规定的权限予以改变或者撤销：

（一）超越权限的；

（二）下位法违反上位法规定的；

（三）规章之间对同一事项的规定不一致，经裁决应当改变或者撤销一方的规定的；

（四）规章的规定被认为不适当，应当予以改变或者撤销的；

（五）违背法定程序的。

第二编
著作权法

《中华人民共和国著作权法》概述

　　加强知识产权保护是推动文化繁荣发展和科技创新的重要举措。著作权是知识产权的重要组成部分，对鼓励作品的创作和传播，保护创作者、传播者、使用者等的合法权益，促进我国文化和科学事业的发展与繁荣，发挥了重要作用。《中华人民共和国著作权法》（以下简称"著作权法"）于1990年9月7日第七届全国人民代表大会常务委员会第十五次会议通过，1991年6月1日起施行，共计六章、五十六条。2001年10月27日，九届全国人大常委会第二十四次会议审议通过《关于修改〈中华人民共和国著作权法〉的决定》，对1991年的著作权法进行了修正。修正后的著作权法变更为六章、六十条。2010年2月26日，为进一步完善我国著作权法律制度，并根据执行世界贸易组织中美知识产权争端案裁决的现实需要，十一届全国人大常委会第十三次会议审议通过《关于修改〈中华人民共和国著作权法〉的决定》，并自2010年4月1日起施行。本次修正涉及两个条款，修正后的著作权法共六章、六十一条。随着我国经济社会发展，著作权保护领域出现了一些新情况、新问题，需要通过修改完善著作权法予以解决：一是随着以网络化、数字化等为代表的新技术的高速发展和应用，一些现有规定已经无法适应实践需要；二是著作权维权成本高、侵权赔偿数额低，执法手段不足，著作权侵权行为难以得到有效遏制，权利保护的实际效果与权利人的期待还有一定差距；三是现行著作权法部分规定有必要与我国近年来加入的国际条约以及出台的民法典等法律进一步做好衔接。

　　2012年12月，国家版权局报请国务院审议《中华人民共和国著作权法（修订草案送审稿）》。国务院法制办立即送有关中央国家机关、部分地方政府、企事业单位和专家学者等征求意见，并通过互联网向社会公开征求意见。

由于各方面对送审稿许多内容存在较大争议，2017年12月，国家版权局对送审稿进行了修改，形成送审稿修改稿重新报请审查。国务院法制办会同国家版权局对送审稿修改稿作了修改。①2018年，党和国家机构改革后，重新组建的司法部又会同中共中央宣传部进一步修改，形成了《中华人民共和国著作权法修正案（草案）》，经国务院常务会议审议通过后，于2020年4月提请十三届全国人大常委会第十七次会议初次审议。一审后，为做好著作权法修改工作，全国人大常委会法制工作委员会贯彻科学立法、民主立法、依法立法的要求，将草案印发各省（区、市）人大常委、中央有关部门、基层立法联系点等征求意见，并将草案通过中国人大网全文公布，征求社会公众的意见。考虑到各方对著作权法的高度关注，为更充分地听取意见，此次公开征求意见的时间从通常的30天延长为45天，共收到5万多人提出的16万多条意见。同时，在修法期间，立法工作机构召开多个座谈会听取著作权人代表、传播者代表、著作权集体管理组织、执法部门、全国人大代表等各方面的意见，前往北京等地进行调研，深入了解实际情况，并就草案主要问题同有关方面反复交换意见，共同研究。对各方提出的意见，立法机关都进行了认真研究、充分采纳。2020年8月，根据全国人大常委会审议意见和各方面意见，修改后的著作权法修正案草案提请十三届全国人大常委会第二十一次会议进行第二次审议。全国人大常委会组成人员普遍认为，修正案草案充分吸收了各方面的意见，对一审草案作了很好地修改，许多方面都有实质性提高，适应了当前加强著作权保护的需要。二审之后，全国人大常委会法制工作委员会通过中国人大网第二次将草案向社会公开征求意见，此次征求意见的时间仍然为45天，共收到600多人提出的2100多条意见。征求意见的数量从一审后的16万多条意见下降到2100多条，反映了广大公众对草案二审稿所作修改的肯定和认可。②根据常委会审议意见和各方面的意见，修改后的修改决定草

---

① 袁曙宏.关于《中华人民共和国著作权法修正案（草案）》的说明：2020年4月26日在第十三届全国人民代表大会常务委员会第十七次会议上［EB/OL］.（2020-11-12）［2020-02-27］.http://www.npc.gov.cn/npc/c30834/202011/f254003ab9144f5db-7363cb3e01cabde.shtml.

② 石宏.著作权法第三次修改的重要内容及价值考量［J］.知识产权，2021（2）：4-5.

案于 2020 年 11 月 11 日提请十三届全国人大常委会第二十三次会议进行第三次审议，并获得高票通过，自 2021 年 6 月 1 日起施行。修改后的著作权法共六章、六十七条，分别是总则、著作权、著作权许可使用和转让合同、与著作权有关的权利、著作权和与著作权有关的权利的保护、附则。

第一章 总 则

第一条 立法目的

为保护文学、艺术和科学作品作者的著作权，以及与著作权有关的权益，鼓励有益于社会主义精神文明、物质文明建设的作品的创作和传播，促进社会主义文化和科学事业的发展与繁荣，根据宪法制定本法。

解读 📖

本条是关于著作权法立法目的的规定。

2020年11月11日，十三届全国人大常委会第二十三次会议表决通过了关于修改著作权法的决定，自2021年6月1日起施行。著作权法回应了科技和产业发展的需求，但是我国著作权法经过三次修订，本条立法目的始终未曾修改过。

著作权法的立法目的包括以下三个方面。

一、保护文学、艺术和科学作品作者的著作权以及保护与著作权有关的权益

这是著作权法的立法目的之一。《中华人民共和国宪法》第四十七条规定："中华人民共和国公民有进行科学研究、文学艺术创作和其他文化活动的自由。国家对于从事教育、科学、技术、文学、艺术和其他文化事业的公民的有益于人民的创造性工作，给以鼓励和帮助。"从事文化活动创作是我国公民的基本权利。2011年中国共产党第十七届中央委员会第六次全体会议通过的《中共中央关于深化文化体制改革、推动社会主义文化大发展大繁荣若干重大问题的决定》，2012年中共中央、国务院印发的《关于深化科技体制改革加快国家创新体系建设的意见》，2014年中国共产党第十八届中央委员会第四次全体会议通过的《中共中央关于全面推进依法治国若干重大问题的决定》等党中央政策方针中均强调了"文化强国"的理念。制定著作权法，建立著作权法律保护制度，不仅是落实宪法的需要，落实中央有关文学、艺术和科学发展方针政策及相关决定的需要，"保护文学、艺术和科学作品作者的著作权""以及与著作权有关的权益"更是鼓励公民创作参加各种文化活动的需要，发展先进文化、建设和谐文化，激发文化创造活力，提高文化产品质量，为中华民族发展壮大提供强大精神力量的需要。

"作者的著作权"在本法第十条中有详细规定。本条中"与著作权有关的权益"是指上述所称的作者的著作权以外的，又与著作权有关的权益，或者称因著作权而派生出来的一种权利，如本法第四章所列明的"与著作权有关的权利"中图书、报刊出版者权、表演者权、录音录像制作者权、广播组织权等。

二、鼓励有益于社会主义精神文明、物质文明建设的作品的创作和传播

按照我国宪法规定，中华人民共和国是工人阶级领导的、以工农联盟为基础的人民民主专政的社会主义国家；中华人民共和国的一切权力属于人民。要落实宪法的规定，著作权立法就必须坚持文学、艺术和科学事业为人民服务、为社会主义服务的根本方向，既要让人民过上殷实富足的物质生活，又要让人民享有健康丰富的文化生活。因此，国家以著作权立法的形式明确作出规定："鼓励有益于社会主义精神文明、物质文明建设的作品的创作和传播。"

本条中的"作品"是指文学、艺术和科学领域内具有独创性并能以一定形式表现的智力成果，具体范围详见本法第三条规定内容。"创作"可参考《中华人民共和国著作权法实施条例》中第三条："著作权法所称创作，是指直接产生文学、艺术和科学作品的智力活动。"为他人创作进行组织工作，提供咨询意见、物质条件，或者进行其他辅助工作，均不视为创作。本条所称的"传播"是指出版、表演、录音录像、播放活动。

三、促进社会主义文化和科学事业的发展与繁荣

本法无论是保护文学、艺术和科学作品作者的著作权，以及与著作权有关的权益，还是鼓励有益于社会主义精神文明、物质文明建设的作品的创作和传播，最终是要促进社会主义文化和科学事业的发展与繁荣。这一目的是由宪法规定的"社会主义制度是中华人民共和国的根本制度"所决定的。

应用 ✔

相关立法

《中华人民共和国宪法》（2018年）

第四十七条 中华人民共和国公民有进行科学研究、文学艺术创作和其他文化活动的自由。国家对于从事教育、科学、技术、文学、艺术和其他文化事业的公民的有益于人民的创造性工作，给以鼓励和帮助。

《中华人民共和国著作权法实施条例》（2013年）

第二条 适用范围

中国公民、法人或者非法人组织的作品，不论是否发表，依照本法享有著作权。

外国人、无国籍人的作品根据其作者所属国或者经常居住地国同中国签订的协议或者共同参加的国际条约享有的著作权，受本法保护。

外国人、无国籍人的作品首先在中国境内出版的，依照本法享有著作权。

未与中国签订协议或者共同参加国际条约的国家的作者以及无国籍人的作品首次在中国参加的国际条约的成员国出版的，或者在成员国和非成员国同时出版的，受本法保护。

解读 📖

本条是关于著作权法适用范围的规定。

在我国的立法实践中，一般要对法律的适用范围问题作出明确的规定，法律的适用范围明确了法律执行范围。本条规定了著作权法的适用范围。

一、修改情况

著作权法在对人的效力问题的规定经历了一个演变过程。2001年作出的修改是为了同我国1992年加入《伯尔尼保护文学和艺术作品公约》《世界版权公约》的规定相一致；2021年的修改则是将"非法人组织"表述与《中华人民共和国民法典》的表述保持一致。

二、本条具体含义

总体来讲，本条体现的是国际通行的，也是国际条约要求的三项基本原则：一是国籍原则，二是互惠原则，三是地域原则。

（一）国籍原则

"中国公民、法人或者非法人组织的作品，不论是否发表，依照本法享有著作权"，体现的是"国籍原则"。此原则是根据本法所规定的主体的所在国国籍来确定而给予著作权人的著作权保护的一项原则。该原则符合《伯尔尼保护文学和艺术作品公约》和《世界版权公约》的精神。比如，根据《伯尔尼保护文学和艺术作品公约》第三条第一款的规定，作者为本同盟任何成员国的国民者，其作品无论是否已经出版，都受到保护。根据这一规定，凡是具有中国国籍的公民、法人或者其他组织的作品，不论是否发表，依照著作权法都享有著作权。

（二）互惠原则

"外国人、无国籍人的作品根据其作者所属国或者经常居住地国同中国签订的协议或者共同参加的国际条约享有的著作权，受本法保护"，体现的是"互惠原则"。也就是说，根据国家之间所签订的国际协议或者共同参加的国际条约来确定而给予著作权人的著作权保护的一项原则。该原则符合国际条约的精神。

根据《伯尔尼保护文学和艺术作品公约》第五条的规定：

1.就享有本公约保护的作品而论，作者在作品起源国以外的本同盟成员国中享有各该国法律现在给予和今后可能给予其国民的权利，以及本公约特别授予的权利。

2.享有和行使这些权利不需要履行任何手续，也不论作品起源国是否存在保护。因此，除本公约条款外，保护的程度以及为保护作者权利而向其提供的补救方法完全由被要求给予保护的国家的法律规定。

3.起源国的保护由该国法律规定。如作者不是起源国的国民，但其作品受公约保护，该作者在该国仍享有同本国作者相同的权利。

4.起源国指的是：

（a）对于首次在本同盟某一成员国出版的作品，以该国家为起源国；对于在分别给予不同保护期的几个本同盟成员国同时出版的作品，以立法给予最短保护期的国家为起源国；

（b）对于同时在非本同盟成员国和本同盟成员国出版的作品，以后者为起源国；

（c）对于未出版的作品或首次在非本同盟成员国出版而未同时在本同盟成员国出版的作品，以作者为其国民的本同盟成员国为起源国，然而

（1）对于制片人总部或惯常住所在本同盟一成员国内的电影作品，以该国为起源国。

（2）对于建造在本同盟一成员国内的建筑作品或构成本同盟某一成员国建筑物一部分的平面和立体艺术作品，以该国为起源国。

在此需要说明的是，外国人、无国籍人受著作权法保护的作品，必须同时符合以下三个条件：第一，作者所属国或者经常居住地国同中国签订有协议或者共同参加了国际条约；第二，作者所属国或者经常居住地国同中国签订的协议或者共同参加的国际条约承认该外国人或者无国籍人的作品享有著作权；第三，作者所属国或者经常居住地国同中国签订的协议或者国际条约要求，协议国或者参加国相互保护其承认的著作权。此处所称的外国人，包括外国的自然人、法人和不具备法人资格的其他组织。

（三）地域原则

"外国人、无国籍人的作品首先在中国境内出版的，依照本法享有著作权"，体现的是"地域原则"。这项原则是根据著作权主体所创作的作品首先的出版地进行确定而给予法律保护的一项原则。根据本条规定，一个外国人、一个无国籍人的作品在中国境内是第一次发表的，我国就会按照著作权法的规定保护其作品的著作权。

"未与中国签订协议或者共同参加国际条约的国家的作者以及无国籍人的

作品首次在中国参加的国际条约的成员国出版的，或者在成员国和非成员国同时出版的，受本法保护"，也体现的是"地域原则"。这一原则也符合国际条约的规定。比如，根据《伯尔尼保护文学和艺术作品公约》第三条的规定，作者为非本同盟任何成员国的国民者，其作品首次在本同盟一个成员国出版，或在一个非同盟成员国和一个同盟成员国同时出版的都受到保护。在此需要说明的是，根据著作权法实施条例第八条的规定，外国人、无国籍人的作品在中国境外首先出版后，30日内在中国境内出版的，视为该作品同时在中国境内出版。根据《伯尔尼保护文学和艺术作品公约》第三条的规定，"已出版作品"一词指得到作者同意后出版的作品，而不论其复制件的制作方式如何，只要从这部作品的性质来看，复制件的发行方式能满足公众的合理需要。戏剧、音乐戏剧或电影作品的表演，音乐作品的演奏，文学作品的公开朗诵，文学或艺术作品的有线传播或广播，美术作品的展出和建筑作品的建造不构成出版。一个作品在首次出版后30天内在两个或两个以上国家内出版，则该作品应视为同时在几个国家内出版。

应用

相关立法

《中华人民共和国民法典》（2021年）

《中华人民共和国著作权法实施条例》（2013年）

《世界版权公约》（1971年）

第三条　保护客体

本法所称的作品，是指文学、艺术和科学领域内具有独创性并能以一定形式表现的智力成果，包括：

（一）文字作品；

（二）口述作品；

（三）音乐、戏剧、曲艺、舞蹈、杂技艺术作品；

（四）美术、建筑作品；

（五）摄影作品；

（六）视听作品；

（七）工程设计图、产品设计图、地图、示意图等图形作品和模型作品；

（八）计算机软件；

（九）符合作品特征的其他智力成果。

解读 📖

本条是关于著作权法保护的客体的规定。

本条解释了著作权法所保护作者的著作权以及与著作权有关的权益载体，即客体是作品。

一、作品及其范围

本法将作品定义修改为"本法所称的作品，是指文学、艺术和科学领域内具有独创性并能以一定形式表现的智力成果"，并将作品的范围修改为"文字作品，口述作品，音乐、戏剧、曲艺、舞蹈、杂技艺术作品，美术、建筑作品，摄影作品，视听作品，工程设计图、产品设计图、地图、示意图等图形作品和模型作品，计算机软件，以及符合作品特征的其他智力成果"，将"电影作品和以类似摄制电影的方法创作的作品"修改为"视听作品"，将"法律、行政法规规定的其他作品"修改为"符合作品特征的其他智力成果"。

二、作品的特征

著作权法明确作品应具备以下四个特征。

（一）属于"文学、艺术和科学领域内"

作品的前提是"文学、艺术和科学领域"范围内，这与著作权法立法目的相呼应，若不属于"文学、艺术和科学领域"，则不属于著作权法规范的范畴。

（二）具有"独创性"

"独创性"需要是作者本人的"创作"，而不是"抄袭"他人作品。所谓创作，按照著作权法实施条例的规定，是指直接产生文学、艺术和科学作品的智力活动。针对作品的独创性高低要求，不同作品类型具有不同标准。

（三）以"一定形式表现"

本法将"以某种有形形式复制"改成了"能以一定形式表现"。作品应该按照以下形式表现出来：文字作品，口述作品，音乐、戏剧、曲艺、舞蹈、杂技艺术作品，美术、建筑作品，摄影作品，视听作品，工程设计图、产品设计图、地图、示意图等图形作品和模型作品，计算机软件，以及符合作品特征的其他智力成果。

（四）属于"智力成果"

作品应该是人类的智力成果的体现。

三、著作权法规定的相关作品形式的基本含义

（一）文字作品

根据著作权法实施条例规定，文字作品是指小说、诗词、散文、论文等以文字形式表现的作品。

（二）口述作品

根据著作权法实施条例规定，口述作品是指即兴的演说、授课、法庭辩论等以口头语言形式表现的作品。

（三）音乐、戏剧、曲艺、舞蹈、杂技艺术作品

根据著作权法实施条例规定，音乐作品是指歌曲、交响乐等能够演唱或者演奏的带词或者不带词的作品；戏剧作品是指话剧、歌剧、地方戏等供舞台演出的作品；曲艺作品是指相声、快书、大鼓、评书等以说唱为主要形式表演的作品；舞蹈作品是指通过连续的动作、姿势、表情等表现思想情感的作品；杂技艺术作品是指杂技、魔术、马戏等通过形体动作和技巧表现的作品。

（四）美术、建筑作品

根据著作权法实施条例规定，美术作品是指绘画、书法、雕塑等以线条、色彩或者其他方式构成的有审美意义的平面或者立体的造型艺术作品；建筑作品是指以建筑物或者构筑物形式表现的有审美意义的作品。在此需要说明的是，受到著作权法给予保护的是建筑物本身及其建筑物附加上的艺术装饰，其构成材料、建筑方法则不受著作权法的保护。

（五）摄影作品

根据著作权法实施条例规定，摄影作品是指借助器械在感光材料或者其他介质上记录客观物体形象的艺术作品。需要说明的是，翻拍的内容不属于摄影作品。

（六）视听作品

1989年，《世界知识产权组织典型规定草案》和《视听作品国际注册条约》首次使用了"视听作品"（Audiovisual Work）的概念："'视听作品'意指由一系列相关的固定图像组成，带有或不带伴音，能够被看到的，并且带有伴音时，能够被听到的任何作品。"关于著作权法（修改草案第一稿）中，规定"视听作品，是指固定在一定介质上，由一系列有伴音或者无伴音的画面组成，并且借助技术设备放映或者以其他方式传播的作品"；关于著作权法（修改草案第二稿）调整该定义为"指由一系列有伴音或者无伴音的画面组成，并且借助技术设备向公众传播的作品"。2021年的著作权法将该定义删除，并将视听作品分为电影作品、电视剧作品和其他视听作品。

（七）工程设计图、产品设计图、地图、示意图等图形作品和模型作品

这一项内容包括了"工程设计图、产品设计图、地图、示意图等图形作品"和"模型作品"两部分内容。根据著作权法实施条例规定，图形作品是指为施工、生产绘制的工程设计图、产品设计图，以及反映地理现象、说明事物原理或者结构的地图、示意图等作品。其中，工程设计图是指为建筑工程所创作的能为建设施工提供依据的设计图纸，包括了工程设计图的说明。产品设计图是指生产单位对产品的构成、成分、规格和各项应达到的技术经济指标而设计的图纸，包括了产品设计图和说明。地图是指有关单位依法运用符号、制图原则创作出来的表示地形的表面自然和社会现象的图形。示意图形是指作者用相对简单的线条或者符号来表示某一现象的图。模型作品是指为展示、试验或者观测等用途，根据物体的形状和结构，按照一定比例制成的立体作品。

（八）计算机软件

根据2013年的《计算机软件保护条例》第二条的规定，计算机软件（以

下简称"软件"），是指计算机程序及其有关文档。需要说明的是，根据《计算机软件保护条例》第三条的规定，计算机程序是指为了得到某种结果而可以由计算机等具有信息处理能力的装置执行的代码化指令序列，或者可以被自动转换成代码化指令序列的符号化指令序列或者符号化语句序列。同一计算机程序的源程序和目标程序为同一作品。文档是指用来描述程序的内容、组成、设计、功能规格、开发情况、测试结果及使用方法的文字资料和图表等，如程序设计说明书、流程图、用户手册等。软件开发者是指实际组织开发、直接进行开发，并对开发完成的软件承担责任的法人或者其他组织；或者依靠自己具有的条件独立完成软件开发，并对软件承担责任的自然人。软件著作权人是指依照条例的规定，对软件享有著作权的自然人、法人或者其他组织。

（九）符合作品特征的其他智力成果

除上述八种作品类型外，符合作品特征的其他智力成果属于著作权法所保护的作品。2021年的著作权法将原有的"作品类型法定"修改为"作品类型开放"模式。

应用 ✔

相关立法

《中华人民共和国著作权法实施条例》（2013年）

《计算机软件保护条例》（2013年）

典型案例

北京某信息服务公司诉北京某网络技术公司

侵犯著作权及不正当竞争纠纷案

简介：

原告北京某信息服务公司持有涉案赛事直播节目相关权利期间，发现被告北京某网络技术公司公开传播涉案赛事直播节目，北京某信息服务公司认为北京某网络技术公司侵犯了其对涉案赛事直播节目享有的合法权利，并向法院提起诉讼。该案一审法院认定涉案赛事直播节目属于著作权法保护的作品；二审法院却认为赛事直播节目不属于著作权法保护的作品。北京某信息服务公司不服二审判决，申请再审，最终再审法院认定涉案赛事直播节目属于著作权法保护的作品，并应归于电影/类电作品类型。[①]

简评：

关于体育赛事直播节目是否属于著作权法保护的作品一直存在争议，该案判决结果将有利于体育赛事节目法律性质定性和产业的健康发展。

第四条　守法原则

著作权人和与著作权有关的权利人行使权利，不得违反宪法和法律，不得损害公共利益。国家对作品的出版、传播依法进行监督管理。

解读 📖

本条是关于著作权人和与著作权有关的权利人行使著作权守法原则的规定。

一、著作权人和与著作权有关的权利人行使权利，不得违反宪法和法律，不得损害公共利益

（一）本条的修改情况

著作权法将该条对著作权人的守法要求扩大到著作权人和与著作权有关的权利人。

（二）本条的含义

一是著作权人和与著作权有关的权利人依法享有著作权和著作权相关权利；二是著作权人和与著作权有关的权利人在行使上述权利时必须符合法律规定，包括不得违反宪法、法律规定。

---

① 参见：北京市高级人民法院，（2020）京民再128号判决书。

如《出版管理条例》第二十五条规定，任何出版物不得含有下列内容：

（一）反对宪法确定的基本原则的；

（二）危害国家统一、主权和领土完整的；

（三）泄露国家秘密、危害国家安全或者损害国家荣誉和利益的；

（四）煽动民族仇恨、民族歧视，破坏民族团结，或者侵害民族风俗、习惯的；

（五）宣扬邪教、迷信的；

（六）扰乱社会秩序，破坏社会稳定的；

（七）宣扬淫秽、赌博、暴力或者教唆犯罪的；

（八）侮辱或者诽谤他人，侵害他人合法权益的；

（九）危害社会公德或者民族优秀文化传统的；

（十）有法律、行政法规和国家规定禁止的其他内容的。

二、国家对作品的出版、传播依法进行监督管理

这一规定讲的是依法管理的法定原则。其核心点是"依法"进行监督管理，强调的是"依法行政""依法管理"等方面的内容。此处所称的法是一个宽泛的概念，包括了法律、行政法规和依据法律、行政法规制定的行政规章、地方性法规等。

应用

相关立法

《音像制品管理条例》（2020 年）

《电影管理条例》（2002 年）

《出版管理条例》（2020 年）

《广播电视管理条例》（2020 年）

《计算机软件保护条例》（2013 年）

《信息网络传播权保护条例》（2013 年）

第五条　著作权法保护例外

本法不适用于：

（一）法律、法规，国家机关的决议、决定、命令和其他具有立法、行政、司法性质的文件，及其官方正式译文；

（二）单纯事实消息；

（三）历法、通用数表、通用表格和公式。

解读 📖

本条是关于不适用著作权法的客体（作品）的规定。

本条规定的不适用著作权法的客体包括以下三类。

一、法律、法规，国家机关的决议、决定、命令和其他具有立法、行政、司法性质的文件，及其官方正式译文

上述官方文件不属于著作权法保护的范围。此处所称的"法律"是指宪法和立法法规定的由全国人大及其常委会通过的规范性文件。"法规"包括行政法规和地方性法规，还包括国务院根据宪法和法律、规定行政措施、制定行政法规、发布决定和命令。"国家机关"包括中央国家机关和地方国家机关。国家机关包括全国人民代表大会和全国人民代表大会常务委员会、中华人民共和国主席、中华人民共和国国务院、中华人民共和国中央军事委员会、地方各级人民代表大会和地方各级人民政府、民族自治地方的自治机关、人民法院和人民检察院。"国家机关的决议、决定、命令"是指上述机关的决议、决定、命令。"官方正式译文"主要是指国家法定机关将法律、法规，国家机关的决议、决定、命令和其他具有立法、行政、司法性质的文件翻译成的其他语言文字且正式公布的译文。

二、单纯事实消息

在司法实践中，原法条中的"时事新闻"常与"时事性文章"难以区分。根据著作权法实施条例规定，时事新闻是指通过报纸、期刊、广播电台、电视台等媒体报道的单纯事实消息。2021年的著作权法将"时事新闻"修改为

"单纯事实消息"，即只有单纯的事实消息才不适用于著作权法保护。

三、历法、通用数表、通用表格和公式

历法、通用数表、通用表格和公式不属于著作权法保护范围，使用时无须征得制作者同意，无须支付报酬。

应用 ✒

相关立法

《中华人民共和国著作权法实施条例》（2013年）

《最高人民法院关于审理著作权民事纠纷案件适用法律若干问题的解释》（2021年）

第十六条　通过大众传播媒介传播的单纯事实消息属于著作权法第五条第（二）项规定的时事新闻。传播报道他人采编的时事新闻，应当注明出处。

典型案例

杭州某网络设计事务所与北京某版权代理
有限公司侵犯著作财产权纠纷案

简介：

原告北京某版权代理有限公司经授权享有某文章的合法著作权，被告杭州某网络设计事务所网站未经北京某版权代理有限公司许可使用该文章，杭州某网络设计事务所主张涉案文章系时事新闻，不属于著作权法保护的范围。法院认为，涉案文章并非简单的事实记录，而主要以一问一答的采访方式对问题进行综述、评论，作者付出了创造性劳动，因此，该文章应认定为新闻作品从而属于著作权法保护的作品。①

简评：

该案法院对时事新闻和新闻作品进行区分，后者虽然包含一定

---

① 参见：浙江省高级人民法院，（2008）浙民三终字第159号判决书。

的事实，但是作者付出了创造性劳动，属于著作权法保护的作品。

第六条　民间文学艺术作品保护

民间文学艺术作品的著作权保护办法由国务院另行规定。

解读 📖

本条是关于民间文学艺术作品著作权保护办法的授权立法的规定。

民间文学艺术作品是指由特定的民族、族群或者社群内不特定成员集体创作和世代传承，并体现其传统观念和文化价值的文学艺术的表达。民间文学艺术是指某一区域内的群体在长期生产、生活中，直接创作并广泛流传的、反映该区域群体的历史渊源、生活习俗、生产方式、心理特征、宗教信仰且不断演绎的民间文化表现形式的总称。由于民间文学艺术具有创作主体不确定和表达形式在传承中不断演绎的特点，因此，民间文学艺术作品的权利归属具有特殊性。一方面，它进入公有领域；另一方面，它又与某一区域内的群体有着无法分割的历史和心理联系。所以，本条规定，民间文学艺术作品的著作权保护办法由国务院另行规定。本条自制定后，均未作过修改。

本条款是授权性规定。对于民间文学艺术作品是否应当得到著作权法的保护存在争议。国家版权局关于《民间文学艺术作品著作权保护条例（征求意见稿）》初步规定了民间文学艺术作品类型、权利归属、权利内容、保护期、授权机制等内容，该征求意见稿中将民间文学艺术作品定义为由特定的民族、族群或者社群内不特定成员集体创作和世代传承，并体现其传统观念和文化价值的文学艺术的表达。民间文学艺术作品包括但不限于以下类型：

（一）民间故事、传说、诗歌、歌谣、谚语等以言语或者文字形式表达的作品；

（二）民间歌曲、器乐等以音乐形式表达的作品；

（三）民间舞蹈、歌舞、戏曲、曲艺等以动作、姿势、表情等形式表达的作品；

（四）民间绘画、图案、雕塑、造型、建筑等以平面或者立体形式表达的作品。

《中华人民共和国非物质文化遗产法》（以下简称"非物质文化遗产法"）第二条规定：

非物质文化遗产，是指各族人民世代相传并视为其文化遗产组成部分的各种传统文化表现形式，以及与传统文化表现形式相关的实物和场所。包括：

（一）传统口头文学以及作为其载体的语言；

（二）传统美术、书法、音乐、舞蹈、戏剧、曲艺和杂技；

（三）传统技艺、医药和历法；

（四）传统礼仪、节庆等民俗；

（五）传统体育和游艺；

（六）其他非物质文化遗产。

可见，非物质文化遗产与民间文学艺术作品存在重合或包含关系。但是，非物质文化遗产的保护与作为著作权保护是不同的，前者是人类共同财富，后者则是私权保护。因此，在非物质文化遗产法中亦提到，使用非物质文化遗产涉及知识产权的，适用有关法律、行政法规的规定。但是，无论是民间文学艺术作品的著作权保护办法，非物质文化遗产涉及知识产权的相关规定，目前均未形成正式立法。

应用

相关立法

《民间文学艺术作品著作权保护条例（征求意见稿）》（2014年）

《中华人民共和国非物质文化遗产法》（2011年）

《视听表演北京条约》（2020年）

第七条　著作权主管部门

国家著作权主管部门负责全国的著作权管理工作；县级以上地方主管著作权的部门负责本行政区域的著作权管理工作。

解读 📖

本条是关于著作权主管部门的职权规定。

2021年的著作权法将第七条中的"国务院著作权行政管理部门"修改为"国家著作权主管部门",相应的第二十八条中相关职责部门亦修改为"国家著作权主管部门"。将第七条中的"主管"修改为"负责","各省、自治区、直辖市人民政府的著作权行政管理部门"修改为"县级以上地方主管著作权的部门",可见此次修改,扩大著作权主管部门的范围,加强对著作权侵权行为的执法力度。

2018年,国务院机构改革方案在国家新闻出版广电总局广播电视管理职责的基础上组建国家广播电视总局,中宣部统一管理新闻出版和电影工作。2018年4月16日,国家电影局、新闻出版署(国家版权局)统一揭牌。国家版权局是国务院著作权行政管理部门,主管全国的著作权管理工作。

应用 ⚖️

相关立法

《中华人民共和国刑法》(2021年)

《中华人民共和国著作权法实施条例》(2013年)

《计算机软件保护条例》(2013年)

《信息网络传播权保护条例》(2013年)

第八条　著作权集体管理组织

著作权人和与著作权有关的权利人可以授权著作权集体管理组织行使著作权或者与著作权有关的权利。依法设立的著作权集体管理组织是非营利法人,被授权后可以以自己的名义为著作权人和与著作权有关的权利人主张权利,并可以作为当事人进行涉及著作权或者与著作权有关的权利的诉讼、仲裁、调解活动。

著作权集体管理组织根据授权向使用者收取使用费。使用费的收取标准由著作权集体管理组织和使用者代表协商确定，协商不成的，可以向国家著作权主管部门申请裁决，对裁决不服的，可以向人民法院提起诉讼；当事人也可以直接向人民法院提起诉讼。

著作权集体管理组织应当将使用费的收取和转付、管理费的提取和使用、使用费的未分配部分等总体情况定期向社会公布，并应当建立权利信息查询系统，供权利人和使用者查询。国家著作权主管部门应当依法对著作权集体管理组织进行监督、管理。

著作权集体管理组织的设立方式、权利义务、使用费的收取和分配，以及对其监督和管理等由国务院另行规定。

解读 📖

本条是关于著作权集体管理组织的规定。

一、修改过程

2021年的著作权法中将2010年的著作权法第八条第一款中的"著作权集体管理组织被授权后，可以以自己的名义为著作权人和与著作权有关的权利人主张权利"修改为"依法设立的著作权集体管理组织是非营利法人，被授权后可以以自己的名义为著作权人和与著作权有关的权利人主张权利"；将"诉讼、仲裁活动"修改为"诉讼、仲裁、调解活动"。将第二款修改为第四款："著作权集体管理组织的设立方式、权利义务、使用费的收取和分配，以及对其监督和管理等由国务院另行规定。"

本次修订新增加了两款，作为第二款、第三款。"著作权集体管理组织根据授权向使用者收取使用费。使用费的收取标准由著作权集体管理组织和使用者代表协商确定，协商不成的，可以向国家著作权主管部门申请裁决，对裁决不服的，可以向人民法院提起诉讼；当事人也可以直接向人民法院提起诉讼。""著作权集体管理组织应当将使用费的收取和转付、管理费的提取和使用、使用费的未分配部分等总体情况定期向社会公布，并应当建立权利信息查询系统，供权利人和使用者查询。国家著作权主管部门应当依法对著作权集体管理组织进行监督、管理。"

二、著作权人和著作权集体管理组织的关系是属于授权与被授权的关系

根据这一规定，授权人是"著作权人和与著作权有关的权利人"，被授权人是"著作权集体管理组织"。著作权集体管理组织被授权后，可以以自己的名义为著作权人和与著作权有关的权利人主张权利，并可以作为当事人进行涉及著作权或者与著作权有关的权利的诉讼、仲裁、调解活动。2021年的著作权法加大了对著作权人和与著作权有关权利人的保护，明确著作权集体管理组织根据授权向使用者收取使用费，使用费的收取标准由著作权集体管理组织和使用者代表协商确定，协商不成的，可以向国家著作权主管部门申请裁决，对裁决不服的，可以向人民法院提起诉讼；当事人也可以直接向人民法院提起诉讼。

三、著作权集体管理组织的管理

（一）著作权集体管理组织的性质

著作权集体管理组织是"非营利性组织"，是一个社会团体。根据《社会团体登记管理条例》第二条规定，社会团体是指中国公民自愿组成，为实现会员共同意愿，按照其章程开展活动的非营利性社会组织。社会团体必须遵守宪法、法律、法规和国家政策，不得反对宪法确定的基本原则，不得危害国家的统一、安全和民族的团结，不得损害国家利益、社会公共利益以及其他组织和公民的合法权益，不得违背社会道德风尚。社会团体不得从事营利性经营活动。

（二）著作权集体管理组织的设立条件

《著作权集体管理条例》第七条规定，依法享有著作权或者与著作权有关的权利的中国公民、法人或者其他组织，可以发起设立著作权集体管理组织。设立著作权集体管理组织，应当具备下列条件：

（一）发起设立著作权集体管理组织的权利人不少于50人；

（二）不与已经依法登记的著作权集体管理组织的业务范围交叉、重合；

（三）能在全国范围代表相关权利人的利益；

（四）有著作权集体管理组织的章程草案、使用费收取标准草案和向权利人转付使用费的办法草案。

应用

相关立法

《著作权集体管理条例》（2013年）

典型案例

深圳某公司诉无锡某公司侵害作品复制权、表演权纠纷案

简介：

深圳某公司诉称，无锡某公司在未征得深圳某公司的许可、未缴纳著作权使用费的情况下，以营利为目的，在其经营场所内将深圳某公司被授权的专辑中的54首音乐作品复制保存在其服务器内，并以卡拉OK方式向客户提供点播服务，该行为侵犯了深圳某公司的复制权、表演权，请求法院判令无锡某公司承担侵权赔偿责任。

法院认为，深圳某公司不是著作权集体管理组织，其以自己的名义独家管理授权、发放许可及向侵权者提起诉讼的行为，违反了《著作权集体管理条例》关于"除著作权集体管理组织外，任何组织和个人不得从事著作权集体管理活动"的禁止性规定。[①]

简评：

为更好地帮助和保护著作权人和与著作权相关权利人行使相关权利，著作权集体管理组织经著作权法和权利人授权依法对著作权进行集体管理。此项集体管理工作，并非所有个人或组织都可从事，必须经过《著作权集体管理条例》规定的条件和程序合法成立后方可实施。

近年来，著作权管理组织出现使用费不公开透明等问题，导致著作权人和与著作权相关的权利人对集体管理组织出现信任缺位，2021年的著作权法加强了对著作权集体管理组织管理，以应对上述问题，避免"非法"著作权集体管理组织横行。

---

① 参见：江苏省高级人民法院，（2015）苏知民终字第00100号判决书。

第二章　著作权

第一节　著作权人及其权利

第九条　权利主体

著作权人包括：

（一）作者；

（二）其他依照本法享有著作权的自然人、法人或者非法人组织。

解读 📖

本条是关于著作权主体的规定。

为了与民法典等其他法律保持一致，2021年的著作权法集中调整了相关定义并进行了统一，将2011年的著作权法第九条的"公民"修改为"自然人"，将"其他组织"修改为"非法人组织"，该调整使相关定义更加准确严谨，而且加强了与其他法律的衔接。"自然人"是指从出生时起到死亡时止，具有民事权利能力，依法享有民事权利，承担民事义务的人；"法人"是指具有民事权利能力和民事行为能力，依法独立享有民事权利和承担民事义务的组织；"非法人组织"是指不具有法人资格，但是能够依法以自己的名义从事民事活动的组织。非法人组织包括个人独资企业、合伙企业、不具有法人资格的专业服务机构等。

自然人、法人或非法人组织通过创作作品或组织自然人创作而成的作品所依法取得的著作权，属于原始取得。通过受让、继承、受赠与或受遗赠而取得著作权的属于继受取得。不论是原始取得，还是继受取得，著作权人都可以享有作品的著作财产权，而著作人身权属于精神权利，由原始取得的主体享有。

应用 ✔

相关立法

《最高人民法院关于审理著作权民事纠纷案件适用法律若干问题的解释》（2021年）

第十三条　除著作权法第十一条第三款（著作权法修订后第十二条）规定的情形外，由他人执笔，本人审阅定稿并以本人名义发表的报告、讲话等作品，著作权归报告人或者讲话人享有。著作权人可以支付执笔人适当的报酬。

典型案例

深圳市某计算机系统有限公司与上海某科技有限公司
著作权权属、侵权纠纷、商业贿赂不正当竞争纠纷案

简介：

原告深圳市某计算机系统有限公司依法享有某计算机软件的使用权，原告创作人员使用某智能写作助手完成了某财经报道文章，并于2018年8月20日在原告旗下证券网站上首次发表。随后，原告发现被告上海某科技有限公司未经许可在原告文章发表当日复制了原告涉案文章，并在被告运营的"某之家"网站通过信息网络向公众传播，涉嫌侵害原告对涉案文章的信息网络传播权。2019年12月24日，深圳市南山区人民法院作出一审判决，法院认定被告的行为构成侵权。法院认为，从涉案文章的外在表现形式与生成过程来分析，该文章的特定表现形式及其源于创作者个性化的选择与安排，并由某软件在技术上"生成"的创作过程均满足著作权法对文字作品的保护条件，涉案文章属于我国著作权法所保护的文字作品。[1]

---

[1]　参见：深圳市南山区人民法院，（2019）粤0305民初14010号判决书。

简评：

人工智能在现实生活中的广泛应用已经成为常态，对于人工智能生成物的法律定位的讨论一直没有停止。对于人工智能所撰写的文章是否属于著作权法保护的作品这一问题，2021年的著作权法并未将人工智能归属于著作权主体。对此，一部分观点认为人工智能并不具备思想意识，故其创作方式和内容表达形式均与人类有着较大区别；另一部分观点认为，虽然人工智能本身并不能作为著作权的主体，但人工智能创作的作品著作权应归属于人工智能软件或程序的使用者。本案作为全国首例认定人工智能生成文章构成作品的生效案件，对于此后同类型案件的审理具有一定的借鉴意义和研究价值。

第十条　权利内容

著作权包括下列人身权和财产权：

（一）发表权，即决定作品是否公之于众的权利；

（二）署名权，即表明作者身份，在作品上署名的权利；

（三）修改权，即修改或者授权他人修改作品的权利；

（四）保护作品完整权，即保护作品不受歪曲、篡改的权利；

（五）复制权，即以印刷、复印、拓印、录音、录像、翻录、翻拍、数字化等方式将作品制作一份或者多份的权利；

（六）发行权，即以出售或者赠与方式向公众提供作品的原件或者复制件的权利；

（七）出租权，即有偿许可他人临时使用视听作品、计算机软件的原件或者复制件的权利，计算机软件不是出租的主要标的的除外；

（八）展览权，即公开陈列美术作品、摄影作品的原件或者复制件的权利；

（九）表演权，即公开表演作品，以及用各种手段公开播送作品的表演的权利；

（十）放映权，即通过放映机、幻灯机等技术设备公开再现美术、摄影、视听作品等的权利；

（十一）广播权，即以有线或者无线方式公开传播或者转播作品，以及通过扩音器或者其他传送符号、声音、图像的类似工具向公众传播广播的作品的权利，但不包括本款第十二项规定的权利；

（十二）信息网络传播权，即以有线或者无线方式向公众提供，使公众可以在其选定的时间和地点获得作品的权利；

（十三）摄制权，即以摄制视听作品的方法将作品固定在载体上的权利；

（十四）改编权，即改变作品，创作出具有独创性的新作品的权利；

（十五）翻译权，即将作品从一种语言文字转换成另一种语言文字的权利；

（十六）汇编权，即将作品或者作品的片段通过选择或者编排，汇集成新作品的权利；

（十七）应当由著作权人享有的其他权利。

著作权人可以许可他人行使前款第五项至第十七项规定的权利，并依照约定或者本法有关规定获得报酬。

著作权人可以全部或者部分转让本条第一款第五项至第十七项规定的权利，并依照约定或者本法有关规定获得报酬。

解读 📖

本条是关于著作权内容的规定。

2021年的著作权法对2010年的著作权法进行了补充和完善，主要体现在对复制权、出租权、放映权、广播权、信息网络传播权和摄制权内容的增补和调整，调整幅度最明显的为广播权。著作权内容主要分为人身权和财产权两部分。人身权即精神权利，其紧密依附于著作权人本身，一般情况下人身权不能转让；财产权即财产权利，具体指著作权人依其作品所获得可转化为收益的权利，财产权可以授权或转让他人使用。人身权和财产权作为著作权内容的两大重要组成部分，二者关系紧密又相互独立，人身权不因财产权的转让而转让，财产权不因人身权的密切依附性而限制其进入流通领域。

一、著作人身权

著作人身权是指基于作品，著作权人依法所享有的以人格利益为主要内容的权利，一般不能继承、不能转让，其与著作财产权相对应。在我国，著作人身权一般包括发表权、署名权、修改权和保护作品完整权共四项权利。

（一）发表权

发表是指通过任何方式将未与公众接触的作品使之与公众接触的一种方式。发表权，即决定作品是否公之于众的权利。"公之于众"是指著作权人自行或者经著作权人许可将作品向不特定的人公开，但不以公众知晓作为构成条件。发表权不能单独行使，需要和著作财产权中某项权能一起实现，如在出版社出版图书、在礼堂演讲原创稿件等。发表的方式包括出版、发行、展览、表演、放映、广播、通过信息网络传播等。同时，发表权属于一次性的权利，若作品经著作权人自行或者许可他人公之于众，则发表权因作品已经公之于众而消灭。

（二）署名权

署名权，即表明作者身份，在作品上署名的权利。署名权的内容包括著作权人可以自由选择署名方式，可以选择真名、笔名或者匿名等进行署名，也可以放弃署名。需要注意的是，创作者选择匿名并不等于放弃署名权，其日后仍可以在作品上进行署名。同时，署名权具有一定的专属性，我国法律对其保护没有期限限制，属于永久保护。署名权的本质在于建立创作者与作品之间的联系，构建创作行为与智力成果之间的因果关系。因此，署名权的行使和保护，不仅是对创作者权益的保护，而且也是对社会公众利益的维护。

（三）修改权

修改权，即修改或者授权他人修改作品的权利。我国著作权法第三次修订工作从2011年7月一直持续到2020年11月11日。从2012年3月31日修订草案至2020年8月17日修正案草案（二次审议稿）历经五稿，其中前三稿修订草案均删除了修改权（将修改权并入保护作品完整权），而2020年4月30日发布的第四稿修正案（草案）和2020年8月17日的修正案草案（二次审议稿）又将修改权保留为著作人身权的一项权利。可见，对于修改权是否能作为一项独立的著作权权利仍具有一定的争议。

设立修改权的主要意义：一方面，在于保护作者对于作品的变更自由，尊重创作者对于作品的灵活更改；另一方面，在于拒绝不合法的"篡改"，即"非法改动"。其中"尊重创作者变更自由"是修改权的本质，时间在变、物质在变，人的意识形态也会经历从无到有、从浅入深的过程，因此，创作者需要对作品进行符合实际的修改。修改权虽然属于著作权人身权的一种，但其可以授权他人修改，但修改的内容仅限于文字性的修改和删节，而不能改变作品的基本内容和主要形式，如期刊、报纸为了便于排版可以对于作品进行部分文字性的修改和删节。

（四）保护作品完整权

保护作品完整权，即保护作品不受歪曲、篡改的权利。其中，"歪曲"是指改变事物的本来面目或对事物作出不正确的反映，"篡改"是指用作伪的手段改动或曲解。保护作品完整权主要是为了保护作品的内容、观点、形式不被丑化、歪曲或篡改，包括对内容以违背作者思想的随意增删和对主旨的主观推断揣测等。

保护作品完整权和修改权二者既相互联系，又各自有独立的保护侧重点。修改权更多的是保护著作权人创作自由的权利，保护作品完整权更加注重保护作品不因被他人曲解和误解从而导致对创作者的声誉产生不良影响。

二、著作财产权

著作财产权是著作权人对其创作作品依法享有获得财产利益的权利。主要包括复制、发行、出租、展览、表演等十三种权利，创作者可以通过使用、转让、许可等方式从中获得报酬。

（一）复制权

复制权，即以印刷、复印、拓印、录音、录像、翻录、翻拍、数字化等方式将作品制作一份或者多份的权利。依据此规定可知，著作权法上的复制行为可以分为两个部分：一是该行为应当以印刷、复印、拓印、录音、录像、翻录、翻拍、数字化等方式在有形物质载体上再现作品；二是该行为应当使得作品被相对稳定地固定在有形物质载体上形成一份或者多份的复制件。本法规定的复制权为狭义的复制权，仅包括从平面到平面的复制，但随着社会的发展和侵权手段的多样，从平面到立体的复制、从立体到立体的复制等也应属于复制权规制的范畴。

复制权和信息网络传播权。作品要实现信息网络传播必然要经历复制的过程，如某教育机构将某出版社享有专有出版权的图书以数字化的形式扫描为电子版在网络上传播，该传播行为是否同时侵害出版社对于涉案图书的复制权？在司法实践中，复制权与信息网络传播权常常会有交叉重合之处，在判断具体侵害的是哪一种权利时，要根据其行为方式、使用工具、手段等综合判断。

（二）发行权

发行权，即以出售或者赠与方式向公众提供作品的原件或者复制件的权利。例如，出版社公开出版摄影作品集、书店出售著名作家最新小说集等都属于向公众公开发行，上述作品均被固定在具体的物质载体之上，且公众可以获得该作品的原件或复制件。反观公开演唱歌曲、油画展览等就并非发行行为，因为在这一过程中，公众并不能获得作品的原件或复制件。

著作权人以所有权转移的方式向公众提供作品原件或复制件的发行行为，在首次被合法销售或者赠与后，著作权人的发行权即"穷竭"，著作权人就无权控制该特定原件或复制件的再次流转。以购买或者接受赠与方式获得作品原件或复制件的主体，就享有了对该书的物权，无须获得授权就可以在二级市场上发行流通。这就是"发行权一次用尽"的原则。

（三）出租权

出租权，即有偿许可他人临时使用视听作品、计算机软件的原件或者复制件的权利，计算机软件不是出租的主要标的的除外。民法典中的出租权是出租人对有体物行使处分权的一种方式，而著作权法上的出租权是作者或其继受者对其创作或继受的作品所享有的使用或许可他人使用并获得报酬的权利。

1996年的《世界知识产权组织版权条约》赋予了作者出租权，其中第7条规定："计算机程序、电影作品和按缔约各方国内法的规定，以录音制品体现的作品的作者，应该享有授权将其作品的原件或复制品向公众进行商业性出租的专有权。"2017年修正的《与贸易有关的知识产权协定》第11条也专门规定了作者的出租权："至少就计算机程序和电影作品而言，一成员应给予作者及其合法继承人准许或禁止向公众商业性出租其有版权作品的原件或复制品的权利。"在我国，一般认为出租权的客体限于视听作品、计算机软件和录音录像制品。

（四）展览权

展览权，即公开陈列美术作品、摄影作品的原件或者复制件的权利。展览权的对象包括美术作品、摄影作品的原件或复制件，在公众场合对上述作品通过静态展览的方式进行陈列，或者通过模特、服装道具等方式进行动态的展示。展览权与发行权最大的区别在于，发行权可以发生原件或复制件所有权的转移，而展览权仅是对于作品进行的直接或间接的展示。

根据本法第二十条的规定，作品原件所有权的转移，不视为作品著作权的转移，但美术作品原件的展览权由原件所有人享有。美术作品原件转移的，其著作权不随之转移，但是展览权作为例外，展览权由美术作品原件所有人享有，而美术作品复制件的展览权仍由著作权人享有。

（五）表演权

表演权，即公开表演作品，以及用各种手段公开播送作品的表演的权利。随着科学技术的进步和传播媒介的日益丰富，表演权的内涵与外延日益丰富，表演作为一种传播方式，分为现场表演和机械表演。现场表演是指如演唱会、音乐剧等以公开再现的方式对于作品进行演绎，讲求即时性。机械表演是指通过录音录像设备将表演进行公开传播，在现实生活中，酒店、饭店等公共场所利用音乐磁带、MP3、录像机等设备以机械的方式传播作品的表演就属于机械表演的一种形式。

在表演领域中，著作权法的保护范畴主要包括两种类型的权利：一是表演权，即著作权人（如词曲作者、剧本作者等）依法享有的"公开表演作品，以及用各种手段公开播送作品的表演的权利",这是作者的权利;二是表演者权,即表演者(如歌手、演员等)依法享有的许可或禁止他人使用其在表演作品时的形象、动作、声音等一系列表演活动的权利,包括对其表演进行现场直播、录制、制作音像制品发行,以及通过网络进行传播的权利,这是表演者的权利,属于作品传播者所享有的邻接权的一种。表演者权和表演权虽然仅一字之差,但确是两个完全独立的法律概念,表演权属于著作权,表演者权属于邻接权,二者在权利主体、内容和客体方面均有较大区别。

(六)放映权

放映权,即通过放映机、幻灯机等技术设备公开再现美术、摄影、视听作品等的权利。简单来说,放映就是通过放映机、幻灯机等技术设备"再现"作品的一种形式,如电影院播放电影就是公众最熟悉的一种放映行为。1991年的著作权法并未明确规定放映权,2001年修法时曾考虑将放映权融合于表演权当中,不过最终将放映权设定为一项具体的权利。

放映权、广播权和信息网络传播权是相互联系又相互独立的三种著作财产权,对于上述三种权利的区分,最直接的方式是依据其传播介质的差异来判断。放映行为一般借助于放映机、幻灯机等设备传播;广播行为借助的是广播设备,包括信号的发送、接收和传输设备等;信息网络传播权主要借助的是计算机设备和通信设备等媒介。

(七)广播权

广播权,即以有线或者无线方式公开传播或者转播作品,以及通过扩音器或者其他传送符号、声音、图像的类似工具向公众传播广播的作品的权利,但不包括本款第十二项规定的权利。本次修法对于广播权有较大幅度修改,权利调整范围更广,除信息网络传播权外,几乎覆盖了其他全部的单项传播行为。

2010年的著作权法中的广播权有三种传播形式,分别为广播、转播和通过扩音器或者其他传送符号、声音、图像的类似工具进行传播广播。其中广播仅限于以无线方式传播,而转播的形式则包括以有线的方式,这就导致了在司法实践中对于网络直播案件和利用互联网对节目信号的网络实时转播案件认定不一。首先，对于网络直播案件，直接广播行为只包括无线广播方式，不包括有线广播方式，因此直接以有线方式传播作品的行为不属于广播权的规制范围。其次，对于利用互联网对节目信号的网络实时转播案件，目前，广播电台、电视台及卫星广播组织的广播行为通常采用的是无线方式，对于网络实时转播行为，因其已经脱离了对广播电台、电视台及卫星广播组织的广播的转播，即只有其所转播内容的初始传播方式采用的是"无线方式"时，才可以利用广播权进行规制，当其所转播内容的初始转播方式采用的是"有线"方式时，则就不能落入广播权的调整范围。最后，网络直播案件和利用互联网对节目信号的网络实时转播案件属于单向传播行为，即公众无法在个人选定的时间地点获得作品，不符合信息网络传播权交互式传播的特点，也不属于信息网络传播权调整的范畴。因此，司法实践中对于互联网对节目信号的网络实时转播或网络直播案件往往按照兜底条款即"应当由著作权人享有的其他权利"进行保护。

2021年的著作权法将2010年的著作权法第十条中"以无线方式公开广播或者传播作品，以有线传播或者转播的方式向公众传播广播的作品"，修改为"以有线或者无线方式公开传播或者转播作品"。这样一来，广播和转播的形式均可以以有线或无线的方式，实质上属于将广播和转播合为一体，适应了网络同步转播使用作品等新技术发展的要求，同时也促进了三网融合基本完成背景下无线传播与有线传播融合发展。

（八）信息网络传播权

信息网络传播权，即以有线或者无线方式向公众提供，使公众可以在其选定的时间和地点获得作品的权利。信息网络传播权在维护作者、表演者和录音录像制作者在互联网空间的传播权益方面发挥着巨大的作用。信息网络传播权的本质即向公众提供作品。一般认为，信息网络传播与广播属于两种不同的传播手段，信息网络传播属于交互式传播，属于用户和传播者之间双向的传播，而广播属于非交互式传播，用户扮演被动接受方的角色。

对于侵犯信息网络传播权的判定标准的争议由来已久，主要有服务器标准和实质替代标准。导致出现服务器标准和实质替代标准的主要原因在于对信息网络传播权"提供行为"的认识存在差异。服务器标准认为信息网络传播行为等同于把作品上传或者置于向公众开放的服务器，而实质替代标准则认为提供行为并非只有一种而是多种，其中就包括侵权内容实质上替代了原内容也应当认定为"提供行为"的一种。据此，依据服务器标准来看，深层链接就不构成对信息网络传播权的侵权。目前，服务器标准确实存在一定的局限性，但实质替代标准又对法律条文进行了扩大解释，如何认定是否属于"提供行为"还需在个案中具体分析。

（九）摄制权

摄制权，即以摄制视听作品的方法将作品固定在载体上的权利。如制片方计划将一部小说拍成一部电影或电视剧，就需要取得原作者的授权，授权范围中就包括摄制权。摄制权的本质是将文字作品、音乐作品、美术作品和摄影作品等转换为视听作品，促使视听作品完成的所有行为均应是摄制权的控制范围，不仅包括拍摄阶段，还包括后期制作阶段。摄制属于一种新创作，具有一定的演绎性和独创性，因而属于新的作品，摄制不同于录制，录制属于对原作品的再现，并未产生新作品。

《伯尔尼保护文学和艺术作品公约》第十四条规定了摄制权涵盖的范围：授权将这类作品改编和复制成电影以及发行经过如此改编或复制的作品；授权公开表演、演奏以及向公众有线传播经过如此改编或复制的作品。《伯尔尼保护文学和艺术作品公约》对于摄制权内容规定十分广阔，不仅包括摄制、改编，还包括表演，反观我国著作权法中摄制权的内容仅限于摄制本身。

（十）改编权

改编权，即改变作品，创作出具有独创性的新作品的权利。改编权所保护的对象主要是基于原作品而产生了派生创作利益，改编权的产生基于"派生创作已经达到足以改变原作品并具备一定独创性"的基础之上，如果仅仅是少量改编，并不足以产生新作品，就不能落入改编权的保护范围。

改编也属于演绎权的一种形式，其具体表现包括如将小说改编为具有独创性的电影或电视剧、将电影或电视剧改编为另一具有独创性的电影或电视剧等。改编作品作为新作品，同时又受制于原作品，新作品和原作品之间密不可分，改编行为需要获得原作品著作权人的同意或授权。

（十一）翻译权

翻译权，即将作品从一种语言文字转换成另一种语言文字的权利。具体包括三个方面：一是作者对自己作品享有翻译权，作者可以自行翻译，也可以授权他人对其作品进行翻译；二是作者有权禁止他人未经许可而实施对其作品的翻译行为，且经授权的翻译者应当忠实于原文，不能改变原作品的内容；三是翻译者对于因翻译产生的新作品享有著作权，但其行使著作权时不得损害原作品作者的著作权。

一般来说，翻译作品不仅要署翻译作者的名字，还应当注明是翻译作品，并且注明是根据何人的何作品翻译而来。在我国，翻译权适用于文字作品、口述作品、戏剧作品、计算机软件等以文字表达为基础或是与文字表达有关的作品。

（十二）汇编权

汇编权，即将作品或者作品的片段通过选择或者编排，汇集成新作品的权利。汇编行为属于对作品或者作品片段的重新选择和编排，其具有一定的独创性，构成新作品。汇编行为可以利用不具有独创性的法律法规、通用数表、通用表格等作为对象，也可以利用具有独创性的文学作品、美术作品等作为对象。汇编权与复制权最主要的区别在于汇编属于对原作品的利用，汇编融入了作者的智力劳动和创造性思维，而复制属于以印刷、复印、拓印、录音、录像、翻录、翻拍、数字化作品等方式将作品制作为一份或者多份，其中并未融入对作品的独创性表达，未能产生新作品。

在汇编作品或作品片段时，汇编行为对原作品进行较大幅度的修改，可能侵害原作品作者的著作权，如对于作品或作品片段进行局部变更或文字用语的修正，属于侵害原作品作者的修改权；汇编作品实质性地改变了作者在原作品或作品片段中原本要表达的情感和思想，从而使作者声誉受到损伤的，属于侵害原作品作者的保护作品完整权。

（十三）应当由著作权人享有的其他权利

著作权人享有的其他权利是著作财产权的兜底权利，当权利人主张的权利无法纳入其他任何财产权的保护范围，又存在需提供著作权保护的必要时，可以适用该条款进行保护。权利法定是著作权设定的基本原则，因此在适用该条款时需采用严格的标准。

同时，著作权人可以将本条第一款第五项至第十七项规定的权利，依照约定或者本法有关规定授权他人使用并获得报酬，或者将权利全部或者部分转让而获得报酬。

应用 ✔

相关立法

《最高人民法院关于审理著作权民事纠纷案件适用法律若干问题的解释》（2021年）

第九条　著作权法第十条第（一）项规定的"公之于众"，是指著作权人自行或者经著作权人许可将作品向不特定的人公开，但不以公众知晓为构成条件。

典型案例

（1）张某某与某影业有限公司等著作权权属、侵权纠纷案

简介：

原告张某某是某系列小说的作者，被告某影业有限公司等共同参与了涉案电影（改编自该系列小说）的制作、发行。张某某认为，涉案电影没有为其署名，侵犯了其署名权，而且涉案电影的内容对涉案小说歪曲、篡改严重，在人物设置、故事情节等方面均与涉案小说差别巨大，侵犯了其保护作品完整权。本案经过两审，对于署名权纠纷，法院均支持了原告的诉讼请求。对于保护作品完整权纠纷，一审法院认为，涉案电影的改编、摄制行为并未损害原著作者的声誉，不构成对张某某保护作品完整权的侵犯。二审法院认为，涉案电影中改动的部分偏离原作品太远，且对作者在原作品中表达的观点和情感作了本质上的改变，构成对原作品的歪曲、篡改，认定被告侵犯了张某某的保护作品完整权。①

简评：

本案的主要争议焦点在于损害原著作者名誉、声誉是否是侵犯保护作品完整权的构成要件。保护作品完整权有两个层面的要求：一是保护作者的思想表达；二是保护作者的声誉不受损害，其中保护作者声誉不受损害是保护作品完整权最重要的权利价值。

（2）西藏某信息技术有限公司与中国某股份有限公司杭州分公司侵害作品信息网络传播权纠纷案

简介：

原告西藏某信息技术有限公司因被告中国某股份有限公司杭州分公司未经许可在其运营的"某IPTV"中的回看板块中，通过信息网络向公众提供了涉案电视剧作品的在线播放服务，认为侵犯了其对涉案作品享有的独家信息网络传播权，诉至法院。法院认为，"IPTV回看"模式并没有对著作权人作品的信息网络传播方式、传播范围和传播条件等进行破坏或改变，二者不会构成实质性的替代竞争关系，难谓对原告诉称的信息网络传播的市场用户以及经济利益构成实质性损害。因此，"IPTV回看"模式不会改变广播组织提供广播的单向性和观众的被动性，在来源、传播途径、受众、获得方式上均区别于典型意义上的信息网络传播行为。因此"IPTV回看"模式应不属于典型意义上信息网络传播行为。②

简评：

著作权法明确广播权与信息网络传播权的区分，并将广播权中公开传播和转播的方式扩展到了无线方式。本案明晰地界定了广播权与信息网络传播权的界限，对之后此类案件具有一定的借鉴意义。

---

① 参见：北京知识产权法院，（2016）京73民终587号判决书。
② 参见：杭州市中级人民法院，（2018）浙0192民初4603号判决书。

（3）杭州某网络科技有限公司诉长沙某网络科技有限公司、深圳市某计算机系统有限公司侵害作品信息网络传播权纠纷案

简介：

原告杭州某网络科技有限公司享有某作品的信息网络传播权，长沙某网络科技有限公司未经许可，擅自通过其所有并经营的微信小程序提供涉案作品的在线播放服务，深圳市某计算机系统有限公司作为微信小程序的管理者，在审核涉案小程序后未及时下架案涉小程序。原告认为二被告的行为侵犯了其信息网络传播权。法院经审理认为，被告长沙某网络科技有限公司侵犯了原告的信息网络传播权，而由于深圳市某计算机系统有限公司提供的是架构与接入的基础性网络服务，其性质类似《信息网络传播权保护条例》规定的自动接入、自动传输服务，因此，深圳市某计算机系统有限公司不适用"通知删除"规则。法院驳回了原告对深圳市某计算机系统有限公司的诉讼请求。[①]

简评：

本案系全国首例涉微信小程序平台知识产权侵权责任的司法案例。法院认定微信小程序服务提供者提供的是一种新型的网络服务，不适用"通知删除"规则，本案对今后可能出现的与新型网络服务提供者相关案件的审理具有启示和借鉴意义。

第二节　著作权归属

第十一条　著作权的归属

著作权属于作者，本法另有规定的除外。

---

① 参见：杭州市中级人民法院，（2019）浙01民终4268号判决书。

创作作品的自然人是作者。

由法人或者非法人组织主持，代表法人或者非法人组织意志创作，并由法人或者非法人组织承担责任的作品，法人或者非法人组织视为作者。

解读 📖

本条是关于对著作权归属认定的规定。

作者是文学、艺术和科学作品的创作者。作品作为作者智力成果的结晶，凝结了作者大量的汗水和劳动力，作者依法享有对作品的著作权，以及与著作权有关的权益。

著作权属于作者，但现实中也存在著作权经过受让或其他形式不属于作者的例外情形：（1）受让人经转让取得，本法第十条第一款第五项至第十七项规定的权利；（2）视听作品中的电影作品、电视剧作品的著作权由制片者享有，本法第十七条进行了具体规定；（3）职务作品作者享有署名权，著作权的其他权利由法人或者其他组织享有，本法第十八条进行了具体规定；（4）委托人通过协议或者合同约定取得著作权，本法第十九条进行了具体规定；（5）美术等作品原件所有权的转移，但美术作品原件的展览权由原件所有人享有，本法第二十条进行了具体规定；（6）自然人通过继承取得，本法第十条第一款第五项至第十七项规定的权利，第二十一条第一款进行了具体规定；（7）法人或其他组织经过变更、终止后，承受其权利义务的法人或其他组织享有本法第十条第一款第五项至第十七项规定的权利，第二十一条第二款进行了具体规定；（8）由他人执笔，本人审阅定稿并以本人名义发表的报告、讲话等作品，著作权归报告人或者讲话人享有，《最高人民法院关于审理著作权民事纠纷案件适用法律若干问题的解释》第十三条进行了具体规定；（9）以特定人物经历为题材完成的自传体作品，当事人对著作权权属有约定的，依其约定；没有约定的，著作权归该特定人物享有，《最高人民法院关于审理著作权民事纠纷案件适用法律若干问题的解释》第十四条进行了具体规定。

创作作品的自然人是作者，这就要求自然人必须亲自参与创作过程并付出智力劳动。

法人或者非法人组织视为作者应当满足以下三个条件：一是由法人或者非法人组织主持；二是代表法人或者非法人组织意志创作；三是由法人或者非法人组织承担责任。如某公司组织其员工利用单位的物质资料和技术设备开发设计出一款社交软件，并独立承担该社交软件的法律风险，此时该公司应视为作者。

应用 ✒

相关立法

《最高人民法院关于审理著作权民事纠纷案件适用法律若干问题的解释》（2021年）

第十三条　除著作权法第十一条第三款（著作权法修订后第十二条）规定的情形外，由他人执笔，本人审阅定稿并以本人名义发表的报告、讲话等作品，著作权归报告人或者讲话人享有。著作权人可以支付执笔人适当的报酬。

第十四条　当事人合意以特定人物经历为题材完成的自传体作品，当事人对著作权权属有约定的，依其约定；没有约定的，著作权归该特定人物享有，执笔人或整理人对作品完成付出劳动的，著作权人可以向其支付适当的报酬。

典型案例

上海某电影制片厂与某出版社、曲某某著作权权属、侵权纠纷案

简介：

原告上海某电影制片厂系某木偶动画系列片的著作权人，其发现由某出版社出版、曲某某绘制的两册图书封面及内容上使用了该木偶动画系列片中部分角色的人物形象。原告认为，被告某出版社、曲某某未经许可，擅自使用其享有著作权的木偶动画中的人物形象用于盈利，侵犯了其合法权益，诉至法院。法院经审理认为，从创作背景和过程来看，曲某某作为原告的职工，为了原告拍摄影片的需要，根据职责所在创作的成果归属于单位，具有一定合理性。但曲某某首次以手绘的表达方式塑造涉案角色造型，使涉案角色不再停留于抽象的概念或思想，具有独创性，应当认定其是涉案角色造型美术作品的作者。综合曲某某和原告均存在行使涉案作品著作权的行为，双方彼此知悉且并未表异议，以及根据作品的创作背景和过程、当事人行使著作权的行为及其真实意思表示，并考虑公平、诚信等因素，法院最终认定涉案角色造型美术作品的著作财产权由上海某电影制片厂和曲某某共同享有。①

简评：

法人作品的认定应当注重作品在思想和表达上是否均代表法人的意志，并结合作品的署名、双方当事人在诉讼前对作品权属的认识等因素，来对作品权属进行认定。对于摄制年代较为久远的作品，要结合作品的创作背景和过程，并考虑公平、诚信等因素来认定。

第十二条 署名推定和著作权登记

在作品上署名的自然人、法人或者非法人组织为作者，且该作品上存在相应权利，但有相反证明的除外。

作者等著作权人可以向国家著作权主管部门认定的登记机构办理作品登记。

与著作权有关的权利参照适用前两款规定。

解读 📖

本条是关于对署名推定原则和著作权登记的规定。

本条款是本次修订增加的内容，主要是对2010年的著作权法第十一条第三款"如无相反证明，在作品上署名的公民、法人或者其他组织为作者"进行了细化。

---

① 参见：上海知识产权法院，（2015）沪知民终字第200号判决书。

在作品上署名的自然人、法人或者非法人组织为作者，且该作品上存在相应权利，但有相反证明的除外。此条款规定了"署名推定"原则。即署名推定需同时满足两个条件：一是在作品上署名为作者；二是该作品上存在相应权利。同时本条款规定了署名权的排除条件，即"但有相反证明的除外"。

作者等著作权人可以向国家著作权主管部门认定的登记机构办理作品登记。根据国家版权局发布的《作品自愿登记试行办法》第一条规定："为维护作者或其他著作权人和作品使用者的合法权益，有助于解决因著作权归属造成的著作权纠纷，并为解决著作权纠纷提供初步证据，特制定本办法。"可见著作权登记可以提供初步的证据，但并非优势证据。在司法实践中，审判机关对于作品著作权人的确定不会仅依据著作权登记证书所记载的内容确定，而是需结合其他证据作出综合性、实质性的审查判断。但是，著作权登记确实是证明著作权归属的主要证明要素之一，仍具有一定的证明力，因此应该积极进行著作权登记。

与著作权有关的权利参照适用前两款规定。这里与著作权有关的权利主要是指表演及录音制品的署名及著作权登记。对于署名的争议，应当结合表演、录音制品的性质、类型、表现形式以及行业习惯、公众认知习惯等因素，作出综合判断，并鼓励积极进行著作权登记。

应用

相关立法

《最高人民法院关于加强著作权和与著作权有关的权利保护的意见》（2020年）

3.在作品、表演、录音制品上以通常方式署名的自然人、法人和非法人组织，应当推定为该作品、表演、录音制品的著作权人或者与著作权有关的权利的权利人，但有相反证据足以推翻的除外。对于署名的争议，应当结合作品、表演、录音制品的性质、类型、表现形式以及行业习惯、公众认知习惯等因素，作出综合判断。权利人完成初步举证的，人民法院应当推定当事人主张的著作权或者与著作权有关的权利成立，但是有相反证据足以推翻的除外。

4.适用署名推定规则确定著作权或者与著作权有关的权利归属且被告未提交相反证据的，原告可以不再另行提交权利转让协议或其他书面证据。在诉讼程序中，被告主张其不承担侵权责任的，应当提供证据证明已经取得权利人的许可，或者具有著作权法规定的不经权利人许可而可以使用的情形。

10.要完善失信惩戒与追责机制，对于提交伪造、变造证据，隐匿、毁灭证据，作虚假陈述、虚假证言、虚假鉴定、虚假署名等不诚信诉讼行为，人民法院可以依法采取训诫、罚款、拘留等强制措施。构成犯罪的，依法追究刑事责任。

第十三条　演绎作品

改编、翻译、注释、整理已有作品而产生的作品，其著作权由改编、翻译、注释、整理人享有，但行使著作权时不得侵犯原作品的著作权。

解读 📖

本条是关于演绎作品著作权归属的规定。

演绎作品，即在保持原作品基本表达的基础上，通过融入创造性劳动派生而形成的新作品。本条对于演绎行为的类型作了完全式列举，主要包括改编、翻译、注释、整理四种形式。在一部演绎作品中实际有两个作品，分别为原作品和派生作品，演绎作品的著作权由演绎作品的作者享有。

演绎作品是基于原作品的基础上创作而来，对于原作品主要进行内容和思想上的借鉴，如果演绎作品的表达与原作品相差太大，无最低程度的相同之处，则就产生了全新的作品而非演绎作品。

通过改编行为而形成的演绎作品不在少数，而作为较为小众的"同人作品"著作权保护问题逐渐成为司法实践中的一个热点问题。同人作品主要为利用现有的作品元素通过再创作的手段形成的新产物。同人作品一方面对于原作品的基本表达进行了部分或者全部保留，另一方面又融入了独创性表达，因此，同人作品是否属于能够落入通过改编而形成的演绎作品的权利保护范围仍尚未有定论。对于该类型纠纷案件不仅要对具体的同人作品进行差异化分析，更要灵活地应用改编权的适用标准。

通过翻译而形成的演绎作品主要形式为将作品从一种语言转换为另一种语言，因不同的翻译者对于原作品的理解不同，这就导致了不同翻译者对于同一作品的翻译具有一定的差异，包括语言文字、内容结构和故事情节等方面。翻译作品中也融入了翻译者的智力成果和独创性表达，翻译者对于翻译作品享有著作权。

注释与整理并非本法中明文规定的著作财产权的行为类型，但通过对原作品进行注释和整理，可能产生新的注释作品和整理作品，注释者和整理者则对于上述作品享有著作权。注释主要是对原作品进行注解和释义，注释作品的对象一般为较为晦涩难懂的文学、艺术和科学作品，如我国的"四书五经"。整理主要是对零散的作品或材料进行条理化、系统化的加工，使其更加顺畅。

通过改编、翻译、注释、整理已有作品而产生的作品，著作权人在行使著作权时不得侵犯原作品的著作权，包括不得侵犯原作者的署名权和保护作品完整权等。

应用 ⚒

典型案例

查某某诉杨某、北京某出版有限责任公司、北京某文化传媒有限公司、广州某有限公司著作权侵权及不正当竞争纠纷案

简介：

原告查某某系海内外知名作家，于1955年至1972年间，创作并发表了多部武侠小说，汇集为《某作品集》，在海内外出版发行。2015年，查某某发现在中国大陆地区出版发行的某小说所描写人物的名称均来源于原告作品，且人物间的相互关系、人物的性格特征及故事情节与原告上述作品实质性相似，严重侵害了查某某对于涉案作品的改编权、署名权、保护作品完整权及应当由著作权人享有的其他权利，遂将杨某、北京某出版有限责任公司、北京某文化传媒有限公司、广州某有限公司诉至法院。法院经审理认为，杨某未经查某某许可在其作品中使用查某某作品人物名称、人物关系等作品元素并予以出版发行，其行为构成不正当竞争，依法应承担相应的侵权责任。法院同时认为，涉案作品与查某某的作品属于不同的作品类型，有不同的读者群体，有共存的空间，若能获得原告谅解或许可，再版发行，有助于繁荣文化市场。①

简评：

本案作为国内同人作品第一案，引起了社会的广泛关注。本案中，虽然法院认定被告构成侵权，但对同人作品并非全然否定，在判决书的字里行间透露着法院在既有作品和同人作品之间寻求平衡的过程。本案的判决结果对今后同人作品的发展具有重要的意义。

第十四条　合作作品

两人以上合作创作的作品，著作权由合作作者共同享有。没有参加创作的人，不能成为合作作者。

合作作品的著作权由合作作者通过协商一致行使；不能协商一致，又无正当理由的，任何一方不得阻止他方行使除转让、许可他人专有使用、出质以外的其他权利，但是所得收益应当合理分配给所有合作作者。

合作作品可以分割使用的，作者对各自创作的部分可以单独享有著作权，但行使著作权时不得侵犯合作作品整体的著作权。

解读 📖

本条是关于合作作品著作权归属的规定。

合作作品是由两人以上合作创作的作品，著作权也由合作作者共同享有。合作作品的作者之间必须要有共同创作的合意，并实际有共同创作的行为。其中，共同创作不要求每一个创作主体完成等量的劳动，只需合作作者为作品的创作提供智力活动，如果没有对作品付出创造性的劳动，就不能成为合

① 参见：广州市天河区人民法院，（2016）粤 0106 民初 12068 号判决书。

作作者。为歌词谱曲属于创作者各自的劳动成果，最终形成的音乐作品整体为合作作品。

"合作作品的著作权由合作作者通过协商一致行使；不能协商一致，又无正当理由的，任何一方不得阻止他方行使除转让、许可他人专有使用、出质以外的其他权利，但是所得收益应当合理分配给所有合作作者。"该条款为本次著作权法修订新增条款，完善了司法实践中对于关于合作作品的权利行使问题的规定。由于合作作品属于一个统一的整体，因此对于合作作品整体著作权行使的时候需要经过其他合作作者的一致同意，当没有正当理由且无法协商一致时，合作作者无权禁止其他合作作者行使除转让、许可他人专有使用、出质以外的其他权利，但合作作者单独行使共有著作权时，不得损害其他合作作者获得报酬的权利，即所得收益应当合理分配。这主要是为了保护其他合作作者对于合作作品的所应该享有的，以及合作作品本身的社会效益和经济效益。

可以分割的合作作品，如词作者和曲作者基于合意，将乐曲结合形成音乐作品，该词作者和曲作者就成为结合后的音乐作品的合作作者，他们对于由此产生的音乐作品的词曲部分可以单独享有著作权。

应用

相关立法

《中华人民共和国著作权法实施条例》（2013年）

第九条　合作作品不可以分割使用的，其著作权由各合作作者共同享有，通过协商一致行使；不能协商一致，又无正当理由的，任何一方不得阻止他方行使除转让以外的其他权利，但是所得收益应当合理分配给所有合作作者。

第十四条　合作作者之一死亡后，其对合作作品享有的著作权法第十条第一款第五项至第十七项规定的权利无人继承又无人受遗赠的，由其他合作作者享有。

典型案例

北京某文化传播有限公司、某影视传媒

有限公司侵害作品改编权纠纷案

简介：

　　原告北京某文化传播有限公司经授权依法独占享有某歌曲词作品的改编权，并有权依法以自己的名义提起诉讼。2018年4月，发现岳某某作为相声演员，未经其授权同意，擅自将涉案歌曲的歌词改编后进行商业演出，并在某电影中作为背景音乐和宣传MV使用，严重侵犯了北京某文化传播有限公司的合法权益，诉至法院。法院最终认为，涉案歌曲系为合作作品，该歌曲的歌词与曲谱在创作方式与表现形式上可予明确区分，合作作者对各自创作的部分可以单独使用，该歌曲是可以分割的作品。北京某文化传播有限公司只是获得了词作者的授权，不能越位主张合作作品的著作权，不构成侵权。[①]

简评：

　　对于音乐作品而言，大部分都由词作品和曲作品组成，词作者和曲作者分别对其词和曲享有著作权，对于音乐作品整体而言，词作者和曲作者同时享有对音乐作品整体的著作权。本案中的北京某文化传播有限公司的诉讼请求之所以未得到法院的支持，主要是其仅获得了词作者的授权，而未获得其他共有人，即曲作者的授权，诉请缺乏事实和法律依据。

第十五条　汇编作品

　　汇编若干作品、作品的片段或者不构成作品的数据或者其他材料，对其内容的选择或者编排体现独创性的作品，为汇编作品，其著作权由汇编人享有，但行使著作权时，不得侵犯原作品的著作权。

---

　　① 参见：天津市第三中级人民法院，（2019）津03知民终6号判决书。

解读 📖

本条是关于汇编作品著作权归属的规定。

汇编作品的独创性主要体现在对内容和选择的编排上，汇编者对于作品、作品的片段、不构成作品的数据或其他材料进行了独创性的选择和编排，能够体现汇编者个性化表达和独特的选择、取舍和编排，就构成著作权法所保护的汇编作品，如期刊、报纸、选集等。

在内容的选择编排方面具有独创性的数据库、网页版面等数字化作品也应属于汇编作品。数据库和网页版面本身是一种通过创作将多种元素进行整合而形成的具有一定美感和便捷性的劳动创造，当数据库和网页版面的素材选取、表现形式及内容编排等达到一定独创性要求，数据库和网站整体可作为汇编作品进行保护。

汇编作品的著作权由汇编人享有。在汇编过程中需要注意两个方面内容：一方面，汇编人在汇编他人享有著作权的作品时，需要经过原作品著作权人的同意或授权，并支付报酬；另一方面，汇编人在行使汇编作品的著作权时，不得侵犯原作品的著作权。

应用 ✒️

相关立法

《最高人民法院关于审理著作权民事纠纷案件适用法律若干问题的解释》（2021年）

第十条　著作权法第十五条第二款（著作权法修订后第十七条第三款）所指的作品，著作权人是自然人的，其保护期适用著作权法第二十一条第一款（著作权法修订后第二十三条第一款）的规定；著作权人是法人或非法人组织的，其保护期适用著作权法第二十一条第二款（著作权法修订后第二十三条第二款）的规定。

典型案例

某国际网络有限公司诉上海某文化传播有限公司著作权纠纷案

简介：

原告某国际网络有限公司诉称其对涉案节目"某届奥运会开幕式"享有在中国大陆地区在移动终端及信息网络的广播、展示权（包括但不限于信息网络传播权）等权利。原告发现在被告经营的网站上通过信息网络提供涉案节目的点播服务，上述行为严重侵犯了原告的合法权益，诉至法院。法院经审理认为，奥运会开幕式在表达主题思想、刻画人物形象、营造现场气氛时将现代科技和主题精神相结合，带给观众丰富的视觉享受和美的体验，同时在节目内容的编排和设计、现场灯光和配乐的选取等方面都反映了参与创作者独特的安排和个性化的选择，体现了创作者较高程度的创造性，应当作为作品予以保护。被告作为专门提供网络存储空间的网络服务提供者，应当知晓上传涉案视频的用户并非权利人，但未及时采取删除、屏蔽、断开链接等必要措施，放任侵权行为的发生，客观上为他人实施侵犯信息网络传播权的行为提供了帮助，主观上存在过错，构成帮助侵权。[1]

简评：

奥运会开幕式由文艺汇演、火炬传递、灯光展示等不同的环节组成，每一个环节的编排和设计都蕴涵着创作者较高程度的创造性，属于特殊类型的汇编作品，应当作为作品予以保护。

第十六条 演绎作品的双重许可

使用改编、翻译、注释、整理、汇编已有作品而产生的作品进行出版、演出和制作录音录像制品，应当取得该作品的著作权人和原作品的著作权人许可，并支付报酬。

---

[1] 参见：上海市第一中级人民法院，（2013）沪一中民五（知）终字第227号判决书。

解读 📖

本条是关于演绎作品的双重许可的规定。

本条是依据2010年的著作权法第三十五条、第三十七条第二款、第四十条第二款整合删减而成。这种整合压缩了条文的数量，体现了立法技术的进步，同时本条确立了改编、翻译、注释、整理已有作品而产生的作品的统一规则，但本条将规制对象限定在出版、演出和制作录音录像制品三种类型，仍有继续完善的空间。

演绎作品的内容本身具有双重属性决定了演绎作品权利的行使也具有双面性。演绎作品的内容本身具有双重是指演绎作品是基于原作品的表达进行创作而产生的作品，因此演绎作品和原作品之间联系属性紧密。演绎作品一方面具有原作品的独特元素，另一方面又具有新作品的独创性表达。演绎作品权利的行使具有双面性，因演绎作品包含了原作品的基本表达内容，在其行使著作权时受到原作品著作权的制约。

当对演绎作品进行出版时，需要取得该作品的著作权人和原作品的著作权人许可，并支付报酬。当对演绎作品演出和制作录音录像制品时，因对作品演出或制作录音录像制品时往往需要进行内容的取舍或情节的删节，所以当利用演绎作品演出和制作录音录像制品中包含了演绎作品的表达元素且该表达元素为演绎作品著作权人专有的，则需要取得该演绎作品的著作权人和原作品的著作权人许可，并支付报酬；当利用演绎作品演出和制作录音录像制品中未包含演绎作品的表达元素或包含演绎作品的表达元素但该表达元素已经进入共有领域，此时，并不需要获得演绎作品著作权人的授权。

应用 🔨

典型案例

"某影视字幕组"因侵犯著作权被查

简介：

2021年2月3日，上海市公安局在召开的新闻发布会上通报了近期侦破的2起案件，其中之一为"某影视字幕组"网站侵权案，抓获犯罪嫌疑人14名，查处3家涉案公司，涉案金额1600余万元。通报称，自2018年起，犯罪嫌疑人梁某等人先后成立多家公司，在境内外分散架设、租用服务器，开发、运行、维护"某影视字幕组"App及相关网站，在未经著作权人授权的情况下，通过境外盗版论坛网站下载获取片源，以约400元/部（集）的报酬雇人翻译、压片后，上传至App服务器向公众传播，通过收取网站会员费、广告费和出售刻录侵权影视作品移动硬盘等手段非法牟利。现初步查证，各端口应用软件刊载影视作品20000余部（集），注册会员数量800余万。

简评：

　　一般而言，使用作品需获得著作权人的许可并支付报酬，对于翻译已有作品而产生的新作品的使用，应当取得该作品的著作权人和原作品的著作权人许可，并支付报酬。否则一旦超出著作权法第二十四条第六款规定的"合理使用"的范围，就可能涉嫌侵犯著作权。

第十七条　视听作品

视听作品中的电影作品、电视剧作品的著作权由制作者享有，但编剧、导演、摄影、作词、作曲等作者享有署名权，并有权按照与制作者签订的合同获得报酬。

前款规定以外的视听作品的著作权归属由当事人约定；没有约定或者约定不明确的，由制作者享有，但作者享有署名权和获得报酬的权利。

视听作品中的剧本、音乐等可以单独使用的作品的作者有权单独行使其著作权。

解读 📖

本条是关于视听作品著作权归属的规定。

新技术的发展和变革推动了视听作品的制作及传播方式发生重大变化，与传统视听作品，如电影、电视剧等相比，新的其他视听作品无论是制作主体，还是发行程序，都经过了较大的简化。本次对于视听作品的著作权归属的修订，针对电影作品、电视剧作品与之以外的其他视听作品分别进行了相对应的规定。主要可归纳为两个部分：一是视听作品中的电影作品、电视剧作品的著作权由制作者享有，但编剧、导演、摄影、作词、作曲等作者享有署名权，并有权按照与制作者签订的合同获得报酬；二是对于电影作品、电视剧作品以外的其他视听作品的著作权归属由当事人约定，没有约定或约定不明确的，由制作者享有，但作者享有署名权和获得报酬的权利。

与2010年的著作权法相比，2021年的著作权法将"制片者"修改为"制作者"，这一修改的主要目的在于鼓励作品创作，避免与行业实践中的制片人、制片单位、联合制片人等概念混淆。但在行业实践中"制作者"概念非常宽泛，因此对于"制作者"概念将其理解为"组织制作并承担责任的制片者"更为合理。

本法新增了遵循当事人约定优先的原则，即除视听作品中的电影作品、电视剧作品以外的视听作品的著作权归属由当事人约定；没有约定或者约定不明确的，由制作者享有。该规定充分尊重了当事人的意思自治，有利于促进视听作品的有序发展。

视听作品本身是由众多可以独立存在的元素组成，视听作品整体属于著作权法保护的范畴，这些元素如符合著作权法保护条件的也可以纳入著作权法保护的范畴。如一部电影作品中可以包含音乐作品、美术作品等，因此，视听作品中的剧本、音乐等可以单独使用的作品的作者有权单独行使其著作权。

应用 ✔

相关立法

《最高人民法院关于审理著作权民事纠纷案件适用法律若干问题的解释》（2021年）

第十二条　按照著作权法第十七条（著作权法修订后第十九条）规定委

托作品著作权属于受托人的情形，委托人在约定的使用范围内享有使用作品的权利；双方没有约定使用作品范围的，委托人可以在委托创作的特定目的范围内免费使用该作品。

典型案例

蒋某某诉东阳市某影视文化有限公司、
王某某侵害作品署名权纠纷案

简介：

　　原告蒋某某认为，被告东阳市某影视文化有限公司、王某某在某电视剧视频片头、DVD 出版物包装盒、宣传册封面等载体上将王某某作为该电视剧剧本的第一编剧及总编剧，在部分海报、片花上，东阳市某影视文化有限公司亦未载明"根据蒋某某的某同名小说改编"及未署名蒋某某编剧身份，涉嫌侵害其署名权，因此，将东阳市某影视文化有限公司及王某某诉至法院。法院经审理认为，电视剧海报和片花系制片方为宣传电视剧需要而制作，既不是电视剧作品本身，其目的和功能也非表明作者身份。东阳市某影视文化有限公司已在部分海报及电视剧正片的片头等处载明了蒋某某的原创编剧身份，并有"本剧根据蒋某某同名小说改编"等标注，已充分表明了蒋某某的编剧和小说作者身份，足以保障蒋某某的署名权。法院最终驳回了蒋某某的诉讼请求。[①]

简评：

　　影视剧编剧署名权是基于剧本的创作行为而产生的一项法定权利。对于署名权的行使原则上需以作品为载体，因海报和片花并非作品本身，其主要服从于广告效果，因此，在影视剧部分海报、片花上未载明编剧身份，一般不被认定侵犯编剧的署名权。

---

① 参见：浙江省高级人民法院，（2018）浙民申 2302 号判决书。

第十八条　职务作品

自然人为完成法人或者非法人组织工作任务所创作的作品是职务作品，除本条第二款的规定以外，著作权由作者享有，但法人或者非法人组织有权在其业务范围内优先使用。作品完成两年内，未经单位同意，作者不得许可第三人以与单位使用的相同方式使用该作品。

有下列情形之一的职务作品，作者享有署名权，著作权的其他权利由法人或者非法人组织享有，法人或者非法人组织可以给予作者奖励：

（一）主要是利用法人或者非法人组织的物质技术条件创作，并由法人或者非法人组织承担责任的工程设计图、产品设计图、地图、示意图、计算机软件等职务作品；

（二）报社、期刊社、通讯社、广播电台、电视台的工作人员创作的职务作品；

（三）法律、行政法规规定或者合同约定著作权由法人或者非法人组织享有的职务作品。

解读 📖

本条是关于职务作品著作权归属的规定。

2021年的著作权法主要增加了一种"特殊职务作品"，即"报社、期刊社、通讯社、广播电台、电视台的工作人员创作的职务作品"，这对于文化传媒行业的权益保障和行业秩序的稳健具有积极意义。

职务作品共分为两种：一是一般职务作品；二是特殊职务作品。一般职务作品即本条第一款所规定的自然人为完成法人或者非法人组织工作任务所创作的作品，一般职务作品的完成并非主要利用单位物质技术条件，更多强调的是自然人的自主性。一般职务作品的著作权虽然由自然人作者享有，但法人或者其他组织有权在业务范围内优先使用。作品完成两年内，未经单位同意，作者不得许可第三人或者其他组织以与单位相同的方式使用该作品。作品完成两年内，经单位同意，作者许可第三人以与单位使用的相同方式使用作品所获报酬，由作者与单位按约定的比例分配。作品完成两年的期限，自作者向单位交付作品之日起计算。著作权法之所以赋予法人或者其他组织有权在业务范围内优先使用，其目的在于保护法人或者其他组织的利益。

特殊职务作品共分为三类：一是主要利用法人或者非法人组织的物质技术条件创作，并由法人或者非法人组织承担责任的工程设计图、产品设计图、地图、示意图、计算机软件等职务作品；二是报社、期刊社、通讯社、广播电台、电视台的工作人员创作的职务作品；三是法律、行政法规规定或者合同约定著作权由法人或者非法人组织享有的职务作品。对于上述三类职务作品，作者享有署名权，著作权的其他权利由法人或者非法人组织享有，法人或者非法人组织可以给予作者奖励。这里的"物质技术条件"是指单位为作者完成创作专门提供的资金、设备或者资料，如果单位只是提供纸笔、电脑、工作场所等一些通用条件，并不属于物质技术条件。

特殊职务作品和法人作品的区分，法人作品是由法人或者非法人组织主持，代表法人或者非法人组织意志创作，并由法人或者非法人组织承担责任的作品，法人或者非法人组织视为作者。特殊职务作品和法人作品的区分在于：一是二者体现的意志不同，法人作品必须体现单位的整体意志，而特殊职务作品主要体现的是创作者个人意志；二是二者的实际创作主体不同，法人作品可以由委托单位以外的人创作完成，而特殊职务作品必须是由与法人具有正式劳动合同关系的本单位职工创作完成；三是权利范围不同，法人对于法人作品享有完整的著作权，而特殊职务作品，法人享有除署名权外的著作权，创作者享有署名权并可以享受一定的奖励。

应用

相关立法

《中华人民共和国著作权法实施条例》（2013年）

第十一条　著作权法第十六条第一款（著作权法修订后第十八条第一款）关于职务作品的规定中的"工作任务"，是指公民在该法人或者该组织中应当履行的职责。

著作权法第十六条第二款（著作权法修订后第十八条第二款）关于职

务作品的规定中的"物质技术条件"，是指该法人或者该组织为公民完成创作专门提供的资金、设备或者资料。

第十二条　职务作品完成两年内，经单位同意，作者许可第三人以与单位使用的相同方式使用作品所获报酬，由作者与单位按约定的比例分配。

作品完成两年的期限，自作者向单位交付作品之日起计算。

典型案例
吕某与某唱片总公司著作权权属、侵权纠纷案

简介：

原告吕某是我国已故著名摄影家吕某某先生之女暨其摄影作品著作财产性权利的合法受让人。某唱片总公司未经许可使用了吕某某创作的摄影作品，并在相关页面发布大量商业广告，侵犯了吕某某的信息网络传播权。一审法院和二审法院均认定，著作权属于作者，如无相反证明，在作品上署名的公民、法人或者其他组织为作者，涉案摄影作品某领导人画册等显示署名为吕某某，因此，两审法院均认定吕某某对涉案作品享有著作权。再审法院认为，根据时代背景、该类作品特殊的拍摄过程、当事人的具体行为及意思表示，可以认定吕某某拍摄涉案摄影作品系为履行单位委派的特殊任务，该类摄影作品应属于特殊的职务作品，由单位享有除署名权之外的著作权。[①]

简评：

对于在著作权法施行前，以党和国家领导人为拍摄对象的特殊题材摄影作品一般属于特殊职务作品，拍摄者不享有著作权。主要是综合时代背景、该类作品特殊的拍摄过程、当事人的具体行为及意思表示等因素进行判断。

---

① 参见：北京市高级人民法院，（2017）京再民31号判决书。

第十九条　委托作品

受委托创作的作品，著作权的归属由委托人和受托人通过合同约定。合同未作明确约定或者没有订立合同的，著作权属于受托人。

解读 📖

本条是关于委托作品著作权归属的规定。

此次修订对本条未作改动，委托作品是受托方依据委托合同的约定为委托方创作的作品，对于委托合同的著作权，如合同未作明确约定或者没有订立合同的，著作权属于受托人。委托作品一般有如下特征：一是委托作品产生于委托人与受托人之间建立的委托关系，一般来说，委托合同可以是口头的，也可以是书面的，委托创作可以是有偿的，也可以是无偿的；二是委托作品主要表达的是委托人的思想，受托人的主要任务是利用其具备的专业知识将委托人的思想具象化。

在司法实践中，应当注意区分委托作品和以下两种作品的区别。一是由他人执笔，本人审阅定稿并以本人名义发表的报告、讲话等作品，著作权归报告人或者讲话人享有，著作权人可以支付执笔人适当的报酬。二是当事人合意以特定人物经历为题材完成的自传体作品，当事人对著作权权属有约定的，依其约定；没有约定的，著作权归该特定人物享有，执笔人或整理人对作品完成付出劳动的，著作权人可以向其支付适当的报酬。

由于本条规定赋予了受托人和委托人可以自行约定著作权的归属的内容，因此，在司法实践中，双方当事人可以自由约定著作权，但这里应当理解为仅限于著作财产权，如复制权、发行权、信息网络传播权等。对于著作人身权，包括发表权、署名权、修改权和保护作品完整权应当由著作权人享有。署名权作为著作人身权具有强烈的人格属性，一般情况下，著作人身权是不能通过合同约定予以转让的，因此，委托作品署名权等著作人身权应当归属于受托人，不能转让。

应用 ✔

典型案例

杭州某网络科技有限公司与中国某通信集团浙江有限公司、浙江某信息产业有限公司著作权权属、侵权纠纷案

简介：

中国某通信集团浙江有限公司、浙江某信息产业有限公司委托杭州某网络科技有限公司开发一款"某医院预约诊疗平台"软件。原告杭州某网络科技有限公司为该系统提供技术支持和维护。后双方因软件合作发生争议，原告停止了对试点医院的维护和技术支持。之后，中国某通信集团浙江有限公司、浙江某信息产业有限公司使用的是由浙江某信息产业有限公司重新开发的软件，该软件使用了原告开发的涉案软件的部分源代码。原告认为二被告未经许可擅自使用其软件源代码开发新软件的行为构成侵权，故诉至法院。一审法院认为，虽然原被告之间未签订委托开发软件的书面协议，但客观事实表明涉案软件委托开发合同已实质成立。因双方未对委托开发的软件著作权归属作出明确的约定，故涉案软件著作权应归受托方原告享有。浙江某信息产业有限公司作为诉争软件的委托人及合法复制品持有者，其在委托开发的特定目的范围内部分使用诉争软件，并不会损害原告的合法权益，其行为具有正当性。二审法院认为，虽然双方之间成立委托创作合同关系，但在缺乏明确约定的情况下，并不能推定原告提供源代码即可视为对有关源代码权利的让渡，也不能以此作为阻却侵权成立的合法事由，因此构成侵权。①

简评：

对于委托合同中没有明确约定著作权归属的情形，著作权归受

---

① 参见：浙江省高级人民法院，（2013）浙知终字第289号判决书。

托人，而委托人可以在委托创作的特定目的范围内免费使用该作品，但是，这种免费使用不能超出必要、合理的范围。

第二十条 原件所有权和作品著作权关系

作品原件所有权的转移，不改变作品著作权的归属，但美术、摄影作品原件的展览权由原件所有人享有。

作者将未发表的美术、摄影作品的原件所有权转让给他人，受让人展览该原件不构成对作者发表权的侵犯。

解读 📖

本条是关于原件所有权和作品著作权关系的规定。

本条是由2010年的著作权法第十八条修改而来，作品的所有权和作品的著作权是相互分离的两种权利，作品原件所有权的转移，不改变作品著作权的归属。可以理解为获得了作品的原件不等于获得了作品的著作权。由于美术作品和摄影作品既属于著作权的保护范畴，又属于物权的保护范畴，美术作品和摄影作品的原件是唯一的，当美术作品和摄影作品的著作权与所有权相分离时，作品著作权人客观上无法行使原件展览权。基于保护文化传播的理念和美术作品、摄影作品通常的价值实现途径，2021年的著作权法规定美术作品和摄影作品原件展览权由原件所有人享有。

作者将未发表的美术、摄影作品的原件所有权转让给他人，受让人展览该原件不构成对作者发表权的侵犯。该条款为此次著作权法修订的新增条款，其明确了美术、摄影作品原件发表权与展览权行使冲突的处理原则。受让人在受让未发表的美术、摄影作品的原件后，对美术、摄影作品的原件进行展览的同时亦对美术、摄影作品进行了发表行为，该行为不视为对美术、摄影作品作者发表权的侵犯。

应用 ✔

典型案例

沈某宁、沈某燕、沈某衡诉与张某、南京
某拍卖公司著作权权属、侵权纠纷案

简介：

　　茅某是我国著名作家、文学家和社会活动家。原告沈某宁、沈某燕、沈某衡系茅某之孙，是茅某所有作品著作权的合法继承人。涉案某作品是茅某用毛笔书写的一篇评论文章手稿。被告张某于2000年12月在江苏徐州一位收藏家处购得涉案手稿。张某委托南京某拍卖公司拍卖含涉案手稿在内的多件物品。原告认为二被告以营利为目的而合作，侵犯了原告涉案作品作为美术作品的展览权、发表权、复制权、发行权、信息网络传播权，以及作为文字作品的复制权、发行权、信息网络传播权，遂向法院起诉。法院最终认为，作品原件的所有权转移，作品的著作权并不随之转移。当某一特定作品的物质载体上，既存在所有人的物权，又存在著作权人的著作权时，物权的排他性和著作权的专有性在处分作品载体的过程中往往会产生冲突。因此，作品原件的物权合法转移后，在一定范围内，可能产生著作权的权利穷竭，著作权人无权再控制该商品的流转。但是，所有人亦不得滥用作品，著作权人的权益同样受到法律的保护。最终法院判决二被告构成侵权。①

简评：

　　名人手稿既可以作为文字作品，也可以作为美术作品，具有一定的特殊性。其受到著作权和物权的双重保护，也容易发生著作权和物权相分离的现象。在现实生活中，往往容易出现名人手稿作为美术作品时的展览权和其他著作权相冲突的现象，因此，名人手稿原件所有人在行使自身对手稿所享有的合法权利的过程中，不能损

---

① 参见：南京市中级人民法院，（2017）苏01民终8048号判决书。

害其他著作权人的利益。

第二十一条 自然人死亡、法人或者非法人组织变更、终止后著作权归属

著作权属于自然人的，自然人死亡后，其本法第十条第一款第五项至第十七项规定的权利在本法规定的保护期内，依法转移。

著作权属于法人或者非法人组织的，法人或者非法人组织变更、终止后，其本法第十条第一款第五项至第十七项规定的权利在本法规定的保护期内，由承受其权利义务的法人或者非法人组织享有；没有承受其权利义务的法人或者非法人组织的，由国家享有。

解读 📖

本条是关于自然人死亡、法人或者非法人组织变更、终止后著作权归属的规定。

本次修订，该条款除了将"公民"修改为"自然人"、"其他组织"修改为"非法人组织"外，还将"依照继承法的规定转移"修改为"依法转移"。

著作权属于自然人的，该自然人依法享有著作人身权和著作财产权，自然人死亡后，该自然人对于作品的著作财产权可以依据法律进行所有权转移，对于著作人身权，不能进行所有权转移，但受让人可以代为维权。自然人死亡后，其对作品的著作财产权的转移方式主要是通过民法典的规定转移，包括通过法定继承转移、通过遗嘱继承转移、通过遗赠转移、通过遗赠抚养协议转移、收归国家或者集体组织所有等途径。

著作权属于法人或者非法人组织的，当法人或者非法人组织变更、终止后，该作品的著作财产权，在本法规定的保护期内，转移至承受其权利义务的法人或者非法人组织享有；没有承受其权利义务的法人或者非法人组织的，由国家享有。

应用 ✔

相关立法

《最高人民法院关于审理著作权民事纠纷案件适用法律若干问题的解释》（2021年）

第十条　著作权法第十五条第二款（著作权法修订后第十七条）所指的作品，著作权人是自然人的，其保护期适用著作权法第二十一条第一款（著作权法修订后第二十三条第一款）的规定；著作权人是法人或非法人组织的，其保护期适用著作权法第二十一条第二款（著作权法修订后第二十三条第二款）的规定。

《中华人民共和国著作权法实施条例》（2013年）

第十五条　作者死亡后，其著作权中的署名权、修改权和保护作品完整权由作者的继承人或者受遗赠人保护。

著作权无人继承又无人受遗赠的，其署名权、修改权和保护作品完整权由著作权行政管理部门保护。

典型案例

原告陈某心、陈某一、陈某二与被告北京某文化发展股份
有限公司、上海某影视文化传播有限公司、黑龙江
某电视台侵害文字作品著作权纠纷案

简介：

陈某父亲陈某庆写给陈某的信于1989年创作完成并发表于1989年的某杂志。根据相关规定，陈某庆先生依法享有涉案书信的著作权，自其于1997年6月2日去世后，本案原告陈某大姐陈某心、大弟陈某一与幺弟陈某二依法继承了涉案书信的著作财产权并有权对其署名权、修改权、保护作品完整权进行保护。三被告未经许可，对涉案书信进行删改，组织演员进行朗读录制，出品了某节目，并通过某视频App及官方网站、黑龙江某电视台大范围传播，

侵害了陈某庆对涉案书信享有的修改权及三原告的复制权、表演权、信息网络传播权。一审法院经审理认为，陈某庆于1997年死亡后，在著作权保护期内，涉案书信的著作财产权由本案三原告继承。故三原告亦有权对涉案书信的修改权等著作人身权进行保护。三被告未经过三原告的许可在涉案节目中使用涉案书信，构成侵权。[①]

简评：

自然人死亡后，该自然人对于作品的著作财产权可以依据法律进行所有权转移，对于著作人身权，虽然不能进行所有权转移，但受让人可以代为维权。其他人如需要使用该作品需要获得该作品受让人的授权，否则可能构成侵权。

第三节　权利的保护期

第二十二条　著作人身权的保护期限

作者的署名权、修改权、保护作品完整权的保护期不受限制。

解读 📖

本条是关于作者的著作人身权的保护期限的规定。

著作权保护期限是指著作权受法律保护的时间界限，在著作权的保护期限内，著作权人对作品享有专有权；著作权期限届满，作品进入公有领域。著作权包括著作人身权和著作财产权，著作财产权的保护受到时间的限制，但除发表权，署名权、修改权、保护作品完整权三项人身权的保护期均不受限制，本条则是关于该三项著作人身权保护期的释义。

著作人身权保护期限不受限制：一是因为著作人身权与作者的精神和人

---

① 参见：北京互联网法院，（2020）京0491民初2880号判决书。

格不可分割，作品是作者人格利益和精神利益的产物，保护人身权就是在保护作者人格的延伸和精神的展现，这有利于激发广大作者的创作热情；二是因为保护著作人身权是保护公共利益的体现，一方面保护作者的人身权的同时也是在保护作者近亲属的情感、名誉、社会地位等不受侵害，稳定社会运行秩序，另一方面作品是社会文化的重要组成部分，一旦作品被任意署名、被修改、被歪曲、被篡改，阻碍了社会文化的良性传播，扰乱文化传承的秩序，将有损社会利益。

根据本条的规定，著作权人的权利保护期届满后，虽然作品进入了公有领域供人们自由使用且不需要支付报酬，但是在使用作品的过程中仍需要尊重著作权人的署名权、修改权、保护作品完整权，否则就要按照法律承担相应的侵权责任，自然人作者死亡后，著作权人的署名权、修改权、保护作品完整权由其继承人或者受遗赠人负责保护，法人或者非法人组织变更或者终止后，由继受的法人或者非法人组织负责保护，自然人作者没有继承人或者受遗赠人的，法人或者非法人组织没有继受人的，其署名权、修改权和保护作品完整权由著作权行政管理部门保护。

应用 ✍

相关立法

《中华人民共和国著作权法实施条例》（2013年）

第十五条　作者死亡后，其著作权中的署名权、修改权和保护作品完整权由作者的继承人或者受遗赠人保护。

著作权无人继承又无人受遗赠的，其署名权、修改权和保护作品完整权由著作权行政管理部门保护。

《实施国际著作权条约的规定》（2020年）

第五条　对未发表的外国作品的保护期，适用著作权法第二十条（著作权法修订后第二十二条）、第二十一条（著作权法修订后第二十三条）的规定。

典型案例

大理某房地产开发有限公司、昆明某房地产开发有限公司等
侵害作品发表权、署名权、复制权、展览权案

简介：

杜某是云南省具有影响力的老摄影家之一，于1981年去世。赵某等系杜某的遗属，依法享有其作品的相关著作权。大理某房地产开发有限公司、昆明某房地产开发有限公司等未事先取得原告同意，于2011年8月26日至9月15日，在大理举办"大理百年老照片"展览，使用了杜某摄影作品97幅，并未为其署名。杜某的继承人赵某向法院提起诉讼，后大理某房地产开发有限公司、昆明某房地产开发有限公司等不服一审判决提起上诉。经二审法院审理，认定大理某房地产开发有限公司、昆明某房地产开发有限公司等参与了侵犯杜某署名权的行为，应承担相应的民事责任，判决大理某房地产开发有限公司、昆明某房地产开发有限公司等赔偿赵某等人民币十万元。①

简评：

本案是著作权人的人身权利的保护期限不受限制的典型案例，虽然著作权人已离世，但其继承人仍可以依法保护其人身权利。

第二十三条　发表权、著作财产权的保护期限

自然人的作品，其发表权、本法第十条第一款第五项至第十七项规定的权利的保护期为作者终生及其死亡后五十年，截止于作者死亡后第五十年的12月31日；如果是合作作品，截止于最后死亡的作者死亡后第五十年的12月31日。

法人或者非法人组织的作品、著作权（署名权除外）由法人或者非法人组织享有的职务作品，其发表权的保护期为五十年，截止于作品创作完成后

---

① 　参见：云南省高级人民法院，（2013）云高民三终字第116号判决书。

第五十年的12月31日；本法第十条第一款第五项至第十七项规定的权利的保护期为五十年，截止于作品首次发表后第五十年的12月31日，但作品自创作完成后五十年内未发表的，本法不再保护。

视听作品，其发表权的保护期为五十年，截止于作品创作完成后第五十年的12月31日；本法第十条第一款第五项至第十七项规定的权利的保护期为五十年，截止于作品首次发表后第五十年的12月31日，但作品自创作完成后五十年内未发表的，本法不再保护。

解读 📖

本条是对发表权、著作财产权的保护期限的规定。

本条是在2010年的著作权法第二十一条的基础上修改的，主要表现：一是修改了发表权保护期限的起算点，从"作品首次发表后的第五十年的12月31日，但作品自创作完成后五十年内未发表的不再保护"改为"作品创作完成后第五十年的12月31日"；二是延长了摄影作品的保护期限，从"截止于作品首次发表后第五十年的12月31日"改为"作者终生及其死亡后五十年"。

发表权是著作权人享有的决定是否将作品公之于众的权利，于何时何地、以何种方式公之于众的权利。发表权虽为著作权人的人身权利，但其行使与财产权利有着密切的联系。首先，只有对作品进行发表，才能扩大作品的传播范围和影响力，提高作品的经济价值从而使作者获利；其次，在作者死亡后，其继承人或者受遗赠人在不违反作者生前意志的前提下行使发表权，没有继承人的，作品原件的所有人在不违反作者生前意志的前提下行使发表权，以此来获得经济效益；最后，作者对著作财产权进行处分时，推定对发表权一并进行处分。根据发表权特有的性质，应当将其与财产权利赋予相似的保护期限。除此之外，作品的发表是公众得以使用的前提，若发表权得到无限期的保护，则公众的精神需求不能得到满足，将有损于社会利益的实现。

本法第十条第一款第五项至第十七项规定的权利指的是复制权、发行权、出租权、展览权、表演权、放映权、广播权、信息网络传播权、摄制权、改编权、翻译权、汇编权等财产权。著作财产权受到保护期限的限制，是为了使保护期限已过的作品进入公有领域，从而扩大相应成果的供给，保证社会公众能获得充分的知识产品。

本条对不同著作权主体及不同的作品类型的发表权和著作财产权的保护期限作了不同的规定。

一、自然人的发表权和著作财产权的保护期限

自然人的发表权和著作财产权的保护期限为其有生之年加上死亡后五十年。本法对于保护期的规定与世界上多数国家保持一致，《伯尔尼保护文学和艺术作品公约》《与贸易有关的知识产权协定》等国际公约也作出了相似的规定。"五十年"标准计算的是作者终生及其身后两代人维持生活所需，这种"作者终生＋五十年"的保护模式致力于给予作者及其家庭经济上的补偿和照顾，赋予其养育下一代的能力，使作者及其直系亲属能充分享有其创作的成果。

二、合作作品的发表权和著作财产权的保护期限

合作作品是由两个人以上共同创作而完成的作品。本法将合作作品分为两类，对其保护期限的规定也不同。

（一）可以分割使用的合作作品

本法第十四条第三款规定："合作作品可以分割使用的，作者对各自创作的部分可以单独享有著作权。"对于此类合作作品，各组成部分可以独立存在，各著作权人可以就各自创作的部分享有完全的著作权，不适用合作作品保护期的一般规定，以各自创作部分的著作权人的有生之年加死亡后五十年为保护期限。

（二）不可以分割使用的合作作品

不可以分割使用的合作作品的著作权为各作者共同享有，通过协商一致行使。合作创作作品的主体所处的年龄层次不尽相同，为了更好地保护合作作者的财产权益，此类合作作品的著作财产权保护期为最后死亡的作者死亡后第五十年的12月31日。

三、法人或者非法人组织的作品、著作权（署名权除外）由法人或者非法人组织享有的职务作品的保护期限

法人或者非法人组织的作品、著作权（署名权除外）由法人或者非法人组织享有的职务作品的发表权为自作品创作完成后第五十年的12月31日，作品自创作完成后五十年内未发表的，本法不再保护，本款规定是为了促进作品的发表，尽早进入公众视野，促进作品和知识的传播，著作财产权的保护期限从作品面向公众首次发表时计算，到第五十年的12月31日截止。法人和非法人组织作品的保护期限不同于自然人作品的保护期限：一是因为法人和非法人组织的存在时间不能像自然人的寿命一样可以被分析量化从而规定在大致的保护时间范围之内；二是因为法人和非法人组织没有养育家庭和下一代生活需求的限制。

四、视听作品的发表权和著作财产权的保护期限

视听作品的发表权的保护期为五十年，截止于作品创作完成后第五十年的12月31日；著作财产权的保护期为五十年，截止于作品首次发表后第五十年的12月31日，但作品自创作完成后五十年内未发表的，本法不再保护。此类作品一般是在他人创作的基础上进行的创作，智力创造性的发挥有限，所以比其他作品保护期短。

应用 ✐

相关立法

《与贸易有关的知识产权协定》（2017年）

第十二条　保护期限

除摄影作品或实用艺术作品外，只要一作品的保护期限不以自然人的生命为基础计算，则该期限自作品经授权出版的日历年年底计算即不得少于五十年，或如果该作品在创作后五十年内未经授权出版，则为自作品完成的日历年年底起计算的五十年。

《伯尔尼保护文学和艺术作品公约》（1971年）

第七条

1.本公约给予保护的期限为作者有生之年及其死后五十年内。

2.但就电影作品而言，本同盟成员国有权规定保护期在作者同意下自作品公之于众后五十年期满，如自作品完成后五十年尚未公之于众，则自作品完成后五十年期满。

3.至于不具名作品和假名作品，本公约给予的保护期自其合法公之于众之日起五十年内有效。但根据作者采用的假名可以毫无疑问地确定作者身份时，该保护期则为第 1 款所规定的期限。如不具名作品或假名作品的作者在上述期间内公开其身份，所适用的保护期为第 1 款所规定的保护期限。本同盟成员国没有义务保护有充分理由推定其作者已死去五十年的不具名作品或假名作品。

4.摄影作品和作为艺术作品保护的实用艺术作品的保护期限由本同盟各成员国的法律规定；但这一期限不应少于自该作品完成之后算起的二十五年。

5.作者死后的保护期和以上第二、三、四款所规定的期限从其死亡或上述各款提及事件发生之时开始，但这种期限应从死亡或所述事件发生之后次年的 1 月 1 日开始计算。

6.本同盟成员国有权给予比前述各款规定更长的保护期。

7.受本公约罗马文本约束并在此公约文本签署时有效的本国法律中规定了短于前述各款期限的保护期的本同盟成员国，有权在加入或批准此公约文本时维持这种期限。

8.无论如何，期限将由被要求给予保护的国家的法律加以规定；但是，除该国家的法律另有规定者外，这种期限不得超过作品起源国规定的期限。

第七条之二

前条的规定同样适用于版权为合作作者共有的作品，但作者死后的保护期应从最后死亡的作者死亡时算起。

《世界版权公约》（1971年）

第四条

（一）根据第二条和本条规定，某作品的版权保护期限，应由该作品要求给予版权保护所在地的缔约国的法律来规定。

（二）甲、受本公约保护的作品，其保护期限不得少于作者有生之年及其死后的二十五年。但是，如果任何缔约国在本公约对该国生效之日，已将某些种类作品的保护期限规定为自该作品首次出版以后的某一段时间，则该缔约国有权保持其规定，并可将这些规定扩大应用于其他种类的作品。对所有这些种类的作品，其版权保护期限自首次出版之日起，不得少于二十五年。

乙、任何缔约国如在本公约对该国生效之日尚未根据作者有生之年确定保护期限，则有权根据情况，从作品首次出版之日或从出版前的登记之日起计算版权保护期，只要根据情况从作品首次出版之日或出版前的登记之日算起，版权保护期限不少于二十五年。

丙、如果某缔约国的法律准许有两个或两个以上的连续保护期限，则第一个保护期限不得短于本款甲、乙两项所规定的最短期限之一。

（三）本条第（二）款的规定不适用于摄影作品或实用美术作品；但这些缔约国对摄影作品或实用美术作品作为艺术品给予保护时，对上述每一类作品规定期限不得少于十年。

（四）甲、任何缔约国对某一作品给予的保护期限，均不长于有关缔约国（如果是未出版的作品，则指作家所属的缔约国；如果是已出版的作品，则指首先出版作品的缔约国）的法律对该作品所属的同类作品规定的保护期限。

乙、为实施本款甲项，如果某缔约国的法律准予有两个或两个以上的连续保护期限，该国的保护期限应视为是这些期限的总和。但是，如果上述国家对某一特定作品在第二或任何后续的期限内，因某种原因不给予版权保护，则其他各缔约国无义务在第二或任何后续的期限内给予保护。

（五）为实施本条第（四）款，某缔约国国民在非缔约国首次出版的作品应按照在该作者所属的缔约国首先出版来处理。

（六）为实施本条第（四）款，如果某作品在两个或两个以上缔约国内同时出版，该作品应视为在保护期限最短的缔约国内首先出版。任何作品如在首次出版三十日内在两个或两个以上缔约国内出版，则应视为在上述缔约国内同时出版。

《中华人民共和国著作权法实施条例》（2013年）

第十七条　作者生前未发表的作品，如果作者未明确表示不发表，作者死亡后50年内，其发表权可由继承人或者受遗赠人行使；没有继承人又无人受遗赠的，由作品原件的所有人行使。

第十八条　作者身份不明的作品，其著作权法第十条第一款第五项至第十七项规定的权利的保护期截止于作品首次发表后第50年的12月31日。作者身份确定后，适用著作权法第二十一条（著作权法修订后第二十三条）的规定。

《最高人民法院关于审理著作权民事纠纷案件适用法律若干问题的解释》（2021年）

第十条　著作权法第十五条第二款（著作权法修订后第十七条第三款）所指的作品，著作权人是自然人的，其保护期适用著作权法第二十一条第一款（著作权法修订后第二十三条第一款）的规定；著作权人是法人或非法人组织的，其保护期适用著作权法第二十一条第二款（著作权法修订后第二十三条第二款）的规定。

典型案例

某国际拍卖有限公司与杨某等著作权权属、侵权纠纷案

简介：

原告杨某为作家钱某的法定继承人，2013年，某国际拍卖公司发布公告将拍卖作家钱某的个人信件，该公司网站登载了多篇介绍涉案拍卖活动、鉴定活动和部分书信手稿细节内容的媒体报道文章，部分文章以附图形式展示了书信手稿全貌。杨某以侵害著作权纠纷为由向法院提起诉讼，被告不服一审判决提起上诉。经二审法院审理，被告未经原告同意且未支付报酬私自处理书信，侵犯杨某等人对涉案书信享有的复制权、发行权、信息网络传播权等。法院判决，被告自判决生效之日起停止侵害涉案书信手稿著作权的行为并自判决生效之日起十日内赔偿原告经济损失人民币十万元，将其涉案侵权行为在某报纸上刊登向原告赔礼道歉的声明。[①]

简评：

本案是著作权人的财产权利保护期限的典型案例，虽然著作权人早已离世，但其继承人仍可以在法定期限内依法保护其财产权利。

第四节　权利的限制

第二十四条　合理使用

在下列情况下使用作品，可以不经著作权人许可，不向其支付报酬，但应当指明作者姓名或者名称、作品名称，并且不得影响该作品的正常使用，也不得不合理地损害著作权人的合法权益：

（一）为个人学习、研究或者欣赏，使用他人已经发表的作品；

（二）为介绍、评论某一作品或者说明某一问题，在作品中适当引用他人已经发表的作品；

（三）为报道新闻，在报纸、期刊、广播电台、电视台等媒体中不可避免地再现或者引用已经发表的作品；

（四）报纸、期刊、广播电台、电视台等媒体刊登或者播放其他报纸、期刊、广播电台、电视台等媒体已经发表的关于政治、经济、宗教问题的时事性文章，但著作权人声明不许刊登、播放的除外；

（五）报纸、期刊、广播电台、电视台等媒体刊登或者播放在公众集会上发表的讲话，但作者声明不许刊登、播放的除外；

（六）为学校课堂教学或者科学研究，翻译、改编、汇编、播放或者少量

[①] 参见：北京市高级人民法院，（2014）高民终字第1152号判决书。

复制已经发表的作品，供教学或者科研人员使用，但不得出版发行；

（七）国家机关为执行公务在合理范围内使用已经发表的作品；

（八）图书馆、档案馆、纪念馆、博物馆、美术馆、文化馆等为陈列或者保存版本的需要，复制本馆收藏的作品；

（九）免费表演已经发表的作品，该表演未向公众收取费用，也未向表演者支付报酬，且不以营利为目的；

（十）对设置或者陈列在公共场所的艺术作品进行临摹、绘画、摄影、录像；

（十一）将中国公民、法人或者非法人组织已经发表的以国家通用语言文字创作的作品翻译成少数民族语言文字作品在国内出版发行；

（十二）以阅读障碍者能够感知的无障碍方式向其提供已经发表的作品；

（十三）法律、行政法规规定的其他情形。

前款规定适用于对与著作权有关的权利的限制。

解读 📖

本条是关于合理使用著作权的规定。

合理使用是著作权法中的一项重要的制度，是指根据本法的规定，以一定方式使用作品可以不经著作权人的同意，也不向其支付报酬。本条是为了协调著作权人个人利益和社会利益之间的动态平衡，通过对著作权专有权利加以一定的限制来满足社会对知识和信息的需求，对著作权危害不大的一些行为，本法不视为侵权行为。为保障著作权人在有限的垄断权中获得合法的权益，本条也对合理使用附加了限制性条件，构成合理使用需具备三个要件：合理使用只能在特殊的情况下作出、与作品的正常使用不相冲突、没有不合理地损害权利人的合法权益。

本条规定了合理使用的十二种具体情形和一项兜底性条款。

一、为个人学习、研究或者欣赏，使用他人已经发表的作品

作品的使用和传播是价值体现的重要前提，作品发表后，应允许公众进行学习研究，保护公众享受文化产品的利益。本种情形只适用于个人以学习、研究或者欣赏为目的使用已经发表的作品，不适用以出版、营利等目的的使用。

同时需要注意的是，即使以个人的目的使用他人已经发表的作品也要符合合理使用的三个构成要件，不得损害著作权人的合法权益。例如，学生为了学习英语而将《经济学人》中的片段复印反复背诵符合本条情形，但学生将数本《经济学人》复印，使学生不需要购买正版书籍即可进行使用，其行为会对版权人的经济利益造成损害而可能构成侵权。

二、为介绍、评论某一作品或者说明某一问题，在作品中适当引用他人已经发表的作品

在作品创作时，难免会用到他人的作品辅助评论或者论证问题。本种情形规定了两种适当引用的情况：一是为介绍、评论某一作品，针对被引用作品本身，如散文鉴赏作品中为介绍散文的创作背景和意境适当引用古诗词片段；二是为说明某一问题，针对其他作品，如为彰显某感动人物的事迹而适当引用其辛勤工作的影像片段。两种情况都必须遵循合理使用的构成要件，以介绍、评论作品或者说明问题为目的，而不是单纯展示作品本身。

三、为报道新闻，在报纸、期刊、广播电台、电视台等媒体中不可避免地再现或者引用已经发表的作品

为使公众全面地了解时事新闻，保障公民的新闻知情权，媒体不可避免地会以复制、广播、信息网络传播等形式再现或者引用已经发表的作品。例如，为报道电影发布会现场情况而播放电影预告片段。

四、报纸、期刊、广播电台、电视台等媒体刊登或者播放其他报纸、期刊、广播电台、电视台等媒体已经发表的关于政治、经济、宗教问题的时事性文章，但著作权人声明不许刊登、播放的除外

政治、经济、宗教问题关系到每个公民的生活，了解这些问题是公民参与民主治理的重要前提。报纸、期刊可以刊登其他报纸或期刊的时事性文章，如《人民日报》的政治评论性文章其他报纸均可转载，无须经过著作权人的同意；广播电台、电视台等媒体可以播放其他媒体发表的时事性文章，如广播电台可以广播《人民日报》的政治评论性文章，也无须经过著作权人的同意。但著作权人声明不许刊登、播放的，其他媒体不得刊登、播放。对政治、经济、宗教之外问题的文章进行刊登、播放不适用本条的规定。

五、报纸、期刊、广播电台、电视台等媒体刊登或者播放在公众集会上发表的讲话，但作者声明不许刊登、播放的除外

公众集会为在公共场所举行的集会，一般带有向公众宣传政策等目的。本种情形是为了促进公众讲话内容的传播，确保公众及时了解公共政策信息。例如，政府官员召开的新闻发布会上发表的讲话，报纸等媒体可以不经允许刊登、播放，但作者声明不能刊登、播放的除外。

六、为学校课堂教学或者科学研究，翻译、改编、汇编、播放或者少量复制已经发表的作品，供教学或者科研人员使用，但不得出版发行

本项在2010年的著作权法规定的"翻译或者少量复制"基础上增加了"改编、汇编、播放"三种行为。这是因为随着教育方式的多元化，翻译与复制两种行为已不能满足所有的课堂教学需要，对于作品的播放学习、改编、汇编的教学方式也逐渐被学校所运用。课堂教学成果关系着社会人才的培养，科学研究关系着社会和科技的进步，两项活动都离不开大量知识的支持。本种情形是为课堂教学或者科学研究提供动力，允许教学或者科学人员翻译、改编、汇编、播放或者少量复制已经发表的作品，但不得出版发行，即不能超出教学或科研的合理使用范围，否则构成侵权。例如，语文老师为教学复制某畅销作文选集的一篇优秀范文是符合本条规定的，但该老师复制整本而代替购买正版书籍是侵权行为。

七、国家机关为执行公务在合理范围内使用已经发表的作品

国家机关为执行公务不可避免地要合理地使用已经发表的作品。例如，审判机关为审理案件而复印某些期刊论文学习使用。国家机关使用作品必须要以执行公务为目的，如某机关以娱乐为目的公开播放整部电影则不属于合理使用。同时，在合理范围内使用也要求符合合理使用的三个要件，不能扩大适用范围伤害著作权人的利益。

八、图书馆、档案馆、纪念馆、博物馆、美术馆、文化馆等为陈列或者保存版本的需要，复制本馆收藏的作品

图书馆、档案馆等向公众提供借阅或者展览的服务，有助于知识和文化的传播，本种情形是为了满足图书馆等陈列或者保存版本的需要，才能被允许复制馆内收藏的作品，有两个条件：一是为了保存或者陈列版本的需要，《信息网络传播权保护条例》第七条规定了为陈列或者保存版本需要以数字化形式复制的作品，应当是已经损毁或者濒临损毁、丢失或者失窃，或者其存储格式已经过时，并且在市场上无法购买或者只能以明显高于标定的价格购买的作品；二是本馆收藏的作品，复制其他场馆的不适用本种情形。

九、免费表演已经发表的作品，该表演未向公众收取费用，也未向表演者支付报酬，且不以营利为目的

免费表演中表演者不会获得收入，公众也无须支付报酬，这促进了知识和文化的传播，因此，免费表演属于合理使用的范围。免费表演的作品必须是已经发表的作品，且在表演中要注明作者的姓名、作品的名称等。例如，某歌剧团到敬老院免费演出，则不需要经过所表演的歌剧著作权人的许可，也无须支付报酬。

十、对设置或者陈列在公共场所的艺术作品进行临摹、绘画、摄影、录像

设置或者陈列在公共场所的艺术作品具有公益的性质，供社会公众学习欣赏。本种情形规定了对公共场所的艺术作品可以进行临摹、绘画、摄影、录像，与修改前相比，将"室外公共场所"改为"公共场所"，当今艺术展览的形式越来越多样，室内展览也成了不可或缺的一种，所以本次修改顺应了艺术时代的发展需求。另外，对公共场所设置或者陈列艺术作品使用形式只限于临摹、绘画、摄影、录像。例如，游客在某画展的油画前合影留念，不需要经过作者的同意，也无须支付报酬。

十一、将中国公民、法人或者非法人组织已经发表的以国家通用语言文字创作的作品翻译成少数民族语言文字作品在国内出版发行

本项将2010年的著作权法规定的"汉语言文字"修改为"国家通用语言文字"。2001年的《中华人民共和国国家通用语言文字法》第二条规定国家通用语言文字是普通话和规范汉字，"汉语言文字"与"国家通用语言文字"表述不一致将造成歧义，所以本项对其作了修改。我国是多民族国家，为了促进民族融合，推动少数民族科学文化的传播和发展，拓宽少数民族人民接收信息的渠道，本条规定可以将国家通用语言文字创作的作品翻译成少数民族语言文字。但国家通用语言文字的作品必须是中国公民、法人或者非法人组织已经发表的作品，且只能在中国国内出版发行，外国人的国家通用语言文字或者在国外出版发行不适用本条合理使用的规定。

十二、以阅读障碍者能够感知的无障碍方式向其提供已经发表的作品

本项将2010年的著作权法规定的"盲人"修改为"阅读障碍者"，将"盲文"改为"能够感知的无障碍方式"，扩大了被保护群体的范围，细化了作品使用的规则。为了保障阅读障碍群体的利益，帮助他们像普通人一样接触文字和知识，本条规定可以将已经发表的作品通过能感知的无障碍方式向他们提供。

十三、法律、行政法规规定的其他情形

本项是在2010年的著作权法的基础上新增的内容。2010年的著作权法第二十二条仅有十二项具体的合理使用情形，没有兜底性条款。随着经济和科技的发展，社会生活变化快，列举式的条款不能覆盖所有有关著作权的新问题，为了给社会发展和司法实践留有其他符合合理使用情形的判断余地，新增兜底性条款。符合该项规定必须具备以下条件：一是法律、行政法规规定的其他情形；二是符合合理使用的三个构成要件。

表演者、出版者、录音录像制作者、广播电台、电视台的权利也受到上述限制。

应用

相关立法

《伯尔尼保护文学和艺术作品公约》（1971年）

第九条

1.受本公约保护的文学艺术作品的作者，享有授权以任何方式和采取任何形式复制这些作品的专有权利。

2.本同盟成员国法律得允许在某些特殊情况下复制上述作品，只要这种复制不损害作品的正常使用也不致无故侵害作者的合法利益。

3.所有录音或录像均应视为本公约所指的复制。

《最高人民法院关于审理著作权民事纠纷案件适用法律若干问题的解释》（2021年）

第十八条 著作权法第二十二条第（十）项规定〔著作权法修订后第二十四条第（十）项规定〕的室外公共场所的艺术作品，是指设置或者陈列在室外社会公众活动处所的雕塑、绘画、书法等艺术作品。

对前款规定艺术作品的临摹、绘画、摄影、录像人，可以对其成果以合理的方式和范围再行使用，不构成侵权。

《中华人民共和国著作权法实施条例》（2013年）

第二十一条 依照著作权法有关规定，使用可以不经著作权人许可的已经发表的作品的，不得影响该作品的正常使用，也不得不合理地损害著作权人的合法利益。

《信息网络传播权保护条例》（2013年）

第六条 通过信息网络提供他人作品，属于下列情形的，可以不经著作权人许可，不向其支付报酬：

（一）为介绍、评论某一作品或者说明某一问题，在向公众提供的作品中适当引用已经发表的作品；

（二）为报道时事新闻，在向公众提供的作品中不可避免地再现或者引用已经发表的作品；

（三）为学校课堂教学或者科学研究，向少数教学、科研人员提供少量已经发表的作品；

（四）国家机关为执行公务，在合理范围内向公众提供已经发表的作品；

（五）将中国公民、法人或者其他组织已经发表的、以汉语言文字创作的作品翻译成的少数民族语言文字作品，向中国境内少数民族提供；

（六）不以营利为目的，以盲人能够感知的独特方式向盲人提供已经发表的文字作品；

（七）向公众提供在信息网络上已经发表的关于政治、经济问题的时事性文章；

（八）向公众提供在公众集会上发表的讲话。

第七条　图书馆、档案馆、纪念馆、博物馆、美术馆等可以不经著作权人许可，通过信息网络向本馆馆舍内服务对象提供本馆收藏的合法出版的数字作品和依法为陈列或者保存版本的需要以数字化形式复制的作品，不向其支付报酬，但不得直接或者间接获得经济利益。当事人另有约定的除外。

前款规定的为陈列或者保存版本需要以数字化形式复制的作品，应当是已经损毁或者濒临损毁、丢失或者失窃，或者其存储格式已经过时，并且在市场上无法购买或者只能以明显高于标定的价格购买的作品。

第八条　为通过信息网络实施九年制义务教育或者国家教育规划，可以不经著作权人许可，使用其已经发表作品的片断或者短小的文字作品、音乐作品或者单幅的美术作品、摄影作品制作课件，由制作课件或者依法取得课件的远程教育机构通过信息网络向注册学生提供，但应当向著作权人支付报酬。

典型案例

（1）深圳市某科技有限公司与某网络技术有限公司著作权权属、侵权纠纷案

简介：

深圳市某科技有限公司提供在线图文电影解说，以十分钟品味一部好电影为口号，将电影、电视剧制作成图片集，其未经许可提供了某古装电视剧的连续图集，涵盖了主要的画面和情节，原告某网络技术有限公司将其诉至法院，后被告不服一审判决提起上诉。二审法院认为，涉案图片已超过适当引用的必要限度，亦非出于评论性引用的目的，公众可通过浏览图片集快捷地获悉涉案剧集的关键画面、主要情节，已经影响涉案剧集的正常使用，损害权利人的合法权益，不属于合理使用的范围，判决被告自判决生效起七日内向原告赔偿经济损失三万元。[①]

---

① 参见：北京知识产权法院，（2020）京73民终189号判决书。

简评：

本案是全国首例涉及将影视作品制作成图片集方式侵权的案件，明确了影视市场商业化开发和合理使用的边界。

（2）作家毕某与某实验高级中学侵犯著作权纠纷上诉案

简介：

2008年，某实验高级中学在其实际维护管理的网站上未经作家毕某许可即登载其作品，且未署作者姓名。毕某以侵犯著作权纠纷为由向法院提起诉讼，后不服一审判决提起上诉。经二审法院审理，登录该实验高级中学的网站无须用户账号和密码即可浏览、下载毕某作品，系向网络不特定用户提供浏览或者下载服务，已超出合理使用的范围，其在网站中登载毕某作品属于合理使用的答辩理由不能成立。法院判决，被告立即停止侵犯原告著作权的侵权行为，于判决生效之日起三十日内在某报纸上向原告登报道歉，并赔偿其经济损失26000元。①

简评：

本案中，该实验中学虽然是实施课堂教学活动和科学研究的单位，但其将作家毕某的作品刊登在网络上不属于课堂教学的合理使用范围，使用作品需要经过著作权人的许可并支付报酬，从反面证明了为课堂教学或者科学研究，翻译、改编、汇编、播放或者少量复制已经发表的作品，供教学或者科研人员使用构成合理使用，无须取得作者的同意，也无须支付报酬。

第二十五条　法定许可

为实施义务教育和国家教育规划而编写出版教科书，可以不经著作权人

---

① 参见：《毕某与某实验高级中学侵犯著作权纠纷上诉案》，《最高人民法院公报》，2010年第6期。

许可，在教科书中汇编已经发表的作品片段或者短小的文字作品、音乐作品或者单幅的美术作品、摄影作品、图形作品，但应当按照规定向著作权人支付报酬，指明作者姓名或者名称、作品名称，并且不得侵犯著作权人依照本法享有的其他权利。

前款规定适用于对与著作权有关的权利的限制。

解读 📖

本条是关于著作权法定许可的规定。

本次修改将2010年著作权法第二十三条中"除作者事先声明不得使用的外"删除，因为法定许可是对著作权人权利的限制，若根据著作权人的主观意愿不得使用，则会使法定许可制度被架空，公共利益难以得到保障。

法定许可是指在某种特定情况下，法律允许他人可不经著作权人同意使用已发表的作品，但应向著作权人支付报酬，说明作者姓名、作品名称和出处，并不得侵犯著作权人依照著作权法享有的其他权利的制度。

教育是民族振兴、社会进步的基石。党的十八大以来，以习近平同志为核心的党中央高度重视教育事业，坚持把教育摆在优先发展战略地位。本条关于法定许可使用的规定，响应了中国特色社会主义新时代教育改革的进程，旨在平衡著作权保护与公共利益需要，但该规定仅是对著作权的一种适度限制。一方面，体现在使用作者作品仍需要支付相应的报酬，并指明作者的姓名或者名称、作品的名称，且不得损害著作权人的著作人身权和财产权等其他权利；另一方面，还体现在对编写出版的教科书的性质和教科书中所汇编的作品的篇幅也有所限制，对此做如下释义。

一、为实施义务教育和国家教育规划而编写出版的教科书

为实施义务教育和国家教育规划而编写出版的教科书是指为实施义务教育、高中阶段教育、职业教育、高等教育、民族教育、特殊教育，保证基本的教学标准，或者为达到国家对某一领域、某一方面教育教学的要求，根据国务院教育行政部门或者省级人民政府教育行政部门制定的课程方案、专业教学指导方案而编写出版的教科书。

根据《中华人民共和国义务教育法》第三十五条第一款的规定，国务院教育行政部门根据适龄儿童、少年身心发展的状况和实际情况，确定教学制度、教育教学内容和课程设置，改革考试制度，并改进高级中等学校招生办法，推进实施素质教育。国家教育委员会在《全国中小学教材审定委员会工作章程》中规定，教科书的编写必须经中央或省级教育行政部门批准，经学科审查委员会通过，并报送审定委员会批准后，由国家教育委员会列入全国普通中小学教学用书目录。因此，本条规定的义务教育教科书，应当界定为经省级以上教育行政部门批准编写、经国家专门设立的学科审查委员会通过，并报送审定委员会批准后，由国家教育委员会列入全国普通中小学教学用书目录的中小学课堂正式用书。

二、作品片段或者短小的文字作品、音乐作品或者单幅的美术作品、摄影作品、图形作品

"作品片段或者短小的文字作品"是指实施义务教育教科书中使用的单篇不超过2000字的文字作品，或者国家教育规划（不含九年制义务教育）教科书中使用的单篇不超过3000字的文字作品。"短小的音乐作品"是指实施义务教育和国家教育规划教科书中使用的单篇不超过5页面或时长不超过5分钟的单声部音乐作品，或者乘以相应倍数的多声部音乐作品。"单幅的美术作品、摄影作品、图形作品"是指单独一幅美术作品、摄影作品、图形作品。

另外本条的规定同样适用于出版者对其出版的图书和期刊的版式设计享有的权利，表演者对其表演享有的权利，录音录像制作者对其制作的录音录像制品享有的权利，广播电台、电视台对其播放的广播、电视节目享有的权利。

应用

相关立法

《全国中小学教材审定委员会工作章程》（1987年）

《教科书法定许可使用作品支付报酬办法》（2013年）

《中华人民共和国义务教育法》（2018年）

第三十五条　国务院教育行政部门根据适龄儿童、少年身心发展的状况和实际情况，确定教学制度、教育教学内容和课程设置，改革考试制度，并改进高级中等学校招生办法，推进实施素质教育。

学校和教师按照确定的教育教学内容和课程设置开展教育教学活动，保证达到国家规定的基本质量要求。

国家鼓励学校和教师采用启发式教育等教育教学方法，提高教育教学质量。

《中华人民共和国著作权法实施条例》（2013年）

第二十一条　依照著作权法有关规定，使用可以不经著作权人许可的已经发表的作品的，不得影响该作品的正常使用，也不得不合理地损害著作权人的合法利益。

第二十二条　依照著作权法第二十三条（著作权法修订后第二十五条）、第三十三条第二款（著作权法修订后第三十五条第二款）、第四十条第三款（著作权法修订后第四十二条第二款）的规定使用作品的付酬标准，由国务院著作权行政管理部门会同国务院价格主管部门制定、公布。

典型案例

丁某诉某美术出版社侵犯著作权纠纷案

简介：

2002年，某美术出版社在其印刷发行的某美术教材上未经允许使用摄影记者丁某拍摄的摄影作品，且未支付报酬。丁某以侵犯著作权为由向法院提起诉讼。经法院审理，被告出版发行的某美术教材不属于著作权法规定的为实施义务教育和国家教育规划而编写出版的教科书，其在教材中使用原告的摄影作品属于法定许可的答辩理由不能成立。法院判决，被告在今后重印或者再版该教材，应将原告的摄影作品予以删除，在判决生效之日起15日内在某报纸上刊登向原告道歉的声明，并赔偿其经济损失6000元。①

---

① 参见：《丁某诉某美术出版社侵犯著作权纠纷案》，《最高人民法院公报》，2006年第9期。

简评:

本案中某美术教材虽供小学教学使用,但却不属于为实施义务教育和国家教育规划而编写出版教科书,使用作品需要经过著作权人的许可并支付报酬,从反面证明了为编写教科书可以不经过著作权人许可,但需要支付报酬的规定。

第三章　著作权许可使用和转让合同

第二十六条　著作权许可使用合同

使用他人作品应当同著作权人订立许可使用合同，本法规定可以不经许可的除外。

许可使用合同包括下列主要内容：

（一）许可使用的权利种类；

（二）许可使用的权利是专有使用权或者非专有使用权；

（三）许可使用的地域范围、期间；

（四）付酬标准和办法；

（五）违约责任；

（六）双方认为需要约定的其他内容。

解读

本条是关于使用他人作品应遵循的法律原则和著作权许可使用合同的主要内容的规定。

著作权许可使用是著作权利用的主要方式，是非著作权人使用他人作品应遵循的基本原则，也是著作权人实现著作权利益的重要途径。著作权的人身性权利专属于作者享有，作为许可使用的对象一般是著作财产权，少数情况下也包括人身权。

一、使用他人作品应遵循的法律原则和例外情形

使用他人作品应当同著作权人订立许可使用合同，本法规定可以不经许可的除外，这是使用他人作品应遵循的法律原则和例外情形。这里的著作权人区分于修法之前，指作者或其他依照本法享有著作权的自然人、法人或者

255

非法人组织；同著作权人订立许可使用合同，意指需获得著作权人的许可，但不限制获得许可的方式。例如，可以同著作权人订立书面合同，也可以获得著作权人许可使用作品的口头承诺。本法规定可以不经许可从而使用他人作品的情形，体现在本法第二十四条有关"合理使用"和第二十五条、第三十五条第二款、第四十二条、第四十六条第二款有关"法定许可"的规定中。"可以不经许可"并非意味着使用他人作品完全不用承担义务，如在"法定许可"的适用条件下，还需向著作权人支付报酬。此外，著作权法实施条例第二十一条进一步解释了使用可以不经著作权人许可的已经发表的作品，还应尽到不得影响该作品的正常使用，也不得不合理地损害著作权人的合法利益的法定义务。若使用他人作品未经著作权人许可且不符合例外情形，并满足"以营利为目的""违法所得数额较大或者有其他严重情节"等法定要件，则可能触及刑法第二百一十七条侵犯著作权罪。此外，对"未经著作权人许可"的理解，《最高人民法院、最高人民检察院关于办理侵犯知识产权刑事案件具体应用法律若干问题的解释》一文解释如下：没有得到著作权人授权或者伪造、涂改著作权人授权许可文件或者超出授权许可范围的情形。

二、著作权许可使用合同的主要内容

当使用他人作品并与著作权人订立许可使用合同时，不论是口头或书面形式，合同的内容应当涵盖以下六个方面。

（一）权利的种类

实践中，明确著作权许可使用权利的种类有利于避免后续不必要的纠纷，此处权利的种类主要包括著作权法第十条第一款第五项至第十七项的权利，具体实践中，合同双方可以按需约定。

（二）许可使用的权利是专有使用权或者非专有使用权

专有使用权意味着授权期限内，著作权人不得将该作品再授权第三人使用，非专有使用权则可以在授权期限内授权第三人使用该作品。需要注意的是，这里的专有使用权不同于独占许可，后者是指仅被授权人可以使用，著作权人本人不得在许可范围内使用该著作权。许可使用合同的形式并不限于书面，但著作权法第二十七条和著作权法实施条例第二十三条规定了应当订立书面合同的情形，即转让著作财产权的情形及除了报社、期刊社刊登的作品外的其他作品著作权许可他人专有使用的情形。在此提醒著作权人，如果授权他人许可使用的是非专有著作权，一定要在合同中明确约定，因为根据著作权法实施条例第二十四条，合同没有约定或者约定不明是否为专有使用权的，视为授予被许可人独占许可。

（三）许可使用地域及期间

地域范围和期间是固定被许可使用的著作权效力范围的重要因素，当事人可以根据需要在合同中明确约定。

（四）付酬标准和方式

付酬标准指的是付酬标的额，付酬办法主要指付酬的方式方法，本法第三十条对付酬标准作了进一步规定，在此不做展开。

（五）违约责任

违约责任是指合同当事人一方或双方违反了合同约定所应承担的责任。一般情况下，著作权被许可方违约，承担的是向著作权人赔礼道歉、继续向著作权人支付价金或赔偿损失等责任；许可方违约，承担的是返还价金或赔偿损失等责任。违约责任条款中还可以明确约定违约一方是否支付违约金，以及支付赔偿金额或违约金的具体日期和方式等。违约责任是合同中惯常约定的主要条款，此处意在促使当事人履行合同义务，减少双方损失。

（六）其他双方认为需要约定的内容

实践中，双方当事人对于著作权的许可使用要求可能更为复杂，本法对于合同内容作了一个兜底性条款，即双方认为需要约定的其他内容，如争议解决的办法等，来满足合同当事人个性化的需求。

应用 ✔

相关立法

《中华人民共和国著作权法实施条例》（2013年）

第二十一条 依照著作权法有关规定，使用可以不经著作权人许可的已经发表的作品的，不得影响该作品的正常使用，也不得不合理地损害著作权人的合法利益。

第二十三条　使用他人作品应当同著作权人订立许可使用合同，许可使用的权利是专有使用权的，应当采取书面形式，但是报社、期刊社刊登作品除外。

第二十四条　著作权法第二十四条（著作权法修订后第二十六条）规定的专有使用权的内容由合同约定，合同没有约定或者约定不明的，视为被许可人有权排除包括著作权人在内的任何人以同样的方式使用作品；除合同另有约定外，被许可人许可第三人行使同一权利，必须取得著作权人的许可。

《中华人民共和国刑法修正案（十一）》（2021年）

二十、将刑法第二百一十七条修改为："以营利为目的，有下列侵犯著作权或者与著作权有关的权利的情形之一，违法所得数额较大或者有其他严重情节的，处三年以下有期徒刑，并处或者单处罚金；违法所得数额巨大或者有其他特别严重情节的，处三年以上十年以下有期徒刑，并处罚金：

"（一）未经著作权人许可，复制发行、通过信息网络向公众传播其文字作品、音乐、美术、视听作品、计算机软件及法律、行政法规规定的其他作品的；

"（二）出版他人享有专有出版权的图书的；

"（三）未经录音录像制作者许可，复制发行、通过信息网络向公众传播其制作的录音录像的；

"（四）未经表演者许可，复制发行录有其表演的录音录像制品，或者通过信息网络向公众传播其表演的；

"（五）制作、出售假冒他人署名的美术作品的；

"（六）未经著作权人或者与著作权有关的权利人许可，故意避开或者破坏权利人为其作品、录音录像制品等采取的保护著作权或者与著作权有关的权利的技术措施的。"

典型案例

福州某文化传播有限公司、宁乡县某音乐会所
著作权权属、侵权纠纷案

简介：

　　某国际音乐股份有限公司就其享有完整著作权的音乐及音乐电视作品，依法授权原告福州某文化传播有限公司行使相关专有权利。被告宁乡县某音乐会所未经某国际音乐股份有限公司及原告的授权，以营利为目的，擅自在其经营的KTV娱乐场所内以卡拉OK方式向公众放映涉案音乐电视作品，原告向法院提起诉讼，一审法院判决被告停止侵害原告共十首音乐电视作品著作权的行为，并赔偿原告相应的经济损失。被告不服一审判决提起上诉，二审法院确认某国际音乐股份有限公司对十首音乐作品享有著作权，但推翻了福州某文化传播有限公司作为一审原告的主体资格；福州某文化传播有限公司就此申请再审。再审法院根据著作权法第二十四条（著作权法修订后第二十六条）、著作权法实施条例第二十四条等法律依据，维持一审判决，确认福州某文化传播有限公司具有作为一审原告的主体资格。①

简评：

　　本案虽然历经几审，但案件事实并不复杂。对实践的指导意义主要体现在合同中未约定专有许可使用的受让人在权利受到侵害时，具有原告资格。著作权法第二十六条规定了著作财产权许可使用合同内容中应当包含是否为专有许可使用权，著作权法实施条例第二十四条进一步明确了当合同对专有许可没有约定或者约定不明的，视为被许可人享有专有许可权。在专有使用权许可的情形下，被许可人作为作品唯一有权使用人，著作权被侵害时其利益直接受损，与被诉侵权行为有直接利害关系，可以作为原告提起诉讼。

---

① 参见：最高人民法院，（2018）最高法民再417号判决书。

第二十七条　著作权转让合同

转让本法第十条第一款第五项至第十七项规定的权利，应当订立书面合同。

权利转让合同包括下列主要内容：

（一）作品的名称；

（二）转让的权利种类、地域范围；

（三）转让价金；

（四）交付转让价金的日期和方式；

（五）违约责任；

（六）双方认为需要约定的其他内容。

解读 📖

本条是关于转让著作财产权合同应符合的内容及形式的规定。

一、转让著作权仅限于转让财产性权利

著作权转让是指著作权人将著作财产权的部分或全部转移给被转让人的法律行为。著作人身权承载的是作品中体现作者人格和精神的产物，著作人身权不可转让。与著作权许可使用的权利种类一样，著作权的转让仅限于本法规定的十三项著作财产权，但并不意味着著作财产权最多只有十三项权利可以转让，本法规定的著作权内容的第十七项"应当由著作权人享有的其他权利"表明，只要在法律许可的范围内，著作权转让的双方当事人可以根据意思自治按需转让作品的其他财产性权利。

二、转让著作财产权应当订立书面合同

转让意味着权利彻底性转移，为避免仅口头约定带来日后权利纠纷，法律规定原则上著作财产权的转让应当订立书面合同。民法典第四百六十九条第二款、第三款对书面形式作出了规定："书面形式是合同书、信件、电报、电传、传真等可以有形地表现所载内容的形式。以电子数据交换、电子邮件等方式能够有形地表现所载内容，并可以随时调取查用的数据电文，视为书面形式。"因此，著作财产权转让合同形式多样，不限于纸质载体，这给实践中签订著作权转让合同带来了方便。

三、著作财产权转让合同应涵盖的主要内容

与著作权许可使用合同的内容相比，著作财产权受让人对所转让的著作权享有权利保护期内的专有权，因此转让合同中不必再约定著作财产权的专有性和转让期限。根据本条第二款规定，著作财产权转让合同应涵盖以下主要内容。

（一）作品的名称

著作权法规定的作品是指"文学、艺术和科学领域内具有独创性并能以一定形式表现的智力成果"。作品的名称，即能够通过描述词固定到该作品的称谓。著作权转让合同如果未能明确约定作品名称，则可能产生歧义，造成所转让的作品的指代不明，或令合同当事人双方出现误解，最终导致合同无法履行。因此，明确约定作品名称是转让著作财产权的基础。

（二）转让的权利种类、地域范围

著作权转让合同中需要明确的是十三项权利中的哪一项或哪几项，一般转让的权利种类越多，对应的价金就越高。另外由于著作权具有地域性，因此约定权利转让的地域范围有利于受让人明确权利行使的区域。

（三）转让价金

转让价金是权利受让人获得著作财产权所应支付的对价，也是体现著作权财产属性的直接方式。不同的作品价值含量有所不同，合同双方的主观意向也会影响作品的价值，因此著作权转让价金并不固定，但一般与转让权利的数量成正相关。

（四）交付转让价金的日期和方式

转让价金的交付意味着权利受让人义务的履行，明确价金交付的日期和方式也是履行著作权转让合同的基本要求。实践中，金钱交付的方式繁多，如时间方面的一次性支付、分期支付、预付或权利转让后再支付，以及价金形式上的现金、支票、汇票等，都是可供双方当事人协商后选择的对象。

（五）违约责任

违约责任是指合同当事人一方或双方违反了合同约定所应承担的责任。一般情况下，权利受让人违约，承担的是向著作权人赔礼道歉、继续向著作权人支付转让价金或赔偿损失等；著作权人违约，承担的是返还转让价金或赔偿损失等。违约责任条款中还可以明确约定违约一方是否支付违约金，以及支付赔偿金额或违约金的具体日期和方式等。违约责任是合同中惯常约定的主要条款，此处意在促使当事人履行合同义务，减少双方损失。

（六）双方认为需要约定的其他内容

实践中，双方当事人对于著作权的转让要求可能更为复杂，本法对于合同内容作了一个兜底性条款，即双方认为需要约定的其他内容，来满足合同当事人个性化的需求。

应用

相关立法

《中华人民共和国著作权法实施条例》（2013年）

第二十五条　与著作权人订立专有许可使用合同、转让合同的，可以向著作权行政管理部门备案。

《伯尔尼保护文学和艺术作品公约》（1971年）

第六条之二

1.不受作者经济权利的影响，甚至在上述经济权利转让之后，作者仍保有要求其作品作者身份的权利，并有权反对对其作品的任何有损其声誉的歪曲、割裂或其他更改，或其他损害行为。

2.根据以上第1款给予作者的权利，在其死后应至少保留到作者经济权利期满为止，并由被要求给予保护的国家本国法所授权的人或机构行使之。但在批准或加入本公约文本时其法律中未包括有保证在作者死后保护以上第一款承认的全部权利的各国，有权规定对这些权利中某些权利在作者死后不予保留。

3.为保障本条所承认的权利而采取的补救方法由被要求给予保护的国家

的法律规定。

典型案例

某影视文化工作室与上海某影视文化公司著作权转让合同纠纷案

简介：

　　2014年，原告某影视文化工作室与被告上海某影视公司、某影视文化（上海）有限公司、北京某文化传媒有限公司四方签订《电视剧播出权转让合同》（以下简称"转让合同"），原告、某影视文化（上海）有限公司、北京某文化传媒有限公司三方将该剧的全部播出权及发行权独家转让给被告。次年，原告与被告签订补充协议。被告确认原告已经于去年根据转让合同完全履行了义务；确认被告已支付第一阶段、第二阶段、第三阶段的转让费，尚有第四阶段、第五阶段转让费未支付。被告承诺在2016年3月1日前、2016年8月1日前支付剩余转让费，若违约则向原告承担应付费用的20%作为违约金。补充协议签署后，被告未按约定支付剩余转让费，原告起诉至法院，一审法院最终判定被告迟延付款构成违约，应承担继续履行、支付违约金的法律责任。①

简评：

　　实践中，著作财产权的转让往往涉及转让价金的纠纷，该纠纷的处理不仅涉及合同的效力、违约方的实质违约行为的认定，还需注意合同中约定的违约金是否超过法定利率标准。本案中的补充协议系双方当事人真实意思表示，内容不违反国家法律、行政法规的强制性规定，是合法成立并发生法律效力的合同，对当事人具有法律拘束力，双方应按合同协议约定履行相应的义务。被告逾期未支付转让费的行为，已构成违约，应承担继续履行、赔偿损失的违约责任。双方合同明确约定了在逾期未付款的情况下，违约方承担应

---

① 参见：北京市朝阳区人民法院，（2016）京0105民初67190号判决书。

付费用的20%作为违约金。参照银行同期贷款利率及《最高人民法院关于审理民间借贷案件适用法律若干问题的规定》中法院应予支持的利率标准，上述违约金标准并不属于民法典第五百八十五条规定的"违约金过分高于造成的损失"的情形，因此合同履行得以支持。

第二十八条 著作权质押

以著作权中的财产权出质的，由出质人和质权人依法办理出质登记。

解读 📖

本条是关于著作权出质登记的规定。

一、著作财产权中可以出质的权利是著作财产权

著作权中的财产权可以出质，即为担保债务的履行，债务人或者第三人将其可转让的著作权财产权利出质给债权人占有的，当债务人不履行到期债务或者发生当事人约定的实现质权的情形，债权人有权就该权利优先受偿。2021年的著作权法将本条"以著作权出质"的表述修改为"以著作权中的财产权出质"，即明确了著作权质权的标的是著作财产权。

二、著作财产权出质应办理出质登记

关于著作权出质，1991年的著作权法和2001年的著作权法均未对此进行规定，2010年的著作权法中新增了著作权出质的内容。此外，1996年9月23日，国家版权局颁布施行的《著作权质押合同登记办法》对著作权的质押合同登记进行了规定，该办法后被自2011年1月1日起施行的《著作权质权登记办法》所取代，后者进一步完善了著作权质权登记的相关内容。上述有关著作权出质的法条均规定著作权出质需要办理出质登记。这是因为对于著作财产权这种权利质权而言，法律规定需要办理登记，质权才能设定。民法典第四百四十四条规定，以著作权中的财产权出质的，质权自办理出质登记时设立。本条规定是对民法典中相应规定的体现和细化。

三、著作权办理出质登记遵循"依法"原则

2010年的著作权法规定，著作权出质由出质人和质权人向国务院著作权行政管理部门办理登记。此处国务院著作权行政管理部门即指国家版权局。修法之后法条不再明示办理著作权出质登记的部门，而以出质登记的原则"依法"取而代之，即依照法律法规相关规定办理出质登记。2010年通过的《著作权质权登记办法》是现行有效对著作权出质进行专门规定的部门规章，本条中的"依法"主要参考该规章的具体规定，此处不做展开。

应用

相关立法

《中华人民共和国民法典》（2021年）

第四百四十四条　以注册商标专用权、专利权、著作权等知识产权中的财产权出质的，质权自办理出质登记时设立。

知识产权中的财产权出质后，出质人不得转让或者许可他人使用，但是出质人与质权人协商同意的除外。出质人转让或者许可他人使用出质的知识产权中的财产权所得的价款，应当向质权人提前清偿债务或者提存。

《著作权质权登记办法》（2011年）

第二十九条　未许可、转让的权利

许可使用合同和转让合同中著作权人未明确许可、转让的权利，未经著作权人同意，另一方当事人不得行使。

解读

本条是关于著作权许可使用、转让合同中未明确约定的权利归属的规定。

本条规定在此次修法中并未作改动，其含义是指许可使用、转让合同受让方仅能行使著作权人明确许可、转让的权利。虽然著作财产权也是私权利，但与私权利中的"法无禁止即可为"的原则不同，对于许可使用、转让合同中未明确约定的权利，受让方必须同样获得著作权人的使用许可或转让许可

才能进行利用。这是因为著作权的许可使用和转让直接关乎著作财产权的实现，实践中，往往授权许可使用或受让的著作财产权权利内容越多，相应的支付价金也会越高，如果法律未对著作权许可使用、转让合同中非明确许可、转让的权利进行权利归属的明确，可能会导致受让一方滥用著作财产权，从而减损著作权人的利益。因此，除法定例外情形，他人未经许可以受著作权人控制的行为利用作品构成侵权，应当根据具体情况，承担停止侵害、消除影响、赔礼道歉、赔偿损失等民事责任；侵权行为同时损害公共利益或构成犯罪的，还应当承担行政责任或刑事责任。对于著作权许可使用、转让合同中未进行明确约定的权利，行使的前提是需获得著作权人的同意。

应用

相关立法

《中华人民共和国著作权法实施条例》（2013 年）

第二十四条　著作权法第二十四条（著作权法修订后第二十六条）规定的专有使用权的内容由合同约定，合同没有约定或者约定不明的，视为被许可人有权排除包括著作权人在内的任何人以同样的方式使用作品；除合同另有约定外，被许可人许可第三人行使同一权利，必须取得著作权人的许可。

典型案例

某会社与北京某大学出版社著作权合同纠纷案

简介：

2003 年，覃某和王某作为涉案作品的著作权人，将该作品在全球范围内的著作财产权全部转让给沈阳某公司，合同的有效期限为20 年，自 2004 年 5 月 20 日起至 2023 年 5 月 19 日。同年，被告北京某大学出版社与沈阳某公司签署了协议书，约定被告对涉案作品享有5 年专有出版权，但未约定被告就涉案作品享有转授权等其他权利。同年，被告与原告某会社签署该作品的《版权许可使用合同》进行转授权。后原告对该作品进行整理加工后翻译成韩语，并在韩国销售。2007年，沈阳某公司针对原告销售该作品向韩国法院提起诉讼并获得损害赔偿金。原告向法院提起诉讼，法院经审理认定，被告并未从涉案作品著作权人处获得翻译、出版该作品的授权，更无权将上述权利进行转授权，但在授权合同中保证其拥有相关合法权利，致使原告前述翻译、出版行为侵犯了著作权人的相关权利，并因此向著作权人作出了赔偿，造成了实际损失。因此被告构成违约，判决其向原告赔偿经济损失。[①]

简评：

著作权法第二十九条规定，许可使用合同和转让合同中著作权人未明确许可、转让的权利，未经著作权人同意，另一方当事人不得行使。本条意在规范著作权许可使用和转让行为以保护著作权人合法权益，并未明确规定无权或越权签订著作权合同即应无效，亦不存在若使合同继续有效将损害国家利益和社会公共利益的情况。因此，该条规定应为管理性规定，而非效力性强制性规定。若受让方将未明确许可的权利进行转授权，则不能以转授权合同无效为理由进行抗辩。

第三十条　使用作品付酬标准

使用作品的付酬标准可以由当事人约定，也可以按照国家著作权主管部门会同有关部门制定的付酬标准支付报酬。当事人约定不明确的，按照国家著作权主管部门会同有关部门制定的付酬标准支付报酬。

解读 📖

本条是关于使用他人作品付酬标准的规定。

一、作者对许可他人使用的作品有权获得报酬

作品中凝结了作者创作作品所付出的心血和创造性劳动，自1991年的著

---

① 参见：北京市第三中级人民法院，（2014）三中民初字第04463号判决书。

作权法出台至今，法律一直明确强调作者有权获得报酬。1991年的著作权法把所有的财产权统称为"使用权和获得报酬权"。2001年的著作权法根据使用的具体方式，把一项"使用权"拆分成十三项，并将许可和转让分别作为单独的两款，使"获得报酬"成为"许可权"和"转让权"的一项内容。2010年的著作权法和2021年的著作权法也延续了这一规定，主要体现在第十条第二款、第三款，著作权人可以"许可他人行使"，也可以"全部或部分转让"著作权法规定的十三项财产性权利，并依照约定或者本法有关规定获得报酬。但该规定并不意味着著作权人享有单独的获得报酬权，因为著作权的许可和转让意味着权利人与受让人之间有合意，权利人也可以允许受让人无偿使用。而在法定许可的情况下，他人未经著作权人许可使用了权利人的作品，权利人不能请求停止侵权，只能请求给予报酬，由于当事人之间缺乏合意，报酬的数额和支付方式不可能通过合同约定来确定，此时权利人才享有"单独"的报酬请求权。

二、使用作品的付酬标准可以按照约定或法定，约定不明时按照法定标准

1991年的著作权法开始规定了使用作品的付酬标准，但规定较现在有所不同："使用作品的付酬标准由国务院著作权行政管理部门会同有关部门制定。合同另有约定的，也可以按照合同支付报酬。"即当时的付酬标准顺序为法定在先，约定在后。2001年的著作权法将付酬标准的文字顺序调整为约定在前，法定在后。虽然"可以按照""也可以按照"的连接词能够表明约定和法定付酬标准的并列关系，但文字顺序的调整细节体现出著作权法为私法，在付酬标准上充分尊重合同双方当事人意思自治的原则。为避免双方当事人在合同中未进行付酬标准的约定从而引起后续纠纷，本法明确在付酬标准约定不明时，依照法定标准进行付酬。

使用作品的约定付酬标准指的是法条中的"当事人约定"，法定付酬标准指的是"国家著作权主管部门会同有关部门制定"的标准。本次修法将原使用他人作品法定付酬标准的制定主体"国务院著作权行政管理部门"修改为"国家著作权主管部门"，此处的改动主要是为本法前后文表述统一而进行的文字性的改动，上述两个机构同样指代的是国家版权局，有关部门指的是与著作权管理较为密切的部门，如价格管理部门等，并无实质上的变化。

应用 ✔

相关立法

《广播电台电视台播放录音制品支付报酬暂行办法》（2011年）

《使用文字作品支付报酬办法》（2014年）

《中华人民共和国著作权法实施条例》（2013年）

第二十二条 依照著作权法第二十三条（著作权法修订后第二十五条）、第三十三条第二款（著作权法修订后第三十五条第二款）、第四十条第三款（著作权法修订后第四十二条第二款）的规定使用作品的付酬标准，由国务院著作权行政管理部门会同国务院价格主管部门制定、公布。

《教科书法定许可使用作品支付报酬办法》（2013年）

《国家版权局关于出版美术作品适用版税问题的意见》（2003年）

《国家版权局关于复制发行境外录音制品向著作权人付酬有关问题的通知》（2000年）

《国家版权局关于〈录音法定许可付酬标准暂行规定〉的补充通知》（1994年）

《录音法定许可付酬标准暂行规定》（1993年）

《书籍稿酬暂行规定》（1990年）

《广播电影电视部关于科学教育影片各类稿酬的暂行规定》（1990年）

第三十一条 禁止侵犯作者权利

出版者、表演者、录音录像制作者、广播电台、电视台等依照本法有关规定使用他人作品的，不得侵犯作者的署名权、修改权、保护作品完整权和获得报酬的权利。

解读 📖

本条是关于邻接权人使用他人作品时不得侵犯作者著作人身权和财产权的规定。

一、著作权法中邻接权人的概念

邻接权是指不构成作品的特定文化产品的创造者对该文化产品所享有的专有权利。[①]在我国著作权法语境中，邻接权主要指出版者对其版式设计、表演者对其表演活动、录音录像制作者对其制作的录音录像、广播组织对其播出的广播信号所享有的专有权利。本条所列举的出版者、表演者、录音录像制作者、广播电台、电视台均属于邻接权人，意在强调邻接权人使用他人作品时应履行的义务。

二、邻接权人使用他人作品必须依法进行

出版者、表演者、录音录像制作者、广播电台、电视台等是作品的传播主体，传播也是使用作品的一种方式，上述邻接权人传播作品，必须依照本法规定的方式进行。本法中，使用他人作品需经著作权人许可是原则性规定，如通过签订著作权许可使用合同或者著作权转让合同取得使用权。除此之外，法律还规定了无须许可和法律授予许可的情形，即通过合理使用和法定许可方式使用他人作品。总之，不论是否需要获取著作权人的许可，邻接权人使用他人作品必须依法进行。

三、邻接权人使用他人作品不得侵犯作者著作人身权和财产权

使用他人作品，仅限于对他人作品中十三项著作财产权的使用。著作人身权中发表权是一次用尽的权利，除了发表权，著作权人一直保留"署名权、修改权、保护作品完整权"，即出版者、表演者、录音录像制作者、广播电台、电视台等在使用他人作品时，需尊重作者的著作人身权，不得更改作者署名，不得歪曲、篡改作品内容，不得侵犯作者著作人身权。此外，作者对许可使用或转让著作财产权以及法定许可情形有权获得报酬，邻接权人在使用他人作品时不得侵犯作者依法享有的获得报酬权。

应用 ✔

相关立法

《伯尔尼保护文学和艺术作品公约》（1971年）

---

① 王迁.知识产权法教程［M］.第五版.北京：中国人民大学出版社，2016：197.

第六条之二

1.不受作者经济权利的影响，甚至在上述经济权利转让之后，作者仍保有要求其作品作者身份的权利，并有权反对对其作品的任何有损其声誉的歪曲、割裂或其他更改，或其他损害行为。

2.根据以上第1款给予作者的权利，在其死后应至少保留到作者经济权利期满为止，并由被要求给予保护的国家本国法所授权的人或机构行使之。但在批准或加入本公约文本时其法律中未包括有保证在作者死后保护以上第一款承认的全部权利的各国，有权规定对这些权利中某些权利在作者死后不予保留。

3.为保障本条所承认的权利而采取的补救方法由被要求给予保护的国家的法律规定。

《中华人民共和国著作权法实施条例》（2013年）第十条、第十九条、第二十一条、第二十七条

《中华人民共和国反不正当竞争法》（2019年）

第二条 经营者在生产经营活动中，应当遵循自愿、平等、公平、诚信的原则，遵守法律和商业道德。

本法所称的不正当竞争行为，是指经营者在生产经营活动中，违反本法规定，扰乱市场竞争秩序，损害其他经营者或者消费者的合法权益的行为。

本法所称的经营者，是指从事商品生产、经营或者提供服务（以下所称商品包括服务）的自然人、法人和非法人组织。

典型案例
湖南王某文诉河北王某文等侵犯著作权、不正当竞争纠纷案

简介：

原告湖南王某文是国家一级作家，作品A在全国范围内享有较高知名度。被告河北王某文原名王某山，后改名为王某文，并以王某文之名，出版图书B，图书B由被告某出版社出版，被告北京某文化传播有限公司负责发行。北京某文化传播有限公司给书商配发的

该书大幅广告宣传彩页上，以黑色字体标注着"王某文最新长篇小说""A之后看B""某出版社隆重推出""风行全国的第一畅销小说"等内容。被告叶某进货后出售该书。在B书出版前，河北王某文未发表过任何文字作品，且B书名与A书名近似。湖南王某文认为三被告制作、出售了王某山这一假冒自己署名的作品，严重侵犯本人的著作权，且对本人构成不正当竞争，遂向法院提起诉讼。法院经审理后认为，B书的作者署名"王某文"，其来有据，是正当行使著作权中的署名权，不侵犯湖南王某文的著作权。被告北京某文化传播有限公司、某出版社根据与河北王某文签订的协议，在手续合法、齐全的情况下出版、发行B书，亦不侵犯湖南王某文的著作权。但上述主体同在一个文化市场中活动，均在以自己的行为来分享文化市场中产生的经济利益，因此各方之间存在着竞争关系，均属于反不正当竞争法调整的市场主体。而河北王某文等人的行为主观上对误导消费者具有过错，河北王某文、北京某文化传播有限公司、某出版社的行为均违反了诚实信用原则，构成对湖南王某文的不正当竞争。[①]

简评：

作家通过出售作品的出版发行权，从文化市场中获得自己的经济利益，是对自己的作品进行经营。根据反不正当竞争法第二条第三款的规定，作家属于文化市场中的商品经营者。知名作家在自己作品上的署名，具有商品标识作用。为推销自己的作品，采取借鉴、仿冒、攀附或淡化等手段，利用知名作家署名所具有的商品标识作用来误导消费者，属于反不正当竞争法第二条第二款规定的不正当竞争行为。

---

① 参见:《湖南王某文诉河北王某文等侵犯著作权、不正当竞争纠纷案》,《最高人民法院公报》, 2005年第10期。

第四章　与著作权有关的权利

第一节　图书、报刊的出版

第三十二条　出版合同

图书出版者出版图书应当和著作权人订立出版合同，并支付报酬。

解读 📖

本条是关于图书出版方对著作权人的义务的规定。

本条开始，进入著作权法第四章"与著作权有关的权利"，本章共四节十七条，是对邻接权的规定。著作权法对第四章的标题进行了修改，由原来的"出版、表演、录音录像、播放"改为"与著作权有关的权利"。改动后扩大了表述范围，"与著作权有关的权利"即指邻接权，总括性地包含了原著作权法中列举的四个方面。

一、图书出版者与著作权人应就图书出版订立合同

对本法中的规定图书，《出版管理条例》作了如下定义：书籍、地图、年画、图片、画册，含有文字、图画内容的年历、月历、日历，以及由新闻出版总署认定的其他内容载体形式。而图书出版单位，则是依照国家有关法规设立，经新闻出版总署批准并履行登记注册手续的图书出版法人实体。上述的"新闻出版总署"经过机构改革，现指国家版权局。本法规定，著作权人出版图书，其实是行使复制权和发行权的过程。图书出版者应与其订立出版合同。多数外国著作权法对出版合同单独设定章节进行规定，如《日本著作权法》《法国知识产权法典》《德国著作权法》等。

二、图书出版者应当向著作权人支付报酬

著作权人出版图书，相当于将著作财产权中的复制权和发行权许可给图书出版者，著作权人为作品付出了创造性的智力劳动，获取相应的报酬是对著作权人智力活动的一种补偿，也是保障和激励著作权人，促使著作权人创作出更多更好的作品的一种措施。一般情况下，图书出版大多涉及文字作品的出版，相应的支付标准和付酬方式以2014年的《使用文字作品支付报酬办法》的规定为参考。

应用 ✔

相关立法

《中华人民共和国著作权法实施条例》（2013年）

第二十六条　著作权法和本条例所称与著作权有关的权益，是指出版者对其出版的图书和期刊的版式设计享有的权利，表演者对其表演享有的权利，录音录像制作者对其制作的录音录像制品享有的权利，广播电台、电视台对其播放的广播、电视节目享有的权利。

《使用文字作品支付报酬办法》（2014年）

《中华人民共和国民法典》（2021年）

第四百六十九条　当事人订立合同，可以采用书面形式、口头形式或者其他形式。

书面形式是合同书、信件、电报、电传、传真等可以有形地表现所载内容的形式。

以电子数据交换、电子邮件等方式能够有形地表现所载内容，并可以随时调取查用的数据电文，视为书面形式。

第四百七十条　合同的内容由当事人约定，一般包括下列条款：

（一）当事人的姓名或者名称和住所；

（二）标的；

（三）数量；

（四）质量；

（五）价款或者报酬；

（六）履行期限、地点和方式；

（七）违约责任；

（八）解决争议的方法。

当事人可以参照各类合同的示范文本订立合同。

典型案例
某书画出版社与吴思某等侵犯著作财产权纠纷上诉案

简介：

原告吴思某是中国著名书法家吴某合法继承人之一，被告某书画出版社仅经吴某另一继承人吴述某委托其子吴元某，授权出版了《吴某书画集》。原告认为被告非法出版吴某作品，侵犯了各继承人合法权益，遂起诉至法院。一审法院经过审理，认定吴某作品原件财产及相关著作财产权现为包括吴思某、吴述某在内的所有继承人共有。吴述某委托其子吴元某与被告签订出版合同时，吴元某并不享有吴某作品的任何权利，亦未获得吴某作品著作权继承人的一致授权，因此无权对外签订版权许可合同。被告不服一审判决提起上诉，二审法院经过审理认为，现有证据不能证明被告出版《吴某书画集》已取得合法授权，被告关于其出版行为"得到合法授权，故不构成侵权"的上诉理由不能成立，涉案《吴某书画集》的出版合同依法应认定为无效。[①]

简评：

著作权法第三十二条规定："图书出版者出版图书应当和著作权人订立出版合同，并支付报酬。"出版社在未与其他共有人进行协商并取得相应授权的情况下，仅与著作权的共有人之一签订出版合同的，其在签订合同时对作品的授权许可没有尽到合理的审查义务，

---

① 参见：江苏省高级人民法院，（2009）苏民三终字第0101号判决书。

主观上存在过错，不能认定为善意取得，因此，该出版合同依法应认定为无效。

第三十三条　专有出版权

图书出版者对著作权人交付出版的作品，按照合同约定享有的专有出版权受法律保护，他人不得出版该作品。

解读 📖

本条是关于图书出版者的专有出版权的规定。

一、专有出版权的含义

专有出版权是出版者在合同约定期间内享有排除包括著作权人在内的一切人再次出版该作品的权利。专有出版权可视为图书出版者的权利，是一种著作邻接权。

二、专有出版权由合同约定

专有出版权来自著作权人的授权，并非法律赋予图书出版者。此外，著作权法实施条例第二十三条规定了专有使用合同的形式："使用他人作品应当同著作权人订立许可使用合同，许可使用的权利是专有使用权的，应当采取书面形式，但是报社、期刊社刊登作品除外。"图书出版不属于报社、期刊社刊登作品，因此其专有使用合同应当签订书面合同。

三、出版合同中需对专有出版权明确约定使用限制

专有出版权具有排他性，主要体现在著作权人在授权某一出版社出版作品后，不得再次授权其他出版社在相同的时间内出版该作品；图书出版者虽然享有了专有出版权，但并不意味着没有其他义务，同样地，图书出版者在此期间只能自己享有该权利，不得将该出版权转授权。因此，图书出版者享有的专有出版权，应通过合同明确约定其使用限制。第一，时间限制，即应当明确著作权人许可给图书出版商专有使用权的年限。著作权几次修订过程中曾规定图书出版者享有专有出版权，以及专有出版权不得超过十年，期满可以续订。但是，出于尊重合同双方意思自治的原则，自2001年的著作权法修改后删除了该规定。第二，地域限制，即专有出版权有效的地域范围。第三，涉及版本限制，如不同语言版本的作品可以同时授予不同的图书出版者专有出版权。第四，图书出版者行使专有出版权不得侵犯作者的署名权、修改权、保护作品完整权和获得报酬的权利。

应用 ✔

相关立法

《中华人民共和国著作权法实施条例》（2013年）

第二十五条　与著作权人订立专有许可使用合同、转让合同的，可以向著作权行政管理部门备案。

第二十八条　图书出版合同中约定图书出版者享有专有出版权但没有明确其具体内容的，视为图书出版者享有在合同有效期限内和在合同约定的地域范围内以同种文字的原版、修订版出版图书的专有权利。

第三十四条　作品的交付及重印、再版

著作权人应当按照合同约定期限交付作品。图书出版者应当按照合同约定的出版质量、期限出版图书。

图书出版者不按照合同约定期限出版，应当依照本法第六十一条的规定承担民事责任。

图书出版者重印、再版作品的，应当通知著作权人，并支付报酬。图书脱销后，图书出版者拒绝重印、再版的，著作权人有权终止合同。

解读 📖

本条是对出版作品的相关当事人交付、出版、重印、再版义务及违约责任的规定。

一、作品出版双方按照合同约定履行交付、出版义务

著作权人与图书出版者达成合意签订图书出版合同，意味着双方应当按照合同约定的方式履行义务。对于著作权人而言，履行的义务主要包括到达

约定的期限时，将作品按照符合合同约定的进度、状态、交付方式等交付给图书出版者。对于图书出版者来说，应当在作者交付作品后，按照合同约定的质量、出版期限和惯例进行出版。

二、图书出版者未按合同约定期限出版作品需承担民事责任

图书出版者未按合同约定期限出版作品时，属于违约，应当按照本法第六十一条的规定承担民事责任。本法第六十一条是此次修法新增加的内容，它对于当事人因不履行合同义务或者履行合同义务不符合约定而承担民事责任的规定较为笼统，即"适用有关法律的规定"。一般情况下，按照民法典中关于违约责任等规定承担民事责任。

三、重印、再版图书可不经过著作权人许可，但应向其支付报酬

图书重印是指将以出版物的形式发表的作品不作任何改变而重新印刷；而再版又称重版，即利用原有的纸型、图版或底片再次印刷。再版时，著作权人和图书出版者均可以改变版本种类。图书需要重印、再版时，图书出版者应当通知著作权人，并支付报酬。此处的通知并不代表获得著作权人的许可，因为重印、再版的图书一定已经获得过著作权人的许可，一般情况下，没有理由再次出版时著作权人会拒绝许可。

四、图书出版者拒绝重印、再版脱销图书，著作权人可终止合同

图书脱销是指著作权人寄给图书出版者的两份订单在6个月内未能得到履行的情况。图书脱销是图书出版者的原因造成的违约，并且不能满足著作权人重印、再版图书的根本目的，因此在这种状态下，著作权人有权终止合同。

应用 ✔

相关立法

《中华人民共和国著作权法实施条例》（2013年）

第二十九条 著作权人寄给图书出版者的两份订单在6个月内未能得到履行，视为著作权法第三十二条（著作权法修订后第三十四条）所称图书脱销。

典型案例

上海某出版社有限公司等与顾某著作权权属、侵权纠纷二审案

简介：

1991年，原告顾某与被告上海某出版社有限公司就涉案作品签订《图书出版合同》，本稿的专有出版权在10年内自愿授予出版者。1999年，双方再次签订《图书出版合同》，约定原告作为著作权人授予被告以图书形式出版涉案图书中文本的专有使用权，并于补充条款中约定译者委托出版者授权有关专家对译稿进行校订，校订者应署名。2013年4月，被告重印涉案作品。原告认为其超期重印，向法院提起诉讼，后被告不服一审判决提起上诉，经过二审法院审理，最终认定维持一审判决，判决被告侵犯原告顾某对涉案图书享有的复制权、发行权和获得报酬权，应承担相应的侵权责任。[①]

简评：

本案强调了即使出版社曾与著作权人签有出版合同，但重印涉案图书超出了合同约定的专有使用期限，且合同到期后双方未续签的状态下，出版社的行为侵犯了著作权人的复制、发行权及获得报酬权。无论出版社超过授权期限重印图书是否出于过失，均不影响其侵权行为性质的认定。因此，出版社重印图书应当关注图书出版合同是否已过授权期限，如果超期应当获得著作权人的重新授权，否则不具有合法性，应承担相应的侵权责任。

第三十五条 投稿和转载

著作权人向报社、期刊社投稿的，自稿件发出之日起十五日内未收到报社通知决定刊登的，或者自稿件发出之日起三十日内未收到期刊社通知决定刊登的，可以将同一作品向其他报社、期刊社投稿。双方另有约定的除外。

[①] 参见：北京知识产权法院，（2016）京73民终1083号判决书。

作品刊登后，除著作权人声明不得转载、摘编的外，其他报刊可以转载或者作为文摘、资料刊登，但应当按照规定向著作权人支付报酬。

解读 📖

本条是关于著作权人将同一作品向其他报社、期刊社投稿，以及作品刊登后转载、摘编作品的规定。

一、期刊的范围

本法涉及的期刊指固有名称，定期或不定期编号印行的成册的连续出版物，如月刊、季刊、半年刊、不定期刊等。因此，著作权法语境下的期刊社是满足一定条件的接收刊登作品的单位，实践中，本条的适用应事先判断所投稿的期刊社是否属于本法规定的期刊社。

二、同一作品分别向不同报社、期刊社投稿的等待时间不同

报社、期刊社往往要接收大量稿件，但其人力、物力等资源的局限性限制了大量稿件快速回复的时效性。在实践中，报社和期刊社可能不能及时对收到的稿件进行快速的反馈，但如果反馈时间过于漫长，又可能会延误作者时间和发表机会，因此，著作权法为了平衡这一矛盾，赞成一稿多投，但为了避免一稿同时采用等情况，著作权法规定除非双方另有约定，自稿件发出之日起十五日内未收到报社通知决定刊登的，或者自稿件发出之日起三十日内未收到期刊社通知决定刊登的，可以将同一作品向其他报社、期刊社投稿。此处著作权人等待报社的时间更短，因为报刊较之期刊而言，具有更强的时效性，因此法律规定的等待时间相应更短。

三、转载、摘编已刊登作品的规定

转载是指原封不动或稍有改动后刊登已经在其他报刊上发表过的作品；摘编是指对作品原文主要内容的摘录、缩写。摘编不是简单的罗列大纲，而应当能够反映作品全文主旨。本条第二款是关于报刊转载或摘编的法定许可的规定。根据本款规定，作品刊登后除了著作权人声明不得转载、摘编的外，其他报刊可以转载或者作为文摘、资料刊登，但应当向著作权人支付报酬。该法定许可应当满足其他报刊转载、摘编的作品是报刊上发表的作品，而不

能是期刊、图书上的作品；另外也并非转载、摘编所有发表在报刊上的作品都不必获得其著作权人的许可，因为著作权人有权声明不得转载、摘编。关于报刊转载、摘编的付酬标准，参考《报刊转载、摘编法定许可付酬标准暂行规定》履行。

应用

相关立法

《中华人民共和国著作权法实施条例》（2013 年）

第二十二条　依照著作权法第二十三条（著作权法修订后第二十五条）、第三十三条第二款（著作权法修订后第三十五条第二款）、第四十条第三款（著作权法修订后第四十二条第二款）的规定使用作品的付酬标准，由国务院著作权行政管理部门会同国务院价格主管部门制定、公布。

第三十条　著作权人依照著作权法第三十三条第二款（著作权法修订后第三十五条第二款）声明不得转载、摘编其作品的，应当在报纸、期刊刊登该作品时附带声明。

《著作权集体管理条例》（2013 年）

第二十五条　除著作权法第二十三条（著作权法修订后第二十五条）、第三十三条第二款（著作权法修订后第三十五条第二款）、第四十条第三款（著作权法修订后第四十二条第二款）、第四十三条第二款（著作权法修订后第四十六条第二款）和第四十四条（著作权法修订后已删除）规定应当支付的使用费外，著作权集体管理组织应当根据国务院著作权管理部门公告的使用费收取标准，与使用者约定收取使用费的具体数额。

《最高人民法院关于审理著作权民事纠纷案件适用法律若干问题的解释》（2021 年）

第十七条　著作权法第三十三条第二款（著作权法修订后第三十五条第二款）规定的转载，是指报纸、期刊登载其他报刊已发表作品的行为。转载未注明被转载作品的作者和最初登载的报刊出处的，应当承担消除影响、赔礼道歉等民事责任。

《关于规范网络转载版权秩序的通知》（2015年）

二、报刊单位之间相互转载已经刊登的作品，适用《著作权法》第三十三条第二款（著作权法修订后第三十五条第二款）的规定，即作品刊登后，除著作权人声明不得转载、摘编的外，其他报刊可以转载或者作为文摘、资料刊登，但应当按照规定向著作权人支付报酬。

典型案例

上海某实业有限公司与高某著作权权属、侵权纠纷二审案

简介：

原告高某系涉案文章的著作权人，涉案文章于2018年1月4日发表在某报微信公众号，高某出具《版权承诺》载明：未经本人同意，该报社无权授权他人使用。被告上海某实业公司未经原告许可，未予署名，通过其经营的微信公众号×××传播涉案作品，原告向法院提起诉讼，后被告不服一审判决提起上诉，经过二审法院审理，最终二审法院维持一审判决，认定被告涉案行为，侵害了原告对涉案作品享有的著作权中的署名权和信息网络传播权，应当承担相应的侵权民事责任，并且确认了微信公众号并非法定可以实施转载行为的主体，不适用于本法第三十五条第二款的规定。①

简评：

近年来，随着微信公众号的普及，网络上擅自转载他人微信公众号文章的事例越来越多。一旦收到著作权人的侵权通知，转载方往往会像本案中被告提出的涉案作品系其转载，不应承担侵权责任的抗辩理由，但该理由并无法律上的说服力。著作权法第三十五条第二款意指我国著作权法允许的转载行为限于报纸、期刊之间，微信公众号并非法定可以实施转载行为的主体。此外，根据《最高人民法院关于审理著作权民事纠纷案件适用法律若干问题的解释》第

---

① 参见：北京知识产权法院，（2020）京73民终2795号判决书。

十七条规定，转载是指报纸、期刊登载其他报刊已发表作品的行为。转载未注明被转载作品的作者和最初登载的报刊出处的，应当承担消除影响、赔礼道歉等民事责任。因此，提醒我们注意，微信公众号转载或转载并修改他人文章，需要获取作者同意，并正确署名，以避免侵权风险。

第三十六条 对作品的修改、删节

图书出版者经作者许可，可以对作品修改、删节。

报社、期刊社可以对作品作文字性修改、删节。对内容的修改，应当经作者许可。

解读 📖

本条是关于图书出版者、报社、期刊社对所出版、刊登作品的改动限制的规定。

一、图书出版者、报社、期刊社对作品内容修改、删节应当经作者许可

著作权人发表的作品，不论是以图书形式出版，还是投稿于报社、期刊社，著作权人都对其作品享有修改权和保护作品完整权，任何人不得侵犯著作权人的上述两种著作人身权。对作品内容的修改或删节关乎作品的修改权和保护作品完整权，因此图书出版者、报社、期刊社对作品内容修改、删节应当事先经作者许可方可进行。

二、报社、期刊社可以不经作者许可，对作品进行文字性修改、删节

报社、期刊社与图书出版者相比，其获得的投稿文章具有更强的时效性，一经收稿、确认刊登后往往立刻刊登见报、见刊。如果作品需经内容改动才能达到刊登标准，则按照本款第二项第二句，报社、期刊社应当获得著作权人许可才能修改文章内容。但如果改动的标准只是文字性修改、删节，并不会歪曲、篡改作品本意和主旨，也不会修改文章主要内容，这种条件下考虑到报社、期刊社刊登作品的时效性，本法规定可以不经过作者许可，直接修改。图书出版过程往往更加漫长，双方当事人有时间更深入地讨论和确定所要出版作品的内容，因此图书出版者对文字性修改、删节，也需要获得作者许可。这一规定体现了对报社、期刊社的特许。

应用

典型案例

沈某诉某出版社出版合同纠纷及侵犯修改权、
保护作品完整权纠纷案

简介：

1999年11月，原告沈某与被告某出版社签订图书出版合同，约定将某作品中三卷的中文本专有使用权授某出版社。2000年6月，被告出版发行了三本书各8000册。2000年7月，原告看到出版样书后发现，被告未经其同意，对三本书进行了修改和删减，而且出现许多文字、语言、标点符号等方面的差错，其中一本图书中有大量错误，另外两本书存在着若干处意思表示相悖的差错。一审法院经审理后认为，被告出版发行有严重质量问题的一书，不仅构成违约，同时侵害了沈某所享有的保护作品完整权。另外两本书中的差错率，均未超过《图书质量管理规定》允许的万分之一，故另外两本书不属于不合格产品，无须重印，但被告应为上述两本书印发勘误表。此外被告根据合同的授权，以《现代汉语词典》为依据，对三本书的部分文字进行修改，没有改变原告所主张的小说风格。上述三本书中存在的差错，也不足以导致小说风格的变化。上述纠纷均未体现合同中约定的解除情形或者法律规定的解除合同情形，因此双方图书出版合同应当继续履行。[①]

简评：

未经著作权人许可，不得对作品进行实质性修改。一般情况下，他人未经授权而擅自修改作品，是侵犯作者修改权的行为。作者将

[①] 参见：《沈某诉某出版社出版合同纠纷及侵犯修改权、保护作品完整权纠纷案》，《最高人民法院公报》，2002年第5期。

作品的修改权授予出版社，并与出版社签订了图书出版合同，则出版社有权以合理的方式对作品进行修改，并未改变作品的风格，该修改行为本身并无不当，不构成侵权。

第三十七条 版式设计专有使用权

出版者有权许可或者禁止他人使用其出版的图书、期刊的版式设计。

前款规定的权利的保护期为十年，截止于使用该版式设计的图书、期刊首次出版后第十年的12月31日。

解读 📖

本条是关于出版者版式设计专有使用权及其保护期限的规定。

一、出版者享有版式设计专有使用权

版式设计是出版者作为邻接权人所享有的邻接权的客体，是对印刷品版面格式的设计，包括对版心、排式、用字、行距、标点等版面布局因素的安排。出版者享有版式设计的专有使用权，该专有权体现在他人未经出版者许可，不得使用出版者的图书、期刊的版式设计。版式设计的专有使用权一般由著作权人授予出版者，时间不限；而版式设计自身与作品内容相互独立，其有效期由法律统一规定。

二、版式设计专有使用权保护期为十年

与著作权相比，版式设计专有使用权的保护期较短。根据本条规定，出版者对其版式设计享有专有使用权，该权利保护期截止于使用该版式设计的图书、期刊首次出版后第十年的12月31日。

应用 ⚖

相关立法

《中华人民共和国著作权法实施条例》（2013年）

第二十六条 著作权法和本条例所称与著作权有关的权益，是指出版者对其出版的图书和期刊的版式设计享有的权利，表演者对其表演享有的权利，录音录像制作者对其制作的录音录像制品享有的权利，广播电台、电视台对其播放的广播、电视节目享有的权利。

典型案例

武汉某文化传播有限公司与武汉某文化传媒有限公司、柯某
著作权权属、侵权纠纷、商业贿赂不正当竞争纠纷案

简介：

原告武汉某文化传播有限公司于2018年设计并开发了某网站。原告网站的排版及内容选择在与同行业的网站相比对后，原告自主设计的网页版式不仅具有对美的追求的独创性，还具备对摄影产品开发的创新性。该网站于2019年3月在我国工业和信息化部ICP备案审核通过。后原告发现被告武汉某文化传媒有限公司未经许可在另外两个网站上使用了与原告上述网站一模一样的网页版式设计，并多处使用了原告原始拍摄或设计创作并享有著作权的图片。原告联系被告删除其涉嫌侵权的内容，但遭到拒绝。原告向法院提起诉讼，法院经过审理认定，两个网站开办者的行为侵害了原告的版式设计权以及对图片作品享有的信息网络传播权，并且鉴于本案有关侵权行为业已停止，且原告并非网站的直接开办者，在已按照著作权法的规定对原告行为进行评判的情况下，无必要适用反不正当竞争法的规定对原告的行为再行评判。[①]

简评：

在传统纸媒时代，著作权法对出版社的智力劳动成果即对原有作品的排版、布局、风格设计等予以保护，赋予版式设计权。版式设计作为传递视觉审美的重要手段，可以增加出版物的吸引力，从而推动作品的传播，使其获得更多的市场占有率和交易机会。在互联网传播过程中，版式设计的传递功能依然存在，甚至由于传播方

---

① 参见：湖北省武汉市中级人民法院，（2020）鄂01知民初397判决书。

式的普及和传播速度的加快，该种功能还得到了强化。网站的版式设计者制作的网站版式设计体现了其独创性劳动，可以产生良好的视觉效果和浏览体验，该种成果应受著作权法的保护。实践中，侵犯版式设计往往伴随不正当竞争行为或现象，至于侵权者是否同时承担侵犯版式设计和不正当竞争的法律责任，要根据具体情况再做判断。

第二节　表　演

第三十八条　表演者义务

使用他人作品演出，表演者应当取得著作权人许可，并支付报酬。演出组织者组织演出，由该组织者取得著作权人许可，并支付报酬。

解读 📖

本条是关于表演者使用他人作品演出时对作品著作权人应尽义务的规定。

1991年的著作权法第三十五条规定，表演者使用他人未发表的作品演出，应当取得著作权人许可，并支付报酬。被表演作品是否发表将影响表演者同作品著作权人之间的权利义务关系。2001年的著作权法为了最大限度地保护作品作者的利益，不再作品是否发表的区分，无论作品是否发表，表演者使用他人作品进行演出的，都必须取得著作权人许可并支付报酬。2010年的著作权法延续了这一规定。2021年的著作权法删除了"使用演绎作品而产生的作品进行演出，应当取得演绎作品的著作权人和原作品的著作权人许可并支付报酬"的规定。

一、表演者的范围

根据著作权法实施条例第五条的规定："表演者，是指演员、演出单位或者其他表演文学、艺术作品的人。"此条规定的意义在于法律将表演者限定于对作品表演的范围之内。对于作品的范畴，2021年的著作权法第三条规定作品包括音乐、戏剧、曲艺、舞蹈、杂技艺术作品。著作权法实施条例第四条对十三类作品的具体内涵作出了解释。通过对"作品"含义的扩大，表演者的范围也相应扩大，杂技艺术也被视为作品而受到保护，杂技艺术的表演可视为表演者（杂技演员）对杂技艺术造型设计者作品的表演，除此之外的魔术、武术、体操表演者的"表演"均属本法意义上的表演。由此可见，我国法律对表演者范围的界定是高于《保护表演者、音像制品制作者和广播组织罗马公约》的要求。

二、表演者义务与著作权人权利

表演者因使用作品而和著作权人发生著作权关系。这种关系因以下原因发生。一是表演者自己组织营业性演出，由表演者（主要是演出单位，如中央歌剧院租剧场演出）在剧场、演出单位、个人之间分配收入。二是音像制作者、演出组织者（如某机关、团体组织会演）、广播电台、电视台组织演出。前者可称为由表演者分配收入的表演，后者可称为非表演者负责分配收入的表演。前一种表演，由表演者请求著作权人许可，向其付酬；后一种表演，由演出组织者请求许可和付酬。

本法的核心就是尊重和保护那些付出了创造性劳动，为社会创造、传播精神产品的人。使用他人的作品即使用他人的劳动，应当尊重他人的精神权利和财产权利。表演者在表演作品时，除了对作品著作权人应尽的财产权上的义务外，还须充分尊重作品作者的人身权。表演者应当尊重作者的署名权，在表演中忠实地再现作品，不得歪曲、篡改作品。为了演出的需要，如果要修改作品，应当征求著作权人的意见，不得擅自修改，但仅有文字变动的应当例外。

应用 ✔

相关立法

《中华人民共和国著作权法实施条例》（2013年）

第五条　著作权法和本条例中下列用语的含义：

（一）时事新闻，是指通过报纸、期刊、广播电台、电视台等媒体报道的单纯事实消息；

（二）录音制品，是指任何对表演的声音和其他声音的录制品；

（三）录像制品，是指电影作品和以类似摄制电影的方法创作的作品以外的任何有伴音或者无伴音的连续相关形象、图像的录制品；

（四）录音制作者，是指录音制品的首次制作人；

（五）录像制作者，是指录像制品的首次制作人；

（六）表演者，是指演员、演出单位或者其他表演文学、艺术作品的人。

典型案例

沙某某、北京某文化发展有限公司与陈某侵犯著作权纠纷案

简介：

原告陈某于 2002 年 5 月接受他人口头委托，为某电视连续剧的主题歌填词。某音乐工作室录制了陈某作词、三某作曲、沙某某演唱的歌曲，并将其用作电视连续剧主题歌。被告沙某某是某公司的签约歌手。2003 年 4 月前，被告北京某文化发展有限公司制作了某歌曲 MV，其中的音乐部分直接复制了某音乐工作室录制的涉案电视连续剧主题歌，画面为演唱者沙某某。此后，北京某文化发展有限公司制作了歌曲 CD 专辑和同名磁带，其中收录了某音乐工作室录制的涉案电视连续剧主题歌，在 CD 和磁带中附带的彩页上印有涉案电视连续剧主题歌的歌词，该 CD 和磁带由案外人某音乐公司发行。2003 年 5 月至 8 月，CD 专辑的发行总量为 57087 张、磁带的发行总量为 43116 盒。就使用涉案电视连续剧主题歌制作 MV、歌曲专辑CD 及磁带的行为，北京某文化发展有限公司未曾取得陈某的许可，亦未向陈某支付报酬。2003 年 9 月 27 日，沙某某在金鹰节上演唱了陈某作词的涉案电视连续剧主题歌；2003 年 10 月 18 日，沙某某在服装节上再次演唱了陈某作词的涉案电视连续剧主题歌。[①]

---

① 参见：北京市第二中级人民法院，（2004）二中民终字第 1923 号判决书。

一审法院认为，沙某某在案外人组织的金鹰节、服装节上演唱陈某享有著作权的歌曲，是对其作品进行表演，未就此征得陈某许可，亦未提供证据证明上述活动的演出组织者履行了取得权利人许可及支付报酬的义务，因此沙某某的表演行为侵犯了陈某所享有的表演权，应就此承担停止侵权、赔偿损失的民事责任。但二审法院认为，我国著作权法规定，演出组织者组织演出，由该组织者取得著作权人许可，并支付报酬。演出组织者的组织表演行为与被表演作品的著作权人具有直接的利害关系。沙某某虽在金鹰节、服装节上演唱了陈某作词的歌曲，但该表演行为征得著作权人许可的责任，在于涉案演出的组织单位。沙某某提出的应由演出组织者就表演涉案歌曲的行为承担责任的上诉主张，法院予以支持。

简评：

我国著作权法规定，使用他人作品演出，表演者（演员、演出单位）应当取得著作权人许可，并支付报酬。在有组织者组织的演出中，法律规定由该组织者取得著作权人许可，并支付报酬，但设立该项规定的目的是避免每一个表演者分别寻求著作权人许可而造成的不便利，方便著作权人主张权利，但这并未免除表演者在表演作品前获作者授权许可的注意义务。

第三十九条　表演者权利

表演者对其表演享有下列权利：

（一）表明表演者身份；

（二）保护表演形象不受歪曲；

（三）许可他人从现场直播和公开传送其现场表演，并获得报酬；

（四）许可他人录音录像，并获得报酬；

（五）许可他人复制、发行、出租录有其表演的录音录像制品，并获得报酬；

（六）许可他人通过信息网络向公众传播其表演，并获得报酬。

被许可人以前款第三项至第六项规定的方式使用作品，还应当取得著作权人许可，并支付报酬。

解读 📖

本条是关于表演者权利保护的规定。

1991年的著作权法第三十六条规定，表演者对其表演享有下列权利：（一）表明表演者身份；（二）保护表演形象不受歪曲；（三）许可他人从现场直播；（四）许可他人为营利目的录音录像，并获得报酬。2001年的著作权法对上述规定进行了修改，规定在第三十七条之中，即表演者对其表演享有下列权利：（一）表明表演者身份；（二）保护表演形象不受歪曲；（三）许可他人从现场直播和公开传送其现场表演，并获得报酬；（四）许可他人录音录像，并获得报酬；（五）许可他人复制、发行录有其表演的录音录像制品，并获得报酬；（六）许可他人通过信息网络向公众传播其表演，并获得报酬。被许可人以前款第三项至第六项规定的方式使用作品，还应当取得著作权人许可，并支付报酬。上述修改，使权利的内容更为丰富，行文上也较为准确，符合《与贸易有关的知识产权协定》中有关对表演者权利保护的要求。2010年的著作权法延续了2001年的著作权法的规定。2021年的著作权法增加了表演者有权许可他人出租录有其表演的录音录像制品，并获得报酬的权利。

表演者权利的具体内容如下。

一、表明表演者身份及保护表演形象不受歪曲的权利

表演者对其表演享有表明其表演者身份及保护表演形象不受歪曲的权利。这两项权利都属于人身权的范畴。第一，表明表演者身份的权利，这是表演者权利的基础。表演者有权要求在其现场表演及载有其表演的影片、唱片等音像制品上载明其姓名，表明其身份，表演者也可以要求不署自己的名字。第二，保护表演形象不受歪曲的权利，这是表演者维护其表演完整性的权利。比如，表演者摄制的电影或电视片，其他任何人不得作歪曲性改编，使其失去原有的表演风格和表演形象。表演者录制的唱片，他人也不得作改变声音形象使其失去原有风格的篡改。保护表演形象不受歪曲主要指歪曲形象本身，如用特技丑化形象；在不恰当的地方使用形象，如将其演员演出的英雄形象用于出售某种特殊商品的广告上，改变了其形象的意义。在文学评论中对某演员的演技、戏路进行评论，如果被评论的主体是表演者本人（实际生活中的人而非被表演的对象），则不属于歪曲表演形象；如果有诬陷、攻击等行为，则是对名誉权的侵犯，而不是歪曲表演形象，被诬陷的演员可以侵害名誉权为由对评论人提起侵权之诉，但这不属于著作权法的调整范围。

二、许可他人从现场直播和公开传送其现场表演，并获得报酬

表演者对其表演享有许可他人从现场直播和公开传送其现场表演，并获得报酬的权利，但是被许可人以上述方式使用作品时，还应当取得著作权人许可，并支付报酬。

根据世界贸易组织协定中《与贸易有关的知识产权协定》第十四条对表演者、录音制品制作者及广播组织的保护的规定，对于将表演者的表演固定于录音制品的情况，表演者应有可能制止未经其许可而为的下列行为：对其尚未固定的表演加以固定，以及将已经固定的内容加以复制。表演者还应可能制止未经其许可而为的下列行为：以无线方式向公众广播其现场表演，向公众传播其现场表演。按《与贸易有关的知识产权协定》的要求，全国人大常委会对著作权法作了修改，对表演者权利的保护已与《与贸易有关的知识产权协定》的要求一致。

（一）许可他人录音录像，并获得报酬

表演者对其表演享有许可他人录音录像，并获得报酬的权利，但被许可人以上述方式使用作品时，还应取得著作权人许可，并支付报酬。

此项财产权利体现在表演者有权禁止他人未经其许可而对其表演进行录音录像的行为。从经济角度分析，对表演的使用主要是将表演固定、复制发行和向公众传播或任何以音像载体固定表演的声音和画面的分别使用。

（二）许可他人复制、发行、出租录有其表演的录音录像制品，以及许可他人通过信息网络向公众传播其表演，并获得报酬

表演者对其表演享有许可他人复制、发行、出租录有其表演的录音录像

制品，并获得报酬的权利；表演者对其表演享有许可他人通过信息网络向公众传播其表演，并获得报酬的权利。被许可人以上述方式使用作品，还应当取得著作权人许可，并支付报酬。

在本法中，表演者有两项最基本的财产权利：播放权和录制权（应当注意的是表演者这两项权利的行使要受到被表演作品的著作权人权利的限制，它并非完整意义上的播放权和录制权，同著作权法第十条规定的作品著作权人的复制权、广播权、信息网络传播权等权利在属性上有本质的不同）。2001年的著作权法使表演者的两项基本财产权利更加完整，同时也适应网络环境下的新问题，并且与2021年的著作权法第十条中赋予作品著作权人网络传播权的内容相对应，赋予了表演者此类邻接权人以网络传播权。当然此项权利绝不等同于作品著作权人的网络传播权，同表演者的播放权及录制权一样，它仅是一项禁止权而非许可权。再次强调表演者享有的是禁止权而非完整许可权的原因在于，1991年的著作权法第三十六条第三项、第四项中赋予表演者以完整的许可权——许可他人从现场直播，许可他人为营利目的录音录像。此种权利原则上是独立的，一般而言是不受限制的，表演者对其表演有权许可他人广播或制作录音录像，不需要经作者许可。而著作权法对此作了限制，表演者虽然可以授权，但表演者的授权只有在著作权人也授权的前提下才能使录像制作者获得完整的录像权。因此，表演者只有一种独立的权利，即禁止他人未经其许可而将其表演播放或录音录像，还有一项非独立的与著作权人共享的权利，即授权他人对其表演进行广播、录音录像。著作权法的这一规定同《与贸易有关的知识产权协定》及各国立法相一致，也符合著作权法的原则。

应用

相关立法

《与贸易有关的知识产权协定》（2017年）

第十四条 对表演者、录音制品（唱片）制作者和广播组织的保护

一、就将其表演固定在录音制品上而言，表演者应有可能防止下列未

经其授权的行为：固定其未曾固定的表演和复制该录制品。表演者还应有可能阻止下列未经其授权的行为：以无线广播方式播出和向大众传播其现场表演。

二、录音制品制作者应享有准许或禁止直接或间接复制其录音制品的权利。

三、广播组织有权禁止下列未经其授权的行为：录制、复制录制品、以无线广播方式转播以及将其电视广播向公众传播。如各成员未授予广播组织此类权利，则在遵守《伯尔尼公约》（1971）规定的前提下，应给予广播的客体的版权所有权人阻止上述行为的可能性。

四、第十一条关于计算机程序的规定在细节上作必要修改后应适用于录音制品制作者和按一成员法律确定的录音制品的任何其他权利持有人。如在1994年4月15日，一成员在录音制品的出租方面已实施向权利持有人公平付酬的制度，则可维持该制度，只要录音制品的商业性出租不对权利持有人的专有复制权造成实质性减损。

五、本协定项下表演者和录音制品制作者可获得的保护期限，自该固定或表演完成的日历年年底计算，应至少持续至五十年年末。按照第三款给予的保护期限，自广播播出的日历年年底计算，应至少持续二十年。

六、任何成员可就第一款、第二款和第三款授予的权利，在《罗马公约》允许的限度内，规定条件、限制、例外和保留。但是，《伯尔尼公约》（1971）第18条的规定在细节上作必要修改后也应适用于表演者和录音制品制作者对录音制品享有的权利。

典型案例

北京某公司、山东某出版社与北京某融公司
侵犯著作权及表演者权纠纷案

简介：

卢某某和李某作为演唱组合录制的某专辑CD光盘于2000年出

版发行，二人分别创作了八首歌曲的词或曲，二人认可共同享有八首歌曲的词曲著作权。山东某出版社在未经许可、也未支付报酬的情况下，使用上述歌曲出版涉案 MP3 光盘。

一审法院认为，山东某出版社使用卢某某、李某演唱的歌曲出版涉案的 MP3 光盘，未征得许可、也未支付报酬，侵犯了卢某某、李某对上述曲目享有的表演者权。北京某公司作为专业的光盘复制单位，在接受北京某融公司转委托复制涉案 MP3 光盘时，未获得山东某出版社重新开具的委托书，且不能证明其履行了验证著作权人和表演者授权情况的审查职责，也没有依规定留存相关的证明文件。因此，北京某公司没有履行审查义务，主观上存在过错，应当与山东某出版社就侵犯卢某某、李某著作权和表演者权承担连带责任。二审法院认为，卢某某、李某作为表演者，依法享有许可他人复制、发行录有其表演的录音录像制品，并获得报酬的权利。山东某出版社使用卢某某、李某演唱的八首歌曲出版涉案 MP3 光盘，未征得卢某某、李某的许可，也未支付报酬，侵犯了卢某某、李某对上述曲目享有的表演者权。[①]

简评：

依照我国著作权法的规定，录音制作者使用他人已经合法录制为录音制品的音乐作品制作录音制品，可以不经著作权人许可，但应当支付报酬。录音制作者在未取得著作权人的许可、未支付报酬的情况下，使用相关歌曲并出版光盘的行为系对著作权人权利的侵犯。

第四十条　职务表演

演员为完成本演出单位的演出任务进行的表演为职务表演，演员享有表明身份和保护表演形象不受歪曲的权利，其他权利归属由当事人约定。当事人没有约定或者约定不明确的，职务表演的权利由演出单位享有。

---

① 参见：北京市第二中级人民法院，（2005）二中民终字第14076号判决书。

职务表演的权利由演员享有的，演出单位可以在其业务范围内免费使用该表演。

解读 📖

本条是关于职务表演的规定。

本法在2010年的著作权法规定的基础上增加了演员为完成本演出单位的演出任务进行职务表演以及演员享有的职务表演权利的规定。依照本条规定，演员为完成本演出单位的演出任务进行的表演为职务表演。职务表演的核心要素在于"完成本演出单位的演出任务"。如果演员只是随机性表演，不是完成本演出单位的演出任务，不属于职务表演。如果演员独立地与演出单位外的其他法人或者非法人组织订立协议进行表演，也不属于职务表演，不由本条规范所调整。本法规定职务表演，这是将表演者视为作者、表演者权视为著作权的重要步骤。理由有以下几点。

一、在没有原作品存在的情况下，表演者是以声音、动作、表情等为符号元素创作了一部新作品

表演行为本身就是一种符号。在没有原作品存在的情况下，表演者则是以声音、动作、表情等为符号元素创作了一部新作品。如果存在原作品，表演作品构成原作品的改编作品。在表演作品中，一方面有着来自原作品的知识，如台词；另一方面，表演者的表情、动作、声音相较于原作品而言，是一种新型的符号元素。表演行为是在原作品的基础上，利用了原作品中的要素，但改变了原作品的符号元素及符号组合方式，产生了不同于原作品的艺术效果，因而相当于原作品的改编作品。

二、将表演者权视为一种作品传播者权，这个观点建立在表演行为具有原作品的情形，但是很多的表演行为并不存在原作品

将表演者权视为邻接权，是一种作品传播者权，这个观点建立在表演行为具有原作品的情形，但是很多的表演行为并不存在原作品。比如，杂技演员、戏团演员、魔术演员，等等。对于这部分表演者，《保护表演者、音像制品制作者和广播组织罗马公约》第九条规定："各缔约国可通过国内立法，将本公约扩大到不是表演文学或艺术作品的艺人。"法国著作权法、日本著作权法将表演马戏、杂技、魔术等表演非作品的人列入表演者范围，巴西著作权法甚至把体育比赛运动员也列入表演者范围。

（一）表演是否需要独创性问题

凡作品成为著作权对象，必须具有独创性。而表演则不一定具有独创性，如机械地朗诵原作品，这种表演仍然是一种符号行为，但不具有独创性，自然就不能成为著作权对象。在这种情况下，这种表演如同其他没有独创性的作品一样，不具有著作权。在这种情况下，可以通过合同法、劳动法，或通过民法人格权制度保护表演者的权益。而一些艺术家的表演本身就具有极高的独创性，一举一动、一颦一笑、一衣一帽，往往事先都有着特别的设计和考量。在表演过程中，根据剧情制造悬念、着力渲染、适时反转，让观众笑声不断，这种表演行为本身就是创作，是一种动态作品。如果换其他人来表演，其效果可能就味同嚼蜡，至少给观众的感受就可能大不一样。

（二）表演者权是否属于著作权

本法第三十九条规定了表演者的署名权、完整权及复制、发行、转播等各种权利。就表演者享有的权利而言，除了缺少发表权以外，其他与普通著作权并无多大的区别，实质上就是著作权。

《视听表演北京条约》规定了表演者精神权利包括署名权、保护作品完整性权利。明确上述精神权利不依赖于表演者的经济权利，甚至在这些权利转让之后，表演者仍然具有署名权和完整权。精神权利的存续期间在表演者死亡后应继续保留，至少到其经济权利期满为止。还规定了表演者经济权利，包括复制权、发行权、广播和向公众传播的权利、出租权等。由此可知，《视听表演北京条约》规定表演者对现场表演和录制品上的表演都具有相应的权利，规定表演者具有精神权利、经济权利，规定表演者权的保护期限同著作权完全一致。从《视听表演北京条约》的这些规定来看，表演者权就是一种著作权。

应用 ✔

相关立法

《视听表演北京条约》（2020年）

第5条　精神权利

（1）不依赖于表演者的经济权利，甚至在这些权利转让之后，表演者仍应对于其现场表演或以视听录制品录制的表演有权：

（i）要求承认其系表演的表演者，除非因使用表演的方式而决定可省略不提其系表演者；以及

（ii）反对任何对其表演进行的将有损其声誉的歪曲、篡改或其他修改，但同时应对视听录制品的特点予以适当考虑。

（2）根据本条第（1）款授予表演者的权利在其死亡后应继续保留，至少到其经济权利期满为止，并可由被要求提供保护的缔约方立法所授权的个人或机构行使。但批准或加入本条约时其立法尚未规定在表演者死亡后保护上款所述全部权利的国家，则可规定其中部分权利在表演者死亡后不再保留。

（3）为保障本条所授予的权利而采取的补救方法应由被要求提供保护的缔约方立法规定。

第四十一条　表演者权利保护期

本法第三十九条第一款第一项、第二项规定的权利的保护期不受限制。

本法第三十九条第一款第三项至第六项规定的权利的保护期为五十年，截止于该表演发生后第五十年的12月31日。

解读 📖

本条是关于表演者权利保护期的规定。

1991年的著作权法对于表演者权利的保护期限，没有作出专门规定。2001年的著作权法增加了这方面内容的规定，即参照著作权保护期限的规定，规定表演者人身权利保护期不受限制，其财产权利的保护期为五十年，截止于该表演发生后第五十年的12月31日。2010年及2021年修改的著作权法时

延续了这一规定。以上规定同《与贸易有关的知识产权协定》第十四条的规定一致。

一、表演者的人身权利受到永久保护

表演者的人身权主要包括两项内容。一是表明表演者身份的权利，表明表演者身份的权利是表演者权利的基础。表演者有权要求在其现场表演及载有其表演的影片、唱片等音像制品上载明其姓名，表明其身份，表演者也可以要求不署自己的名字。二是保护表演形象不受歪曲的权利，这是表演者维护其表演完整性的权利。这两项权利都属于表演者人身权的范畴，与表演者的人格利益和精神利益密切相关。参照著作人身权保护的相关规定，此类人身权的保护是没有期限限制的。在表演作品产生之后，表演者即享有表明表演者身份的权利和保护表演形象不受歪曲的权利，这种权利始终存在，不可转让，不受剥夺。

二、表演者的财产性权利保护期限为五十年

表演者的财产性权利，主要指本法第三十九条规定的第三项、第四项、第五项、第六项权利，即许可他人从现场直播和公开传送其现场表演，并获得报酬的权利；许可他人录音录像，并获得报酬的权利；许可他人复制、发行、出租录有其表演的录音录像制品，并获得报酬的权利；许可他人通过信息网络向公众传播其表演，并获得报酬的权利。

著作权人的财产性权利也有保护期限的限制。本法第二十三条规定，自然人的作品，其发表权、本法第十条第一款第五项至第十七项规定的权利的保护期为作者终生及其死亡后五十年，截止于作者死亡后第五十年的12月31日；如果是合作作品，截止于最后死亡的作者死亡后第五十年的12月31日。法人或者非法人组织的作品、著作权（署名权除外）由法人或者非法人组织享有的职务作品，其发表权的保护期为五十年，截止于作品创作完成后第五十年的12月31日；本法第十条第一款第五项至第十七项规定的权利的保护期为五十年，截止于作品首次发表后第五十年的12月31日，但作品自创作完成后五十年内未发表的，本法不再保护。视听作品，其发表权的保护期为五十年，截止于作品创作完成后第五十年的12月31日；本法第十条第一款第五项至第十七项规定的权利的保护期为五十年，截止于作品首次发表后第五十年的12月31日，但作品自创作完成后五十年内未发表的，本法不再保护。同时世界贸易组织协定中《与贸易有关的知识产权协定》第十四条第五项的规定，表演者和录音制品制作者可获得的保护期限，自该固定或表演完成的日历年年底计算，应至少持续至五十年年末。按照第三款给予的保护期至少应从广播播出的日历年年终起算持续二十年。据此，我国2001年的著作权法增加了对表演者权利保护期的规定：对表演者人身权利的保护不受限制；对表演者权中的财产权利的保护期为五十年，截止于该表演发生后第五十年的12月31日。

应用 ⚖

相关立法

《中华人民共和国著作权法》（2021年）

第二十三条　自然人的作品，其发表权、本法第十条第一款第五项至第十七项规定的权利的保护期为作者终生及其死亡后五十年，截止于作者死亡后第五十年的12月31日；如果是合作作品，截止于最后死亡的作者死亡后五十年的12月31日。

法人或者非法人组织的作品、著作权（署名权除外）由法人或者非法人组织享有的职务作品，其发表权的保护期为五十年，截止于作品创作完成后第五十年的12月31日；本法第十条第一款第五项至第十七项规定的权利的保护期为五十年，截止于作品首次发表后第五十年的12月31日，但作品自创作完成后五十年内未发表的，本法不再保护。

视听作品，其发表权的保护期为五十年，截止于作品创作完成后第五十年的12月31日；本法第十条第一款第五项至第十七项规定的权利的保护期为五十年，截止于作品首次发表后第五十年的12月31日，但作品自创作完成后五十年内未发表的，本法不再保护。

《与贸易有关的知识产权协定》(2017年)

第十二条 保护期限

除摄影作品或实用艺术作品外,只要一作品的保护期限不以自然人的生命为基础计算,则该期限自作品经授权出版的日历年年底计算即不得少于五十年,或如果该作品在创作后五十年内未经授权出版,则为自作品完成的日历年年底起计算的五十年。

第三节 录音录像

第四十二条 录音录像制作者使用作品

录音录像制作者使用他人作品制作录音录像制品,应当取得著作权人许可,并支付报酬。

录音制作者使用他人已经合法录制为录音制品的音乐作品制作录音制品,可以不经著作权人许可,但应当按照规定支付报酬;著作权人声明不许使用的不得使用。

解读 📖

本条是关于录音录像制作者使用作品的规定。

1991年的著作权法第三十七条第一款规定:"录音制作者使用他人未发表的作品制作录音制品,应当取得著作权人许可,并支付报酬。使用他人已发表的作品制作录音制品,可以不经著作权人许可,但应当按照规定支付报酬;著作权人声明不许使用的不得使用。"考虑到录音制作者取得所有著作权人授权确实有一定困难,为了不妨碍作品的传播,满足广大群众对精神产品的需求,因此,对使用未发表的作品制作录音制品的情况规定了法定许可。1992年10月15日我国参加的《伯尔尼保护文学和艺术作品公约》第十三条第一款规定:"本同盟每一成员国可就其本国情况对音乐作品作者及允许其歌词与音乐作品一道录音的歌词作者授权对上述音乐作品以及有歌词的音乐作品进行录音的专有权利规定保留及条件；但这类保留及条件之效力严格限于对此作出规定的国家，而且在任何情况下均不得损害作者获得在没有协议情况下由主管当局规定的合理报酬的权利。"即公约允许成员国对著作权人的录音权实行非自愿许可制度。据此，结合中国录音录像的实际状况，2001年的著作权法仍然保留了录音权的法定许可制度，但对法定许可的条件作了更严格的限制。其中第三十九条规定："录音录像制作者使用他人作品制作录音录像制品，应当取得著作权人许可，并支付报酬。录音录像制作者使用改编、翻译、注释、整理已有作品而产生的作品，应当取得改编、翻译、注释、整理作品的著作权人和原作品著作权人许可，并支付报酬。录音制作者使用他人已经合法录制为录音制品的音乐作品制作录音制品，可以不经著作权人许可，但应当按照规定支付报酬；著作权人声明不许使用的不得使用。"据此，2001年的著作权法将法定许可的对象，从"使用他人已发表的作品制作录音制品"修改为"使用他人已经合法录制为录音制品的音乐作品制作录音制品"。两种规定的区别在于：按照修改前的规定，一是只要作品已公之于众，不论其是否已被出版、表演、录音、广播，都可以不经著作权人授权制作录音制品；二是使用作品的种类可以是已发表的音乐作品，也可以是曲艺、文学故事、诗歌朗诵等作品。按照修改后的规定，一是作品已被使用的方式仅限于合法录制，在报刊上发表、经现场表演都不能作为法定许可的条件；二是被合法录制为录音制品的作品种类仅限于音乐作品。曲艺、文学故事、诗歌朗诵等文字作品及其他作品，即使已被合法录制，使用时还要经著作权人许可。"已经合法录制"是指已有人经著作权人授权，将他们的词曲制作成录音制品。既然著作权人同意将他的作品以录音的方式使用，后位的录音制作者就可以不再取得著作权人授权，只要向著作权人支付作品使用费即可。需要说明的是，使用他人已合法录制的音乐作品，不能将他人已录制录音制品复制到自己的录音制品上。如此，能够更好地在著作权人、录音录像者和公共利益之间实现利益的平衡。2010年的著作权法延续了这一规定。2021年的著作权法删除了录音制作者使用演绎作品而产生的作品，应当取得演绎作品的著作权人和原作品著作权人许可，并支付报酬的规定。

一、录音录像者使用他人作品，应当取得许可并支付报酬

录音录像作品很多是将他人已有的作品或者表演通过电讯设备完整地或者略作处理后再现。因此，录音录像作品很多时候会涉及对他人音乐作品、表演作品的使用。音乐作品、表演作品等属于本法作品的范畴，享有完整的著作权保护。录音录像制作者在创作过程中，如果涉及对他人音乐、表演作品的使用，必须尊重其他著作权人的合法权益，取得这些作品的著作权人的许可，并支付报酬。如果未经许可、未支付报酬而使用他人的作品，必然涉及对他人著作权的侵犯。

二、录音制品的法定许可

法定许可是指可以未经许可使用他人作品，但需要向著作权人支付报酬的制度。如上所述，2001年的著作权法修改了法定许可的对象，录音制品的法定许可，需要满足如下条件。一是作品已被使用的方式仅限于合法录制，在报刊上发表、经现场表演都不能作为法定许可的条件。二是被合法录制为录音制品的作品种类仅限于音乐作品。曲艺、文学故事、诗歌朗诵等文字作品及其他作品，即使已被合法录制，使用时还要经著作权人许可。"已经合法录制"是指已有人经著作权人授权，将他们的词曲制作成录音制品。既然著作权人同意将他的作品以录音的方式使用，后位的录音制作者无须取得作者授权，但需要向著作权人支付作品使用费。需要说明的是，使用他人已合法录制的音乐作品，不能是将他人已录制的录音制品复制到自己的录音制品上。三是使用他人已经合法录制的作品，尽管可以不经过著作权人的许可，但需要支付报酬。

应用 ✍

相关立法

《伯尔尼保护文学和艺术作品公约》（1971年）

第十三条

1.本同盟每一成员国可就其本国情况对音乐作品作者及允许其歌词与音

乐作品一道录音的歌词作者授权对上述音乐作品以及有歌词的音乐作品进行录音的专有权利规定保留及条件；但这类保留及条件之效力严格限于对此作出规定的国家，而且在任何情况下均不得损害作者获得在没有协议情况下由主管当局规定的合理报酬的权利。

2.根据1928年6月2日在罗马和1948年6月26日在布鲁塞尔签订的公约第十三条第三款在本同盟成员国内录制的音乐作品的录音，自该国受本文本约束之日起的两年期限以内，可以不经音乐作品的作者同意在该国进行复制。

3.根据本条第一、二款制作的录音制品，如未经有关方面批准进口，视此种录音为侵权录音制品的国家，可予扣押。

典型案例

广州某文化传播公司与王某成、王某星、王某燕侵犯著作权纠纷案

简介：

2005年3月2日，王某成等在某商业股份有限公司、南昌某大楼购得CD光盘一盒，该光盘由广州某音像出版社出版、广州某文化传播公司发行。该光盘共存储了11首歌曲，其中第8首歌曲是王某成等之父王某宾于1957年根据民歌改编并作词的音乐作品。王某宾于1996年去世后，其子王某成等于1996年3月1日与音著协签订了音乐著作权合同，将该音乐作品的公开表演权、广播权和录制发行权授权音著协管理。2004年7月5日，罗某与广州某文化传播公司签订合同，约定罗某许可广州某文化传播公司将罗某制作并享有版权的歌唱类音乐专辑节目制作录音制品（CD）出版发行。2004年12月3日，广州某音像出版社与广州某文化传播公司签订了音像制品合作出版合同，约定由广州某音像出版社制作、出版、发行该专辑录音制品。2004年12月6日，广州某文化传播公司与重庆某光盘公司签订委托复制加工合同，约定复制该录音制品20万张。2004年12月

8日，广州某音像出版社委托重庆某光盘公司复制该录音制品90万张。2004年12月24日，广州某音像出版社向音著协申请使用包括涉案歌曲在内的3首音乐作品制作、发行20万张该专辑录音制品，批发价为6.5元，后向音著协支付上述3首音乐作品的使用费21900元。2005年3月17日，音著协出具了《音乐著作权使用收费证明》。

再审法院认为，本案广州某文化传播公司、广州某音像出版社、重庆某光盘公司、某商业股份有限公司及南昌某大楼复制、发行的专辑系录音制品，根据该录音制品外包装上版权管理信息，可以认定该制品的制作人为广州某文化传播公司与罗某，并由广州某音像出版社出版，广州某文化传播公司在国内独家发行。广州某音像出版社的出版行为属于著作权法意义上的复制行为。王某成等否认广州某文化传播公司录音制作者身份，但未提供证据予以证明，故其主张没有事实依据。鉴于该专辑录音制品中使用的第8首音乐作品，已经在该专辑发行前被他人多次制作成录音制品广泛传播，且著作权人没有声明不许使用，故广州某文化传播公司、广州某音像出版社、重庆某光盘公司、某商业股份有限公司、南昌某大楼使用该音乐作品制作并复制、发行专辑录音制品，符合著作权法第三十九条第三款法定许可的规定，不构成侵权。[①]

简评：

经著作权人许可制作的音乐作品的录音制品一经公开，其他人再使用该音乐作品另行制作录音制品并复制、发行，不需要经过音乐作品的著作权人许可，但应依法向著作权人支付报酬。著作权法设定了限制音乐作品著作权人权利的法定许可制度，即"录音制作者使用他人已经合法录制为录音制品的音乐作品制作录音制品，可以不经著作权人许可，但应当按照规定支付报酬；著作权人声明不许使用的不得使用"。该规定虽然只是规定使用他人已合法录制为

---

① 参见：最高人民法院，（2008）民提字第57号判决书。

录音制品的音乐作品制作录音制品可以不经著作权人许可，但该规定的立法本意是为了便于和促进音乐作品的传播，对使用此类音乐作品制作的录音制品进行复制、发行，同样应适用本法法定许可的规定。

第四十三条　录音录像制作者与表演者订立合同

录音录像制作者制作录音录像制品，应当同表演者订立合同，并支付报酬。

解读 📖

本条是关于录音录像制作者与表演者订立合同的规定。本条内容无修改。

一、表演者依据著作权法享有的财产权受法律保护

表演者享有本法规定的人身权和财产权。依据本法第三十七条之规定，表演者享有许可他人录音录像并获得报酬的权利，以及许可他人复制、发行录有其表演的录音录像制品，并获得报酬的权利。可见，录音录像制作者要将表演者的表演制作成录音录像制品，必须取得表演者的授权，否则将构成对表演者录音录像权的侵犯。

二、录音录像制作者制作录音录像制品，应当同表演者订立合同，并支付报酬

为了有效维护表演者的合法权利，录音录像者要使用表演者的作品，必须与其签订合同，并支付报酬。此种合同，即表演者许可录音录像者录制其表演作品的法律性文件，其内容应当明确、具体。本法第二十六条第二款对著作权许可使用合同的内容作出了具体规定。

据此规定，许可使用合同包括下列主要内容：

（一）许可使用的权利种类；

（二）许可使用的权利是专有使用权或者非专有使用权；

（三）许可使用的地域范围、期间；

（四）付酬标准和办法；

（五）违约责任；

（六）双方认为需要约定的其他内容。

录音录像者与表演者之间，亦可参照此规定对许可使用合同作出具体规定：（1）写明许可使用的权利是什么，比如是许可将其表演制作成录音录像制品，还是许可复制、发行录有其表演的录音录像制品；（2）写明录音录像制作者对表演享有的是排他性的独占使用权，还是非排他非独占的使用权；（3）写明使用录音录像制品的地域和使用者享有使用权的承续期间；（4）写明以何种方式支付报酬，比如按照发行的录音录像制品的盒数付酬或按照版税付酬，报酬一次付清或分期付清等；（5）写明当事人不履行合同约定的义务或不完全履行义务应承担的法律后果；（6）双方认为需要约定的其他内容，比如约定争议的解决方式，即如果发生了著作权纠纷是通过有关部门调解解决，还是通过仲裁机构仲裁或是向人民法院提起诉讼。

应用 ✔

相关立法

《中华人民共和国著作权法》（2021年）

第四十四条　录音录像制作者专有权和权利保护期、录音录像制作者与著作权人和表演者的关系

录音录像制作者对其制作的录音录像制品，享有许可他人复制、发行、出租、通过信息网络向公众传播并获得报酬的权利；权利的保护期为五十年，截止于该制品首次制作完成后第五十年的12月31日。

被许可人复制、发行、通过信息网络向公众传播录音录像制品，应当同时取得著作权人、表演者许可，并支付报酬；被许可人出租录音录像制品，还应当取得表演者许可，并支付报酬。

解读 📖

本条是关于录音录像制作者专有权和权利保护期、录音录像制作者与著

作权人和表演者的关系的规定。

1991年的著作权法第三十九条规定，录音录像制作者对其制作的录音录像制品，享有许可他人复制、发行并获得报酬的权利。该权利的保护期为五十年，截止于该制品首次出版后第五十年的12月31日。被许可复制、发行的录音录像制作者还应当按照规定向著作权人和表演者支付报酬。2001年的著作权法增加了录音录像制作者享有出租权、信息网络传播权，以及经著作权人和表演者许可使用的规定。2001年的著作权法第四十一条规定，录音录像制作者对其制作的录音录像制品，享有许可他人复制、发行、出租、通过信息网络向公众传播并获得报酬的权利；权利的保护期为五十年，截止于该制品首次制作完成后第五十年的12月31日。被许可人复制、发行、通过信息网络向公众传播录音录像制品，还应当取得著作权人、表演者许可，并支付报酬。2010年的著作权法延续了这一规定。2021年的著作权法增加了被许可人应当同时取得著作权人、表演者许可的规定，以及被许可人出租录音录像制品，还应当取得表演者许可，并支付报酬的规定。

一、录音录像制作者的财产性权利

（一）复制、发行权

由于录音录像制品的复制、发行量直接关系制作者的经济利益，为保护其合法权益，录音录像制作者应当享有对其制品复制、发行的控制权，录音录像制品公之于众后，他人未经许可不能复制、发行。按照本条规定，录音录像制作者对其制作的录音录像，享有许可他人复制、发行并获得报酬的权利。复制是指制作一件或多件某种录音录像的复版。发行是指将录音录像制品的复制品直接或间接提供给公众或者任何一部分公众的行为。录音录像制作者使原作品或表演转换为录音录像制品，通常是先制作母带，然后用母带成批复制。通过复制和发行录音录像制品的复制品，从中获得收益。

（二）出租权

为了适应我国加入世界贸易组织的要求，进一步保护录音录像制作者的合法权益，此条规定，录音录像制作者对其制作的录音录像制品享有出租并获得报酬的权利。根据这一规定，任何人要出租录音录像制品，不论是在专门经营录音录像制品的商店出租，还是在其他场所从事商业性的录音录像制品的出租业务，都要取得录音录像制作者许可，并向其支付报酬。

（三）网络传播权

从科学技术发展的实际出发，为有效地保护录音录像制作者的合法权益，著作权法规定，录音录像制作者对其制作的录音录像制品，享有许可他人通过信息网络向公众传播，并获得报酬的权利。根据这一规定，任何网络经营者下载录音录像制品，都应当取得录音录像制作者许可，并向其支付报酬。

二、录音录像制作者的权利保护期

录音录像制品的保护期是对录音录像制作者权利的保护，在权利保护期内使用录音录像制品，要按照本法的规定取得录音录像制作者许可，并支付报酬，超过保护期，该录音录像制品即进入公有领域，可以随意使用，不必经过许可，也不必支付报酬。1991年的著作权法规定，录音录像制作者权利的保护期为五十年，截止于该制品首次出版后第五十年的12月31日。2010年的著作权法规定，录音录像制作者权利的保护期为五十年，截止于该制品首次制作完成后第五十年的12月31日。就是说，2010年的著作权法对1991年的著作权法作了修改。其之所以将"出版"修改为"制作完成"，一方面，是因为《与贸易有关的知识产权协定》第十四条规定，本协定项下表演者和录音制品制作者可获得的保护期限，自该固定或表演完成的日历年年底计算，应至少持续至五十年年末。这里所说的"固定"应理解为制作完成。另一方面，考虑到录音录像制品制作完成后不出版，就可能出现对录音录像制品的保护期长于对作品的保护期的情况。

三、使用录音录像制品应同时取得著作权人和表演者许可

1991年的著作权法规定，"被许可复制发行的录音录像制作者还应当按照规定向著作权人和表演者支付报酬"。2021年的著作权法将上述规定修改为"被许可人复制、发行、通过信息网络向公众传播录音录像制品，应当同时取得著作权人、表演者许可，并支付报酬；被许可人出租录音录像制品，还应当取得表演者许可，并支付报酬"。也就是说，修改后，录音录像制作者许可他人使用录音录像制品，不仅要向著作权人支付报酬，还要同时取得著作权人和表演者许可。之所以增加许可使用的规定，主要是考虑制作录音录像制品源于著作权人的作品和表演者的表演，著作权人和表演者的权利应当得到全面的保护，不应当因为作品使用方式和环节增多而降低保护水平。本法规定著作权人、表演者享有录音录像的权利，著作权人或者表演者许可某公司使用其作品，并不意味着同时许可其他公司未经许可使用其作品。也就是说，录音录像制作者对其制作的录音录像制品并不享有完全的权利，他在许可他人复制、发行、通过信息网络传播录音录像制品时，被许可人还要取得著作权人、表演者的许可，并支付报酬。

应用

相关立法

《与贸易有关的知识产权协定》（2017年）

第十二条　保护期限

除摄影作品或实用艺术作品外，只要一作品的保护期限不以自然人的生命为基础计算，则该期限自作品经授权出版的日历年年底计算即不得少于五十年，或如果该作品在创作后五十年内未经授权出版，则为自作品完成的日历年年底起计算的五十年。

典型案例

某音像出版社、某文化公司、某光碟公司与
某唱片公司侵犯著作权纠纷案

简介：

某唱片公司获得演出单位及编剧的授权，是某作品的著作权人及表演者，后发现某音像出版社、某文化公司、某光碟公司发行了上述作品，遂诉至法院。法院审理后认为，戏剧类作品演出的筹备、组织、排练等均由剧院或剧团等演出单位主持，演出所需投入亦由演出单位承担，演出体现的是演出单位的意志，故对于整台戏剧的

演出，演出单位是著作权法意义上的表演者，有权许可他人从现场直播或录音录像、复制、发行录音录像制品等，在没有特别约定的情况下，演员个人不享有上述权利。于是，法院最后认定某唱片公司是涉案作品的著作权人，三被告侵权成立。[①]

简评：

表演者权归演出单位单独所有，表演者个人并不享有。根据著作权法第四十二条（著作权法修订后第四十四条）的规定，录音录像制作者的权利仅限于禁止他人未经许可复制、发行其制作的录音录像制品，对于非其制作的，则无权禁止他人制作和发行。但如果录音录像制作者除对其制作、发行的录音录像制品享有独家发行权外，还对录音录像制品所涉及的内容享有独家出版、发行的权利，则他人未经许可就相关内容制作、出版、发行录音录像制品的，也构成侵权。

第四十五条　录音制作者获酬权

将录音制品用于有线或者无线公开传播，或者通过传送声音的技术设备向公众公开播送的，应当向录音制作者支付报酬。

解读 📖

本条是关于录音制作者获得报酬的权利的规定。

2021年的著作权法新增了将录音制品用于有线或者无线公开传播，或者通过传送声音的技术设备向公众公开播送的，录音制作者享有报酬权的规定。

本法将传播权分为现场传播权和远程传播权（向公众传播权）。在《伯尔尼保护文学和艺术作品公约》与《世界知识产权组织版权条约》中的"向公众传播"只有一个意思，即将作品传向不在现场的公众，也就是所说的远程传播。《世界知识产权组织表演和录音制品条约》第十五条第一款规定："对于将为商业目的发行的录音制品直接或间接地用于广播或者用于对公众的任

---

① 参见：最高人民法院，（2008）民三终字第5号判决书。

何传播，表演者和录音制品制作者应享有获得一次性合理报酬的权利。"我国在加入《世界知识产权组织表演和录音制品条约》时对这条内容声明予以保留，所以2010年的著作权法中没有体现类似的规定。但2021年的著作权法第四十五条无疑参考了《世界知识产权组织表演和录音制品条约》第十五条第一款内容。根据《世界知识产权组织表演和录音制品条约》第二条对"向公众传播"的定义，在第十五条中，"向公众传播"被赋予了更广泛的含义，不仅包括远程传播，也包括现场传播。因此，根据《世界知识产权组织表演和录音制品条约》第十五条的规定，无论是远程传播还是现场传播录音制品，录音制作者都享有获得报酬的权利。

应用 ✒

相关立法

《世界知识产权组织表演和录音制品条约》（1996年）

第四节　广播电台、电视台播放

第四十六条　广播电台、电视台播放他人作品时的义务

广播电台、电视台播放他人未发表的作品，应当取得著作权人许可，并支付报酬。

广播电台、电视台播放他人已发表的作品，可以不经著作权人许可，但应当按照规定支付报酬。

解读 📖

本条是关于广播电台、电视台使用作品的规定。

1991年的著作权法第四十条规定："广播电台、电视台使用他人未发表的作品制作广播、电视节目，应当取得著作权人的许可，并支付报酬。广播电

台、电视台使用他人已发表的作品制作广播、电视节目，可以不经著作权人许可，但著作权人声明不许使用的不得使用；并且除本法规定可以不支付报酬的以外，应当按照规定支付报酬。广播电台、电视台使用改编、翻译、注释、整理已有作品而产生的作品制作广播、电视节目，应当向改编、翻译、注释、整理作品的著作权人和原作品的著作权人支付报酬。"2001年的著作权法将上述规定修改为"广播电台、电视台播放他人未发表的作品，应当取得著作权人许可，并支付报酬。广播电台、电视台播放他人已发表的作品，可以不经著作权人许可，但应当支付报酬"。2010年的著作权法延续了这一规定。2021年的著作权法增加广播电台、电视台应按照规定支付报酬的规定，此处规定特指2011年修订的《广播电台电视台播放录音制品支付报酬暂行办法》。

一、广播电台、电视台播放他人未发表的作品应当取得许可并支付报酬

著作权人对于自己的作品享有完整的著作权，无论作品发表与否。根据著作权法第十条的规定，著作权人享有发表权，有权决定自己的作品是否公之于众，以及以何种方式公之于众；同时享有广播权，即享有许可他人以无线方式公开广播或传播作品，以有线传播或者转播的方式向公众传播广播的作品，以及通过扩音器或者其他传送符号、声音、图像的类似工具向公众传播广播的作品的权利。无论作品发表与否，其发表权、广播权等权利都应当受到尊重和保护。如果广播电台、电视台播放他人未经发表的作品，原则上必须取得著作权人的许可，并支付报酬。获得许可的方式，通常是与著作权人签订许可使用合同。

二、广播电台、电视台播放他人已发表的作品可以不经过许可，但应按规定支付报酬

广播电台、电视台广播他人作品时，一般应取得著作权人的许可。但是，考虑到各国实际情况不同，《伯尔尼保护文学和艺术作品公约》第十一条之二第二款允许缔约国对作者的广播权给予一定的限制：本联盟成员国的立法可以规定行使前款所述权利的条件，但这些条件仅在对此作出规定的国家适用。在任何情况下均不得影响作者的精神权利和获得合理报酬的权利。报酬数额在当事人未能约定的情况下，由主管当局确定。上述限制适用于所有被广播的作品，并且仅在规定了该制度的国家适用，且不得损害作者的精神权利和获得合理报酬的权利。为了保护作者的利益，广播作品者应向作者支付一笔合理的报酬。在当事人未能约定数额的情况下，由主管当局确定。考虑到制定本法时，广播电台、电视台播放的作品很多，涉及众多著作权人，都取得许可有一定的困难，特别是我国广播电台、电视台担负着重要的宣传任务，不能因上述问题而影响播放。1991年的著作权法第四十条规定："广播电台、电视台使用他人已发表的作品制作广播、电视节目，可以不经著作权人许可，但著作权人声明不许使用的不得使用；并且除本法规定可以不支付报酬的以外，应当按照规定支付报酬。"在2001年的著作权法根据我国实际情况，在符合《伯尔尼保护文学和艺术作品公约》的前提下，对著作权人行使播放权进行一定限制还是必要的。因此，本条规定，播放已发表作品可以不经著作权人许可，但应当支付报酬。由于播放已发表的作品没有经过著作权人许可，著作权人对付酬问题不可能事先提出要求，因此，就会遇到如何付酬的问题。著作权法第三十条规定："使用作品的付酬标准可以由当事人约定，也可以按照国家著作权主管部门会同有关部门制定的付酬标准支付报酬。当事人约定不明确的，按照国家著作权主管部门会同有关部门制定的付酬标准支付报酬。"按照这一规定，广播电台、电视台播放已发表的作品，可以同著作权人授权的集体管理组织就付酬的标准和方式进行协商，按照协商后的数额支付报酬。没有集体管理组织的，按照国家版权局会同有关部门制定的付酬标准支付报酬。

应用

相关立法

《伯尔尼保护文学和艺术作品公约》（1971年）

第十一条之二

1.文学艺术作品的作者享有下列专有权利：（1）授权广播其作品或以任何其他无线传送符号、声音或图像的方法向公众传播其作品；（2）授权由原广播机构以外的另一机构通过有线传播或转播的方式向公众传播广播的作品；
（3）授权通过扩音器或其他任何传送符号、声音或图象的类似工具向公众传播广播的作品。

2.行使以上第一款所指的权利的条件由本同盟成员国的法律规定，但这些条件的效力严格限于对此作出规定的国家。在任何情况下，这些条件均不应有损于作者的精神权利，也不应有损于作者获得合理报酬的权利，该报酬在没有协议情况下应由主管当局规定。

3.除另有规定外，根据本条第一款的授权，不意味着授权利用录音或录像设备录制广播的作品。但本同盟成员国法律得确定一广播机构使用自己的设备并为自己播送之用而进行临时录制的规章。本同盟成员国法律也可以由于这些录制品具有特殊文献性质而批准由国家档案馆保存。

《广播电台电视台播放录音制品支付报酬暂行办法》（2011年）

第二条　广播电台、电视台可以就播放已经发表的音乐作品向著作权人支付报酬的方式、数额等有关事项与管理相关权利的著作权集体管理组织进行约定。

广播电台、电视台播放已经出版的录音制品，已经与著作权人订立许可使用合同的，按照合同约定的方式和标准支付报酬。

广播电台、电视台依照著作权法第四十四条（著作权法修订后第四十二条）的规定，未经著作权人的许可播放已经出版的录音制品（以下称播放录音制品）的，依照本办法向著作权人支付报酬。

典型案例

佛山某电台与贾某某等著作权权属、侵权纠纷案

简介：

贾某某为某图书的著作权人，2009年将该作品（共七册）的专有出版权授予某出版社。2009年7月至2011年1月，某出版社将其中一至六册出版发行。谢某某为佛山某电台FM92.4和FM94.6频道

某节目的主播人。基于贾某某图书，谢某某制作了广播节目，并在FM92.4及FM94.6两个频道播出，每天播放一集，播放时间为2008年6月至2010年7月。该节目在两年多的播出时间里，一直未提及贾某某，仅有最后一期节目表明贾某某的原作作者身份。2012年7月15日，佛山某电台的下属单位珠江某公司授权某科学文化音像出版社在中国大陆地区以DVD形式出版该广播节目内容。随后，某科学文化音像出版社出版发行光盘并在市场上销售，光盘内、外包装均未给贾某某署名。

贾某某认为，佛山某电台播放的广播节目以及某科学文化音像出版社出版发行的光盘侵犯了自己的著作权，将二者及谢某某诉至法院。经鉴定机构对权利图书（一至六册）与被控侵权光盘内容的异同性比对，光盘共有464个音频文件，其中有462个文件内容与贾某某图书内容对应，整体结构相同。光盘内容约有122.4万字与贾某某图书内容表达相同，约占贾某某图书全部内容的89%，广播节目全部内容的74%。另有证据表明，在被控侵权作品与贾某某作品不同的部分，大部分并非简单的语气词、修饰词等辅助性词句，而是佛山某电台在原作品以外新增加的内容，是与原作不同的新的独创性表达。

一审法院认为，佛山某电台构成对原告改编权、广播权及署名权的侵犯。广播电台广播他人已发表的作品时需指明作者姓名和作品名称，且使用时不应对他人的作品加以改动，或是仅能容许以播讲为需要的适当改动，而佛山某电台在使用权利图书的过程中未给贾某某署名，且对权利图书的改动使用明显已超过适度的范围，故佛山某电台的行为不适用著作权法第四十三条第二款（著作权法修订后第四十六条第二款）的规定。佛山某电台应就其上述侵权行为承担侵权责任。出版发行该光盘构成对贾某某所享有的复制权、发行权、署名权的侵犯。某科学文化音像出版社作为被控侵权光盘的出版发行方，未尽到合理注意义务，应就上述行为承担侵权责任。作为出品方，佛山某电台应就该出版发行行为与某科学文化音像出版社承担连带责任。二审法院驳回佛山某电台的上诉，维持原判。①

简评：

播放已发表作品的法定许可是著作权人为公共利益对其权利作出一定的让渡，是对著作权人专用权利的一种限制。这种限制本身要求不能以损害著作权人的根本利益为前提，即广播电台在使用已发表作品时，不能侵害著作权人的其他权利，以让著作权人的权利所受损害程度最小化。为了避免损害著作权人的根本利益，让著作权人利益不致受到过大损害，广播电台对于作品的使用应当尽量尊重原作。即便有改动，也应该是为了满足广播电台播放要求、适应播放特点的适当改动，而且改动不应增加已有作品中没有的内容而产生新的作品。任何对他人作品的使用都应为作者署名，表明作者的身份，这是著作权法的基本要求与应有之义。在法定许可情况下使用他人作品也应尊重作者的此项权利。

第四十七条 广播组织专有权和权利保护期

广播电台、电视台有权禁止未经其许可的下列行为：

（一）将其播放的广播、电视以有线或者无线方式转播；

（二）将其播放的广播、电视录制以及复制；

（三）将其播放的广播、电视通过信息网络向公众传播。

广播电台、电视台行使前款规定的权利，不得影响、限制或者侵害他人行使著作权或者与著作权有关的权利。

本条第一款规定的权利的保护期为五十年，截止于该广播、电视首次播放后第五十年的12月31日。

---

① 参见：北京知识产权法院，（2015）京知民终字第122号判决书。

解读 📖

本条是关于广播组织专有权和权利保护期的规定。

1991年的著作权法第四十二条规定，广播电台、电视台对其制作的广播、电视节目，享有下列权利：

（一）播放；

（二）许可他人播放，并获得报酬；

（三）许可他人复制发行其制作的广播、电视节目，并获得报酬。

前款规定的权利的保护期为五十年，截止于该节目首次播放后第五十年的12月31日。

被许可复制发行的录音录像制作者还应当按照规定向著作权人和表演者支付报酬。

2001年的著作权法对此条内容进行了修改，在第四十四条规定，广播电台、电视台有权禁止未经其许可的下列行为：

（一）将其播放的广播、电视转播；

（二）将其播放的广播、电视录制在音像载体上以及复制音像载体。

前款规定的权利的保护期为五十年，截止于该广播、电视首次播放后第五十年的12月31日。

2010年的著作权法延续了这一规定。2021年的著作权法将第四十五条改为第四十七条，规定广播电台、电视台有权禁止未经其许可的下列行为：

（一）将其播放的广播、电视以有线或者无线方式转播；

（二）将其播放的广播、电视录制以及复制；

（三）将其播放的广播、电视通过信息网络向公众传播。

广播电台、电视台行使前款规定的权利，不得影响、限制或者侵害他人行使著作权或者与著作权有关的权利。

本条第一款规定的权利的保护期为五十年，截止于该广播、电视首次播放后第五十年的12月31日。

广播组织权制度是我国著作权法第三次修订过程中争议最大的内容之一，

从不同阶段的审议草案中可见一斑。2010年的著作权法、2014年的著作权法修正案送审稿、2020年4月发布的著作权法修正案一审稿和2020年8月公布的著作权法修正案二审稿在广播组织权的客体、权利内容、权利性质等方面的规定屡屡不同。2010年的著作权法规定广播组织权的客体与《与贸易有关的知识产权协定》的内容一致，即为"广播、电视"，但未区分系"广播电视信号"或"广播电视节目"。著作权法修正案送审稿规定"广播电视节目是指广播电台、电视台首次播放的载有声音或者图像的信号"，广播组织权的客体混淆了"广播电视信号"与"广播电视节目"。著作权法修正案一审稿认为广播组织权的客体是"载有节目的信号"，并规定广播组织者对其播放的"载有节目的信号"享有信息网络传播权。著作权法修正案二审稿界定广播组织权客体为"广播、电视"。新著作权法在广播组织权利制度方面基本延续了二审稿内容，同时增加了"广播电台、电视台行使前款规定的权利，不得影响、限制或者侵害他人行使著作权或者与著作权有关的权利"之规定。

一、广播电台、电视台有权禁止未经许可的有线或无线转播行为

有线或无线转播广播、电视指的是通过电磁波从一个收发射系统转到另一个收发射系统。广播电台、电视台对其播放的作品，既包括播放其自身创作的作品，也包括播放他人创作的作品。如果是其自身创作的作品，相关创作人享有完整的著作权；如果是播放他人创作的作品，广播电台、电视台经许可享有一定的演绎权。此种权益应当获得保障。因此，对于未经其许可，将其播放的广播、电视通过有线或无线予以转播的行为，是违法侵权行为。广播电台、电视台对取得著作权和其他相关权人许可播放的广播、电视享有播放权，其他广播组织或其他人未经许可通过有线或无线方式转播的，广播电台、电视台有权根据本法第四十七条的规定责令其停止播放、消除影响、赔礼道歉、赔偿损失。

二、广播电台、电视台有权禁止未经许可的录制与复制行为

录制并复制音像载体是指广播机构使用自己的设备并为自己播送之用而进行临时录制。广播电台、电视台的录制、复制权仅限于为播放而为之，不意味着可以不经著作权和其他相关权人的许可，将其作品、表演、录音录像制品复制、发行。复制、发行广播电视节目是作者、表演者、录音录像制作者的专有权,而不是广播组织的权利,广播组织不能因为播放了节目,就当然享有这一权利。广播电台、电视台对取得著作权人和其他相关权利人许可播放的广播、电视享有播放权,其他广播组织或其他人未经许可转播的,广播电台、电视台有权禁止。

三、广播电台、电视台有权禁止未经许可的信息网络传播行为

本法第四十七条新增广播电台、电视台有权禁止未经其许可"将其播放的广播、电视通过信息网络向公众传播"的行为。此处在广播组织权项下厘清的"广播权"和新增的"信息网络传播权"使得广播电台、电视台就其广播电视信号享有的权利全面覆盖互联网领域,可以有效禁止目前比较猖獗的通过网络实时转播完整频道信号的情况,以及将广播电视信号音视频画面(尤其是承载新闻类节目、体育赛事类节目和综艺节目)截录为短视频、GIF格式无声视频等通过网络肆意传播的情况。此处修订对广播电视行业是重大的权益保障和法律赋能。

应用 ✔

相关立法

《与贸易有关的知识产权协定》(2017年)

第十二条 保护期限

除摄影作品或实用艺术作品外,只要一作品的保护期限不以自然人的生命为基础计算,则该期限自作品经授权出版的日历年年底计算即不得少于五十年,或如果该作品在创作后五十年内未经授权出版,则为自作品完成的日历年年底起计算的五十年。

第四十八条 电视台播放他人的视听作品和录像制品

电视台播放他人的视听作品、录像制品,应当取得视听作品著作权人或者录像制作者许可,并支付报酬;播放他人的录像制品,还应当取得著作权人许可,并支付报酬。

解读 📖

本条是关于电视台播放他人的视听作品和录像制品的规定。

1991年的著作权法第四十四条规定，电视台播放他人的电影、电视和录像，应当取得电影、电视制片者和录像制作者的许可，并支付报酬。2001年的著作权法增加了播放录像制品应取得著作权人许可的规定。根据2001年的著作权法第四十五条规定："电视台播放他人的电影作品和以类似摄制电影的方法创作的作品、录像制品，应当取得制片者或者录像制作者许可，并支付报酬；播放他人的录像制品，还应当取得著作权人许可，并支付报酬。"2010年的著作权法延续了这一规定。2021年的著作权法为顺应视听作品类型的修改，将原"电影作品和以类似摄制电影的方法创作的作品"及"制片者"改为"视听作品著作权人"。

一、视听作品的播放应当取得许可并支付报酬

依据本法第十七条规定，视听作品的著作权由视听作品著作权人享有，但编剧、导演、摄影、作词、作曲等作者享有署名权，并有权按照与视听作品著作权人签订的合同获得报酬。视听作品中的剧本、音乐等可以单独使用的作品的作者有权单独行使其著作权。电视台要播放视听作品，必须尊重视听作品著作权人依法享有的著作权。为此，原则上，电视台播放视听作品，必须取得视听作品著作权人的许可并支付报酬。

二、播放录像制品，需要取得录像制作者和著作权人的双重许可，并支付报酬

根据著作权法实施条例第五条规定，录像制品是指电影作品和以类似摄制电影的方法创作的作品以外的任何有伴音或者无伴音的连续相关形象、图像的录制品。制作录像制品，虽然不像视听作品那样复杂和投资巨大，但也包含了录像制作者的创造性劳动和相当的财力、物力。录像制品同视听作品的区别在于录像制作者是否进行了创作。当录像制作者用摄制视听作品的方法对剧本进行了内容上的处理，按照剧本的要求组织音乐、美术等方面的创作，并将它们合成，用磁带加以固定，那么其成果就是视听作品；相反如果录制者只是机械、忠实地录制现存的音像，那么他制作出来的便是录制品。录制者包括录音制作者和录像制作者，依据著作权法实施条例第五条的规定，录音制作者是指录音制品的首次制作人，录像制作者是指录像制品的首次制作人。由此可见，音像出版单位并不是当然的录制者，只有当他们是录制品的原始制作者时，才享有录制者的邻接权。为保护录像制作者合法的权益，本条规定，播放他人的录像制品，还应当取得录像制作者许可，并支付报酬。同时，录像制品还涉及著作权人的合法权益。比如，教学录像带所体现的授课本身，以及授课者使用的内容涉及文字、美术、摄影、音乐、戏剧、曲艺、舞蹈等作品的提纲都是著作权保护的客体，授课者对此享有著作权。因此，本法增加规定，播放他人的录像制品，还应当取得著作权人许可，并支付报酬。

应用

相关立法

《中华人民共和国著作权法实施条例》（2013年）

第五条　著作权法和本条例中下列用语的含义：

（一）时事新闻，是指通过报纸、期刊、广播电台、电视台等媒体报道的单纯事实消息；

（二）录音制品，是指任何对表演的声音和其他声音的录制品；

（三）录像制品，是指电影作品和以类似摄制电影的方法创作的作品以外的任何有伴音或者无伴音的连续相关形象、图像的录制品；

（四）录音制作者，是指录音制品的首次制作人；

（五）录像制作者，是指录像制品的首次制作人；

（六）表演者，是指演员、演出单位或者其他表演文学、艺术作品的人。

《最高人民法院关于审理著作权民事纠纷案件适用法律若干问题的解释》（2021年）

第四条　因侵害著作权行为提起的民事诉讼，由著作权法第四十七条（著作权法修订后第五十二条）、第四十八条（著作权法修订后第五十三条）

所规定侵权行为的实施地、侵权复制品储藏地或者查封扣押地、被告住所地人民法院管辖。

前款规定的侵权复制品储藏地，是指大量或者经常性储存、隐匿侵权复制品所在地；查封扣押地，是指海关、版权等行政机关依法查封、扣押侵权复制品所在地。

第五章　著作权和与著作权有关的权利的保护

第四十九条　技术措施

为保护著作权和与著作权有关的权利，权利人可以采取技术措施。

未经权利人许可，任何组织或者个人不得故意避开或者破坏技术措施，不得以避开或者破坏技术措施为目的制造、进口或者向公众提供有关装置或者部件，不得故意为他人避开或者破坏技术措施提供技术服务。但是，法律、行政法规规定可以避开的情形除外。

本法所称的技术措施，是指用于防止、限制未经权利人许可浏览、欣赏作品、表演、录音录像制品或者通过信息网络向公众提供作品、表演、录音录像制品的有效技术、装置或者部件。

解读 📖

本条是关于技术措施的规定。

一、条文解读

本条包含三款，第一款规定了权利人采取技术措施的权利；第二款规定了本法所禁止的与技术措施有关的三类行为及其例外；第三款规定了技术措施的定义。

（一）第一款规定权利人可以采取技术措施

本款的意义：一是确认了权利人有权采取技术措施，本款规定并未创设著作权权利，而是与本法第五十三条第六项结合将技术措施作为本法所保护的独立客体；二是本款将采取技术措施的目的限定为保护著作权和与著作权相关的权利。

（二）第二款规定三种本法所禁止的规避技术措施的行为

一是故意避开或者破坏技术措施的行为；二是故意以避开或者破坏技术措施为目的制造、进口或者向公众提供有关装置或者部件；三是故意为他人避开或者破坏技术措施提供技术服务。其中第一种情形是直接规避技术措施，第二种和第三种情形是间接规避技术措施。规避技术措施的行为分为"避开"和"破坏"两种行为，本法并未规定"避开"和"破坏"的具体含义。

（三）第三款规定技术措施的定义

本款将技术措施定义为"用于防止、限制未经权利人许可浏览、欣赏作品、表演、录音录像制品或者通过信息网络向公众提供作品、表演、录音录像制品的有效技术、装置或者部件"。一是关于技术措施的客体，须为著作权和与著作权相关的权利的客体，而且明确、完全地列举了三类客体：作品、表演和录音录像制品。二是技术措施所针对的行为，技术措施可分为"控制接触"的技术措施和"保护著作权权利"的技术措施，本款规定基本沿用了《信息网络传播权保护条例》的定义，所防止、限制的行为是浏览、欣赏、通过信息网络向公众提供的行为。该规定并未明确区分两类技术措施，但已将两类技术措施笼统地包含在内。"浏览、欣赏"行为并不一定会侵犯著作权，本款所定义的"技术措施"所控制的行为可能超出了著作权所控制的行为范围。

二、修订情况

本条是本法在第五章中新增的一条。2010年的著作权法中关于"技术措施"的规定仅见于第四十八条第六项，该规定已将故意避开或破坏技术措施的行为规定为侵权行为，但较为笼统。一是虽定义了侵权行为，但无相应法条明确侵权行为所对应的"权利基础"，未规定"技术措施"的性质和具体定义；二是侵权行为未包含以规避技术措施为目的制造、进口或向公众提供装置、部件和为他人规避技术措施提供技术服务的两类行为；三是关于技术措施所保护的客体，仅明确列举了作品和录音录像制品，无其他著作权法保护的客体，如表演、广播节目信号等。

相比于2010年著作权法，《信息网络传播权保护条例》对于"技术措施"

的规定更为详细。一是《信息网络传播权保护条例》明确定义了"技术措施",系指用于防止、限制未经权利人许可浏览、欣赏作品、表演、录音录像制品的或者通过信息网络向公众提供作品、表演、录音录像制品的有效技术、装置或者部件。该规定将"表演"也明确列举为技术措施的客体。二是明确规定了三类所禁止的规避技术措施的行为:故意避开或者破坏技术措施;故意制造、进口或者向公众提供主要用于避开或者破坏技术措施的装置或者部件;故意为他人避开或者破坏技术措施提供技术服务。尽管上述规定较为全面系统,但《信息网络传播权保护条例》在法律位阶上属于行政法规,并且是关于信息网络传播权的行政法规,其"技术措施"应限于出于保护信息网络传播权的目的而采取的技术措施,故难以为著作权法提供全面的规范。

出于解决技术措施线上线下一体保护之目的,2021年的著作权法增加了技术措施的规定,采纳了《信息网络传播权保护条例》所规定的三类规避技术措施的行为,并参照其规定对"技术措施"作出定义,将《信息网络传播权保护条例》的相关规定上升为法律。

应用

相关立法

《中华人民共和国著作权法》(2021年)

第五十三条　有下列侵权行为的,应当根据情况,承担本法第五十二条规定的民事责任;侵权行为同时损害公共利益的,由主管著作权的部门责令停止侵权行为,予以警告,没收违法所得,没收、无害化销毁处理侵权复制品以及主要用于制作侵权复制品的材料、工具、设备等,违法经营额五万元以上的,可以并处违法经营额一倍以上五倍以下的罚款;没有违法经营额、违法经营额难以计算或者不足五万元的,可以并处二十五万元以下的罚款;构成犯罪的,依法追究刑事责任:

(一)未经著作权人许可,复制、发行、表演、放映、广播、汇编、通过信息网络向公众传播其作品的,本法另有规定的除外;

（二）出版他人享有专有出版权的图书的；

（三）未经表演者许可，复制、发行录有其表演的录音录像制品，或者通过信息网络向公众传播其表演的，本法另有规定的除外；

（四）未经录音录像制作者许可，复制、发行、通过信息网络向公众传播其制作的录音录像制品的，本法另有规定的除外；

（五）未经许可，播放、复制或者通过信息网络向公众传播广播、电视的，本法另有规定的除外；

（六）未经著作权人或者与著作权有关的权利人许可，故意避开或者破坏技术措施的，故意制造、进口或者向他人提供主要用于避开、破坏技术措施的装置或者部件的，或者故意为他人避开或者破坏技术措施提供技术服务的，法律、行政法规另有规定的除外；

（七）未经著作权人或者与著作权有关的权利人许可，故意删除或者改变作品、版式设计、表演、录音录像制品或者广播、电视上的权利管理信息的，知道或者应当知道作品、版式设计、表演、录音录像制品或者广播、电视上的权利管理信息未经许可被删除或者改变，仍然向公众提供的，法律、行政法规另有规定的除外；

（八）制作、出售假冒他人署名的作品的。

《信息网络传播权保护条例》（2013年）

第四条 为了保护信息网络传播权，权利人可以采取技术措施。

任何组织或者个人不得故意避开或者破坏技术措施，不得故意制造、进口或者向公众提供主要用于避开或者破坏技术措施的装置或者部件，不得故意为他人避开或者破坏技术措施提供技术服务。但是，法律、行政法规规定可以避开的除外。

第十八条 违反本条例规定，有下列侵权行为之一的，根据情况承担停止侵害、消除影响、赔礼道歉、赔偿损失等民事责任；同时损害公共利益的，可以由著作权行政管理部门责令停止侵权行为，没收违法所得，非法经营额5万元以上的，可处非法经营额1倍以上5倍以下的罚款；没有非法经营额或者非法经营额5万元以下的，根据情节轻重，可处25万元以下的罚款；情节严重的，著作权行政管理部门可以没收主要用于提供网络服务的计算机等设备；构成犯罪的，依法追究刑事责任：

（一）通过信息网络擅自向公众提供他人的作品、表演、录音录像制品的；

（二）故意避开或者破坏技术措施的；

（三）故意删除或者改变通过信息网络向公众提供的作品、表演、录音录像制品的权利管理电子信息，或者通过信息网络向公众提供明知或者应知未经权利人许可而被删除或者改变权利管理电子信息的作品、表演、录音录像制品的；

（四）为扶助贫困通过信息网络向农村地区提供作品、表演、录音录像制品超过规定范围，或者未按照公告的标准支付报酬，或者在权利人不同意提供其作品、表演、录音录像制品后未立即删除的；

（五）通过信息网络提供他人的作品、表演、录音录像制品，未指明作品、表演、录音录像制品的名称或者作者、表演者、录音录像制作者的姓名（名称），或者未支付报酬，或者未依照本条例规定采取技术措施防止服务对象以外的其他人获得他人的作品、表演、录音录像制品，或者未防止服务对象的复制行为对权利人利益造成实质性损害的。

第十九条　违反本条例规定，有下列行为之一的，由著作权行政管理部门予以警告，没收违法所得，没收主要用于避开、破坏技术措施的装置或者部件；情节严重的，可以没收主要用于提供网络服务的计算机等设备；非法经营额5万元以上的，可处非法经营额1倍以上5倍以下的罚款；没有非法经营额或者非法经营额5万元以下的，根据情节轻重，可处25万元以下的罚款；构成犯罪的，依法追究刑事责任：

（一）故意制造、进口或者向他人提供主要用于避开、破坏技术措施的装置或者部件，或者故意为他人避开或者破坏技术措施提供技术服务的；

（二）通过信息网络提供他人的作品、表演、录音录像制品，获得经济利益的；

（三）为扶助贫困通过信息网络向农村地区提供作品、表演、录音录像制品，未在提供前公告作品、表演、录音录像制品的名称和作者、表演者、录音录像制作者的姓名（名称）以及报酬标准的。

第二十六条　本条例下列用语的含义：

信息网络传播权，是指以有线或者无线方式向公众提供作品、表演或者录音录像制品，使公众可以在其个人选定的时间和地点获得作品、表演或者录音录像制品的权利。

技术措施，是指用于防止、限制未经权利人许可浏览、欣赏作品、表演、录音录像制品的或者通过信息网络向公众提供作品、表演、录音录像制品的有效技术、装置或者部件。

权利管理电子信息，是指说明作品及其作者、表演及其表演者、录音录像制品及其制作者的信息，作品、表演、录音录像制品权利人的信息和使用条件的信息，以及表示上述信息的数字或者代码。

《计算机软件保护条例》（2013年）

典型案例

北京某科技有限公司诉上海某电子科技有限公司
侵害计算机软件著作权纠纷案

简介：

原告北京某科技有限公司自主开发了精雕CNC雕刻系统，该系统由精雕雕刻CAD/CAM软件（JDPaint软件）、精雕数控系统、机械本体三个部分组成。原告对JDPaint软件享有著作权，该软件不公开对外销售，只配备在原告自主生产的数控雕刻机上使用。原告对ENG格式采取了加密措施，被告上海某电子科技有限公司破译了ENG格式的加密措施，开发、销售能够读取ENG格式数据文件的数控系统。原告认为被告属于故意避开或者破坏原告为保护软件著作权而采取的技术措施的行为，侵犯了原告的著作权。法院认为，ENG格式数据文件中包含的数据和文件格式均不属于JDPaint软件的程序组成部分，不属于计算机软件著作权的保护范围；ENG格式不属于著作权法上的技术措施，被告行为不构成破坏技术措施的侵权行为。①

简评：

本案为2015年最高人民法院发布的第十批指导性案例之一，裁判要旨和参考价值在于其说理涉及"为保护著作权而采取的技术措施"这一要件。法院认为，涉案技术措施旨在建立其软件与机床之间的捆绑关系，已经超出我国著作权法对于计算机软件的保护范围，不属于"为保护软件著作侵权"目的设计的技术保护措施。支持原告的诉请将会不适当地扩展著作权利益的保护。不符合著作权法对于软件著作权保护仅限于著作权人基于软件著作权应当享有经济利益的法律精神。此判决为理解"为保护著作权"而采取的技术措施提供了一种参考。

第五十条　技术措施的规避

下列情形可以避开技术措施，但不得向他人提供避开技术措施的技术、装置或者部件，不得侵犯权利人依法享有的其他权利：

（一）为学校课堂教学或者科学研究，提供少量已经发表的作品，供教学或者科研人员使用，而该作品无法通过正常途径获取；

（二）不以营利为目的，以阅读障碍者能够感知的无障碍方式向其提供已经发表的作品，而该作品无法通过正常途径获取；

（三）国家机关依照行政、监察、司法程序执行公务；

（四）对计算机及其系统或者网络的安全性能进行测试；

（五）进行加密研究或者计算机软件反向工程研究。

前款规定适用于对与著作权有关的权利的限制。

解读 📖

本条是关于技术措施的规避情形的规定。

---

① 参见：上海市高级人民法院，（2006）沪高民三（知）终字第110号判决书。

本条是著作权法新增的条文，规定了可以避开技术措施的情形和条件。

一、可以避开技术措施的情形

本条穷尽式列举了五种可以避开技术措施的情形：

（一）为学校课堂教学或者科学研究，提供少量已经发表的作品，供教学或者科研人员使用，而该作品无法通过正常途径获取；

（二）不以营利为目的，以阅读障碍者能够感知的无障碍方式向其提供已经发表的作品，而该作品无法通过正常途径获取；

（三）国家机关依照行政、监察、司法程序执行公务；

（四）对计算机及其系统或者网络的安全性能进行测试；

（五）进行加密研究或者计算机软件反向工程研究。

本条并未完全包含本法第二十四条第一款所明确列举的"合理使用"的情形，仅对应了第二十四条第一款中的第六项、第七项、第十二项的情况，且表述和第二十四条并不完全相同。除此之外还有两种情形：一是对计算机及其系统或者网络的安全性能进行测试；二是进行加密研究或者计算机软件反向工程研究。

本条例外情形仅适用于直接避开技术措施的行为，而不适用于其他两类间接避开技术措施的行为：故意制造、进口或者向公众提供主要用于避开或者破坏技术措施的装置或者部件；故意为他人避开或者破坏技术措施提供技术服务。

二、修订情况

本条是本法新增的条文，在此之前，《信息网络传播权保护条例》第十二条也已对避开技术措施的情形作出规定，属于下列情形的，可以避开技术措施，但不得向他人提供避开技术措施的技术、装置或者部件，不得侵犯权利人依法享有的其他权利：

（一）为学校课堂教学或者科学研究，通过信息网络向少数教学、科研人员提供已经发表的作品、表演、录音录像制品，而该作品、表演、录音录像制品只能通过信息网络获取；

331

（二）不以营利为目的，通过信息网络以盲人能够感知的独特方式向盲人提供已经发表的文字作品，而该作品只能通过信息网络获取；

（三）国家机关依照行政、司法程序执行公务；

（四）在信息网络上对计算机及其系统或者网络的安全性能进行测试。

本条在采纳了上述规定的基础上，新增了一种情形"进行加密研究或者计算机软件反向工程研究"。

应用

相关立法

《信息网络传播权保护条例》（2013年）

第十二条　属于下列情形的，可以避开技术措施，但不得向他人提供避开技术措施的技术、装置或者部件，不得侵犯权利人依法享有的其他权利：

（一）为学校课堂教学或者科学研究，通过信息网络向少数教学、科研人员提供已经发表的作品、表演、录音录像制品，而该作品、表演、录音录像制品只能通过信息网络获取；

（二）不以营利为目的，通过信息网络以盲人能够感知的独特方式向盲人提供已经发表的文字作品，而该作品只能通过信息网络获取；

（三）国家机关依照行政、司法程序执行公务；

（四）在信息网络上对计算机及其系统或者网络的安全性能进行测试。

第五十一条　权利管理信息

未经权利人许可，不得进行下列行为：

（一）故意删除或者改变作品、版式设计、表演、录音录像制品或者广播、电视上的权利管理信息，但由于技术上的原因无法避免的除外；

（二）知道或者应当知道作品、版式设计、表演、录音录像制品或者广播、电视上的权利管理信息未经许可被删除或者改变，仍然向公众提供。

解读 📖

此条是关于权利管理信息的规定。

本条规定了著作权法所禁止的与权利管理信息相关的行为。

一、"权利管理信息"的定义

本条并未定义何为"权利管理信息"。2010年的著作权法第四十八条的原本表述为"权利管理电子信息",本条已删除了"电子"的限制。《信息网络传播权保护条例》第二十六条第三款对"权利管理电子信息"作出定义:"权利管理电子信息,是指说明作品及其作者、表演及其表演者、录音录像制品及其制作者的信息,作品、表演、录音录像制品权利人的信息和使用条件的信息,以及表示上述信息的数字或者代码。"尽管上述规定是"权利管理电子信息"的定义,但并未将管理信息局限于电子形式。《世界知识产权组织版权条约》第12条第(2)款将权利管理信息规定为"识别作品、作品的作者、对作品拥有任何权利的所有人的信息,或有关作品使用的条款和条件的信息,和代表此种信息的任何数字或代码,各该项信息均附于作品的每件复制品上或在作品向公众进行传播时出现"。《视听表演北京条约》第16条第(2)款将权利管理信息规定为"识别表演者、表演者的表演或对表演拥有任何权利的所有人的信息,或有关使用表演的条款和条件的信息,以及代表此种信息的任何数字或代码,各该项信息均附于以视听录制品录制的表演上"。《美国联邦法典》第17编第1202条第(c)款通过概括和列举的方式定义"版权管理信息"(Copyright Management Information),是指识别一部版权作品的信息,如作者姓名、作品标题之类显示在版权公告中的信息,作品的使用期限和条件,连接或提及此信息的识别性数字或符号,作品被归于其表演者、作者、导演和其他人的姓名,以及版权局长根据规章指定的其他信息。

二、本条所禁止的行为

结合著作权法第五十三条规定,本条禁止三类行为:第一种为删除权利管理信息的行为,第二种为改变权利管理信息的行为,第三种为向公众提供删除、改变了权利管理信息的作品、版式设计、表演、录音录像制品或者广播、电视的行为。前两种规定在第一项，第三种规定在第二项。前两种行为要求主观故意，第三种行为要求主观上知情或应当知情。

三、本条的豁免情形

本条第一项规定了豁免情形——"技术上的原因无法避免的除外"，该豁免情形仅适用于删除或改变权利管理信息的行为，而不适用于第二项所规定的情形。本条并未对豁免情形进行解释。《信息网络传播权保护条例》第五条亦包含同样的豁免情形，《信息网络传播权保护条例释义》将"由于技术上的原因无法避免删除或者改变的除外"解释为"主要包括在播放广告或者其他节目时，使用作品、录音录像制品的片段，因时间短，无法在播放节目的同时表明权利管理电子信息；或者在实行数字/模拟信号转换时无法保存权利管理电子信息等情况。"增加规定豁免条件，主要是参考了美国《数字千年版权法》的规定。美国《数字千年版权法》对于权利管理信息豁免情形的规定较为具体，见于《美国联邦法典》第1202条第（e）款，豁免分别针对两类情形，第一类是模拟信号传输（Analog Transmission），第二类是数字传输（Digital Transmission）。前者是指广播电台、有线电视网络或向前述主体提供节目的主体，若要避免违反上述规定，将在技术上不可行或将会产生不合理的经济负担（Undue Financial Hardship），并且前述主体并非意图通过此类活动引诱、促成、帮助或掩盖侵害版权的行为，那么该主体将不会被视为违反了权利管理信息的规定。后者则是指如果存在对于某一类作品设置权利管理信息的数字传输标准，而第三人设置的权利管理信息不符合该标准，且删除或改变权利管理信息的行为并非意图引诱、促成、帮助或掩盖侵害版权的行为；如果不存在前述标准，则传输此类版权管理信息会使数字信号出现可感知的视觉或听觉衰减（Visual or Aural Degradation），或传输此类版权管理信息会违反政府关于数字信号传输的规定或数字信号传输有关的行业标准，且前述主体并非意图通过此类活动引诱、促成、帮助或掩盖侵害版权的行为。

四、修订情况

2010年的著作权法中关于"权利管理信息"的规定只有第四十八条第七项：未经著作权人或者与著作权有关的权利人许可，故意删除或者改变作品、录音录像制品等的权利管理电子信息的，法律、行政法规另有规定的除外。该规定将权利管理信息限定为"电子形式"，且未对"权利管理电子信息"进行定义。2021年的著作权法已将"电子"形式的要求删除。

应用 ✔

相关立法

《信息网络传播权保护条例》（2013年）

第五条　未经权利人许可，任何组织或者个人不得进行下列行为：

（一）故意删除或者改变通过信息网络向公众提供的作品、表演、录音录像制品的权利管理电子信息，但由于技术上的原因无法避免删除或者改变的除外；

（二）通过信息网络向公众提供明知或者应知未经权利人许可被删除或者改变权利管理电子信息的作品、表演、录音录像制品。

第十八条　违反本条例规定，有下列侵权行为之一的，根据情况承担停止侵害、消除影响、赔礼道歉、赔偿损失等民事责任；同时损害公共利益的，可以由著作权行政管理部门责令停止侵权行为，没收违法所得，非法经营额5万元以上的，可处非法经营额1倍以上5倍以下的罚款；没有非法经营额或者非法经营额5万元以下的，根据情节轻重，可处25万元以下的罚款；情节严重的，著作权行政管理部门可以没收主要用于提供网络服务的计算机等设备；构成犯罪的，依法追究刑事责任：

（一）通过信息网络擅自向公众提供他人的作品、表演、录音录像制品的；

（二）故意避开或者破坏技术措施的；

（三）故意删除或者改变通过信息网络向公众提供的作品、表演、录音录像制品的权利管理电子信息，或者通过信息网络向公众提供明知或者应知未经权利人许可而被删除或者改变权利管理电子信息的作品、表演、录音录像

制品的;

（四）为扶助贫困通过信息网络向农村地区提供作品、表演、录音录像制品超过规定范围，或者未按照公告的标准支付报酬，或者在权利人不同意提供其作品、表演、录音录像制品后未立即删除的;

（五）通过信息网络提供他人的作品、表演、录音录像制品，未指明作品、表演、录音录像制品的名称或者作者、表演者、录音录像制作者的姓名（名称），或者未支付报酬，或者未依照本条例规定采取技术措施防止服务对象以外的其他人获得他人的作品、表演、录音录像制品，或者未防止服务对象的复制行为对权利人利益造成实质性损害的。

第二十六条　本条例下列用语的含义:

信息网络传播权，是指以有线或者无线方式向公众提供作品、表演或者录音录像制品，使公众可以在其个人选定的时间和地点获得作品、表演或者录音录像制品的权利。

技术措施，是指用于防止、限制未经权利人许可浏览、欣赏作品、表演、录音录像制品的或者通过信息网络向公众提供作品、表演、录音录像制品的有效技术、装置或者部件。

权利管理电子信息，是指说明作品及其作者、表演及其表演者、录音录像制品及其制作者的信息，作品、表演、录音录像制品权利人的信息和使用条件的信息，以及表示上述信息的数字或者代码。

《计算机软件保护条例》（2013年）

第五十二条　承担民事责任的侵权行为和救济途径

有下列侵权行为的，应当根据情况，承担停止侵害、消除影响、赔礼道歉、赔偿损失等民事责任:

（一）未经著作权人许可，发表其作品的;

（二）未经合作作者许可，将与他人合作创作的作品当作自己单独创作的作品发表的;

（三）没有参加创作，为谋取个人名利，在他人作品上署名的;

（四）歪曲、篡改他人作品的；

（五）剽窃他人作品的；

（六）未经著作权人许可，以展览、摄制视听作品的方法使用作品，或者以改编、翻译、注释等方式使用作品的，本法另有规定的除外；

（七）使用他人作品，应当支付报酬而未支付的；

（八）未经视听作品、计算机软件、录音录像制品的著作权人、表演者或者录音录像制作者许可，出租其作品或者录音录像制品的原件或者复制件的，本法另有规定的除外；

（九）未经出版者许可，使用其出版的图书、期刊的版式设计的；

（十）未经表演者许可，从现场直播或者公开传送其现场表演，或者录制其表演的；

（十一）其他侵犯著作权以及与著作权有关的权利的行为。

解读 📖

本条是关于侵犯著作权和与著作权有关的权利的行为，以及侵权行为所应承担的民事责任的规定。

一、侵权行为

本法的立法模式是在规定权利内容的基础上，同时列举具体侵权行为。本条和第五十三条即为对于侵权行为的具体列举。本条共列举了十项侵权行为和一项兜底性条款。本条所规定的侵权行为与本法权利条款所用的表述并非一一对应。侵权行为如下。

（一）未经著作权人许可，发表其作品的

本项对应本法第十条第一款第一项所规定的发表权。

（二）未经合作作者许可，将与他人合作创作的作品当作自己单独创作的作品发表的

本项与本法第十条第一款第一项所规定的发表权、第一款第二项所规定的署名权、第十四条所规定的合作作品的著作权行使方式有关。本项行为包含三个要件：未经合作作者许可，发表作品，将合作作品当作自己单独创作的作品。将他人合作创作的作品当作单独创作的作品发表，可能侵犯合作作

者的署名权，即其表明作者身份、在作品上署名的权利。关于合作作品的权利行使，第十四条第二款规定，合作作品的著作权由合作作者通过协商一致行使，若不能协商一致，又无正当理由的，任何一方不得阻止他方行使除转让、许可他人专有使用、出质以外的其他权利。第十四条本身并未完全禁止未经合作作者许可发表作品的行为。但根据本项可知，即便合作作者有权依据第十四条未经合作作者许可行使发表权，其行使权利亦应以不侵犯合作作者的署名权为前提，不得将合作作品当作单独创作的作品发表，否则将构成侵权。

（三）没有参加创作，为谋取个人名利，在他人作品上署名的

本项对应本法第十条第一款第二项所规定的署名权，即表明作者身份，在作品上署名的权利。此规定要求"为谋取个人名利"，所涵盖的行为比署名权本身所控制的行为范围更窄。

（四）歪曲、篡改他人作品的

本项对应本法第十条第一款第四项所规定的"保护作品完整权"，即保护作品不受歪曲、篡改的权利。此处"歪曲""篡改"的含义与第十条第一款第四项的定义相同。

（五）剽窃他人作品的

本法并未对"剽窃"进行具体定义。司法实践存在观点认为，剽窃是指把他人的作品据为己有的行为，或将他人作品全部或部分作为自己的作品予以发表，包括原封不动的照抄和改头换面的抄袭。剽窃行为可能同时侵犯署名权等著作人身权利和复制权、改编权等著作财产权利。

（六）未经著作权人许可，以展览、摄制视听作品的方法使用作品，或者以改编、翻译、注释等方式使用作品的，本法另有规定的除外

本项涉及第十条第一款第八项所规定的展览权、第十三项规定的摄制权，第十四项规定的改编权、第十五项规定的翻译权。与第十条第一款的定义相对应，展览即公开陈列美术作品、摄影作品的原件或复制件的行为。摄制视听作品的方法，结合著作权法实施条例应指摄制在一定介质上，由一系列有伴音或者无伴音的画面组成，并且借助适当装置放映或者以其他方式传播的作品。改编指改编作品，创作出具有独创性的新作品的行为。翻译指将作品

从一种语言文字转换成另一种语言文字的行为。注释权并非第十条第一款所明确规定的权利，本法第十三条规定，注释已有作品而产生的作品，其著作权由注释人享有。本法第十六条明确规定使用注释已有作品而产生的作品进行出版、演出和制作录音录像制品，应当取得该作品的著作权人和原作品著作权人许可，并支付报酬。对作品进行注释的行为作为演绎作品的方式之一，在产生新作品的情况下，可落入改编权所控制的行为范畴，若未产生新作品，则可由复制权所控制。

（七）使用他人作品，应当支付报酬而未支付的

此项是指应当支付报酬而没有支付报酬的情况。本法第十条第二款规定，著作权人可以许可他人行使第一款第五项至第十七项所规定的权利，并依照约定或本法有关规定获得报酬。对于依据本法无须支付报酬的情况，则不适用于此项，如第二十四条"合理使用"所明确列举的十二种情形和法律、行政法规规定的其他可以不经著作权人许可、不向其支付报酬的情况。

（八）未经视听作品、计算机软件、录音录像制品的著作权人、表演者或者录音录像制作者许可，出租其作品或者录音录像制品的原件或者复制件的，本法另有规定的除外

此项对应本法第十条第一款第七项出租权、第三十九条第一款第五项、第四十四条第一款规定的出租权和表演者、录音录像制作者享有的许可他人出租其表演和录音录像制品的权利。出租权是有偿许可他人临时使用视听作品、计算机软件的原件或者复制件的权利，计算机软件不是出租的主要标的的除外。

（九）未经出版者许可，使用其出版的图书、期刊的版式设计的

本项对应出版者对其版式设计所享有的权利，是与著作权相关的权利。"版式设计"在本法中并未被定义，根据《中华人民共和国著作权法释义》，"版式设计"是指"对印刷品的版面格式的设计，包括对版心、排版、用字、行距、标点等版面布局因素的安排"。本法第三十七条规定，出版者有权许可或禁止他人使用其出版的图书、期刊的版式设计，该权利的保护期限为十年，截止于使用该版式设计的图书、期刊首次出版后第十年的12月31日。

（十）未经表演者许可，从现场直播或者公开传送其现场表演，或者录制其表演的

本项对应表演者对其表演的权利，是与著作权相关的权利。本法第三十九条第三项和第四项规定表演者享有许可他人从现场直播和公开传送其现场表演和许可他人录音录像，并获得报酬的权利。

（十一）其他侵犯著作权以及与著作权有关的权利的行为

本条规定为兜底性条款，用以涵盖未明确列举的侵犯著作权、与著作权有关的权利的行为。因为本条所列举的十项侵权行为与著作权、著作权相关的权利并非完全对应，并且随着社会发展，可能出现新形式的著作权和相关权利。因此，仍存在未被上述十条所列举的侵权行为，应归属于此项。

二、救济途径

本条在规定侵权行为的同时，亦列举了侵权行为所应承担的民事责任，也就是权利人所能获得的民事救济。其中包括四类：停止侵害、消除影响、赔礼道歉、赔偿损失。

三、修订情况

在著作权法修改草案第一稿、第二稿和第三稿送审稿中，均未采取具体列举侵权行为的方式，而是概括地规定"侵犯著作权或者相关权，违反本法规定的技术保护措施或者权利管理信息有关义务的，应当依法承担停止侵害、消除影响、赔礼道歉、赔偿损失等民事责任"。2021年的著作权法仍保留了2010年的著作权法所采用的列举侵权行为的立法模式。

2021年的著作权法相比2010年的著作权法不同在于，将本条第六项的"摄制电影和以类似摄制电影"修改为"视听作品"；将第八项的"与著作权有关的权利人"修改为"表演者或者录音录像制作者"，并增加未经许可出租作品、录音录像制品的"复制件"亦属于侵权。

应用

相关立法

《中华人民共和国民法典》（2021年）

第一百七十九条　承担民事责任的方式主要有：

（一）停止侵害；

（二）排除妨碍；

（三）消除危险；

（四）返还财产；

（五）恢复原状；

（六）修理、重作、更换；

（七）继续履行；

（八）赔偿损失；

（九）支付违约金；

（十）消除影响、恢复名誉；

（十一）赔礼道歉。

法律规定惩罚性赔偿的，依照其规定。

本条规定的承担民事责任的方式，可以单独适用，也可以合并适用。

第一千一百六十七条

侵权行为危及他人人身、财产安全的，被侵权人有权请求侵权人承担停止侵害、排除妨碍、消除危险等侵权责任。

《中华人民共和国著作权法》（2021年）

第五十四条　侵犯著作权或者与著作权有关的权利的，侵权人应当按照权利人因此受到的实际损失或者侵权人的违法所得给予赔偿；权利人的实际损失或者侵权人的违法所得难以计算的，可以参照该权利使用费给予赔偿。对故意侵犯著作权或者与著作权有关的权利，情节严重的，可以在按照上述方法确定数额的一倍以上五倍以下给予赔偿。

权利人的实际损失、侵权人的违法所得、权利使用费难以计算的，由人民法院根据侵权行为的情节，判决给予五百元以上五百万元以下的赔偿。

赔偿数额还应当包括权利人为制止侵权行为所支付的合理开支。

人民法院为确定赔偿数额，在权利人已经尽了必要举证责任，而与侵权行为相关的账簿、资料等主要由侵权人掌握的，可以责令侵权人提供与侵权行为相关的账簿、资料等；侵权人不提供，或者提供虚假的账簿、资料等的，人民法院可以参考权利人的主张和提供的证据确定赔偿数额。

人民法院审理著作权纠纷案件，应权利人请求，对侵权复制品，除特殊情况外，责令销毁；对主要用于制造侵权复制品的材料、工具、设备等，责令销毁，且不予补偿；或者在特殊情况下，责令禁止前述材料、工具、设备等进入商业渠道，且不予补偿。

《最高人民法院关于审理著作权民事纠纷案件适用法律若干问题的解释》（2021年）

《最高人民法院关于审理侵害信息网络传播权民事纠纷案件适用法律若干问题的规定》（2021年）

第五十三条　承担民事责任、行政责任和刑事责任的侵权行为

有下列侵权行为的，应当根据情况，承担本法第五十二条规定的民事责任；侵权行为同时损害公共利益的，由主管著作权的部门责令停止侵权行为，予以警告，没收违法所得，没收、无害化销毁处理侵权复制品以及主要用于制作侵权复制品的材料、工具、设备等，违法经营额五万元以上的，可以并处违法经营额一倍以上五倍以下的罚款；没有违法经营额、违法经营额难以计算或者不足五万元的，可以并处二十五万元以下的罚款；构成犯罪的，依法追究刑事责任：

（一）未经著作权人许可，复制、发行、表演、放映、广播、汇编、通过信息网络向公众传播其作品的，本法另有规定的除外；

（二）出版他人享有专有出版权的图书的；

（三）未经表演者许可，复制、发行录有其表演的录音录像制品，或者通过信息网络向公众传播其表演的，本法另有规定的除外；

（四）未经录音录像制作者许可，复制、发行、通过信息网络向公众传播其制作的录音录像制品的，本法另有规定的除外；

（五）未经许可，播放、复制或者通过信息网络向公众传播广播、电视的，本法另有规定的除外；

（六）未经著作权人或者与著作权有关的权利人许可，故意避开或者破坏技术措施的，故意制造、进口或者向他人提供主要用于避开、破坏技术措施的装置或者部件的，或者故意为他人避开或者破坏技术措施提供技术服务的，法律、行政法规另有规定的除外；

（七）未经著作权人或者与著作权有关的权利人许可，故意删除或者改变作品、版式设计、表演、录音录像制品或者广播、电视上的权利管理信息的，知道或者应当知道作品、版式设计、表演、录音录像制品或者广播、电视上的权利管理信息未经许可被删除或者改变，仍然向公众提供的，法律、行政法规另有规定的除外；

（八）制作、出售假冒他人署名的作品的。

解读 📖

本条是关于侵犯著作权以及与著作权有关的权利的民事责任、行政责任和刑事责任的规定。

第十三届全国人民代表大会常务委员会第十七次会议《关于〈中华人民共和国著作权法修正案（草案）〉的说明》明确了著作权法领域的一些问题，其中包括执法手段不足，著作权侵权行为难以得到有效遏制，权利保护的实际效果与权利人的期待还有一定差距。

一、新修订的内容

（一）侵权行为方面

1.在未经许可播放、复制广播、电视构成侵权的现有规定的基础上，将通过信息网络向公众传播广播、电视的行为也规定为本条的侵权行为。

2.关于技术措施，将第四十九条规定的两类间接破坏技术措施的行为亦规定为本条的侵权行为，即以避开或者破坏技术措施为目的制造、进口或者向公众提供有关装置或部件和故意为他人避开或者破坏技术措施提供技术服务。

3.关于权利管理信息，将第五十一条第二款规定的知道或者应当知道作品、版式设计、表演、录音录像制品或者广播、电视上的权利管理信息未经许可被删除或者改变，仍然向公众提供的行为亦规定为本条的侵权行为。

（二）行政责任方面

1.将"行政管理部门"修改为"主管著作权的部门"。

2.第一，增加了行政执法措施，规定主管著作权的部门有权予以警告。第二，将"销毁侵权复制品"修改为"无害化销毁处理侵权复制品以及主要用于制作侵权复制品的材料、工具、设备等"。第三，具体规定行政处罚的罚款金额，加大行政处罚力度：违法经营额五万元以上的，可以并处违法经营额一倍以上五倍以下的罚款；没有违法经营额、违法经营额难以计算或者不足五万元的，可以并处二十五万元以下的罚款。

二、侵权行为

在本法第五十二条所列举的行为的基础上，本条又列举了八项侵权行为。与第五十二条所列举的行为的不同在于，本条所列举的行为除了应承担民事责任之外，还可能承担行政责任和刑事责任。此八项行为如下：

（一）未经著作权人许可，复制、发行、表演、放映、广播、汇编、通过信息网络向公众传播其作品的，本法另有规定的除外；

（二）出版他人享有专有出版权的图书的；

（三）未经表演者许可，复制、发行录有其表演的录音录像制品，或者通过信息网络向公众传播其表演的，本法另有规定的除外；

（四）未经录音录像制作者许可，复制、发行、通过信息网络向公众传播其制作的录音录像制品的，本法另有规定的除外；

（五）未经许可，播放、复制或者通过信息网络向公众传播广播、电视的，本法另有规定的除外；

（六）未经著作权人或者与著作权有关的权利人许可，故意避开或者破坏技术措施的，故意制造、进口或者向他人提供主要用于避开、破坏技术措施的装置或者部件的，或者故意为他人避开或者破坏技术措施提供技术服务的，法律、行政法规另有规定的除外；

（七）未经著作权人或者与著作权有关的权利人许可，故意删除或者改变作品、版式设计、表演、录音录像制品或者广播、电视上的权利管理信息的，知道或者应当知道作品、版式设计、表演、录音录像制品或者广播、电视上的权利管理信息未经许可被删除或者改变，仍然向公众提供的，法律、行政法规另有规定的除外；

（八）制作、出售假冒他人署名的作品的。

三、法律责任

本条规定了三种法律责任：民事责任、行政责任和刑事责任。

（一）民事责任

同本法第五十二条所规定的内容。

（二）行政责任

主管著作权的部门可以采取六种行政手段，包括责令停止侵权行为，予以警告，没收违法所得，没收、无害化销毁处理侵权复制品以及主要用于制作侵权复制品的材料、工具、设备等，罚款。承担行政责任的前提是侵权行为需损害公共利益，本条并未对"公共利益"进行定义。在实践中，行政机关对于公共利益的解释往往较为宽泛。

（三）刑事责任

2021年的刑法第二百一十七条，在原规定的基础上增加了侵犯著作权罪的情形，规定以营利为目的，有下列侵犯著作权或者与著作权有关的权利的情形之一，违法所得数额较大或者有其他严重情节的，处三年以下有期徒刑，并处或者单处罚金；违法所得数额巨大或者有其他特别严重情节的，处三年以上十年以下有期徒刑，并处罚金：

（一）未经著作权人许可，复制发行、通过信息网络向公众传播其文字作品、音乐、美术、视听作品、计算机软件及法律、行政法规规定的其他作品的；

（二）出版他人享有专有出版权的图书的；

（三）未经录音录像制作者许可，复制发行、通过信息网络向公众传播其制作的录音录像的；

（四）未经表演者许可，复制发行录有其表演的录音录像制品，或者通过信息网络向公众传播其表演的；

（五）制作、出售假冒他人署名的美术作品的；

（六）未经著作权人或者与著作权有关的权利人许可，故意避开或者破坏权利人为其作品、录音录像制品等采取的保护著作权或者与著作权有关的权利的技术措施的。

此外，刑法第二百一十八条规定了销售侵权复制品罪：以营利为目的，销售明知是本法第二百一十七条规定的侵权复制品，违法所得数额巨大或者有其他严重情节的，处五年以下有期徒刑，并处或者单处罚金。

应用 ✔

相关立法

《中华人民共和国著作权法》（2021年）第十条、第四十九条、第五十一条

《中华人民共和国刑法》（2021年）第二百一十八条

第五十四条 确定侵权损害赔偿额，证据出示，销毁侵权复制品及其制造材料、工具、设备

侵犯著作权或者与著作权有关的权利的，侵权人应当按照权利人因此受到的实际损失或者侵权人的违法所得给予赔偿；权利人的实际损失或者侵权人的违法所得难以计算的，可以参照该权利使用费给予赔偿。对故意侵犯著作权或者与著作权有关的权利，情节严重的，可以在按照上述方法确定数额的一倍以上五倍以下给予赔偿。

权利人的实际损失、侵权人的违法所得、权利使用费难以计算的，由人民法院根据侵权行为的情节，判决给予五百元以上五百万元以下的赔偿。

赔偿数额还应当包括权利人为制止侵权行为所支付的合理开支。

人民法院为确定赔偿数额，在权利人已经尽了必要举证责任，而与侵权行为相关的账簿、资料等主要由侵权人掌握的，可以责令侵权人提供与侵权行为相关的账簿、资料等；侵权人不提供，或者提供虚假的账簿、资料等的，人民法院可以参考权利人的主张和提供的证据确定赔偿数额。

人民法院审理著作权纠纷案件，应权利人请求，对侵权复制品，除特殊情况外，责令销毁；对主要用于制造侵权复制品的材料、工具、设备等，责令销毁，且不予补偿；或者在特殊情况下，责令禁止前述材料、工具、设备等进入商业渠道，且不予补偿。

解读 📖

本条是关于确定侵权损害赔偿额，证据出示，销毁侵权复制品及其制造材料、工具、设备等的规定。

本条体现了著作权法的三项较为重要的修改内容，即提高惩罚力度，包括增加惩罚性赔偿和提高法定赔偿额，增加证据出示规则和举证妨碍规则。

根据第十三届全国人民代表大会常务委员会第十七次会议《关于〈中华人民共和国著作权法修正案（草案）〉的说明》，提高法定赔偿额和增加惩罚性赔偿额、增加证据出示、举证妨碍规则旨在响应党中央、国务院相关决策部署，落实2017年全国人大常委会著作权法执法检查报告及审议意见提出的要求，解决著作权维权难，主管部门执法手段偏少、偏软，对侵权行为处罚偏轻的问题。

相比2010年的著作权法，2021年的著作权法修改的主要内容如下。

一、取消实际损失和侵权所得的适用顺序，并新增一种确定损害赔偿的方法

修订之前，在权利人的实际损失难以计算的情况下，再按照侵权人的违法所得给予赔偿。修订之后，取消了前两者的适用顺序，法院可直接按照权利人因侵权所受到的实际损失或者侵权人违法所得给予赔偿。此外，在既有的三种确定赔偿额的方法（权利人实际损失、侵权人违法所得和法定赔偿）的基础之上，新增通过参照权利使用费的方式给予赔偿的方法。

二、新增惩罚性赔偿额

新增关于惩罚性赔偿的规定，即对故意侵犯著作权或者与著作权有关的权利，情节严重的，可以按照上述方法确定数额的一倍以上五倍以下给予赔偿。

（一）"故意"的要件

最高人民法院于2021年3月2日出台的《最高人民法院关于审理侵害知识产权民事案件适用惩罚性赔偿的解释》第三条对"故意"进行了进一步说明：对于侵害知识产权的故意的认定，人民法院应当综合考虑被侵害知识产权客体类型、权利状态和相关产品知名度、被告与原告或者利害关系人之间的关系等因素。

对于下列情形，人民法院可以初步认定被告具有侵害知识产权的故意：

（一）被告经原告或者利害关系人通知、警告后，仍继续实施侵权行为的；

（二）被告或其法定代表人、管理人是原告或者利害关系人的法定代表人、管理人、实际控制人的；

（三）被告与原告或者利害关系人之间存在劳动、劳务、合作、许可、经销、代理、代表等关系，且接触过被侵害的知识产权的；

（四）被告与原告或者利害关系人之间有业务往来或者为达成合同等进行过磋商，且接触过被侵害的知识产权的；

（五）被告实施盗版、假冒注册商标行为的；

（六）其他可以认定为故意的情形。

（二）情节严重

《最高人民法院关于审理侵害知识产权民事案件适用惩罚性赔偿的解释》第四条规定，对于侵害知识产权情节严重的认定，人民法院应当综合考虑侵权手段、次数，侵权行为的持续时间、地域范围、规模、后果，侵权人在诉讼中的行为等因素。

被告有下列情形的，人民法院可以认定为情节严重：

（一）因侵权被行政处罚或者法院裁判承担责任后，再次实施相同或者类似侵权行为；

（二）以侵害知识产权为业；

（三）伪造、毁坏或者隐匿侵权证据；

（四）拒不履行保全裁定；

（五）侵权获利或者权利人受损巨大；

（六）侵权行为可能危害国家安全、公共利益或者人身健康；

（七）其他可以认定为情节严重的情形。

三、提高法定赔偿额

增加法定赔偿额的下限为五百元，并将法定赔偿额上限由五十万元提升至五百万元。此举是为了加大对侵犯著作权行为的惩治力度。

四、增加责令侵权人提供侵权有关账簿、资料的制度

新增人民法院为确定赔偿额，可责令侵权人提供与侵权行为相关的账簿、资料的措施，人民法院采取此项措施的前提是权利人已经尽了必要的举证责任，且与侵权行为相关的账簿、资料等主要由侵权人掌握。此制度仅适用于确定赔偿额的证据，制度目的是减轻权利人在著作权维权诉讼中的举证负担。

五、增加人民法院销毁侵权复制品的职权

新增人民法院可应权利人要求，责令销毁侵权复制品，以及主要用于制造侵权复制品的材料、工具、设备，且不予补偿，或有权责令禁止前述材料、工具、设备等进入商业渠道，且不予补偿。2010年的著作权法仅规定著作权行政管理部门有权责令销毁侵权复制品，但并未赋予法院此权力。修订后，法院有权责令销毁侵权复制品，但在民事诉讼中必须应权利人的请求，而不能自发主动地责令销毁复制品。对此，2020年的《最高人民法院关于加强著作权和与著作权有关的权利保护的意见》作出了具体说明：当事人请求立即销毁侵权复制品以及主要用于生产或者制造侵权复制品的材料和工具，除特殊情况外，人民法院在民事诉讼中应当予以支持，在刑事诉讼中应当依职权责令销毁。在特殊情况下不宜销毁的，人民法院可以责令侵权人在商业渠道之外以适当方式对上述材料和工具予以处置，以尽可能消除进一步侵权的风险。销毁或者处置费用由侵权人承担，侵权人请求补偿的，人民法院不予支持。在刑事诉讼中，权利人以为后续可能提起的民事或者行政诉讼保全证据为由，请求对侵权复制品及材料和工具暂不销毁的，人民法院可以予以支持。权利人在后续民事或者行政案件中请求侵权人赔偿其垫付的保管费用的，人民法院可以予以支持。

六、赔偿数额的计算方法

本条规定了四种计算赔偿额的方法：权利人的实际损失、侵权人的违法所得、权利使用费和法定赔偿。计算方法的适用方式为首先按照权利人的实际损失或侵权人的违法所得计算赔偿额，此两种计算方式是同一顺位，不分先后次序；若实际损失或违法所得难以计算，可参照权利使用费给予赔偿；若前三种方式均难以计算，再由法院根据侵权行为的情节确定五百元以上五百万元以下的法定赔偿。在实践中，权利人可以根据其自身掌握的证据情况主张合适的损害赔偿方式。

应用

相关立法

《最高人民法院关于审理侵害知识产权民事案件适用惩罚性赔偿的解释》（2021年）

《最高人民法院关于审理著作权民事纠纷案件适用法律若干问题的解释》（2021年）

第二十四条　权利人的实际损失，可以根据权利人因侵权所造成复制品发行减少量或者侵权复制品销售量与权利人发行该复制品单位利润乘积计算。发行减少量难以确定的，按照侵权复制品市场销售量确定。

第二十五条　权利人的实际损失或者侵权人的违法所得无法确定的，人民法院根据当事人的请求或者依职权适用著作权法第四十九条第二款（著作权法修订后第五十四条第二款）的规定确定赔偿数额。

人民法院在确定赔偿数额时，应当考虑作品类型、合理使用费、侵权行为性质、后果等情节综合确定。

当事人按照本条第一款的规定就赔偿数额达成协议的，应当准许。

第二十六条　著作权法第四十九条第一款（著作权法修订后第五十四条第二款）规定的制止侵权行为所支付的合理开支，包括权利人或者委托代理人对侵权行为进行调查、取证的合理费用。

人民法院根据当事人的诉讼请求和具体案情，可以将符合国家有关部门规定的律师费用计算在赔偿范围内。

第五十五条　主管部门调查取证

主管著作权的部门对涉嫌侵犯著作权和与著作权有关的权利的行为进行查处时，可以询问有关当事人，调查与涉嫌违法行为有关的情况；对当事人涉嫌违法行为的场所和物品实施现场检查；查阅、复制与涉嫌违法行为有关的合同、发票、账簿以及其他有关资料；对于涉嫌违法行为的场所和物品，可以查封或者扣押。

主管著作权的部门依法行使前款规定的职权时，当事人应当予以协助、配合，不得拒绝、阻挠。

解读 📖

本条是关于主管著作权的部门职权的规定。

本条是新增的规定，增加主管著作权的部门询问有关当事人，调查违法行为现场检查，查阅、复制有关资料，以及查封、扣押有关场所和物品等职权，旨在加大著作权行政执法的力度。根据该规定，主管著作权的部门有权询问、调查、现场检查、查阅和复制相关资料、查封或扣押涉嫌违法行为的场所和物品。

应用 ✔

相关立法

《中华人民共和国行政强制法》（2012 年）

第五十六条　诉前禁止令、诉前财产保全

著作权人或者与著作权有关的权利人有证据证明他人正在实施或者即将实施侵犯其权利、妨碍其实现权利的行为，如不及时制止将会使其合法权益受到难以弥补的损害的，可以在起诉前依法向人民法院申请采取财产保全、责令作出一定行为或者禁止作出一定行为等措施。

解读 📖

本条是关于诉前禁止令和诉前财产保全的规定。

根据《关于〈中华人民共和国著作权法修正案（草案）〉修改情况的汇报》，著作权修正案草案二审稿中，原本删去了2010年的著作权法第五十条、第五十一条关于诉前责令停止侵权行为、财产保全和证据保全的规定。有的全国人大常委会委员和社会公众提出，著作权法的这两条规定对于及时制止侵害著作权行为、保存重要证据等都具有重要意义，建议恢复并做好与民事诉讼法的衔接。同时，为了更好地保护当事人的合法权益，建议增加规定，对于他人实施的妨碍著作权人以及与著作权有关的权利人实现权利的行为，权利人可以在起诉前申请采取保全措施。宪法和法律委员会经研究，建议采纳这一意见，增加了本条的诉前禁止令和财产保全的规定。

相较于2010年的著作权法，2021年的著作权法在诉前禁令的适用情形中增加了"他人正在实施或者即将实施侵犯其权利、妨碍其实现权利的行为"的情况，同时将"申请采取责令停止有关行为和财产保全的措施"修改为"申请采取财产保全、责令作出一定行为或者禁止作出一定行为等措施"。此外，删除了2010年的著作权法第五十一条第二款、第三款、第四款：人民法院接受申请后，必须在四十八小时内作出裁定；裁定采取保全措施的，应当立即开始执行。人民法院可以责令申请人提供担保，申请人不提供担保的，驳回申请。申请人在人民法院采取保全措施后十五日内不起诉的，人民法院应当解除保全措施。

根据该条规定，申请法院采取禁令所需满足的条件包括权利人有证据证明他人正在实施或即将实施侵犯权利人的权利，妨碍权利人实现权利的行为；若行为不及时制止，将会使权利人的合法权益受到难以弥补的损害的。关于诉前保全的规则，《中华人民共和国民事诉讼法》第一百零一条规定，利害关系人因情况紧急，不立即申请保全将会使其合法权益受到难以弥补的损害的，可以在提起诉讼或者申请仲裁前向被保全财产所在地、被申请人住所地或者对案件有管辖权的人民法院申请采取保全措施。申请人应当提供担保，不提供担保的，裁定驳回申请。人民法院接受申请后，必须在四十八小时内作出裁定；裁定采取保全措施的，应当立即开始执行。申请人在人民法院采取保全措施后三十日内不依法提起诉讼或者申请仲裁的，人民法院应当解除保全。

一、诉前禁止令和诉前财产保全应当满足以下要件

（一）难以弥补的损害

《最高人民法院关于审查知识产权纠纷行为保全案件适用法律若干问题的规定》第十条规定，在知识产权与不正当竞争纠纷行为保全案件中，有下列情形之一的，应当认定属于民事诉讼法第一百零一条规定的"难以弥补的损害"：（一）被申请人的行为将会侵害申请人享有的商誉或者发表权、隐私权等人身性质的权利且造成无法挽回的损害；（二）被申请人的行为将会导致侵权行为难以控制且显著增加申请人损害；（三）被申请人的侵害行为将会导致申请人的相关市场份额明显减少；（四）对申请人造成其他难以弥补的损害。

（二）正在实施或者即将实施侵犯其权利、妨碍其实现权利的行为

本条采用了"正在实施或者即将实施侵犯其权利、妨碍其实现权利的行为"的表述，对应民事诉讼法第一百零一条的"情况紧急"，要求侵权情况具有紧迫性。《最高人民法院关于审查知识产权纠纷行为保全案件适用法律若干问题的规定》第六条规定有下列情况，不立即采取行为保全措施即足以损害申请人利益的，属于"情况紧急"：（一）申请人的商业秘密即将被非法披露；（二）申请人的发表权、隐私权等人身权利即将受到侵害；（三）诉争的知识产权即将被非法处分；（四）申请人的知识产权在展销会等时效性较强的场合正在或者即将受到侵害；（五）时效性较强的热播节目正在或者即将受到侵害；（六）其他需要立即采取行为保全措施的情况。

（三）权利人提出申请

（四）申请人依法提供担保

二、法院审查申请时所考虑的因素

《最高人民法院关于审查知识产权纠纷行为保全案件适用法律若干问题的规定》第七条规定了人民法院在审查行为保全申请时，应当综合考虑下列

因素：（一）申请人的请求是否具有事实基础和法律依据，包括请求保护的知识产权效力是否稳定；（二）不采取行为保全措施是否会使申请人的合法权益受到难以弥补的损害或者造成案件裁决难以执行等损害；（三）不采取行为保全措施对申请人造成的损害是否超过采取行为保全措施对被申请人造成的损害；（四）采取行为保全措施是否损害社会公共利益；（五）其他应当考量的因素。

应用

相关立法

《中华人民共和国民事诉讼法》（2017年）

第一百零一条　利害关系人因情况紧急，不立即申请保全将会使其合法权益受到难以弥补的损害的，可以在提起诉讼或者申请仲裁前向被保全财产所在地、被申请人住所地或者对案件有管辖权的人民法院申请采取保全措施。申请人应当提供担保，不提供担保的，裁定驳回申请。

人民法院接受申请后，必须在四十八小时内作出裁定；裁定采取保全措施的，应当立即开始执行。

申请人在人民法院采取保全措施后三十日内不依法提起诉讼或者申请仲裁的，人民法院应当解除保全。

第一百零二条　保全限于请求的范围，或者与本案有关的财物。

第一百零三条　财产保全采取查封、扣押、冻结或者法律规定的其他方法。人民法院保全财产后，应当立即通知被保全财产的人。

财产已被查封、冻结的，不得重复查封、冻结。

第一百零四条　财产纠纷案件，被申请人提供担保的，人民法院应当裁定解除保全。

第一百零五条　申请有错误的，申请人应当赔偿被申请人因保全所遭受的损失。

第一百零八条　当事人对保全或者先予执行的裁定不服的，可以申请复议一次。复议期间不停止裁定的执行。

《计算机软件保护条例》（2013年）

第二十六条 软件著作权人有证据证明他人正在实施或者即将实施侵犯其权利的行为，如不及时制止，将会使其合法权益受到难以弥补的损害的，可以依照《中华人民共和国著作权法》第五十条（著作权法修订后第五十六条）的规定，在提起诉讼前向人民法院申请采取责令停止有关行为和财产保全的措施。

《最高人民法院关于审理著作权民事纠纷案件适用法律若干问题的解释》（2021年）

第二十八条 人民法院采取保全措施的，依据民事诉讼法及《最高人民法院关于审查知识产权纠纷行为保全案件适用法律若干问题的规定》的有关规定办理。

《最高人民法院关于审查知识产权纠纷行为保全案件适用法律若干问题的规定》（2019年）

第五十七条 诉前证据保全

为制止侵权行为，在证据可能灭失或者以后难以取得的情况下，著作权人或者与著作权有关的权利人可以在起诉前依法向人民法院申请保全证据。

解读 📖

本条是关于诉前证据保全的规定。

根据该条规定，向人民法院申请采取诉前证据保全需满足的条件为证据可能灭失，或以后难以取得。

根据2020年的《最高人民法院关于知识产权民事诉讼证据的若干规定》第十一条，法院在审理证据保全申请时，应结合以下因素进行审查：

（一）申请人是否已就其主张提供初步证据；

（二）证据是否可以由申请人自行收集；

（三）证据灭失或者以后难以取得的可能性及其对证明待证事实的影响；

（四）可能采取的保全措施对证据持有人的影响。

因为计算机软件易于被隐匿、卸载或删除，且通常在侵权人场所之中难以获得，因此诉前证据保全在侵害计算机软件著作权纠纷中的应用较为典型，如对安装了侵权软件的计算机进行清点，对软件的相关信息（如软件上署名的版权人信息、软件名称及版本、产品注册号或安装序列号、安装数量、安装时间及卸载、删除时间等信息）等进行证据保全等。在最高人民法院2020年10件技术类知识产权典型案例"某工业软件有限公司、广州某模具有限公司侵害计算机软件著作权纠纷上诉案"中，最高院更将被告妨碍原审法院进行证据保全的行为作为确定赔偿数额的考虑因素之一，认为被告至少使用了13套侵权软件，且有阻碍原审法院证据保全的行为，侵权恶意较大，情节较严重。

应用 ✔

相关立法

《中华人民共和国民事诉讼法》（2017年）

第八十一条　在证据可能灭失或者以后难以取得的情况下，当事人可以在诉讼过程中向人民法院申请保全证据，人民法院也可以主动采取保全措施。

因情况紧急，在证据可能灭失或者以后难以取得的情况下，利害关系人可以在提起诉讼或者申请仲裁前向证据所在地、被申请人住所地或者对案件有管辖权的人民法院申请保全证据。

证据保全的其他程序，参照适用本法第九章保全的有关规定。

《计算机软件保护条例》（2013年）

第二十七条　为了制止侵权行为，在证据可能灭失或者以后难以取得的情况下，软件著作权人可以依照《中华人民共和国著作权法》第五十一条（著作权法修订后第五十七条）的规定，在提起诉讼前向人民法院申请保全证据。

《最高人民法院关于审理著作权民事纠纷案件适用法律若干问题的解释》（2021年）

第二十八条　人民法院采取保全措施的，依据民事诉讼法及《最高人民法院关于审查知识产权纠纷行为保全案件适用法律若干问题的规定》的有关规定办理。

《最高人民法院关于知识产权民事诉讼证据的若干规定》（2020年）第十一条—第十八条

《最高人民法院关于民事诉讼证据的若干规定》（2020年）第二十五条—第二十九条、第九十九条

《最高人民法院关于审查知识产权纠纷行为保全案件适用法律若干问题的规定》（2019年）

第五十八条　人民法院对侵权行为的制裁

人民法院审理案件，对于侵犯著作权或者与著作权有关的权利的，可以没收违法所得、侵权复制品以及进行违法活动的财物。

解读 📖

本条是关于人民法院对于违法所得、侵权复制品以及进行违法活动的财物可采取的措施的规定。

根据本条规定，人民法院可以依职权没收违法所得、侵权复制品以及进行违法活动的财物。本条所规定的人民法院没收违法所得、侵权复制品以及进行违法活动的财物的权利，与本法第五十四条所规定的销毁侵权复制品的权利有所不同。对于没收，人民法院可直接依职权作出，而无须依当事人请求；而对于第五十四条所规定的销毁行为，人民法院须应当事人的请求作出，而无权依职权主动作出。

应用 ⚒

相关立法

《中华人民共和国著作权法》（2021年）

第五十四条　侵犯著作权或者与著作权有关的权利的，侵权人应当按照权利人因此受到的实际损失或者侵权人的违法所得给予赔偿；权利人的实际

损失或者侵权人的违法所得难以计算的，可以参照该权利使用费给予赔偿。对故意侵犯著作权或者与著作权有关的权利，情节严重的，可以在按照上述方法确定数额的一倍以上五倍以下给予赔偿。

权利人的实际损失、侵权人的违法所得、权利使用费难以计算的，由人民法院根据侵权行为的情节，判决给予五百元以上五百万元以下的赔偿。

赔偿数额还应当包括权利人为制止侵权行为所支付的合理开支。

人民法院为确定赔偿数额，在权利人已经尽了必要举证责任，而与侵权行为相关的账簿、资料等主要由侵权人掌握的，可以责令侵权人提供与侵权行为相关的账簿、资料等；侵权人不提供，或者提供虚假的账簿、资料等的，人民法院可以参考权利人的主张和提供的证据确定赔偿数额。

人民法院审理著作权纠纷案件，应权利人请求，对侵权复制品，除特殊情况外，责令销毁；对主要用于制造侵权复制品的材料、工具、设备等，责令销毁，且不予补偿；或者在特殊情况下，责令禁止前述材料、工具、设备等进入商业渠道，且不予补偿。

第五十九条　复制品侵权的过错推定、被诉侵权人举证责任倒置

复制品的出版者、制作者不能证明其出版、制作有合法授权的，复制品的发行者或者视听作品、计算机软件、录音录像制品的复制品的出租者不能证明其发行、出租的复制品有合法来源的，应当承担法律责任。

在诉讼程序中，被诉侵权人主张其不承担侵权责任的，应当提供证据证明已经取得权利人的许可，或者具有本法规定的不经权利人许可而可以使用的情形。

解读 📖

本条是关于侵权人的举证责任倒置的规定。

本条相较于2010年的著作权法的规定新增了第二款，目的在于完善司法程序中的举证规则，解决著作权维权成本高、难度大的问题，减轻权利人在诉讼中的举证负担。

第一款是关于复制品侵权的过错推定，是针对复制品的出版者、制作者、发行者和视听作品、计算机软件、录音录像制品的复制品的出租者的规则。前述主体应证明其复制品有合法来源，否则应当承担法律责任。

第二款是针对所有被诉侵权人的举证责任规则，是2021年的著作权法新增的规则。若被诉侵权人主张其不承担侵权责任，应提供证据证明其已经获得权利人许可，或具有本法所规定的可以未经许可而使用的情形。

应用

相关立法

《最高人民法院关于审理著作权民事纠纷案件适用法律若干问题的解释》（2021年）

第二十条　出版物侵害他人著作权的，出版者应当根据其过错、侵权程度及损害后果等承担赔偿损失的责任。

出版者对其出版行为的授权、稿件来源和署名、所编辑出版物的内容等未尽到合理注意义务的，依据著作权法第四十九条（著作权法修订后第五十四条）的规定，承担赔偿损失的责任。

出版者应对其已尽合理注意义务承担举证责任。

第六十条　著作权纠纷的解决

著作权纠纷可以调解，也可以根据当事人达成的书面仲裁协议或者著作权合同中的仲裁条款，向仲裁机构申请仲裁。

当事人没有书面仲裁协议，也没有在著作权合同中订立仲裁条款的，可以直接向人民法院起诉。

解读

本条是关于著作权纠纷解决方式的规定。

本条提供了三种解决著作权纠纷的方式，分别为调解、仲裁和诉讼。仲裁相比诉讼而言，具有灵活、保密、非对抗性等优点，与此同时，在诉讼中可以采取的临时措施方面，仲裁可采取的临时措施限于财产保全和证据保全，且须由仲裁委员会将保全申请提交人民法院，仲裁委员会本身无权采取保全措施。

应用 ✔

相关立法

《最高人民法院关于审理著作权民事纠纷案件适用法律若干问题的解释》（2021年）

第一条　人民法院受理以下著作权民事纠纷案件：

（一）著作权及与著作权有关权益权属、侵权、合同纠纷案件；

（二）申请诉前停止侵害著作权、与著作权有关权益行为，申请诉前财产保全、诉前证据保全案件；

（三）其他著作权、与著作权有关权益纠纷案件。

第六十一条　与其他法律的适用关系

当事人因不履行合同义务或者履行合同义务不符合约定而承担民事责任，以及当事人行使诉讼权利、申请保全等，适用有关法律的规定。

解读 📖

本条是关于著作权法和其他法律关系的规定。

对于当事人不履行合同或履行合同义务不符合约定而承担民事责任的情形，适用《中华人民共和国民法典》合同编等的规定，当事人行使诉讼权利、申请行为保全、财产保全、证据保全等，适用《中华人民共和国民事诉讼法》《中华人民共和国行政诉讼法》等的规定。

应用 ✔

相关立法

《中华人民共和国民法典》（2021年）

《中华人民共和国民事诉讼法》（2017年）

《中华人民共和国行政诉讼法》（2017年）

《最高人民法院关于审理著作权民事纠纷案件适用法律若干问题的解释》（2021年）

第二十三条 出版者将著作权人交付出版的作品丢失、毁损致使出版合同不能履行的，著作权人有权依据民法典第一百八十六条、第二百三十八条、第一千一百八十四条等规定要求出版者承担相应的民事责任。

第六章　附　则

第六十二条　著作权与版权

本法所称的著作权即版权。

解读 📖

本条是关于著作权与版权关系的界定。

一、词源不同

"著作权"和"版权"的词源不同。对于我国来说，两个词都是外来词汇。"著作权"一词是从日本引进的，最早体现在《大清著作权律》；"版权"一词是严复引进的，他在翻译《原富》时引进国外版权保护制度，为中国开创版权保护工作，在中国畅行版权立法[①]。

二、体现的立法思想不同

"著作权"和"版权"的立法思想不同。"著作权"是大陆法系的概念，法国资产阶级革命提出了"天赋人权"的口号，1793年法国颁布了《作者权法》，该法强调作者个人的权利，且提出其所保护的不仅是作者的经济权利，还有作者的精神权利。"版权"是英美法系的概念，是随印刷技术的推广而出现的，强调保护复制的权利，所以早期是保护出版商的权利。1709年，英国议会通过《安娜女王法》，赋予作者的印刷、重印权旨在鼓励创作，将保护重点从出版商转向作者，但偏重的是保护作者的经济权利。

但是，越来越多的国家加入《伯尔尼保护文学和艺术作品公约》，两大法系之间的理论开始相互吸收和借鉴，"著作权"和"版权"的差别也在逐渐缩小。两者保护的主体、客体和内容是一致的，两者在国内外使用时可以相互

---

① 王清.严复、张元济版权思想初探［J］.法学杂志，1992（4）：39-40.

替换，其所代表的含义是一致的，并不会产生很大的歧义。所以本条明确规定，本法所称的著作权即为版权。

应用 ✔

相关立法

《世界版权公约》（1971年）

《世界知识产权组织版权条约》（1996年）

第六十三条　出版与复制、发行

本法第二条所称的出版，指作品的复制、发行。

解读 📖

本条是对本法第二条出版含义的规定。

根据本法第十条第五款，复制权是以印刷、复印、拓印、录音、录像、翻录、翻拍、数字化等方式将作品制作一份或者多份的权利；根据本法第十条第六款，发行权是以出售或者赠与方式向公众提供作品的原件或者复制件的权利；复制与发行虽然是两种不同的行为，但在著作权行使时却是息息相关的，在出版过程当中，复制是发行的前提，发行是复制的结果，两者相辅相成才能推动作品的出版。本条对出版的定义与《世界版权公约》第六条、《伯尔尼保护文学和艺术作品公约》第三条对出版的定义是大体一致的。

本条之所以单独解释本法第二条中"出版"的含义是因为其不同于本法第四章第一节规定的图书出版者的出版行为。

一、定义不同

本法第二条是对著作权主体的权利按照国籍原则保护的规定，对于未与我国签订协议或者共同参加国际条约的国家的著作权人或者无国籍人，若要在我国获得著作权的保护就必须要在我国或者我国参加国际条约的成员国有出版或者同时出版行为，该"出版"是将自己的作品复印一份或者多份，面向公众以出售或者赠与的方式发放自己作品的行为，是发表与发行的结合。

第四章的"出版"指的是出版者经著作权人授权通过编辑、排版等方式将作品制作成图书、报刊向公众出售的行为。其规定的是图书出版者的权利，即图书、报刊的出版者经过著作权人的授权或者与著作权人订立合同而在一定期限内出版作品的行为。

二、内涵不同

本法第二条所规定的"出版"内涵较为丰富，指的是本法规定的所有作品的出版。而第四章规定的"出版"的针对性较强，仅指图书、报刊的出版。

两个"出版"字形相同，但定义有一定的差别，为防止误解混淆，单独以本条为本法第二条的"出版"定义。

应用 ✔

相关立法

《出版管理条例》（2020年）

《世界版权公约》（1971年）

第六条 本公约所用"出版"一词，系指以有形形式复制，并向公众发行的能够阅读或可看到的作品复制品。

《伯尔尼保护文学和艺术作品公约》（1971年）

第三条

1.根据本公约，

（a）作者为本同盟任何成员国的国民者，其作品无论是否已经出版，都受到保护；

（b）作者为非本同盟任何成员国的国民者，其作品首次在本同盟一个成员国出版，或在一个非本同盟成员国和一个同盟成员国同时出版的都受到保护；

2.非本同盟任何成员国的国民但其惯常住所在一个成员国国内的作者，为实施本公约享有该成员国国民的待遇。

3."已出版作品"一词指得到作者同意后出版的作品，而不论其复制件的制作方式如何，只要从这部作品的性质来看，复制件的发行方式能满足公众的合理需要。戏剧、音乐戏剧或电影作品的表演，音乐作品的演奏，文学作品的公开朗诵，文学或艺术作品的有线传播或广播，美术作品的展出和建筑作品的建造不构成出版。

4.一个作品在首次出版后30天内在两个或两个以上国家内出版，则该作品应视为同时在几个国家内出版。

第六十四条　另行规定

计算机软件、信息网络传播权的保护办法由国务院另行规定。

解读 📖

本条是关于计算机软件、信息网络传播权的保护办法由国务院另行规定的规定。

计算机软件主要是指计算机程序及有关文档，是对程序的内容、版式、设计、功能等部分进行了一系列个性化的智力选择和判断，因此计算机软件也符合独创性的条件。但是计算机软件和著作权保护的其他作品相比，具有一定的独特性，因为软件是一种能使计算机运行的工具，它无法通过阅读或者观赏而感知，对机器运作的依赖性极强，其既具有文字性，也具有工具性，相对来说工具性更为突出，是软件的核心功能。由于软件的这种独特性使本法不能对此一一作出具体规定，需要根据其性质规定相应的保护办法。于是，国务院在2001年12月20日通过中华人民共和国国务院令第339号公布了《计算机软件保护条例》，2013年对其进行了第二次修订，《计算机软件保护条例》中对计算机软件的定义、原则、软件著作权、软件著作权的许可使用和转让及法律责任等方面作出了相关的规定。

1991年的著作权法第五十三条规定："计算机软件的保护办法由国务院另行规定。"2001年10月27日，第九届全国人民代表大会常务委员会第二十四次会议通过《关于修改〈中华人民共和国著作权法〉的决定》第五十八条规定："计算机软件、信息网络传播权的保护办法由国务院另行规定。"增加了"信息网络传播权"的新内容。信息网络传播权是指以有线或者无线方式向公众提供作品、表演或者录音录像制品，使公众可以在个人选定的时间和地点获得作品、表演或者录音录像制品的行为。中国互联网络信息中心在2001年7月发布第八次中国互联网络发展状况调查统计报告，报告显示，我国上网计算机数约1002万台，我国上网用户人数约2650万人。计算机和信息网络的发展为文化和知识的传播提供了新的途径，公众对信息网络的使用逐渐依赖，但也引发了一些法律纠纷。网络发展日新月异，网络传播权的相关问题较为复杂，有待进一步研究，因此国务院在2006年5月通过《信息网络传播权保护条例》，2013年对其进行了修改，《信息网络传播权保护条例》中对权利主体、保护措施、合理使用等方面作出了相关的规定。

应用 ✔

相关立法

《计算机软件保护条例》（2013年）

《信息网络传播权保护条例》（2013年）

第六十五条　摄影作品保护期的溯及力

摄影作品，其发表权、本法第十条第一款第五项至第十七项规定的权利的保护期在2021年6月1日前已经届满，但依据本法第二十三条第一款的规定仍在保护期内的，不再保护。

解读 📖

本条是对摄影作品保护期限溯及力的规定。

党的十九届五中全会明确提出繁荣发展文化事业和文化产业，把建设文化强国作为2035年的远景目标，彰显了党中央对文化的高度重视。著作权的发展是国家知识产权和文化保护的重要一环，近年来，著作权纠纷案件数量多、增长快，在法院受理的网络传播侵权案件中，摄影类作品侵权案件占的比重越来越大，摄影作品的保护成为文艺作品保护的焦点之一。本次的修改使摄影作品的保护期发生了巨大的改变，从发表后五十年变更为作者终生及其死亡后五十年，改变了摄影作品"二等公民"的地位，开启了摄影版权保护的新纪元。

本条对摄影作品的保护体现了法不溯及既往，根据本条规定，对按照2010年的著作权法规定保护期满，但按照2021年的著作权法规定仍在保护期内的摄影作品不再予以保护，按照2010年的著作权法规定保护期未满的，按照2021年的著作权法规定的保护期予以保护。

应用

相关立法

《伯尔尼保护文学和艺术作品公约》（1971年）

第七条

1.本公约给予保护的期限为作者有生之年及其死后五十年内。

2.但就电影作品而言，本同盟成员国有权规定保护期在作者同意下自作品公之于众后50年期满，如自作品完成后50年内尚未公之于众，则自作品完成后50年期满。

3.至于不具名作品和假名作品，本公约给予的保护期自其合法公之于众之日起50年内有效。但根据作者采用的假名可以毫无疑问地确定作者身份时，该保护期则为第1款所规定的期限。如不具名作品或假名作品的作者在上述期间内公开其身份，所适用的保护期为第1款所规定的保护期限。本同盟成员国没有义务保护有充分理由推定其作者已死去50年的不具名作品或假名作品。

4.摄影作品和作为艺术作品保护的实用艺术作品的保护期限由本同盟各成员国的法律规定；但这一期限不应少于自该作品完成之后算起的25年。

5.作者死后的保护期和以上第二、三、四款所规定的期限从其死亡或上述各款提及事件发生之时开始，但这种期限应从死亡或所述事件发生之后次年的一月一日开始计算。

6.本同盟成员国有权给予比前述各款规定更长的保护期。

7.受本公约罗马文本约束并在此公约文本签署时有效的本国法律中规定了短于前述各款期限的保护期的本同盟成员国，有权在加入或批准此公约文本时维持这种期限。

8.无论如何，期限将由被要求给予保护的国家的法律加以规定；但是，除该国家的法律另有规定者外，这种期限不得超过作品起源国规定的期限。

第七条之二

前条的规定同样适用于版权为合作作者共有的作品，但作者死后的保护期应从最后死亡的作者死亡时算起。

《世界知识产权组织版权条约》（1996年）

第九条　摄影作品的保护期限

对于摄影作品，缔约各方不得适用《伯尔尼公约》第七条第（4）款的规定。

第六十六条　溯及力

本法规定的著作权人和出版者、表演者、录音录像制作者、广播电台、电视台的权利，在本法施行之日尚未超过本法规定的保护期的，依照本法予以保护。

本法施行前发生的侵权或者违约行为，依照侵权或者违约行为发生时的有关规定处理。

解读 📖

本条是关于著作权法溯及力的规定。

法律溯及力，也称法律溯及既往的效力，是指法律对其生效以前的事件和行为是否适用。如果适用就具有溯及力；如果不适用，该法就不具有溯及力。

本条第一款是本法对著作权人和出版者、表演者、录音录像制作者、广播电台、电视台的权利保护期有溯及力的规定。在本法施行之日尚未超过本法规定的保护期的有两种情况。

一、在本法施行前没有保护期规定

在本法施行之前，相关法律、法规对著作权人和出版者、表演者、录音录像制作者、广播电台、电视台的权利没有规定保护期的，根据本法该权利尚在保护期期限内的依照本法的保护期进行保护，超出本法保护期期限的，本法不再予以保护。

二、在本法施行前有保护期规定

在本法施行之前，相关法律、法规对著作权人和出版者、表演者、录音录像制作者、广播电台、电视台的权利有规定保护期的，如果超过原规定的保护期，但并未超过本法规定的保护期期限，则本法予以保护。根据1984年国家文化部有关规定，译作的作者享有的使用权和获得报酬的保护期为作者终生及其死亡后三十年，本法第十二条规定公民的作品，其发表权、著作财产权的保护期为作者终生及其死亡后五十年，如果该作者在本法施行前完成创作，其保护期超过了有生之年加死亡后三十年的但未超过五十年，则按照本法规定仍然予以保护。

本条第二款是本法对著作权侵权或者违约行为没有溯及力的规定。只要是发生在本法施行前的著作权侵权或者是违约的行为，都按照本法施行前行为发生时的相关规定处理，不适用本法的规定。

应用

相关立法

《中华人民共和国著作权法》（2021年）

第二十三条　自然人的作品，其发表权、本法第十条第一款第五项至第十七项规定的权利的保护期为作者终生及其死亡后五十年，截止于作者死亡后第五十年的12月31日；如果是合作作品，截止于最后死亡的作者死亡后第五十年的12月31日。

法人或者非法人组织的作品、著作权（署名权除外）由法人或者非法人组织享有的职务作品，其发表权的保护期为五十年，截止于作品创作完成后第五十年的12月31日；本法第十条第一款第五项至第十七项规定的权利的保护期为五十年，截止于作品首次发表后第五十年的12月31日，但作品自创作完成后五十年内未发表的，本法不再保护。

视听作品，其发表权的保护期为五十年，截止于作品创作完成后第五十年的12月31日；本法第十条第一款第五项至第十七项规定的权利的保护期为五十年，截止于作品首次发表后第五十年的12月31日，但作品自创作完成后五十年内未发表的，本法不再保护。

第三十七条　出版者有权许可或者禁止他人使用其出版的图书、期刊的版式设计。

前款规定的权利的保护期为十年，截止于使用该版式设计的图书、期刊首次出版后第十年的12月31日。

第四十一条　本法第三十九条第一款第一项、第二项规定的权利的保护期不受限制。

本法第三十九条第一款第三项至第六项规定的权利的保护期为五十年，截止于该表演发生后第五十年的12月31日。

第四十四条　录音录像制作者对其制作的录音录像制品，享有许可他人复制、发行、出租、通过信息网络向公众传播并获得报酬的权利；权利的保护期为五十年，截止于该制品首次制作完成后第五十年的12月31日。

被许可人复制、发行、通过信息网络向公众传播录音录像制品，应当同时取得著作权人、表演者许可，并支付报酬；被许可人出租录音录像制品，还应当取得表演者许可，并支付报酬。

第四十七条　广播电台、电视台有权禁止未经其许可的下列行为：

（一）将其播放的广播、电视以有线或者无线方式转播；

（二）将其播放的广播、电视录制以及复制；

（三）将其播放的广播、电视通过信息网络向公众传播。

广播电台、电视台行使前款规定的权利，不得影响、限制或者侵害他人行使著作权或者与著作权有关的权利。

本条第一款规定的权利的保护期为五十年，截止于该广播、电视首次播放后第五十年的12月31日。

第六十七条　施行日期

本法自1991年6月1日起施行。

解读 📖

本条是关于著作权法施行日期的规定。

施行日期是指法律法规正式生效的日期。《中华人民共和国立法法》第五十七条规定："法律应当明确规定施行日期。"第五十八条第一款规定："签署公布法律的主席令载明该法律的制定机关、通过和施行日期。"这一规定使得法律的施行日期条款的立法有了直接的法律依据。

我国对施行日期的规定大体可以分为三种情形。

一、直接在法律中规定具体施行日期

例如，《中华人民共和国民法典》由第十三届全国人民代表大会第三次会议于2020年5月28日通过，由中华人民共和国主席令第四十五号公布，民法典第一千二百六十条规定："本法自2021年1月1日起施行。"

二、公布后一定期限后施行

例如，《行政法规制定程序条例》第二十九条规定："行政法规应当自公布之日起30日后施行。"

三、自法律公布之日起施行

例如，《中华人民共和国监察法》由第十三届全国人民代表大会第一次会议于2018年3月20日通过，由中华人民共和国主席令第三号公布，监察法第六十九条规定："本法自公布之日起施行。"

本法对于施行日期的规定属于第一种情形。本法由第七届全国人民代表大会常务委员会第十五次会议于1990年6月7日通过，由中华人民共和国主席令第三十一号公布，自1991年6月1日起施行。本条规定在本法颁布一段时间后实施，其目的：一是在相当长时间的"过渡期"内，相关宣传部门借此加大宣传力度，新闻媒体及时刊登报道，扩大本法的知名度和影响力，让公众了解并掌握本法中的新规定，以更好地保护和利用好自己和他人的作品；二是使国家版权局等行政管理部门和司法机关贯彻学习，做好实践准备以使本法得到正确的执行，激发全社会的创作活力，营造良好的创作环境和秩序。

应用 ✔

相关立法

《中华人民共和国立法法》（2015年）

第五十七条　法律应当明确规定施行日期。

第五十八条　签署公布法律的主席令载明该法律的制定机关、通过和施行日期。

法律签署公布后，及时在全国人民代表大会常务委员会公报和中国人大网以及在全国范围内发行的报纸上刊载。

在常务委员会公报上刊登的法律文本为标准文本。

第三编
电影产业促进法

《中华人民共和国电影产业促进法》概述

2016年11月7日，第十二届全国人民代表大会常务委员会第二十四次会议表决通过了《中华人民共和国电影产业促进法》（以下简称"电影产业促进法"），自2017年3月1日起实施。该法共六章六十条，包括总则，电影创作、摄制，电影发行、放映，电影产业支持、保障，法律责任，附则。这部法律是我国电影领域的最高立法，为正处在黄金年代的中国电影产业的规范有序发展提供了法律依据和保障，也为中国电影"走出去"开拓了更为广阔的路径。

自2002年电影产业化改革以来，我国电影产业发展迅速，成为文化领域拉动内需、促进就业、推动国民经济增长和转型升级的重要产业之一，但与其他电影强国相比，与经济社会发展和人民群众不断提高的精神文化需求相比，还存在诸多不足，面临着一些亟待解决的问题：一是电影市场活力有待进一步激发。审批和制约因素较多，阻碍了产业发展，影响了社会力量进入电影产业领域的积极性，亟须在制度层面适度松绑。二是电影市场秩序还要进一步规范。我国电影市场发育尚不成熟，市场诚信体系尚不健全，擅自拍摄放映电影、擅自举办电影节（展）等情况时有发生，有必要修改完善相关管理制度。三是电影产业发展水平有待提高。我国电影产业尚处于成长阶段，基础还比较薄弱，有必要借鉴国际成功经验，加大对电影产业的引导、扶持力度。四是维护文化安全还需更加重视。当前抵御腐朽文化侵蚀、维护文化安全的任务仍然十分艰巨，有必要完善电影内容监管制度与措施，进一步发挥电影的正面导向作用。①

---

① 蔡赴朝.关于《中华人民共和国电影产业促进法（草案）》的说明：2015年10月30日在第十二届全国人民代表大会常务委员会第十七次会议上［EB/OL］.（2015-10-30）［2021-04-04］.http://www.npc.gov.cn/wxzl/gongbao/2017-02/20/content_2007545.htm.

　　为了切实解决上述问题，促进电影产业发展，原广电总局在深入调查研究、总结实践经验、广泛听取意见的基础上，起草了《中华人民共和国电影产业促进法（送审稿）》（以下简称送审稿）。法制办收到送审稿后，多次书面征求中央有关单位、地方政府及专家意见，并在互联网上向社会公开征求意见，到有关地方调研，会同新闻出版广电总局对送审稿反复研究、修改，形成了《中华人民共和国电影产业促进法（草案）》（以下简称草案）。草案已经2015年9月1日国务院第104次常务会议讨论通过。[①]2015年10月全国人大常委会第十七次会议进行了一审，并公开征求意见。2016年8月，全国人大常委会第二十二次会议进行了二审，再次公开征求意见。

　　立法思路主要有三个方面：一是转变政府管理方式，积极发挥市场在资源配置中的促进作用。培育、规范市场秩序，坚持放管并举，该放的放开，该管的管住，寓管理于服务之中，为社会力量从事电影活动提供便利。二是充分发挥政府的引导、激励作用，加大对电影产业扶持力度。采取财政、税收、金融、用地、人才等多种扶持措施，促进电影产业全面发展。三是既促进产业发展，又保障文化安全。从中国实际出发，在确保文化安全的前提下促进产业发展。[②]

---

①　蔡赴朝.关于《中华人民共和国电影产业促进法（草案）》的说明：2015年10月30日在第十二届全国人民代表大会常务委员会第十七次会议上［EB/OL］.（2015-10-30）［2021-04-04］. http://www.npc.gov.cn/wxzl/gongbao/2017-02/20/content_2007545. htm.

②　同上。

第一章　总　则

第一条　立法目的

为了促进电影产业健康繁荣发展，弘扬社会主义核心价值观，规范电影市场秩序，丰富人民群众精神文化生活，制定本法。

解读 📖

本条是关于立法目的的规定。

电影产业是文化产业的重要组成部分，已经成为文化领域拉动内需、促进就业、推动国民经济增长和转型升级的重要产业之一。我国电影产业的发展潜力巨大，但还存在一些突出的问题，如电影产业发展受到制度层面约束较多，电影市场活力有待于进一步激发；电影市场秩序不规范，擅自拍摄放映电影、影院瞒报虚报票房、电影票定价偏高等问题需要整顿；电影的工业化、科技化水平不高，与国际先进水平存在差距；电影产品结构体系不完整，人才队伍建设力度不够，作品缺乏核心竞争力；抵御腐朽文化侵蚀、维护文化安全的任务艰巨等。

党的十八大以来，党中央和全国人大常委会、国务院等方面都十分重视文化立法。党的十八届四中全会决定要求，建立健全坚持社会主义先进文化前进方向、遵循文化发展规律、有利于激发文化创造活力、保障人民基本文化权益的文化法律制度。在经济、社会和政策基础都较为成熟的条件下，作为承载了数代中国电影人梦想，也是我国电影领域最高立法的电影产业促进法应运而生。

电影产业促进法出台的目的包括以下四个方面。

一、促进电影产业健康繁荣发展

这是本法的直接目的与基本出发点。自2002电影产业化改革以来，我国电影产业取得了巨大的发展。截至2019年，我国影片年产量已从不足百部增加到一千余部[①]，票房从每年不足10亿元增加到642.7亿元，银幕从不足2000块发展到近7万块，年观影人数更是达到17.3亿[②]，是"十二五"初期的4.68倍。新冠肺炎疫情过后的中国电影发力强劲，2021年春节档电影票房比2019年增长32.47%，同时创造了全球单一市场单日票房、全球单一市场周末票房等多项世界纪录。[③]"十四五"时期已是文化产业作为国民经济支柱性产业整体迈向高质量发展的阶段，而电影产业势必要发挥更强的引领作用。通过凝练多年来的产业促进政策，以法律制度方式设计的电影产业促进法，将进一步促进中国电影产业的持续健康发展，繁荣电影市场，助力我国早日成为世界电影强国。

二、弘扬社会主义核心价值观

电影产业作为文化产业的一种，意识形态属性是其重要属性。坚持以社会主义核心价值观引导电影作品的创作，同时以优秀的电影作品为载体，弘扬并引导人们树立社会主义核心价值观，是本法的内在要求。

三、规范电影市场秩序

这是制定本法的重要目的之一。对于影响电影市场公平竞争、统一开放，制约电影产业良好发展，扰乱电影市场秩序的行为，应通过立法设计为依法管理提供有效保障。本法针对各种破坏电影市场秩序的行为规定了不同的法律责任，为切实解决电影产业发展中存在的问题，打击违法行为，规范电影市场秩序提供了充分的法律依据。

四、丰富人民群众精神文化生活

建设社会主义文化强国，必须把满足人民群众日益增长的精神文化需

---

① 2019中国电影年度调查报告［EB/OL］.（2019-12-31）［2021-05-11］.https://www.1905.com/news/20191231/1429320.shtml.

② 2019年中国电影行业发展现状、市场数据分析［EB/OL］.（2020-01-24）［2021-02-15］.https://www.iimedia.cn/c1020/68203.html.

③ 2021年春节档电影票房78.22亿元比2019年增长32.47%［EB/OL］.（2020-02-18）［2021-05-11］.http://www.xinhuanet.com/fortune/2021-02/18/c_1127110481.htm.

求作为社会主义文化建设的根本目的。电影作为一种人民群众喜闻乐见的艺术表现形式，是社会主义文化的重要载体，肩负着繁荣中国特色社会主义文化的使命担当。因此，应当坚守以人民为中心的文艺创作要求，不断丰富人民群众的精神文化生活，保障人民群众的基本文化权益。这也是本法的根本目的。

应用 ✔

相关立法

《电影管理条例》（2002 年）

第二条　适用范围

在中华人民共和国境内从事电影创作、摄制、发行、放映等活动（以下统称电影活动），适用本法。

本法所称电影，是指运用视听技术和艺术手段摄制、以胶片或者数字载体记录、由表达一定内容的有声或者无声的连续画面组成、符合国家规定的技术标准、用于电影院等固定放映场所或者流动放映设备公开放映的作品。

通过互联网、电信网、广播电视网等信息网络传播电影的，还应当遵守互联网、电信网、广播电视网等信息网络管理的法律、行政法规的规定。

解读 📖

本条是关于本法适用范围、调整对象及适用原则的规定。

第一款明确了本法的适用范围（空间效力范围）是中华人民共和国境内。本款所称的中华人民共和国境内目前是指除香港特别行政区、澳门特别行政区以及台湾地区之外的中华人民共和国主权管辖范围内的所有空间，包括领陆、领水、领空及航空器、船舶、驻外使领馆等拟制领土。

本款还明确了本法的调整对象，即电影活动，包括电影创作、摄制、发行、放映等活动。除上述列举的活动类型外，本法还对参与、举办电影节

（展），电影档案管理，电影衍生产品开发，电影评价，电影人才培养，电影语言译制等电影活动进行了规定。本法附则对境外资本在我国境内设立电影企业作了指引性规定。

第二款是法律首次对电影予以规范定义。其中，"运用视听技术和艺术手段摄制、以胶片或者数字载体记录、由表达一定内容的有声或者无声的连续画面组成"是世界范围内电影的通常特征。"符合国家规定的技术标准"是指为确保影片技术质量，国家制定了一系列的技术标准，并在电影片公映许可中设置了技术审查环节。"用于电影院等固定放映场所或者流动放映设备公开放映"这一表述通过明确电影的放映途径，将微电影、网络大电影等网络视听节目及影视专业学生的毕业作品和长片等影片类型排除在本法调整范围之外。

第三款是对其他法律适用原则的规定，在电影的信息网络传播方面，将本法与有关信息网络管理的法律和行政法规之间作了适用性规定。由于互联网、电信网、广播电视网等信息网络传播电影具有其特殊性，对于这一类活动的管理应当落入广播电视、电信等其他行政主管部门的职权之中，并遵守与之相关的法律、行政法规的规定。

应用

相关立法

《中华人民共和国网络安全法》（2017年）

《全国人民代表大会常务委员会关于维护互联网安全的决定》（2011年）

《全国人民代表大会常务委员会关于加强网络信息保护的决定》（2012年）

《电影管理条例》（2002年）

《互联网信息服务管理办法》（2011年）

《信息网络传播权保护条例》（2013年）

《中华人民共和国电信条例》（2016年）

《广播电视管理条例》（2020年）

第三条　基本原则

从事电影活动，应当坚持为人民服务、为社会主义服务，坚持社会效益优先，实现社会效益与经济效益相统一。

解读 📖

本条是关于从事电影活动的基本原则的规定。

一、电影活动应坚持为人民服务、为社会主义服务

为人民服务、为社会主义服务，是中国共产党对于文艺工作的方针。1942年5月23日，毛泽东同志在延安文艺座谈会上明确提出文艺要为最广大的人民群众服务，首先是为工农兵服务的方针。1980年7月26日的《人民日报》社论，向人们传达了党的"二为方向"，指引了文艺工作的总方向。2014年10月15日，习近平总书记在文艺工作座谈会上指出："文艺要反映好人民心声，就要坚持为人民服务、为社会主义服务这个根本方向。这是党对文艺战线提出的一项基本要求，也是决定我国文艺事业前途命运的关键。"我国宪法第二十一条以根本法的形式规定了国家发展为人民服务、为社会主义服务的文化事业，开展群众性的文化活动。

"电影为人民服务"一是指电影应当反映和表现人民群众火热的生活，电影工作者应当通过扎根人民、扎根生活汲取创作的灵感，并把最好的精神食粮奉献给人民群众；二是强调电影应当具有民族特色、民族风格、民族气派，起到教育人民、引导人民、鼓舞人民的作用。"为社会主义服务"就是要求电影反映社会主义的本质特征，体现民族精神和时代精神，弘扬社会主义核心价值观，激励人民群众为社会主义现代化建设，为中华民族伟大复兴不懈奋斗。

近年来，电影产业飞速发展的同时暴露出电影创作的许多问题。比如，电影作品的价值引导与方向引领性作用不够，电影的创作质量不高，个别作品存在"低级趣味""价值观扭曲"问题，"唯票房论""唯流量论"现象突出，商业电影挤压艺术类电影的生存空间，等等。这些问题成为影响中国电影发展的不良因素。"二为方向"的提出，明确了文艺的性质、方向，以及文艺工作的总任务和根本目的。只有坚持"二为方向",从人民群众的生活中汲取营养,把满足人民群众日益增长的精神文化需求作为出发点和落脚点,才能创作出无愧于人民、无愧于时代的优秀电影作品。

二、电影活动应坚持社会效益优先,实现社会效益与经济效益相统一

电影活动作为文化活动的组成部分,既有意识形态属性,又有产业属性、市场属性。相应地,既会产生社会效益,也会产生经济效益。两种效益相互依存,具有辩证统一的关系,共同决定着电影产业的发展。

党的十九大报告指出,要深化文化体制改革,完善文化管理体制,加快构建把社会效益放在首位、社会效益和经济效益相统一的体制机制。习近平总书记在文艺座谈会上指出:"一部好的作品,应该是经得起人民评价、专家评价、市场检验的作品,应该是把社会效益放在首位,同时也应该是社会效益和经济效益相统一的作品。"在《国务院办公厅关于促进电影产业繁荣发展的指导意见》《关于推动国有文化企业把社会效益放在首位、实现社会效益和经济效益相统一的指导意见》中,社会效益优先,社会效益与经济效益相统一的原则亦被强调。

"坚持社会效益优先,实现社会效益与经济效益相统一"是指从事电影活动应把握好社会效益与经济效益的辩证关系。电影所提倡和反对的内容要从人民的利益和社会主义事业发展的要求出发,努力发挥电影引领风尚、教育人民、服务社会、推动发展的作用。坚持"二为"方向也决定了文化艺术事业的发展始终要把社会效益放在首位。在坚持社会效益优先的前提下,还应遵循市场经济规律,激发电影企业活力,促进良性竞争,追求合理的经济效益,繁荣电影文化市场,以电影产业促进国民经济发展。坚持"双效统一"原则同样有利于破除上述"唯票房论""唯流量论"等困境,有利于推进电影强国的发展。

应用 ✓

相关立法

《电影管理条例》(2002年)

第三条 从事电影片的制片、进口、出口、发行和放映等活动,应当遵守宪法和有关法律、法规，坚持为人民服务、为社会主义服务的方向。

《中华人民共和国宪法》（2018年）

第二十二条　国家发展为人民服务、为社会主义服务的文学艺术事业、新闻广播电视事业、出版发行事业、图书馆博物馆文化馆和其他文化事业，开展群众性的文化活动。

国家保护名胜古迹、珍贵文物和其他重要历史文化遗产。

第四条　创作原则

国家坚持以人民为中心的创作导向，坚持百花齐放、百家争鸣的方针，尊重和保障电影创作自由，倡导电影创作贴近实际、贴近生活、贴近群众，鼓励创作思想性、艺术性、观赏性相统一的优秀电影。

解读 📖

本条是关于电影创作基本原则的规定。

一、坚持以人民为中心的创作导向

坚持以人民为中心的创作导向，是我国文艺工作始终坚持的一个重要原则，也是党和政府对广大文艺工作者的一个基本要求。《中共中央关于深化文化体制改革推动社会主义文化大发展大繁荣若干重大问题的决定》和《中共中央关于繁荣发展社会主义文艺的意见》都明确提出要坚持以人民为中心的创作导向。习近平总书记在文艺工作座谈会上强调："以人民为中心，就是要把满足人民精神文化需求作为文艺和文艺工作的出发点和落脚点，把人民作为文艺表现的主体，把人民作为文艺审美的鉴赏家和评判者，把为人民服务作为文艺工作者的天职。"坚持以人民为中心的创作导向，体现了社会主义文艺的根本属性，也是文艺作品永葆生机的动力源泉。这就要求电影创作必须坚定不移走群众路线，与人民同呼吸、共命运、心连心，欢乐着人民的欢乐，忧患着人民的忧患。否则脱离群众的电影创作必将成为无根之木、无源之水。

二、坚持百花齐芳、百家争鸣的方针

1956年4月28日，毛泽东在中共中央政治局扩大会议上提出："百花齐放、百家争鸣应该成为我国发展科学、繁荣文学艺术的方针。"习近平总书记在文艺工作座谈会上强调:"要坚持百花齐放、百家争鸣的方针,发扬学术民主、艺术民主,营造积极健康、宽松和谐的氛围,提倡不同观点和学派充分讨论,提倡体裁、题材、形式、手段充分发展,推动观念、内容、风格、流派切磋互鉴。""双百"方针是我们党在总结我国文化发展历史经验的基础上提出,并长期以来始终坚持的领导文艺工作的重要方针,深刻反映了文艺事业的发展规律,更是新时期繁荣发展社会主义文艺的必然要求,电影创作作为一种文艺创作应当坚持这一方针。

三、尊重和保障电影创作自由

宪法第四十七条明确规定了公民具有文学艺术创作和文化活动的自由。这要求电影产业的管理部门与相关组织应为电影创作提供宽松的制度环境,尊重和保障电影工作者的创作个性,鼓励电影创作者充分发挥其独创性,构建一个自由、开放、充满活力与创造力的电影市场。

四、电影创作要贴近实际、贴近生活、贴近群众

"三贴近"原则是实现文艺为人民服务、为社会主义服务的根本途径,反映了新时期党对文艺工作和文艺作品的要求。"贴近实际"就是电影创作应立足于社会主义初级阶段这个最大的实际。"贴近生活"就是电影创作要走入现实生活中,关切、回应生活中的重大问题。"贴近群众"就是电影创造要走群众路线,坚持以人民为中心的创作导向。

五、鼓励创作思想性、艺术性、观赏性相统一的优秀电影

"思想性"要求电影创作者要在创作过程中贯注思想、凝练精神,倡导真、善、美。"艺术性"强调对电影的创作技术与专业技巧的要求,拒绝粗制滥造,避免过分强调商业性而忽略艺术价值。"观赏性"要求电影创作者坚持"三贴近"原则,创造出人民群众喜闻乐见的电影作品。

应用

相关立法

《中华人民共和国宪法》(2018年)

第四十七条　中华人民共和国公民有进行科学研究、文学艺术创作和其

他文化活动的自由。国家对于从事教育、科学、技术、文学、艺术和其他文化事业的公民的有益于人民的创造性工作，给以鼓励和帮助。

第五条　发展规划与产业政策

国务院应当将电影产业发展纳入国民经济和社会发展规划。县级以上地方人民政府根据当地实际情况将电影产业发展纳入本级国民经济和社会发展规划。

国家制定电影及其相关产业政策，引导形成统一开放、公平竞争的电影市场，促进电影市场繁荣发展。

解读 📖

本条是关于将电影产业发展纳入国民经济和社会发展规划、制定电影及相关产业政策的规定。

第一款在国家和地方两个层面上，规定国务院和县级以上地方政府应当将电影产业发展纳入国民经济和社会发展规划。国民经济和社会发展规划是统筹安排全国或某一地区一定时期内国民经济的主要活动、科学技术、教育事业和社会发展的纲领性文件，是指导经济和社会发展的总体纲要。而文化建设是中国特色社会主义事业"五位一体"总体布局的重要组成部分，发展电影产业是文化建设的重要内容，应当成为政府的一个重要职责。将电影产业发展纳入国民经济和社会发展规划体现了国家对电影产业的扶持力度，这一举措可以更好地激发产业活力，提升电影产业发展水平，繁荣电影市场，使电影等文化产业在推动国民经济持续健康发展中起到更加重要的作用。

第二款规定国家制定电影及其相关产业政策。产业政策是一国为了一定的经济和社会目标，而对特定的产业领域主动实施干预的政策的总和，包括规划、引导、促进、调整、保护、扶持、限制等各个方面。电影产业想要实现快速发展，离不开国家各项利好的产业政策。国家通过制定明确的产业政策，把电影产业的发展提到战略性高度，扶持、促进电影产业的发展。在我国近二十年的电影产业化改革中，形成了一系列促进产业发展行之有效的政策、办法。

第二款同时规定国家引导形成统一开放、公平竞争的电影市场，这是使市场在电影产业资源配置中起决定性作用的基础。这要求政府减少干预，破除行政壁垒、地方保护、市场封锁、限制竞争与行业垄断，形成全国统一市场，发挥市场配置资源的决定性作用，创造公平竞争的市场环境，促进电影市场繁荣发展。

应用

相关立法

《国务院办公厅关于促进电影产业繁荣发展的指导意见》（2010年）

《国家广电总局电影管理局关于加强海峡两岸电影合作管理的现行办法》（2013年）

《关于支持电影发展若干经济政策的通知》（2014年）

《关于印发〈国家电影事业发展专项资金征收使用管理办法〉的通知》（2015年）

《关于继续实施支持文化企业发展增值税政策的通知》（2019年）

第六条　技术创新

国家鼓励电影科技的研发、应用，制定并完善电影技术标准，构建以企业为主体、市场为导向、产学研相结合的电影技术创新体系。

解读

本条是关于电影技术创新的规定。

一、国家鼓励电影科技的研发、应用

电影是一种依靠技术手段向公众呈现视听作品的艺术形式，是科技与艺术结合的产物。从"默片"到"有声"影片，从黑白片到彩色片，从胶片摄制到数字制作，从普通影片到3D、4D、IMAX巨幕影片⋯⋯可以说电影的发展史就是电影科技的进化史。因此，要做大做强电影产业，就必须要充分发挥科技的支撑和推动作用。改革开放以后，特别是进入21世纪以来，随着中国电影产业的发展，我国电影科技水平显著提升，虚拟特效、CG动画、3D转制、立体实拍等科技得到广泛运用。同时也要看到，我国电影科技化水平整体还不高，技术储备薄弱，电影工业的技术人才仍存在缺口，自主的技术成果和知识产权尚少，促进电影科技研发时不我待。《国务院办公厅关于促进电影产业繁荣发展的指导意见》中对鼓励电影产业科技研发和创新作出了部署。本条首先规定"国家鼓励电影科技的研发、应用"，就是将其作为国家发展电影产业的一项首要、突出任务加以强调。

二、明确国家制定并完善电影技术标准的职责

电影技术是影片摄制技术、影片放映技术与电影器材制造技术的总称，是电影成为影响广泛的独特艺术形式以及活动影像和声音的再现手段的物质基础。标准化是电影技术发展的一个必然要求。近年来，我国电影技术标准不断健全完善，形成了覆盖电影摄制、发行、放映等环节的较为系统完善的电影技术标准体系。但有的领域仍存在相应技术标准的短板，需要尽快补齐。此外，在全球化新一轮科技革命的背景下，我国电影技术需要与时俱进，与国际接轨，力求达到领先水平。本条规定"国家制定并完善电影技术标准"，就是通过法律层面规定，把电影技术标准化建设上升为促进电影产业发展的关键任务。

三、构建电影技术创新体系的内容

党的十八届三中全会决定提出，深化科技体制改革，健全技术创新市场导向机制，建立产学研协同创新机制，强化企业在技术创新中的主体地位，发挥大型企业创新骨干作用，激发中小企业创新活力，推进应用型技术研发机构市场化、企业化改革，建设国家创新体系。以企业为主体，就是突出企业的主体地位，要采取更加有力的政策措施激发不同种类、不同规模企业的创新热情。以市场为导向，就是要发挥市场对各类技术创新要素配置的导向作用。产学研相结合，就是实现生产、教育和科研的协同集合，将电影技术创新上、中、下游进行对接。本条在借鉴科学技术进步法和促进科技成果转化法的基础上，规定电影技术创新体系的内容，确定了电影技术创新体系的

主体、导向和方式。

应用 ✔

相关立法

《中华人民共和国科学技术进步法》（2008 年）

第三十条　国家建立以企业为主体，以市场为导向，企业同科学技术研究开发机构、高等学校相结合的技术创新体系，引导和扶持企业技术创新活动，发挥企业在技术创新中的主体作用。

《中华人民共和国促进科技成果转化法》（2015 年）

第二十三条　企业依法有权独立或者与境内外企业、事业单位和其他合作者联合实施科技成果转化。

企业可以通过公平竞争，独立或者与其他单位联合承担政府组织实施的科技研究开发和科技成果转化项目。

第二十五条　国家鼓励研究开发机构、高等院校与企业相结合，联合实施科技成果转化。

研究开发机构、高等院校可以参与政府有关部门或者企业实施科技成果转化的招标投标活动。

第七条　电影知识产权保护

与电影有关的知识产权受法律保护，任何组织和个人不得侵犯。

县级以上人民政府负责知识产权执法的部门应当采取措施，保护与电影有关的知识产权，依法查处侵犯与电影有关的知识产权的行为。

从事电影活动的公民、法人和其他组织应当增强知识产权意识，提高运用、保护和管理知识产权的能力。

国家鼓励公民、法人和其他组织依法开发电影形象产品等衍生产品。

解读 📖

本条是关于保护电影知识产权和支持开发电影衍生产品的规定。

本条明确了各个主体在保护知识产权方面的权利和义务，从四个方面对电影知识产权相关问题作出了规定。

一、国家保护与电影有关的知识产权

电影作为一种智力创作成果，是编剧、导演、摄影、作词、作曲等创作者智慧的结晶，是各国著作权法和相关国际条约中明确规定受到保护的一类作品。同时，电影中涉及使用的技术、设备及电影在创作和传播过程中可能涉及的著作权、商标、不正当竞争等其他知识产权问题，可以通过著作权法、商标法、反不正当竞争法等法律得到保护。本条第一款开宗明义，明确与电影有关的知识产权通过国家立法和实施得到保护。

二、政府执法部门对保护电影知识产权的职权

第一，我国大部分保护知识产权的法律规范都要靠行政机关执行，但我国尚未有独立的知识产权执法机构，本款中的"县级以上人民政府负责知识产权执法的部门"具体是指知识产权局、市场监管局、版权局、新闻出版局、文旅局及其所属文化执法大队等。第二，执法部门查处知识产权侵权行为，必须符合有关具体法律的规定，做到执法有据。对此，本法第五十四条也作了相应的衔接性规定。

三、电影从业者应增强知识产权意识

第三款规定，除了国家力量保护和知识产权执法部门采取措施外，电影行业从业人员应当自觉学习知识产权知识，提高知识产权意识，并且能够合理运用、保护和管理已有的知识产权成果。电影从业者既可能是知识产权的创造者，也可能是利用者，只有其不断增强知识产权意识，才能从根本上规范与电影相关的知识产权，形成良好的行业秩序。

四、国家鼓励开发电影衍生产品

电影衍生产品是指由电影中的角色形象、标识、场景、道具、音乐等产生，与电影密切相关的非电影票房收入的所有产品。衍生产品是电影产业链的重要组成部分，在美国等电影市场发达地区，电影衍生产品的收入一般可达电影总收入的70%以上。开发电影衍生产品，可以延伸电影产业链，发挥其辐射带动作用，促进文化产业作为国民经济支柱性产业整体迈向高质量

发展。

应用 ✔

相关立法

《中华人民共和国商标法》（2019年）

《中华人民共和国著作权法》（2021年）

《中华人民共和国专利法》（2021年）

《中华人民共和国著作权法实施条例》（2013年）

《信息网络传播权保护条例》（2013年）

《互联网视听节目服务管理规定》（2015年）

《互联网著作权行政保护办法》（2005年）

《著作权行政处罚实施办法》（2009年）

典型案例

上海某点播影院侵犯影视作品著作权案

简介：

2019年2月，上海市文化和旅游局执法总队经查发现，上海某点播影院经营主体上海某文化娱乐有限公司徐汇分公司，通过点播系统和投影仪等放映设备向用户提供263部电影作品的点播、放映服务，其中80部电影作品经美国电影协会北京代表处确认未获授权、183部电影作品无法提供授权材料。2019年12月，上海市文化和旅游局执法总队对该公司作出罚款20万元的行政处罚。①

简评：

该案执法人员探索性运用著作权法的规定，对当事人无法证明

---

① 国家版权局、全国"扫黄打非"办联合发布2019年度全国打击侵权盗版十大案件［EB/OL］.（2020-04-24）［2021-02-15］. http://www.legaldaily.com.cn/index/content/2020-04-24/content_8179146.htm.

获得合法授权放映的电影作品作为侵权情节予以考量，充分发挥了著作权行政执法的威慑作用，对规范点播影院著作权秩序作了有益探索，有力维护了中外著作权人的合法权益。

第八条　电影工作管理体制

国务院电影主管部门负责全国的电影工作；县级以上地方人民政府电影主管部门负责本行政区域内的电影工作。

县级以上人民政府其他有关部门在各自职责范围内，负责有关的电影工作。

解读 📖

本条是关于电影工作管理体制的规定。

一、国务院电影主管部门的职责

我国电影工作的主管部门是国家电影局。2018年3月，根据第十三届全国人民代表大会第一次会议批准的国务院机构改革方案，在国家新闻出版广电总局广播电视管理职责的基础上组建国家广播电视总局，不再保留国家新闻出版广电总局。国家新闻出版广电总局的电影管理职责划入中共中央宣传部（以下简称"中宣部"），中宣部对外加挂国家电影局牌子。国家电影局隶属于中宣部，承担管理电影行政事务、指导监管电影制片、发行和放映工作、组织对电影内容进行审查、指导协调全国性重大电影活动、承担对外合作制片、输入输出影片的国际交流等工作。

二、县级以上地方人民政府电影主管部门的职责

地方人民政府电影主管部门负责本行政区域内的电影工作。在中国电影产业迅速发展的当下，想要更好地推动地方电影工作发展，以各地电影产业繁荣发展促进电影强国的实现，单凭国家电影主管部门是不够的，必须明确和强化地方人民政府电影主管部门的职责。例如，省级电影主管部门的职责主要包括一般题材电影的剧本梗概备案和属地单位特殊题材电影剧本审查，一般题材电影片审查和部分种类电影片初审，对外商投资电影院提出意见，省内发行业务审批，地方对等交流互办单一国家电影展映活动审批，对举办涉外电影节（展）与参加境外电影节（展）的管理，中外合拍影片初审，电影艺术档案管理中的督促和处罚，电影农村公益放映等。

三、县级以上人民政府其他有关部门的职责

电影活动不仅关系电影主管部门，也需要其他职能部门的配合与参与。因此，本法规定了县级以上人民政府其他有关部门在各自职责范围内，负责有关的电影工作。"县级以上人民政府其他有关部门"指的是县级以上人民政府除电影主管部门外，与电影行业关联的其他部门。例如，发展和改革、财政、金融、住房和城乡建设、教育、公安、文旅、民族和宗教等部门。这些部门应当在其职责范围内配合、协助电影主管部门，共同促进我国电影产业的规范健康发展。

应用 ⚖

相关立法

《电影管理条例》（2002年）

《关于支持电影发展若干经济政策的通知》（2014年）

《电影剧本（梗概）备案、电影片管理规定》（2017年）

第九条　行业组织与从业人员

电影行业组织依法制定行业自律规范，开展业务交流，加强职业道德教育，维护其成员的合法权益。

演员、导演等电影从业人员应当坚持德艺双馨，遵守法律法规，尊重社会公德，恪守职业道德，加强自律，树立良好社会形象。

解读 📖

本条是关于电影行业组织及电影从业人员规范的原则规定。

一、电影行业组织的职责

电影行业组织是电影行业的专业人士或从业主体组成的非营利性社会团

体组织，在政府主管部门和电影从业人员间起到沟通和协调的作用，一般通过组织章程、自律公约、行为准则等方式开展行业自律，是繁荣和规范电影行业的重要力量。发展现代电影产业，必须注重发挥电影行业组织的作用。美国的电影行业工会早在20世纪30年代就已形成，各大行业协会（工会）主要包括美国编剧工会（WGA）、美国导演工会（DGA）、美国影视演员协会（SAG）、美国制片人工会（PGA）、美国电影协会（MPAA）等。美国的行业协会在谈判中对于促进其成员的就业机会及报酬福利方面起着非常重要的作用。我国已登记的电影行业组织超30家，涉及电影创作生产各个环节和电影行业各个方面。例如，中国电影导演协会、中国电影制片人协会、中国影视演员协会、中国电影发行放映协会、中国电影文学学会、中国电影表演艺术学会、中国电影评论学会、中国儿童少年电影学会、中国电影著作权协会等。

电影行业组织应当依据电影行业、民政管理方面的法律法规，以及其他一般性法律法规，制定行业自律规范，对会员的行为进行规范，对会员的职业道德进行教育和引导。通过教育培训、深入生活、采风创作、成果展示、典型推介、文艺评奖评论、开展理论研究、人才培训、文艺志愿服务、对外交流和权益保护等工作，充分发挥组织、引导、服务和维权的作用，对会员进行业务指导，开展业务交流，提高本组织会员的业务水平，加强职业道德建设和行风建设，努力维护会员的合法权益。

二、电影从业人员的道德自律

电影从业人员由于自身的职业特性，通过作品传播、媒体报道、舆论关注而获得了更多社会影响力和职业发展机会。因此，电影从业人员作为公众人物，更应该加强道德自律，严于律己，做好表率。习近平总书记在文艺座谈会上强调："繁荣文艺创作、推动文艺创新，必须有大批德艺双馨的文艺名家。""文艺是给人以价值引导、精神引领、审美启迪的，艺术家自身的思想水平、业务水平、道德水平是根本。"德艺双馨是对电影从业人员的职业要求。"德"就是符合社会主义核心价值观的社会公德、职业道德和家庭美德；"艺"就是艺术才华的高低，有行业共识，有群众口碑。这就要求电影创作者既要具备良好的品德，也要体现不断精进的艺术才能。

近年来，个别电影从业人员出现吸毒、嫖娼、醉驾、偷逃税等违法犯罪行为或存在个人生活作风、道德品质问题，凭借其影响力在社会上造成了较为恶劣的影响，损害了行业形象。针对这类现象，除依法对违法犯罪行为进行追究外，必须加强电影从业人员的法律意识和道德自律，引导其树立良好的社会形象。有关职能部门、相关单位、行业组织应当加强思想引领、政治引领、价值引领，努力提高电影工作者队伍的思想道德素质、文化修养和业务水平，大力培育和弘扬"爱国、为民、崇德、尚艺"的文艺界核心价值观，加强行风建设和行业建设，维护健康的从业氛围。电影从业者自身也应当摆正位置，自觉坚守艺术理想，遵守法律法规，遵守社会公德和职业道德，为历史存正气，为世人弘美德，为自身留清名，努力以高尚的职业操守、良好的社会形象、文质兼美的优秀作品赢得人民喜爱和欢迎。

应用

相关立法

《国家新闻出版广播电视总局办公厅关于加强有关广播电视节目、影视剧和网络视听节目制作传播管理的通知》（2014年）

《社会团体登记管理条例》（2016年）

《中华人民共和国民法典》（2021年）

典型案例

中国电影导演协会发声明将自律自强维护影视行业健康发展

简介：

为响应国税总局号召，抵制天价片酬，2018年8月12日，中国电影导演协会发表题为《团结一致，自律自强，维护影视行业健康发展》的声明，呼吁"行业需要发展，规则需要公平，从业者需要被尊重"。声明中指出，当下问题的重点不只是"天价片酬""偷税漏税"，更重要的是市场公平，包括收视率、点击率、电影票房造假，制作、发行垄断等乱象。此外，针对多家公司提出的演员"限薪"，中国电影导演协会呼吁应该交由市场调节，勿盲目限价甚至"一刀切"。

简评：

在影视制播机构集体倡议对明星"一刀切"限酬之后，电影导演协会的声明对整顿治理中如何维护行业的前进方向进行了更深入的思考，具有一定的客观性。政策指导、市场调节、行业自律必须并行才能全面保障影视业正常发展。电影导演协会作为行业组织积极发声，体现了其责任担当，发挥了行业组织促进电影产业发展的建设性作用。

第十条　电影评价体系和奖励制度

国家支持建立电影评价体系，鼓励开展电影评论。

对优秀电影以及为促进电影产业发展作出突出贡献的组织、个人，按照国家有关规定给予表彰和奖励。

解读 📖

本条是关于电影评价体系和奖励制度的规定。

一、国家支持建立电影评价体系，鼓励开展电影评论

习近平总书记在文艺工作座谈会上指出："要坚守文艺的审美理想、保持文艺的独立价值，合理设置反映市场接受程度的发行量、收视率、点击率、票房收入等量化指标，既不能忽视和否定这些指标，又不能把这些指标绝对化，被市场牵着鼻子走。"《中共中央关于繁荣发展社会主义文艺的意见》中也明确提出要建立健全反映文艺作品质量的综合评价体系。观众在观看电影前后，会受到有关评价的影响，而"一千个人眼中有一千个哈姆雷特"，电影评价是极为个人化并受多种因素影响的审美结论，不存在统一的标准，却影响着观众对电影的理解与鉴赏。同时，电影作为一种人民群众喜闻乐见的艺术形式，需要被正确认识其取得的成绩和存在的不足。因此，建立健全电影评价体系，开展各种形式的电影评论，对推动电影产业健康发展、引导社会建立良好审美标准、传播社会主义核心价值观、传递正能量、输出民族文化和提高国际形象具有非常重要的作用。

电影评价的质量往往良莠不齐，并且伴随互联网的普及和新媒体的发展，豆瓣、时光网等电影评价网站和一些影评微信公众号等成为电影评价的新兴主体，掌握着重要的话语权，却时常受到利益裹挟，或存在恶性竞争和炒作现象。基于此，国家应引导建立健康完整的电影评价体系，鼓励开展客观真实、导向正确的电影评论，从而促进电影艺术、电影产业的发展。

二、电影行业的表彰奖励制度

对优秀影片和作出突出贡献的组织、个人进行表彰奖励，是国家引导、促进电影产业发展的重要手段，也是世界上的通行做法。我国宪法第四十二条规定，国家奖励劳动模范和先进工作者。具体到电影产业，本条所称的"国家有关规定"指《电影管理条例》《中央级国家电影事业发展专项资金预算管理办法》《国家电影事业发展专项资金征收使用管理办法》《国产影片出口奖励暂行办法》《关于进一步完善国产影片发行放映的考核奖励办法（修订）》《国家广播电影电视总局科技创新奖励办法》《关于对优秀国产影片进行奖励的通知》《关于奖励优秀国产影片海外推广工作的通知》《中国广播影视大奖电影"华表奖"评选章程》等，另外也包括宪法、国家勋章和国家荣誉称号法、公益事业捐赠法、教师法、公务员法、《国家科学技术奖励条例》等其他规定。我国目前设置了若干电影奖项，对优秀影片和作出突出贡献的组织、个人进行表彰、奖励，这激发了电影从业人员的创造力，能够调动其积极性和责任感，创作更多优秀作品，也对引导电影行业良性发展起到有利的作用。

应用 ✍

典型案例

中国电影华表奖

简介：

中国电影华表奖（以下简称"华表奖"），是由中宣部、国家电影局主办的电影奖项，正式设立于 1994 年，是中国电影界的政府奖。华表奖与中国电影金鸡奖、大众电影百花奖并称中国电影三大奖。华表奖的参评标准：以弘扬社会主义核心价值观和中国精神为主旨，体现以人民为中心的创作导向，追求思想精深、艺术精湛、制作精良，坚持把社会效益放在首位，实现社会效益和经济效益相统一，致力于中华优秀传统文化的创造性转化和创新性发展，能够体现电影创作新成就。

简评：

华表奖由政府出资奖励优秀的电影工作者，属于鼓励性质的电影奖项，体现党和国家对电影事业的热情鼓励和大力扶持。

第十一条　国际合作与交流

国家鼓励开展平等、互利的电影国际合作与交流，支持参加境外电影节（展）。

解读 📖

本条是关于电影国际合作与交流的规定。

电影作为一种文化产品，是一国文化软实力的重要体现，是本国文化理念、价值观在艺术领域的载体，也是连接中外文化世界的桥梁和纽带。在我国，自改革开放以来，特别是伴随"一带一路"倡议的规划布局，电影在文化国际传播领域发挥着越来越重要的作用，我国对电影国际交流的重视程度也逐步提高。总体来讲，我国电影国际合作与交流采取"请进来"和"走出去"的模式，鼓励本国电影向外输出，吸引外国电影方来华交流合作。在电影项目的不同阶段，以不同程度或方式参与创作、投资、开发、拍摄、制作、发行、电影艺术、电影从业者技艺等各方面的交流与合作。我国还制定了相关政策，不断创造条件推动中国电影走向国际舞台。本法第十四条、第四十一条也对我国电影的国际合作与交流作出相关衔接性规定。

参加境外电影节（展）是电影国际合作与交流的重要途径。境外电影节

（展）分为港澳台电影节（展）和国际电影节（展）。港澳台电影节（展）包括香港电影金像奖、香港电影金紫荆奖、台湾电影金马奖、台北电影节、澳门国际电影节等。国际电影节（展）中，法国戛纳国际电影节、德国柏林国际电影节、意大利威尼斯国际电影节最负盛名，被称为三大国际电影节。

应用 ✔

相关立法

《广播影视节（展）及节目交流活动管理规定》（2004年）

《关于文化领域引进外资的若干意见》（2005年）

《国务院办公厅关于促进电影产业繁荣发展的指导意见》（2010年）

典型案例

中国影片《地久天长》包揽柏林电影节最佳男女演员奖

简介：

2020年2月16日，中国影片《地久天长》男女主演王景春和咏梅凭借出色演技获得第69届柏林电影节最佳男、女演员银熊奖，是中国演员首次包揽柏林电影节影帝、影后。作为压轴放映的主竞赛单元影片，《地久天长》获得了众多中外媒体的强烈关注，无论是媒体场放映还是开放场次，全程175分钟无一人离场，不少德国观众潸然泪下，沉浸在影片所传达的情感中。由于东西方跨文化理解的障碍，这种情况在柏林电影节并不多见。在影片结束时，中外观众起立鼓掌，由衷地为影片喝彩。①

简评：

《地久天长》是一部用心展现中国人的真实面貌，特别是中国老

---

① 中国影片《地久天长》感动柏林电影节［EB/OL］.（2019-02-19）［2021-02-20］. http://media.people.com.cn/n1/2019/0219/c40606-30804096.html.

百姓身上的传统美德和性格的电影，虽然瞄准的是中国近30年的人情与社会变迁，但体现出来是世人共有的情感。这样的影片走向国际电影市场后，必然有助于西方观众逐步真正理解和感知中国文化的深厚底蕴与中国电影的深刻内涵。

第二章　电影创作、摄制

第十二条　鼓励电影创作、创新

国家鼓励电影剧本创作和题材、体裁、形式、手段等创新，鼓励电影学术研讨和业务交流。

县级以上人民政府电影主管部门根据电影创作的需要，为电影创作人员深入基层、深入群众、体验生活等提供必要的便利和帮助。

解读 📖

本条是关于鼓励电影创作、创新以及为电影创作提供必要的便利和帮助的规定。

本条分为两个层面，主要是从国家和县级以上地方政府两个层面主体的角度，讨论政府在鼓励电影创作、创新方面的行政职能。

第一款规定了从国家层面鼓励电影剧本创作，并从题材、体裁、形式、手段等各角度鼓励创新。"题材"是指革命历史题材、现实主义题材、少年儿童题材、农村题材等；"体裁"是指剧本的种类和样式，故事体裁、动画体裁、纪录体裁等；"形式"是指呈现出来的构造和表现形式；"手段"是指实现意图采取的方法和措施，如倒叙、顺叙、插叙等。同时，本款也规定了国家鼓励电影学术研讨和业务交流。

第二款规定了县级以上人民政府电影主管部门对电影创作的帮助，即根据电影创作需要，为电影创作人员深入基层、深入群众、体验生活等提供便利及帮助。这是因为艺术来源于生活，高于生活，艺术表达离不开群众的生活，需要脚踩坚实的土地，与时代同频共振。

应用 ✎

典型案例

夏衍杯优秀电影剧本征集

简介：

夏衍杯优秀电影剧本征集（以下简称"夏衍杯"）由中宣部电影局、中宣部电影剧本规划策划中心、中国夏衍电影学会共同举办，征集办公室设在电影剧本中心。夏衍杯是国内唯一一项电影剧本的政府奖，被业内称为中国电影编剧的"奥斯卡奖"。夏衍杯每年应征剧本1000多部，最后评选出若干部优秀电影剧本、创意电影剧本和成长电影剧本，并分别给予金额不等的奖金。旨在鼓励创作，提升电影剧本质量，团结编剧人才，推动电影创作持续繁荣发展。

简评：

国家电影局评选并奖励优秀电影剧本，体现了国家对电影创作的扶持。

第十三条　电影剧本梗概备案、电影剧本审查

拟摄制电影的法人、其他组织应当将电影剧本梗概向国务院电影主管部门或者省、自治区、直辖市人民政府电影主管部门备案；其中，涉及重大题材或者国家安全、外交、民族、宗教、军事等方面题材的，应当按照国家有关规定将电影剧本报送审查。

电影剧本梗概或者电影剧本符合本法第十六条规定的，由国务院电影主管部门将拟摄制电影的基本情况予以公告，并由国务院电影主管部门或者省、自治区、直辖市人民政府电影主管部门出具备案证明文件或者颁发批准文件。具体办法由国务院电影主管部门制定。

解读 📖

本条是关于电影剧本梗概备案、电影剧本审查的公示程序、标准、机构

等方面的规定。

与2002年的《电影管理条例》比较，本条规定有三点改进：一是取消了摄制电影许可证、摄制电影片许可证（单片）；二是简化了电影剧本审查制度，取消一般题材电影剧本审查，只需将电影剧本梗概予以备案；三是降低了电影活动准入门槛，下放了电影摄制审批、特殊题材电影审批权限。

一、报送备案、审查的主体

按照本条第一款的规定，报送备案、审查的主体为拟摄制电影的法人、其他组织。根据本款的规定，只要是在县级以上工商行政管理部门注册登记过的影视文化类企业，或者从事电影行业的相关协会组织、事业单位可以直接开展电影摄制活动，不需要再申请摄制电影许可证。

二、接收备案、审查的主体

接收备案、审查的主体是国家电影主管部门或者省、自治区、直辖市电影主管部门（以下简称"省级电影主管部门"）。这涉及了国家与省级电影主管部门在工作上的分工问题。一般题材电影实行电影剧本梗概备案公示属地管理制度。在各省、自治区、直辖市以下工商行政管理部门、省级以下相关主管部门注册登记的法人、其他组织，可向该注册登记部门所在地的省级电影主管部门备案；在国家工商行政管理总局、国务院相关主管部门注册登记的法人、其他组织，中央和国家机关（军队）所属的电影制片单位拟摄制电影的，需要直接向国家电影主管部门备案。接收电影剧本报送审查的主体也按照上述做法进行分工。

三、备案、审查的区别和报送程序

拟摄制电影的法人、其他组织在电影开始拍摄前，须履行电影剧本梗概报送备案或者电影剧本报送审查的程序，分为两种情况：一是将电影剧本梗概向国家电影主管部门或者省级电影主管部门备案；二是涉及重大题材或者国家安全、外交、民族、宗教、军事等方面题材的，应当按照国家有关规定将电影剧本报送审查。

（一）电影剧本梗概的备案

需要进行电影剧本梗概备案的限于一般题材剧本。按照现行相关规定，电影制片单位（包括经工商注册登记成立的各类影视文化企业、行业协会组织、有关事业单位）摄制电影，应在拍摄前由第一出品单位将电影剧本梗概送注册登记所在地的省级电影主管部门备案，办理电影剧本梗概备案手续。各省级电影主管部门应将同意电影剧本梗概备案的情况及时报国家电影主管部门，内容包括影片名称、备案单位（联系人、电话）、编剧姓名（实名）、故事摘要（300字左右）、备案意见等。在国家工商行政管理总局、国务院相关主管部门注册登记的法人、其他组织，中央和国家机关（军队）所属的电影制片单位摄制电影，直接向国家电影主管部门备案。

（二）电影剧本的审查

需要进行电影剧本审查的是涉及重大题材或者国家安全、外交、民族、宗教、军事等方面题材的剧本。本条所称的"重大题材"，主要是指重大革命和重大历史题材影片、重大文献纪录影片，需要按照国家电影主管部门关于重大革命和重大历史题材电影剧本立项及完成片的管理规定、关于重大文献纪录影片的管理规定等相关规定进行立项审批。国家电影主管部门成立重大革命和重大历史题材影视创作领导小组，负责我国重大革命和重大历史题材影视剧创作的组织指导、剧本立项把关和完成片审查。凡以反映我党、我国、我军历史上重大事件，描写担任党和国家重要职务的党政军领导人及其亲属生平业绩，以历史正剧形式表现中国历史发展进程中重要历史事件、历史人物为主要内容的电影、电视剧，均属于重大革命和重大历史题材影视剧。

凡剧情主要内容和主要人物涉及国家安全、外交、民族、宗教、军事等方面题材的，应当按照国家有关规定将电影剧本向国家电影主管部门或者省级电影主管部门报送审查，同时需要征求省级或中央、国家相关主管部门的意见。

四、备案、审查的批准程序

电影剧本梗概或者电影剧本符合本法第十六条规定的，需要按两个步骤完成备案、审查的批准程序：第一，由国家电影主管部门将拟摄制电影的基本情况予以公告；第二，由国家电影主管部门或者省级电影主管部门出具备案证明文件或者颁发批准文件。

（一）公告

经过省级电影主管部门或者国家电影主管部门审核，认为符合本法第十六条规定的，由国家电影主管部门定期在其官方网站公布，对于备案编号、电影片名、申报备案单位、编剧、备案结果、备案地及梗概等基本信息，予以公示。

（二）出具备案证明文件或者颁发批准文件

待国家电影主管部门公告立项结果后，对于报送电影剧本梗概备案的，由国家电影主管部门或者省级电影主管部门向报送单位出具备案证明文件，目前的做法是发放电影剧本（梗概）备案回执单；对于报送电影剧本审查的，由国家电影主管部门或者省级电影主管部门向报送单位颁发批准文件。

此外，为了规范电影剧本梗概备案、电影剧本审查的具体程序，使备案、审查流程更加顺畅便捷，为拟摄制电影的法人、其他组织提供便捷清晰的指南，需要国家电影主管部门制定具体办法，本法对此专门作出了规定。这既是行政管理的需要，又是国家电影主管部门的法定义务。国家电影主管部门须按照立法法要求的时限，及时制定这一配套规定。

应用 ✍

相关立法

《国家广播电影电视总局关于改进和完善电影剧本（梗概）备案、电影片审查工作的通知》（2010年）

《国家新闻出版广电总局关于试行国产电影属地审查的通知》（2014年）

《电影剧本（梗概）备案、电影片管理规定》（2017年）

第十四条 中外合作拍摄电影

法人、其他组织经国务院电影主管部门批准，可以与境外组织合作摄制电影；但是，不得与从事损害我国国家尊严、荣誉和利益，危害社会稳定，伤害民族感情等活动的境外组织合作，也不得聘用有上述行为的个人参加电影摄制。

　　合作摄制电影符合创作、出资、收益分配等方面比例要求的，该电影视同境内法人、其他组织摄制的电影。

　　境外组织不得在境内独立从事电影摄制活动；境外个人不得在境内从事电影摄制活动。

解读 📖

　　本条是关于中外合拍电影的规定。

　　中外合拍电影主要包括三种形式：一是联合摄制，即由中外双方共同投资（含资金、劳务或者实物）、共同摄制、共同分享利益及共同承担风险的摄制形式；二是协作摄制，即外方出资在中国境内拍摄，中方有偿提供设备、器材、场地、劳务等予以协助的摄制形式；三是委托摄制，即外方委托中方在中国境内代为摄制的摄制形式。

　　本条共分为三款，分别从四个方面对中外合作拍摄电影作出规定。

一、对中外合作拍摄电影设定了行政许可

　　国家对中外合作摄制电影片实行行政许可制度。境内任何法人、其他组织未取得中外合作摄制电影片许可证或批准文件，不得与境外组织合作摄制电影片。具有中外合作拍摄电影片行政许可管理权限的是国家电影主管部门，即国家电影局。只有经过其批准，境内法人、其他组织才可以与境外组织合作摄制电影。

二、对中外合作拍摄电影的合作组织、聘用个人作了必要的限制性规定

　　第一款主要从合作、聘用对象两个方面作了限制性规定：一是对与境外组织合作的限制，规定不得与从事损害我国国家尊严、荣誉和利益，危害社会稳定，伤害民族感情等活动的境外组织合作；二是对聘用个人的限制，规定不得聘用有损害我国国家尊严、荣誉和利益，危害社会稳定，伤害民族感情等行为的个人参加电影摄制。"损害我国国家尊严、荣誉和利益，危害社会稳定，伤害民族感情等活动"包括但不限于发表和参与过反华辱华、支持分裂势力等，造成恶劣影响的言论和行为。境内法人、其他组织在选择境外合作方时，应对上述情形进行认真考虑，仔细筛选合作方。

三、对合作摄制电影视同国产电影的条件作了规定

合作摄制的电影，业内简称为合拍片，在我国境内的市场待遇、票房分成等方面视同于国产片，享受高于进口片的分账待遇，在海外发行等方面亦享有不同程度的优势，所以一直是中国电影制片的重要组成部分，在中外电影文化交流、产业合作、市场开拓等方面发挥着十分重要的作用。伴随着中国电影市场的日益扩大，合拍电影越来越受到境外电影制片机构的关注，与中国电影界合作开展合拍电影业务也越来越多。鼓励合拍并给予国产影片待遇是提升我国电影产业水平的重要制度，同时也是世界上很多国家的通行做法。

四、对境外组织和境外个人在我国境内从事电影摄制活动作了限制性规定

其主要有以下两个方面的限制性规定：一是境外组织不得在境内独立从事电影摄制活动，也就是说，境外组织只能采取合作的方式，才能在我国境内从事电影摄制活动；二是境外个人不得在境内从事电影摄制活动，也就是说，境外个人无论是单独还是通过合作方式，都不可以在我国境内从事电影摄制活动。当然，这不排除境外个人被聘用，作为演职人员等参加电影摄制活动。

应用

相关立法

《中外合作摄制电影片管理规定》（2017年）

第十三条　联合摄制中需聘用境外主创人员的，应当报广电总局批准，且外方主要演员比例不得超过主要演员总数的三分之二。

第十五条　电影摄制活动

县级以上人民政府电影主管部门应当协调公安、文物保护、风景名胜区管理等部门，为法人、其他组织依照本法从事电影摄制活动提供必要的便利和帮助。

从事电影摄制活动的，应当遵守有关环境保护、文物保护、风景名胜区管理和安全生产等方面的法律、法规，并在摄制过程中采取必要的保护、防护措施。

解读 📖

本条是关于为电影摄制活动提供便利和帮助以及从事电影摄制活动应遵守的规则的规定。

第一款规定的义务主体是县级以上人民政府电影主管部门。为法人、其他组织依照本法从事电影摄制活动提供必要的便利和帮助，这是国家对电影产业的扶持、保障措施之一，体现了服务行政的理念。对于摄制电影的法人、其他组织来说，开展摄制活动需要协调方方面面，可能涉及公安、文物保护、风景名胜区管理等部门。为了保障电影摄制进度，使剧组能够集中精力专注于提高电影制作质量，需要电影主管部门在其法定职权范围内帮助市场主体做好协调工作，提供必要的便利条件，给予必要的帮助。但政府电影主管部门提供便利和帮助是有一定界限的，即"必要的便利和帮助"。对于法人、其他组织提出的超越必要界限的请求，县级以上人民政府电影主管部门可以拒绝。

第二款明确了从事电影摄制活动应遵守的规则。法人、其他组织等电影摄制主体从事电影摄制活动时，应当遵守相应的规则，这也是法定的义务。一是要遵守有关环境保护、文物保护、风景名胜区管理和安全生产等方面的法律、法规。电影摄制活动经常需要外景拍摄，会涉及文物保护建筑区、风景名胜区、自然保护区等保护区，摄制过程中可能使用枪支、炸药、烟火等道具，并会涉及安全生产的问题等。二是在摄制过程中采取必要的保护、防护措施。除了依法开展摄制活动之外，采取必要的保护、防护措施也是重要的法定义务，是避免出现破坏环境、损坏文物、造成安全生产事故的重要防范保障。有关法人、其他组织必须予以遵守，县级以上人民政府电影主管部门应当严格监督管理，确保采取必要的保护、防护措施。

应用 ✔

相关立法

《中华人民共和国环境保护法》（2015年）

《中华人民共和国安全生产法》（2021年）

《中华人民共和国军事设施保护法》（2014年）

《中华人民共和国文物保护法》（2017年）

《中华人民共和国消防法》（2021年）

《中华人民共和国枪支管理法》（2015年）

《民用爆炸物品安全管理条例》（2014年）

《风景名胜区条例》（2016年）

《中华人民共和国自然保护区条例》（2017年）

《城市市容和环境卫生管理条例》（2017年）

典型案例

某电影剧组因破坏生态环境被处罚案

简介：

　　某电影摄制组在云南香格里拉碧沽天池拍摄时，修建了长约100米、宽约4米的砂石路面和长约20米的铺有木条的道路，搭建了临时建筑物。临时建筑物及砂石道路等破坏了碧沽天池周围部分高山草甸和高山灌丛植被，对碧沽天池周围的自然生态环境造成一定的影响。2006年，该剧组因拍摄过程中对香格里拉生态环境造成破坏被处以九万元罚款，香格里拉县分管副县长因负有领导责任被免职。①

简评：

　　拍摄一部优秀的影视剧是一个浩大的工程，离不开政府的大力

---

① 某电影剧组因破坏香格里拉生态环境被罚九万元［EB/OL］.（2006-08-11）［2021-04-05］. http://www.gov.cn/jrzg/2006-08/11/content_360569.htm.

支持。但是剧组在拍摄过程中，对于环境和生态的保护不容忽视。我们赖以生存的生态环境、地理地貌等，尤其是那些经历过千年甚至万年才形成的"活化石"景区。影视原本是人类文明精神的产物，若建立在破坏环境的基础上，就本末倒置了。因此，在拍摄过程中，保护环境、依法生产是影视制作者必须遵守的义务和准则。

第十六条　　电影审查内容标准

电影不得含有下列内容：

（一）违反宪法确定的基本原则，煽动抗拒或者破坏宪法、法律、行政法规实施；

（二）危害国家统一、主权和领土完整，泄露国家秘密，危害国家安全，损害国家尊严、荣誉和利益，宣扬恐怖主义、极端主义；

（三）诋毁民族优秀文化传统，煽动民族仇恨、民族歧视，侵害民族风俗习惯，歪曲民族历史或者民族历史人物，伤害民族感情，破坏民族团结；

（四）煽动破坏国家宗教政策，宣扬邪教、迷信；

（五）危害社会公德，扰乱社会秩序，破坏社会稳定，宣扬淫秽、赌博、吸毒，渲染暴力、恐怖，教唆犯罪或者传授犯罪方法；

（六）侵害未成年人合法权益或者损害未成年人身心健康；

（七）侮辱、诽谤他人或者散布他人隐私，侵害他人合法权益；

（八）法律、行政法规禁止的其他内容。

解读 📖

本条是关于电影审查内容标准的规定。

我国实行电影审查制度。电影产业促进法以法律的形式肯定了电影审查制度。电影内容审查的标准规定了禁止载有的内容和应删剪修改的内容。禁止载有的内容是从禁载角度对影片内容的最低要求，影片如果在主旨、主题和主要内容上违反相关规定（如危害国家统一、主权和领土完整等），则整部影片要被禁止。应删剪修改的内容是指虽然影片在整体上没有违反禁载规定，但个别情节、画面、台词、背景音乐、音响效果等违反相关法律、法规精神，影响青少年健康成长的，或会产生负面的社会效果的，则应予删剪修改。本条主要对电影禁止载有的内容作出规定。

电影审查的内容标准主要有以下八项。

一、禁止含有违反宪法确定的基本原则，煽动抗拒或者破坏宪法、法律、行政法规实施的内容

首先，不得有违反宪法确定的基本原则的内容。宪法是我国的根本法，是治国安邦的总章程，是保障国家统一、民族团结、经济发展、社会进步和长治久安的法律基础，是中国共产党执政兴国、团结带领全国各族人民建设中国特色社会主义的根本法治保障。宪法以法律的形式确认了我国各族人民奋斗的成果，规定了国家的根本制度、根本任务和国家生活中最重要的原则，具有最大的权威性和最高的法律效力。因此，禁止电影载有含有违反宪法确定的基本原则的内容，是首要的要求。

其次，不得含有煽动抗拒或者破坏宪法、法律、行政法规实施的内容。法律是制度的载体，它以法的形式反映和规范国家经济、政治、文化和社会的各项制度。改革开放以来，我国通过制定法律，确立了国家经济建设、政治建设、文化建设、社会建设及生态文明建设的各个方面重要的基本法律制度，把国家各项工作纳入法治化轨道，从制度上、法律上解决的是国家发展中带有根本性、全局性、稳定性和长期性的问题，是国家法治的基础；行政法规是中国特色社会主义法律体系的重要组成部分，对于确保宪法、法律全面正确实施，规范行政权力运行，维护经济社会稳定，保障和促进改革开放和社会主义现代化建设的健康有序发展，都具有重要意义。煽动抗拒或者破坏宪法、法律、行政法规实施，将危害国家和社会稳定，破坏现有的中国特色社会主义法治秩序，这种内容应依法予以禁止。

二、禁止含有危害国家统一、主权和领土完整，泄露国家秘密，危害国家安全，损害国家尊严、荣誉和利益，宣扬恐怖主义、极端主义的内容

首先，禁止含有危害国家统一、主权和领土完整，泄露国家秘密，危害国家安全的内容。国家安全关系着整个国家和民族的生死存亡。没有国家安全，公民个人的安全就无法得到保障。按照国家安全法的规定，国家安全是指国家政权、主权、统一和领土完整、人民福祉、经济社会可持续发展和国家其他重大利益相对处于没有危险和不受内外威胁的状态，以及保障持续安全状态的能力。泄露国家秘密也是危害国家安全和利益的不法行为。按照保守国家秘密法的规定，国家秘密是关系国家安全和利益，依照法定程序确定，在一定时间内只限一定范围的人员知悉的事项。国家秘密受法律保护。一切国家机关、武装力量、政党、社会团体、企业事业单位和公民都有保守国家秘密的义务。任何危害国家秘密安全的行为，都必须受到法律追究。

其次，禁止含有损害国家尊严、荣誉和利益的内容。国家尊严是指国家享有的可受尊敬的身份或者地位，通常包括党和政府的尊严，民族与人民的尊严，领域、领空、领海的尊严等。国家荣誉是指国家光荣的名誉。国家利益是指满足或能够满足国家以生存发展为基础的各方面需要并且对国家在整体上具有好处的事物。维护国家尊严、荣誉和利益，是每一位公民应尽的义务，不容许损害诋毁。

最后，禁止含有宣扬恐怖主义、极端主义的内容。恐怖主义是指通过暴力、破坏、恐吓等手段，制造社会恐慌、危害公共安全、侵犯人身财产，或者胁迫国家机关、国际组织，以实现其政治、意识形态等目的的主张和行为。极端主义是指歪曲宗教教义和宣扬宗教极端，以及其他崇尚暴力、仇视社会、反对人类等极端的思想、言论和行为。国家安全法规定，国家反对一切形式的恐怖主义和极端主义；反恐怖主义法对于防范、打击、处置宣扬恐怖主义、极端主义的行为作了规定；刑法也对宣扬恐怖主义、极端主义的一些行为设定了刑事处罚。

三、禁止含有诋毁民族优秀文化传统，煽动民族仇恨、民族歧视，侵害民族风俗习惯，歪曲民族历史或者民族历史人物，伤害民族感情，破坏民族团结的内容

本项规定主要是针对上述破坏我国民族政策的内容。我国宪法序言中指出，中华人民共和国是全国各族人民共同缔造的统一的多民族国家。平等、团结、互助的社会主义民族关系已经确立，并将继续加强宪法规定，中华人民共和国各民族一律平等。国家保障各少数民族的合法的权利和利益，维护和发展各民族的平等、团结、互助关系。禁止对任何民族的歧视和压迫，禁止破坏民族团结和制造民族分裂的行为。国家根据各少数民族的特点和需要，帮助各少数民族地区加速经济和文化的发展。本项列举的"诋毁民族优秀文化传统，煽动民族仇恨、民族歧视，侵害民族风俗习惯，歪曲民族历史或者民族历史人物，伤害民族感情，破坏民族团结"都是违反宪法和有关法律的，应禁止通过各种方式宣扬。

四、禁止含有煽动破坏国家宗教政策，宣扬邪教、迷信的内容

我国公民的宗教信仰自由权利受到宪法和法律的保护。宪法第三十六条规定，中华人民共和国公民有宗教信仰自由。任何国家机关、社会团体和个人不得强制公民信仰宗教或者不信仰宗教，不得歧视信仰宗教的公民和不信仰宗教的公民。国家保护正常的宗教活动。同时也规定，任何人不得利用宗教进行破坏社会秩序、损害公民身体健康、妨碍国家教育制度的活动。宗教团体和宗教事务不受外国势力的支配。民族区域自治法、选举法、教育法、义务教育法、劳动法等多部法律还规定，公民不分宗教信仰都享有选举权和被选举权；教育与宗教相分离，公民不分宗教信仰依法享有平等的受教育机会；各民族人民都要互相尊重语言文字、风俗习惯和宗教信仰；公民在就业上不因宗教信仰不同而受歧视，等等。上述规定为我国宗教政策提供了宪法和法律基础。煽动破坏我国宗教政策，既会对我国宗教事业发展造成严重后果，同时也是违法行为。

"邪教"是指冒用宗教的名义或者教旨而建立的、不受国家法律承认和保护的非法组织。1999年，全国人大常委会通过的《关于取缔邪教组织、防范和惩治邪教活动的决定》规定，坚决依法取缔邪教组织，严厉惩治邪教组织的各种犯罪活动。邪教组织冒用宗教、气功或者其他名义，采用各种手段扰乱社会秩序，危害人民群众生命财产安全和经济发展，必须依法取缔，坚决惩治。对组织和利用邪教组织破坏国家法律、行政法规实施，聚众闹事，扰乱社会秩序，以迷信邪说蒙骗他人，致人死亡，或者奸淫妇女、诈骗财物等犯罪活动，依法予以严惩。

五、禁止含有危害社会公德，扰乱社会秩序，破坏社会稳定，宣扬淫秽、赌博、吸毒，渲染暴力、恐怖，教唆犯罪或者传授犯罪方法的内容

首先，禁止含有危害社会公德，扰乱社会秩序，破坏社会稳定的内容。社会公德是指人们在社会公共生活中形成的共同的生活基本准则，如禁止遗弃、虐待老人和未成年人，禁止有伤风化、有悖伦理的行为，团结和睦、相互尊重等，危害社会公德就是背离社会公认的生活基本准则，违反社会主义核心价值观。扰乱社会秩序，破坏社会稳定，导致正常的工作、生产、营业、教学等活动无法正常进行，对社会稳定造成危害。这些内容都是不可提倡、宣扬的。

其次，禁止含有宣扬淫秽、赌博、吸毒，渲染暴力、恐怖的内容。淫秽、赌博、吸毒等都是丑恶的社会现象，是各种音像制品、宣传品都不提倡宣扬的内容。对于上述内容本条明确予以禁止载有。

最后，禁止含有教唆犯罪或者传授犯罪方法的内容。教唆犯罪，一般是指给本来没有犯罪意图的人灌输犯罪思想，致使其产生犯罪意图实施犯罪。传授犯罪方法，一般是用语言、文字、动作、图像或者其他方法，故意向他人传授实施犯罪的具体经验和技能的行为。这两种方式都是法律禁止的，电影不得载有。

六、禁止含有侵害未成年人合法权益或者损害未成年人身心健康的内容

未成年人保护法规定，未成年人享有生存权、发展权、受保护权、参与权等权利。国家根据未成年人身心发展特点给予特殊、优先保护，保障未成年人的合法权益不受侵犯。侵害未成年人合法权益或者损害未成年人身心健康，都不利于未成年人的健康成长，是属于禁止电影宣扬的内容。

七、禁止含有侮辱、诽谤他人或者散布他人隐私，侵害他人合法权益的内容

侮辱主要是通过语言或行动公然损害他人人格、毁坏他人名誉的行为，如用肮脏的语言辱骂、嘲讽他人、使他人的心灵蒙受耻辱等。诽谤主要是捏造并散布某些虚假的事实，破坏他人名誉的行为，如捕风捉影地捏造他人负面新闻，损坏他人名誉。侮辱、诽谤他人，侵犯的是他人的人格尊严、名誉权。隐私就是不愿意告诉别人的或者不愿公开的个人的事，每个人都享有其私人生活安宁与私人信息秘密依法受到保护，不被他人非法侵扰、知悉、收集、公开和利用的权利。散布他人隐私，就是对这种人格权利的侵犯。按照侵权责任法的规定，隐私权属于民事权益范畴，是侵权责任法所保护的权益之一。以上这些行为，归根结底都造成对他人合法权益的侵害，本条明确规定禁止电影载有这样的内容。

八、不得含有法律、行政法规禁止的其他内容

这一项规定是兜底性条款，主要是为了与其他法律、行政法规相衔接。除了本条规定的上述七种情形外，如有其他需要禁止载有的内容，可由其他法律、行政法规根据实际情况作出规定。

应用

相关立法

《电影管理条例》（2002年）

第二十五条　电影片禁止载有下列内容：

（一）反对宪法确定的基本原则的；

（二）危害国家统一、主权和领土完整的；

（三）泄露国家秘密、危害国家安全或者损害国家荣誉和利益的；

（四）煽动民族仇恨、民族歧视，破坏民族团结，或者侵害民族风俗、习惯的；

（五）宣扬邪教、迷信的；

（六）扰乱社会秩序，破坏社会稳定的；

（七）宣扬淫秽、赌博、暴力或者教唆犯罪的；

（八）侮辱或者诽谤他人，侵害他人合法权益的；

（九）危害社会公德或者民族优秀文化传统的；

（十）有法律、行政法规和国家规定禁止的其他内容的。

电影技术质量应当符合国家标准。

《电影剧本（梗概）备案、电影片管理规定》（2017年）

第十四条　电影片有下列情形，应删剪修改：

（一）曲解中华文明和中国历史，严重违背历史史实；曲解他国历史，不尊重他国文明和风俗习惯；贬损革命领袖、英雄人物、重要历史人物形象；篡改中外名著及名著中重要人物形象的；

（二）恶意贬损人民军队、武装警察、公安和司法形象的；

（三）夹杂淫秽色情和庸俗低级内容，展现淫乱、强奸、卖淫、嫖娼、性行为、性变态等情节及男女性器官等其他隐秘部位；夹杂肮脏低俗的台词、歌曲、背景音乐及声音效果等；

（四）夹杂凶杀、暴力、恐怖内容，颠倒真假、善恶、美丑的价值取向，混淆正义与非正义的基本性质；刻意表现违法犯罪嚣张气焰，具体展示犯罪行为细节，暴露特殊侦查手段；有强烈刺激性的凶杀、血腥、暴力、吸毒、赌博等情节；有虐待俘虏、刑讯逼供罪犯或犯罪嫌疑人等情节；有过度惊吓恐怖的画面、台词、背景音乐及声音效果；

（五）宣扬消极、颓废的人生观、世界观和价值观，刻意渲染、夸大民族愚昧落后或社会阴暗面的；

（六）鼓吹宗教极端主义，挑起各宗教、教派之间，信教与不信教群众之间的矛盾和冲突，伤害群众感情的；

（七）宣扬破坏生态环境，虐待动物，捕杀、食用国家保护类动物的；

（八）过分表现酗酒、吸烟及其他陋习的；

（九）违背相关法律、法规精神的。

典型案例

某电影因内容违规被处罚案

简介：

由北京某影视文化公司等联合出品的某影片，因违规制作色情内容的片段（未经审查通过），并擅自将未经审查通过的含有色情内容的影片在互联网上传播及制作音像制品，违反了《电影管理条例》第二十五条的规定；将未经审查通过的电影版本，送国际电影节参赛，违反了《电影管理条例》第二十四条、第三十五条的规定；在影片发行放映中进行不健康、不正当的广告宣传，违反了《电影管理条例》第三条和广告法的相关规定。据此，该公司最终被给予相应处罚：没收未经审查通过的影片拷贝及相关素材；停止该片在影院发行、放映；停止其网络传播；对负有主要责任的北京某影视文化公司，取消其两年内摄制电影的资格；该公司的法定代表人两年内不得从事相关电影业务；对负有相关责任、参与投资拍摄的三家公司，进行通报批评，责令其限期整改。对参与该片拍摄的制片人、导演及相关演员，则进行严肃的批评教育，并要求其作出深刻检查。①

简评：

某电影因未通过审查而私自发行传播的行为给电影的制片方带来了严厉的行政处罚，提醒制片方应当高度重视电影内容的合法合规。

第十七条　电影审查程序

法人、其他组织应当将其摄制完成的电影送国务院电影主管部门或者省、自治区、直辖市人民政府电影主管部门审查。

国务院电影主管部门或者省、自治区、直辖市人民政府电影主管部门应当自受理申请之日起三十日内作出审查决定。对符合本法规定的，准予公映，颁发电影公映许可证，并予以公布；对不符合本法规定的，不准予公映，书面通知申请人并说明理由。

国务院电影主管部门应当根据本法制定完善电影审查的具体标准和程序，并向社会公布。制定完善电影审查的具体标准应当向社会公开征求意见，并组织专家进行论证。

---

① 广电总局关于处理某电影违规问题的通报［EB/OL］.（2008-01-04）［2021-04-04］. http://www.gov.cn/zfjg/content_850139.htm.

解读 📖

本条是关于我国电影审查程序相关的规定

我国实行电影审查制度。未经电影审查机构审查通过的电影片，不得发行、放映、进口、出口。这是一项行政许可事项，需要按照法定程序来进行。本条共分为三款，分别对电影报送审查、电影主管部门的行政许可程序、电影审查的具体标准和程序的制定完善作了规定。本条主要从以下三个方面理解。

一、电影报送审查

电影报送审查的主体是已摄制完成电影的法人、其他组织。法人、其他组织将电影剧本梗概报送备案或者将电影剧本报送审查后，取得备案证明文件或者批准文件获准立项，即可以开始电影摄制。电影摄制完成后，从事摄制活动的法人、其他组织应提出电影公映许可申请，经过电影审查程序，获得电影公映许可证，电影才可公映。

接受电影公映许可申请、进行电影审查的主体是国家电影主管部门或者省级电影主管部门。国家电影主管部门与省级电影主管部门之间存在职责分工：重大革命和重大历史题材影片、重大文献纪录影片、特殊题材影片、中外合作摄制影片，由省级电影主管部门初审，形成初审意见后由省级电影主管部门报国家电影主管部门进行终审；中央和国家机关（军队）所属的电影制片单位、在国家工商行政管理总局注册登记的电影企业摄制完成电影，直接报国家电影主管部门审查。其他影片按照属地管理的原则，法人、其他组织将其摄制完成的电影送省级电影主管部门审查。

二、电影主管部门的行政许可程序

一是时限要求。国家电影主管部门或者省级电影主管部门应当自受理申请之日起三十日内作出审查决定。这里所称"受理申请之日"，是指受理机构实际收到申请材料的日期。这里所指的"三十日"，按照行政许可法规定的原则，应理解为按工作日计算，不含法定节假日。

二是许可的结果。其有两种：第一，获得行政许可，对符合本法规定的电影片，准予公映，并颁发电影公映许可证，电影主管部门将许可结果予以公布；第二，不予许可，对不符合本法规定的电影片，不准予公映，但是电影主管部门需要书面通知申请人，并说明不准予公映的理由。

三、电影审查的具体标准和程序的制定完善

本法对电影的内容审查标准作了原则性的规定，而对于电影内容和技术两个方面的标准和程序还需要进一步具体化、透明化，将本法的原则性规定落到实处，使行政相对人、电影从业人员有更加明确的导向和标准。因此，本法规定了国家电影主管部门制定并向社会公布配套规定的义务。国家电影主管部门要按照立法法的要求，及时制定这一配套规定，落实本条规定的义务，保证电影审查法律制度有效实施。

本法还对制定完善电影审查具体标准的程序作出了明确要求：一是坚持民主立法的原则，制定该标准要广泛听取各方面意见，应当向社会公开征求意见；二是坚持科学立法的原则，突出电影审查的专业性，组织专家进行科学论证。在制定配套规定中，要坚持科学立法、民主立法相统一，使该标准既汇聚民智又遵循规律。

应用 ✔

相关立法

《电影管理条例》（2002 年）

《国家广播电影电视总局关于改进和完善电影剧本（梗概）备案、电影片审查工作的通知》（2010 年）

《国家广电总局电影局关于规范影片片头的通知》（2010 年）

《关于规范电影片署名相关事项的通知》（2013 年）

《国家新闻出版广电总局关于试行国产电影属地审查的通知》（2014 年）

《电影剧本（梗概）备案、电影片管理规定》（2017 年）

第十八条　专家评审程序

进行电影审查应当组织不少于五名专家进行评审，由专家提出评审意见。法人、其他组织对专家评审意见有异议的，国务院电影主管部门或者省、自

治区、直辖市人民政府电影主管部门可以另行组织专家再次评审。专家的评审意见应当作为作出审查决定的重要依据。

前款规定的评审专家包括专家库中的专家和根据电影题材特别聘请的专家。专家遴选和评审的具体办法由国务院电影主管部门制定。

解读 📖

本条是关于电影审查中专家评审程序相关的规定

一、电影专家评审的程序

（一）专家评审的人数要求

专家评审属于电影审查的内部程序，是为了提高审查质量、增强审查的透明度而设置的。本法规定，聘请承担电影审查的专家不少于五名，由专家独立提出评审意见。

（二）评审的异议程序

专家评审意见提供给电影审查机构后，电影审查机构应告知提出申请的法人、其他组织，以保证他们提出异议的权利。如果提出申请的法人、其他组织对专家评审意见有异议，进行电影审查的电影主管部门可以另行组织专家再次评审。

（三）评审意见的地位和作用

专家的评审意见不是审查决定本身，不能直接发生法律效力，而是作为电影审查机构作出审查决定时参考的重要依据。

二、电影审查专家库的组成

本条规定的评审专家包括专家库中的专家和根据电影题材特别聘请的专家。为保证审查结果的客观、准确、公正，国家电影主管部门和省级电影主管部门都建立了电影审查专家库，由来自电影、文化、教育、民族、宗教等十几个领域和部门的专家组成，包括演员、编剧、导演和学者等。由于电影内容可能涉及社会生活的方方面面，除了专家库的专家之外，还可能需要根据电影不同的题材特别聘请相关领域的专家，如拍摄涉及法庭、律师方面的影片，需要聘请法律领域的专家把关；拍摄涉及文物保护方面的影片，需要聘请研究文物的专家参加审查。如何遴选专家，以及专家进行评审的程序等具体办法，则由国家电影主管部门制定。

应用 ✍

相关立法

《电影剧本（梗概）备案、电影片管理规定》（2017 年）

第十九条　取得电影公映许可证的电影变更内容需重新报送审查

取得电影公映许可证的电影需要变更内容的，应当依照本法规定重新报送审查。

解读 📖

本条是关于电影取得公映许可证后若变更内容则需要重新报审的规定。

取得电影公映许可证，意味着其内容已经经过审查得到认可，影片内容就此固定下来，未经发放公映许可证的机关许可不得随意变更。如果对内容进行修改，就须再次报送审查，由电影主管部门按照本法第十六条、第十七条、第十八条的规定重新进行审查并作出是否许可的决定。

取得电影公映许可证的电影，如果变更内容没有重新报送审查并重新取得公映许可，则视为未取得电影公映许可证。这种情况下擅自发行、放映、送展，应依据本法第四十九条规定的法律责任予以处罚，即由原发证机关吊销许可证；县级以上人民政府电影主管部门没收电影片和违法所得；违法所得五万元以上的，并处违法所得十倍以上二十倍以下的罚款；没有违法所得或者违法所得不足五万元的，可以并处五十万元以下的罚款。

应用 ✍

相关立法

《电影管理条例》（2002 年）

《电视剧拍摄制作备案公示管理办法》（2013 年）

《电视剧内容管理规定》（2016年）

《关于进一步加强电视剧网络剧创作生产管理有关工作的通知》（2020年）

第二十条 电影公映许可证标识使用和电影放映提示

摄制电影的法人、其他组织应当将取得的电影公映许可证标识置于电影的片头处；电影放映可能引起未成年人等观众身体或者心理不适的，应当予以提示。

未取得电影公映许可证的电影，不得发行、放映，不得通过互联网、电信网、广播电视网等信息网络进行传播，不得制作为音像制品；但是，国家另有规定的，从其规定。

解读 📖

本条是关于电影公映许可证标识使用和电影放映提示的要求，以及对未取得电影公映许可证的电影的禁止性规定。

一、电影公映许可证标识的使用

电影公映许可证标识即俗称的"龙标"，是电影片头的绿底龙形标识，主要由时长4秒的动态龙形标识、电影公映许可证号及国家电影局中英文名称三部分组成。电影公映许可证标识是电影通过相关内容审查和技术审查允许公映的标识。获得审查通过公映许可的影片领取龙标后，应当将龙标置于影片片头，明示其公映的合法性。

二、可能引起观众身体或者心理不适电影的提示

本条规定的"电影放映可能引起未成年人等观众身体或者心理不适的，应当予以提示"，主要是指电影院在放映可能引起未成年人等观众身体或者心理不适的电影时，应当通过文字在影片宣传材料、影院海报、电子屏、售票柜台、电商售票端口显著位置等对此项内容进行提示。本条所指提示的对象既包括未成年人，也包括一般观众，但突出对未成年人的提示和保护。

三、对未取得电影公映许可证的电影的禁止性规定

本法规定了对电影实行审查许可制度，即要求所有电影必须取得电影公映许可证，才能够发行、放映，在互联网、电信网、广播电视网等信息网络上传播，以及制作为音像制品。对于未取得电影公映许可证的电影片，不得发行、放映，不得在互联网、电信网、广播电视网等信息网络上传播，不得制作为音像制品。

（一）不得发行、放映

电影发行是电影产品走向市场的重要环节，随着我国电影产业化程度的不断提高，电影发行已经不仅是电影拷贝的流通手段，更成为包含了市场策划、宣传推介、票房监管和统计等环节的电影产品营销手段。电影放映是电影产品走向市场的主要终端环节。没有电影发行、放映等手段，电影产品就难以走向市场，获得收益和影响力。我国对电影产品实行审查制度，但这一制度不是孤立的，它需要下游环节的配合才能真正产生作用。如果未取得电影公映许可证的电影也能够进入发行、放映环节，参与电影的各方也能够获得相应的收益和影响力，那么是否取得电影公映许可证就没有任何意义。阻断未取得电影公映许可证的电影进入发行、放映环节是电影审查制度发挥作用的关键所在。因此，本条明确规定，未取得电影公映许可证的电影，不得发行、放映。该规定不仅是对电影出品方的要求，也是对电影发行方和放映方的要求。

（二）不得通过互联网、电信网、广播电视网等信息网络进行传播以及制作为音像制品

随着数字技术的发展，电影逐步实现了数字化，电影的传播渠道由过去主要通过发行、放映，逐步扩展到DVD、蓝光光盘等音像制品，尤其是近年来互联网、移动互联网的兴起和视频点播技术的快速发展，互联网、电信网、广播电视网等信息网络成为观众观看电影的重要渠道，并且观影群体和电影数量还在迅速增长。由于技术条件的制约和管理制度的限制，目前在互联网、电信网、广播电视网有大量未取得电影公映许可证的电影在传播，尤其是以各类外国电影居多，这既侵犯了有关电影版权方的合法权益，也破坏了我国

的电影审查制度，可能会对未成年人的身心健康产生不良影响，甚至对国家的文化安全带来潜在威胁。在此背景下，本条强调电影通过各种载体、介质、媒体传播的前提是获得电影公映许可证，明确规定未取得电影公映许可证的电影不得通过互联网、电信网、广播电视网等信息网络进行传播，不得制作为音像制品。

（三）但书规定

由于目前我国互联网、电信网、广播电视网以及音像制品的管理与电影产业的管理分别归属不同的部门和机构，都有自己的管理体制和机制。因此，本条作出了但书规定，明确在通过互联网、电信网、广播电视网传播电影以及将电影制作为音像制品方面，国家另有规定的，从其规定。

应用

相关立法

《中华人民共和国未成年人保护法》（2021年）

第五十一条 任何组织或者个人出版、发布、传播的图书、报刊、电影、广播电视节目、舞台艺术作品、音像制品、电子出版物或者网络信息，包含可能影响未成年人身心健康内容的，应当以显著方式作出提示。

《互联网信息服务管理办法》（2011年）

《广播电视管理条例》（2020年）

《广电总局关于加强互联网传播影视剧管理的通知》（2007年）

《国家新闻出版广电总局关于进一步落实网上境外影视剧管理有关规定的通知》（2014年）

《广播电视视频点播业务管理办法》（2015年）

《互联网视听节目服务管理规定》（2015年）

第二十一条 参加境内外电影节（展）

摄制完成的电影取得电影公映许可证，方可参加电影节（展）。拟参加境外电影节（展）的，送展法人、其他组织应当在该境外电影节（展）举办前，将相关材料报国务院电影主管部门或者省、自治区、直辖市人民政府电影主管部门备案。

解读 📖

本条是关于取得电影公映许可证的电影参加境内外电影节（展）的规定。

本条主要作了两个方面的规定：一是影片参加电影节（展），无论是境内电影节（展）还是境外电影节（展），都必须取得电影公映许可证；二是参加境外电影节（展）的，除了要取得电影公映许可证外，还需要报国家电影主管部门或者省级电影主管部门备案。

电影节的举办可以促进电影从业人员之间的交流合作，推进电影艺术的进步，也可以促进国内外电影商业合作和贸易，是各国文化交流的重要桥梁，有利于增强国家文化软实力。因电影实行审查许可制度，本条规定参加电影节（展）与发行、放映、传播、制作音像制品一样，都需要获得电影公映许可证，电影节（展）既包括境内的，也包括境外的。

应用 ✍

相关立法

《电影管理条例》（2002年）

《广播影视节（展）及节目交流活动管理规定》（2016年）

典型案例

我国的电影节

简介：

在境内电影节（展）方面，目前我国电影节的数量有20个左右。其中，比较著名的有上海国际电影节、中国金鸡百花电影节、中国长春电影节、北京国际电影节等。同时，随着我国电影产业的发展，也不断涌现出新的电影节，如2014年创办的丝绸之路电影节，就是依托"丝绸之路经济带"和"21世纪海上丝绸之路"的战略构想，以电影节为纽带搭建的文化交流、交易国际平台。

简评:

　　电影节是促进中国电影事业、产业发展,增进中外电影交流、交易、合作,世界文化交流的重要平台,我国积极支持电影节的发展。

第二十二条　承接境外电影洗印、加工、后期制作

　　公民、法人和其他组织可以承接境外电影的洗印、加工、后期制作等业务,并报省、自治区、直辖市人民政府电影主管部门备案,但是不得承接含有损害我国国家尊严、荣誉和利益,危害社会稳定,伤害民族感情等内容的境外电影的相关业务。

解读 📖

　　本条是关于承接境外电影洗印、加工、后期制作的规定。

　　随着数字技术在电影中的广泛运用,电影的洗印、加工、后期制作,特别是数字后期制作,成为电影产业模式中不可或缺的一环。电影的洗印、加工、后期制作等业务的发展进步,对于中国整个电影产业的优化升级具有重要意义,但在市场化的条件下,电影的洗印、加工、后期制作日益全球化,而中国电影的后期制作等技术的发展程度与一些电影强国还有不小的差距,在国际竞争中还处于劣势。迫切需要顺应世界电影产业发展潮流,积极承接境外电影的洗印、加工、后期制作等业务,参与相关产业的国际竞争,在竞争中不断提高自身技术水平。

应用 ✎

相关立法

《电影管理条例》(2002年)

　　第二十三条　电影洗印单位不得洗印加工未取得《摄制电影许可证》或者《摄制电影片许可证(单片)》的单位摄制的电影底片、样片,不得洗印加工未取得《电影片公映许可证》的电影拷贝。

　　电影洗印单位接受委托洗印加工境外的电影底片、样片和电影拷贝的,

应当事先经国务院广播电影电视行政部门批准，并持批准文件依法向海关办理有关进口手续。洗印加工的电影底片、样片和电影片拷贝必须全部运输出境。

第二十三条　电影档案

国家设立的电影档案机构依法接收、收集、整理、保管并向社会开放电影档案。

国家设立的电影档案机构应当配置必要的设备，采用先进技术，提高电影档案管理现代化水平。

摄制电影的法人、其他组织依照《中华人民共和国档案法》的规定，做好电影档案保管工作，并向国家设立的电影档案机构移交、捐赠、寄存电影档案。

解读 📖

本条是关于电影档案机构接收、收集、整理、保管并向社会开放等方面的规定。

一、电影档案和电影档案机构

本法所说的电影档案主要是指电影艺术档案，即在电影创作、生产、发行、放映过程中形成的文字、图片、标准拷贝、数字母版、影片素材等具有保存价值的资料。为了有效地保护和利用电影艺术档案，更好地为电影创作、生产、教学、研究和普及服务，国家设立了中国电影资料馆等机构，积极开展电影档案收集工作。

中国电影资料馆成立于1958年，对外拥有"中国电影资料馆"和"中国电影艺术研究中心"两个名称。中国电影资料馆隶属于中宣部，是中国唯一的国家电影档案收藏和电影研究机构，也是联合国教科文组织指导下的国际电影资料馆联合会（国资联）的会员。中国电影资料馆机构分为馆本部、北京片库和西安片库。此外，各地的电影资料馆、博物馆等相关机构，也可以根据自身条件，开展电影档案接收、收集、整理、保管及利用等活动。

二、电影档案的接收、收集、整理、保管

本条规定的电影档案机构，要承担依法接收、收集、整理、保管电影档案的职责。为促进电影档案机构履行好接收、收集、整理、保管电影档案的职责，本条第二款特别对电影档案机构的技术条件作出了明确规定。

目前我国电影档案主要以胶片形式存储，而胶片材料的保存十分不易。年代久远加上保存条件不足等因素会导致很多珍贵影片都难以避免地出现了霉斑、污染、褪色、断裂甚至丢帧等损伤。因此，本条为加强对电影档案的保管和修复，对电影档案机构的技术条件等作出明确规定，要求电影档案机构应当配置必要的设备，采用先进技术，提高电影档案管理现代化水平。

三、电影档案向社会开放

国家鼓励任何组织、个人积极开展对电影档案的利用。电影档案机构对保存的电影艺术档案，应当定期向社会公布目录，简化利用手续、减少利用限制，为电影艺术档案的公益性利用创造条件，提供便利。各地电影资料馆、博物馆应当积极利用电影档案开展电影知识普及工作。

四、摄制电影的法人、其他组织移交、捐赠、寄存电影档案的要求

按照本法、档案法和《电影艺术档案管理规定》等规定，摄制电影的法人、其他组织应当依法履行电影档案移交义务，不得拒绝归档。摄制电影的法人、其他组织注销或者合并时，应当将其保存的电影档案移交中国电影资料馆或者新组建的从事电影摄制活动的法人、其他组织妥善保管。电影摄制组应当负责电影档案的形成、积累，指定专人负责电影艺术资料的收集工作，并在影片摄制完成后将属于电影档案归档范围的资料及时移交电影摄制单位档案部门归档。

应用 ✔

相关立法

《中华人民共和国档案法》（2021 年）

《电影艺术档案管理规定》（2010 年）

第三章 电影发行、放映

第二十四条 电影发行、放映活动行政许可

企业具有与所从事的电影发行活动相适应的人员、资金条件的，经国务院电影主管部门或者所在地省、自治区、直辖市人民政府电影主管部门批准，可以从事电影发行活动。

企业、个体工商户具有与所从事的电影放映活动相适应的人员、场所、技术和设备等条件的，经所在地县级人民政府电影主管部门批准，可以从事电影院等固定放映场所电影放映活动。

解读 📖

本条是关于电影发行、放映活动行政许可的规定。

我国电影发行和放映实行行政许可制度，电影发行、放映活动需要具备相应的资格并经过有关部门批准才可以进行。电影发行、放映是电影制作完成后面向市场的必经之路，涉及电影的出售、出租、市场策划、宣传营销、票房统计等活动，实行行政许可制度、建立准入标准有利于规范电影市场秩序，使电影发行、放映活动更加专业化，从市场准入源头上解决可能出现的种种问题。

一、电影发行

根据著作权法第十条的规定，发行权是指以出售或者赠与方式向公众提供作品的原件或者复制件的权利。电影发行通常是有偿行为，因此电影发行是指电影的著作权人或发行权人以出售、出租等方式向社会公众提供电影拷贝件用于放映的活动。传统的电影发行方式通常为在电影院上映，在电视荧屏上上映，以录像带、DVD、VCD等方式发行。近年来，随着互联网的迅速

发展，电影发行模式也发生了变化，在网络视频平台上映成了许多低成本、小制作电影的首选发行方式，这些电影往往无法利用传统的发行方式盈利，在网络视频平台上映的电影可以通过网络点击率赚取利润，这一发行方式为低成本、小制作电影创造了生存空间。这四种模式并不相互排斥，很多情况下电影发行公司会先后采取多种线上、线下发行方式。在影院上映后再把电影卖给网络视频平台可以实现二次盈利。

从事电影发行活动的主体为企业，排除了其他民事主体如自然人、个体工商户、机关、事业单位、社会团体等。企业的法定分类主要是独资企业、合伙企业和公司。虽然电影产业促进法没有对"企业"作出具体的限制，但根据《电影企业经营资格准入暂行规定》第十条规定可知，国家鼓励境内公司、企业和其他经济组织设立专营国产影片发行公司，但不包括外商投资企业。根据《电影企业经营资格准入暂行规定》的补充规定，自2005年1月1日起，允许香港、澳门服务提供者经内地主管部门批准后，在内地试点设立独资公司发行国产电影片。本条对于发行的具体条件没有详细说明，而《电影管理条例》《电影企业经营资格准入暂行规定》等法规中对设立电影发行公司的条件作了明确的规定。此外，本条还明确了从事电影发行活动的审批机构为国务院电影主管部门或者所在地省、自治区、直辖市人民政府电影主管部门。

二、电影放映

电影放映是指电影放映单位通过放映机、幻灯机等技术设备将电影向公众公开再现的活动。本条第二款是关于固定放映场所电影放映活动主体、设立条件、审批机构的规定。在固定场所进行电影放映活动需要经过行政许可。固定场所电影放映是指在专门进行电影放映的固定场所进行的电影放映活动，我国进行电影放映的固定场所主要为电影院。与之相对应的是流动场所电影放映活动，流动场所电影放映活动实行备案管理，不需要经过行政审批，详见本法第二十六条。

本款规定，从事电影放映活动的主体是企业和个体工商户。也就是说，除了企业外，具备条件的个体工商户也可以申请从事电影放映活动。相比电影发行活动只允许企业作为主体，电影放映活动的准入资格进一步放宽，企业、个体工商户进行电影放映活动需要具有与所从事的电影放映活动相适应的人员、场所、技术和设备等条件。《电影管理条例》也有设立电影放映单位应当有适应业务范围需要的资金、场所和设备的相关规定。最后，本条还明确了从事电影放映活动的审批单位是所在地县级人民政府电影主管部门。

应用 ✒

相关立法

《电影管理条例》（2002年）

《电影企业经营资格准入暂行规定》及其补充规定（2015年）

第二十五条　电影发行、放映活动行政许可程序

依照本法规定负责电影发行、放映活动审批的电影主管部门，应当自受理申请之日起三十日内，作出批准或者不批准的决定。对符合条件的，予以批准，颁发电影发行经营许可证或者电影放映经营许可证，并予以公布；对不符合条件的，不予批准，书面通知申请人并说明理由。

解读 📖

本条是关于电影发行、放映活动行政许可在审批期限、审批程序方面的规定，对于符合条件的，应当予以批准，颁发电影发行经营许可证或者电影放映经营许可证，同时也要履行通知申请人、向公众公布的义务。

本法关于行政许可的规定与《中华人民共和国行政许可法》属于特别法与一般法的关系，当本法对行政许可没有特殊规定时，适用行政许可法的一般规定，当本法对行政许可有特殊规定时，优先适用本法的规定。行政许可法关于行政许可的申请与受理、审查与决定、期限、听证、变更与延续、行政许可的费用、监督检查等规定适用于电影发行、放映活动的行政许可程序。在审批期限方面，行政许可法第四十二条规定："除可以当场作出行政许可决

定的外，行政机关应当自受理行政许可申请之日起二十日内作出行政许可决定。二十日内不能作出决定的，经本行政机关负责人批准，可以延长十日，并应当将延长期限的理由告知申请人。但是，法律、法规另有规定的，依照其规定。"本条规定的审批期限为三十日，符合行政许可法的但书规定，此处关于电影发行、放映活动行政许可审批期限的规定应适用本法的特殊规定。但是，本法关于"三十日"是否为工作日没有具体规定，此处应适用行政许可法第八十二条的规定："本法规定的行政机关实施行政许可的期限以工作日计算，不含法定节假日。"值得注意的是，《电影管理条例》对设立电影发行单位、放映单位的审批时间规定是60日，但出于简政放权、促进电影产业发展、与行政许可法相适应的考虑，本法没有继续采用这一规定。在法律适用问题上，首先，本法的效力位阶为法律，《电影管理条例》为行政法规，本法相较于后者为上位法；其次，本法生效时间为2017年3月1日，《电影管理条例》生效时间为2002年2月1日，新法优于旧法，因此电影发行、放映活动行政许可的期限适用本法的规定。

在审批程序方面，对于通过审批的，电影主管部门颁发电影发行经营许可证或者电影放映经营许可证后，还要履行向社会进行信息公开的义务，将通过行政审批的信息予以公布；对于不予批准的，则要做到书面通知并说明理由，该规定亦符合行政许可法的相关要求。

应用

相关立法

《中华人民共和国行政许可法》（2019年）

《电影管理条例》（2002年）

《点播影院、点播院线管理规定》（2018年）

第七条　电影主管部门应当依照《中华人民共和国电影产业促进法》第二十五条的规定，对符合条件的点播影院，颁发电影放映经营许可证；对符合条件的点播院线，颁发电影发行经营许可证。

第二十六条　电影流动放映活动实行备案管理

企业、个人从事电影流动放映活动，应当将企业名称或者经营者姓名、地址、联系方式、放映设备等向经营区域所在地县级人民政府电影主管部门备案。

解读 📖

本条是关于电影流动放映活动实行备案管理的规定。

电影流动放映是指在农村、厂矿、社区、学校、军营、养老院等场所进行流动性、非固定性的电影放映活动，电影流动放映的场所主要是在技术设备低下、经济条件较为落后的偏远地区。电影流动放映是对固定电影放映的补充，满足了农村地区、偏远地区人民群众的观影需求，解决该地区看电影难的问题。1998年，国家开始实施一项农村电影工程和基层文化建设项目——"2131工程"，即在21世纪初实现"一村一月放映一场电影"，并在2002年颁布了《农村电影放映国家"2131工程"专项资金及资助设备拷贝管理办法》。为了实行"2131工程"特设立国家"2131工程"专项资金，"用于购置放映设备（16毫米放映机、发电机、农村电影流动放映车）、16毫米拷贝以及少数民族语电影译制设备，帮助西部地区和老少边贫地区组建农村电影流动放映队，解决农民看电影问题"。至今，"2131工程"已经从农村发展至社区、厂矿、企业、学校、机关等多个企事业单位，加强了农村文化建设、发展了农村电影事业，满足了广大人民群众日益增长的精神文化需求。

电影流动放映活动的管理措施经过了一系列变化。2001年颁布的《电影管理条例》规定活动主体要经过"登记—备案"程序才可以在农村从事电影放映活动，且在备案后的活动范围为全国农村。21世纪数字电影逐渐普及后，为了"促进国产影片的发行放映，扩大电影的社会效益和经济效益，加快电影产业化、数字化进程"，2005年，国家广播电影电视总局颁布了《数字电影发行放映管理办法（试行）》。该办法从活动范围的角度对数字电影流动放映活动进行不同的管理：活动范围在县以上（含县城）的，实行"取得电影放映经营许可证—申请—登记—领取营业执照"的审批流程；活动范围在县以下（不含县城）的，实行"登记—备案"的流程。不难看出，以上流程还是比较复杂，不利于数字电影流动放映业务在农村地区的开展。

本法本着促进电影产业发展的方针，简化管理措施、放宽限制条件。不同于本法第二十四条规定从事固定场所电影放映的主体限定为企业、个体工商户，从事电影流动放映活动的主体为企业、个人。与固定场所电影放映活动相比，电影流动放映活动对主体的要求更加宽松。除此之外，从事电影流动放映活动的主体不用经过行政许可，只需将企业名称或者经营者姓名、地址、联系方式、放映设备向经营区域地县级人民政府电影主管部门进行事前备案即可，也不用进行工商登记。与《电影管理条例》中"在所在地县级人民政府备案后即可在全国进行电影片发行、放映业务"的规定相比，本法明确县级电影主管部门管理本地区的电影片流动放映活动，有利于加强监管，便于监测放映主体的动态。

应用

相关立法

《电影管理条例》（2002年）

《数字电影发行放映管理办法（试行）》（2005年）

《广电总局关于〈数字电影发行放映管理办法（试行）〉的补充规定》（2008年）

第二十七条　扶持、保障农村电影放映活动

国家加大对农村电影放映的扶持力度，由政府出资建立完善农村电影公益放映服务网络，积极引导社会资金投资农村电影放映，不断改善农村地区观看电影条件，统筹保障农村地区群众观看电影需求。

县级以上人民政府应当将农村电影公益放映纳入农村公共文化服务体系建设，按照国家有关规定对农村电影公益放映活动给予补贴。

从事农村电影公益放映活动的，不得以虚报、冒领等手段骗取农村电影

公益放映补贴资金。

解读 📖

本条是关于扶持、保障农村电影放映活动的规定。

农村地区较为落后的经济条件决定了其精神文化生活的匮乏，"丰富农民文化生活，传播先进科学文化知识，宣传党和国家的方针政策，培养健康文明的生活方式，抵制愚昧迷信和腐朽思想的蔓延"①是农村精神文明建设的重要内容，而农村电影工作是基层文化工作的重要组成部分。目前，我国农村的电影放映活动虽有了较大的改善，但电影放映公共服务体系尚未健全，仍需要国家的扶持。本条从三个层面部署了扶持、保障农村电影放映活动的工作：一是加大国家对农村电影放映的扶持；二是明确县级以上人民政府在农村电影放映方面的职责；三是规范农村电影公益放映补贴资金的领取制度。

在国家层面，一方面政府要出资建立完善农村电影公益放映服务网络，另一方面要积极引导社会资金投资农村电影放映，该措施体现了"企业经营、市场运作、政府买服务"的农村电影改革发展新思路，深化农村电影改革，探索建立多种所有制、多种发行放映主体和多种发行放映方式相结合的新模式。其中政府的引导作用是关键，自20世纪末开始，国家出台了一系列政策加强农村电影放映公共服务体系建设，1998年具有公益性的农村基层文化建设项目的"2131工程"打响了扶持农村电影工作的第一枪，通过加强农村电影放映队伍建设，建立健全农村电影经费保障机制，深化农村电影流通机制改革，建立多种形式的发行放映模式，加大对西部和欠发达地区的扶持，加强对国家专项资金资助放映设备和拷贝的管理等措施来促进农村电影放映工作的建设，初步建立农村电影公益放映服务网络。2007年，国务院办公厅发布的《国务院办公厅转发广电总局等部门关于做好农村电影工作意见的通知》（以下简称"通知"）进一步扶持农村电影公益性放映，"国家每年选定不低于60部的农村题材故事片和不低于30部的科教片，委托指定单位集中购买公益

---

① 参见：《国家广播电影电视总局、文化部、国家计委、财政部关于加快实施"2131工程"加强农村电影发行放映工作的通知》（2002年）。

放映版权后，向全国农村发行"。在积极引导社会资金投资农村电影放映方面，通知提出推进农村电影体制机制改革，"支持各类社会资本参与农村电影工作，通过引进市场竞争机制，培育发展国有、民营、个体等各类农村电影发行放映新主体、农村电影院线公司和多种形式放映队伍，大力推动国有农村电影发行放映单位的股份制、院线制改革和机制创新"。政府管理与社会资本相结合，公益放映、商业放映同步推进，更高效、更经济地促进农村电影放映活动。在此基础上不断改善农村地区观看电影条件，升级放映设备、优化放映场地条件，了解农村地区群众的观影喜好，提供更多更好的片源，增加放映场次。《农村数字电影发行放映实施细则》（以下简称"细则"）规定，农村电影放映所需经费按中央和地方分担的原则核定。原则上东部地区由本省（区、市）各级财政自筹解决，中西部地区由中央和地方按不同比例分担，地方分担部分由本省各级财政解决。确保一村一月看一场电影的公益放映到位。

　　第二款是关于县级以上人民政府在农村电影放映方面职责的规定。公共文化服务体系是指面向大众的公益性的文化服务体系，加强公共文化服务体系建设是深入贯彻落实科学发展观、从中国特色社会主义事业总体布局和全面建设小康社会全局出发提出的一项重要任务。2007年发布的《中共中央办公厅、国务院办公厅关于加强公共文化服务体系建设的若干意见》提出明确公共文化服务体系建设的指导思想和目标任务，坚持把建设的重心放在基层和农村，逐步解决农民群众收听收看广播电视难、看书难、看电影难的问题，农村电影放映工程是公共文化服务工程的重要内容。中共中央、国务院印发的《乡村振兴战略规划（2018—2022年）》提出按照有标准、有网络、有内容、有人才的要求，健全乡村公共文化服务体系，探索农村电影放映的新方法、新模式。为确保农村电影的公益服务，政府对面向农村的公益放映场次实行部分财政补贴，细则规定，各地电影行政主管部门要制定严格的场次补贴考核制度，由所在地的县（市、区）电影行政主管部门负责审核、发放。2008年发布的《农村电影公益放映场次补贴管理实施细则》规定农村电影公益放映场次补贴实行先放后补，由财政部门和电影主管部门负责管理和发放。

场次补贴分别于每年2月、8月两次发放。本款进一步明确了县级以上人民政府在农村公共服务体系建设及发放农村电影公益放映活动补贴的主体职责，有利于农村电影公益放映建设和补贴的实施。

第三款是关于农村电影公益放映补贴资金领取的规范，农村电影放映工程是一项民心工程、廉政工程，直接关系着广大农民群众文化权益的实现，各级政府部门和经营单位，应保证政府财政补贴做到专款专用，保证公益场次补贴及时足额发放到位，任何人不得以虚报、冒领等手段骗取农村电影公益放映补贴资金。本法第五十五条规定，县级以上人民政府电影主管部门或者其他有关部门的工作人员贪污、挪用、截留、克扣农村电影公益放映补贴资金或者相关专项资金、基金，尚不构成犯罪的，依法给予处分。细则规定，各地电影行政主管部门要制定严格的场次补贴考核制度，要制定统一的农村公益电影放映场次回执单。放映队每放映一场公益影片，填写一份放映情况回执单，回执单要经村民委员会负责人签字并加盖公章，由所在地的县（市、区）电影行政主管部门负责审核、发放。政府场次补贴资金，应按照各省制定的场次补贴办法，由各院线公司向本地电影主管部门申报领取后，保证足额兑现并按时下发到放映队。如有挪用、克扣等违纪行为，将直接追究相关单位和责任人的法律责任。

应用 ✔

相关立法

《农村数字电影发行放映实施细则》（2007年）

《农村电影公益放映场次补贴管理实施细则》（2008年）

第二十八条　特殊群体观看电影的保障措施

国务院教育、电影主管部门可以共同推荐有利于未成年人健康成长的电影，并采取措施支持接受义务教育的学生免费观看，由所在学校组织安排。

国家鼓励电影院以及从事电影流动放映活动的企业、个人采取票价优惠、建设不同条件的放映厅、设立社区放映点等多种措施，为未成年人、老年人、残疾人、城镇低收入居民以及进城务工人员等观看电影提供便利；电影院以及从事电影流动放映活动的企业、个人所在地人民政府可以对其发放奖励性补贴。

解读 📖

本条是关于特殊群体（未成年人、老年人、残疾人、城镇低收入居民以及进城务工人员）观看电影的保障措施的规定。

《中华人民共和国公共文化服务保障法》规定公益性文化单位应当完善服务项目、丰富服务内容，创造条件向公众提供免费或者优惠的电影放映，并为公众开展文化活动提供支持和帮助，同时国家鼓励经营性文化单位提供免费或者优惠的公共文化产品和文化活动，重点增加农村地区电影等公共文化产品供给。由此可以看出，对特殊群体给予观影优惠是国家建设公共文化服务体系的要求。

未成年人是祖国未来的栋梁，其精神世界、三观的健康成长对国家未来的发展有深远影响，但同时未成年人的心智尚未成熟，容易受到外界的影响，优秀健康的电影有利于未成年人树立良好的人生观、世界观、价值观。未成年人保护法规定，国家根据未成年人身心发展特点给予特殊、优先保护，保障未成年人的合法权益不受侵犯。本条第一款规定，由国务院教育、电影主管部门共同推荐有利于未成年人健康成长的电影，国务院教育部门对未成年人的身心成长情况及教育方式比较了解，电影主管部门对电影内容、质量比较了解，二者共同合作可以更有针对性地挑选出最适合未成年人观看的影片。早在1996年，《国家教委、广播电影电视部、文化部关于做好中小学生教育影视片推荐和发行放映工作的通知》就要求各地教育行政部门和影视发行部门应把组织好中小学生观看爱国主义影视片和优秀儿童、青少年影视片，作为一项对中小学生加强社会主义精神文明建设的重要工作来抓。本款还将组织接受义务教育的学生免费观看影片的责任落实到所在学校组织。一方面，学校是学生学习、生活、成长的摇篮，学校的教育对未成年人的影响最大、最直接；另一方面，学校更便于组织学生，落实观影教育措施。

本条第二款是关于为特殊群体观看电影提供便利的规定。本款规定需要提供便利的特殊主体包括未成年人、老年人、残疾人、城镇低收入居民、进城务工人员等。特殊群体为社会的弱势群体，他们或心智不成熟、或年老体弱、或行动不便、或收入低下，社会在各个方面都应该给予更好的照顾。除了未成年人保护法对未成年人的保护，《中华人民共和国老年人权益保障法》《中华人民共和国残疾人保障法》也对为特殊群体参与文化活动提供便利作出了相关规定。本款通过法律规定的形式鼓励电影院以及从事电影流动放映活动的企业、个人采取各种形式对上述人群给予照顾。

第一，票价优惠。通过降低票价的方式降低观影成本，让更多低收入的人群可以观看电影。近年来，电影票价越来越贵，据灯塔专业版数据平台显示，2021年春节档影片的预售平均票价达到了每张50元，高昂的观影成本让不少人望而却步，票价优惠措施可以很好地解决这一问题。

第二，建设不同条件的放映厅。视障人士和听障人士观影无法同时享受到视觉和听觉盛宴，这种情况下，可以设立特殊放映厅，专供视障人士和听障人士观赏电影，这种特殊观影方式将为残疾人带来福音。

第三，设立社区放映点。设立社区放映点有利于特殊群体就近观影，2016年，苏州市人民政府提出把公益电影固定放映点、放映队伍建设和放映场次要求纳入镇（街道）文化站、村（社区）综合文化服务中心工作职责，镇（街道）室内固定放映点每月放映应不少于8场；村（社区）室内固定放映点每月放映应不少于2场，室外固定放映点每年放映应不少于18场。苏州市人民政府的这一举措落实了本法对设立社区放映点的要求。

本条还规定，对于为特殊人群提供观看电影提供便利的企业、个人，由所在地人民政府对其发放奖励性补贴。企业、个人为特殊人群观影提供便利往往需要牺牲自己的经济利益，如果只由企业和个人为此买单，不利于该便民措施的实行和推广，政府发放奖励性补贴可以在一定程度上增强企业和个人的积极主动性。

应用 ✔

相关立法

《中华人民共和国公共文化服务保障法》（2017年）

《中华人民共和国老年人权益保障法》（2018年）

第五十九条　博物馆、美术馆、科技馆、纪念馆、公共图书馆、文化馆、影剧院、体育场馆、公园、旅游景点等场所，应当对老年人免费或者优惠开放。

《中华人民共和国残疾人保障法》（2018年）

第四十三条　政府和社会采取下列措施，丰富残疾人的精神文化生活：

（一）通过广播、电影、电视、报刊、图书、网络等形式，及时宣传报道残疾人的工作、生活等情况，为残疾人服务；

（二）组织和扶持盲文读物、盲人有声读物及其他残疾人读物的编写和出版，根据盲人的实际需要，在公共图书馆设立盲文读物、盲人有声读物图书室；

（三）开办电视手语节目，开办残疾人专题广播栏目，推进电视栏目、影视作品加配字幕、解说；

（四）组织和扶持残疾人开展群众性文化、体育、娱乐活动，举办特殊艺术演出和残疾人体育运动会，参加国际性比赛和交流；

（五）文化、体育、娱乐和其他公共活动场所，为残疾人提供方便和照顾。有计划地兴办残疾人活动场所。

《中华人民共和国未成年人保护法》（2021年）

第四十四条　爱国主义教育基地、图书馆、青少年宫、儿童活动中心、儿童之家应当对未成年人免费开放；博物馆、纪念馆、科技馆、展览馆、美术馆、文化馆、社区公益性互联网上网服务场所以及影剧院、体育场馆、动物园、植物园、公园等场所，应当按照有关规定对未成年人免费或者优惠开放。

国家鼓励爱国主义教育基地、博物馆、科技馆、美术馆等公共场馆开设未成年人专场，为未成年人提供有针对性的服务。

国家鼓励国家机关、企业事业单位、部队等开发自身教育资源，设立未成年人开放日，为未成年人主题教育、社会实践、职业体验等提供支持。

国家鼓励科研机构和科技类社会组织对未成年人开展科学普及活动。

第四十八条　国家鼓励创作、出版、制作和传播有利于未成年人健康成长的图书、报刊、电影、广播电视节目、舞台艺术作品、音像制品、电子出版物和网络信息等。

第二十九条　国产电影放映场次、时段、年放映时长、放映质量

电影院应当合理安排由境内法人、其他组织所摄制电影的放映场次和时段，并且放映的时长不得低于年放映电影时长总和的三分之二。

电影院以及从事电影流动放映活动的企业、个人应当保障电影放映质量。

解读 📖

本条是关于国产电影放映场次、时段、年放映时长、放映质量的规定。

本条第一款对电影院放映境内法人、其他组织所摄制电影的安排作了规定，是本法保护和促进我国电影产业发展的重要举措之一。第二款对电影放映质量作了要求，是为了促进电影产业的良性发展。

根据摄制主体的不同，目前我国的电影可以分为完全由境内法人、其他组织所摄制的电影（国产电影），完全由境外主体投资、拍摄的电影，以及由中外主体合作拍摄的电影。本条第一款仅对第一种类型电影的放映场次、时段和时长作出要求。这里应当注意的是，本法第十四条第二款规定，合作摄制电影符合创作、出资、收益分配等方面比例要求的，该电影视同境内法人、其他组织摄制的电影。因此，符合创作、出资、收益分配等方面比例要求的合作摄制电影也受本条第一款的约束。电影院应该合理安排由境内法人、其他组织所摄制电影的放映场次和时段。合理的放映场次，即合理的场次数量和影厅安排，要保证充足的电影放映数量，并在较高质量的影厅播放。有效时段，即观众较多、上座率较高的时段。电影院放映国产电影的时长不得

低于年放映电影时长总和的三分之二，该规定来源于《关税与贸易总协定》（GATT 1947），该协定第四条规定，允许缔约方对国产电影的年放映时间的最低时间比例作出规定。2002年施行的《电影管理条例》也作出了相关规定。除此之外，《国家新闻出版广电总局电影局关于进一步规范城市专业数字电影院（厅）发行放映工作的通知》《数字电影发行放映管理办法（试行）》也有此规定。放映时长的这一规定体现了国家对国产电影的保护和扶持。电影不仅具有艺术价值，而且蕴涵着一个国家的民族精神和价值取向，在中外电影文化不断深入交流的同时，保护国产电影也是在保护我国的文化特性，坚守我国的价值观念。

与第一款的责任主体仅为电影院不同，保障电影放映质量的责任主体为电影院和从事电影流动放映活动的企业、个人。国产电影放映场次、时段、年放映时长只有电影院可以控制，而保障电影放映质量是每一个从事电影放映活动的主体都可以做到的。电影放映是电影产业流程最后一个程序，将制作好的电影以规范的技术标准呈现出来，不仅是对全体电影制作工作人员的尊重，而且是保护消费者观影权益的体现。电影放映质量是电影作品的生命力，是电影企业诚信经营的体现。为了提高电影院的电影放映质量，国家新闻出版广电总局电影局也曾多次下发通知，要求各电影院线、各影院不得以任何理由降低电影放映标准，加强电影院放映技术标准的学习、宣传与贯彻，加强对放映员的管理，加强对放映机房的管理，加强对3D眼镜的保洁，加强对影院放映质量的监督等。电影流动放映的质量问题主要是放映场地条件差、放映设备老旧缺乏保养、放映人员不专业等，《农村数字电影发行放映实施细则》规定，各省（区、市）建立本省（区、市）农村电影放映工程领导小组。监督放映质量，落实放映场次，组织放映人员的培训，监督、管理好政府资助的设备及数字节目的有效使用。建立培训制度，从事数字电影发行放映的经营、管理人员和放映人员必须经过培训，了解熟悉数字电影基本知识、运行流程，掌握放映技术和管理规则。在放映技术标准方面，要符合《数字电影流动放映系统技术要求》的规定。

应用 ✔

相关立法

《电影管理条例》（2002年）

第四十四条　放映电影片，应当符合国家规定的国产电影片与进口电影片放映的时间比例。

放映单位年放映国产电影片的时间不得低于年放映电影片时间总和的三分之二。

《数字电影发行放映管理办法（试行）》（2005年）

八、各数字院线公司和数字电影放映单位，要认真放映好国产影片，并提供优质服务，国产影片的放映时间和影片数量不得低于年度总放映时间和影片数量的三分之二。依照《关于鼓励影院放映国产数字影片的通知》（电专字〔2004〕3号）文件，对于年度放映国产数字影片达到要求的城市影院，给予当年按比例先征后返国家电影专项资金的优惠政策。在农村、社区和学校等非专业放映场所放映国产数字电影的收入，免征国家电影专项发展资金。

《农村数字电影发行放映实施细则》（2007年）

第三十条　电影放映设施、设备技术标准和安装计算机售票系统

电影院的设施、设备以及用于流动放映的设备应当符合电影放映技术的国家标准。

电影院应当按照国家有关规定安装计算机售票系统。

解读 📖

本条是关于电影放映硬件设备和软件设备的规定。

在硬件设备方面，电影院的设施、设备以及用于流动放映的设备应当符合电影放映技术的国家标准，这是为了保证电影放映的质量，针对电影院放映和流动电影放映的技术要求，有关方面都制定了一系列的标准进行规范。在软件设备方面，强制性要求电影院按照国家有关规定安装计算机售票系统，这是电影主管部门对电影行业进行监管的重要手段。

"电影院的设施、设备"是指电影院中用于放映的物质资料,如放映厅的银幕、音响、观众座椅,放映机房内的放映、倒片、配电等设施、设备。为规范电影院放映活动,国家制定了一系列电影放映技术标准,如《电影院视听环境技术要求》《电影录音控制室、鉴定放映室及室内影院A环、B环电声频率响应特性测量方法》《室内影院和鉴定放映室的银幕亮度》《数字立体声电影院的技术标准》《数字影院暂行技术要求》《数字电影巨幕影院技术规范和测量方法》《数字影院立体放映技术要求和测量方法》等。

"用于流动放映的设备"包括放映播放器、流动放映数字投影机、放映一体机、扬声器、放映银幕等设备。针对流动放映设备的技术标准包括《数字电影流动放映系统技术要求和测量方法》《数字电影流动放映监管信息GPS/GPRS接口技术要求和测试方法(暂行)》《数字电影流动放映系统用投影机技术要求和测量方法》《数字电影中档和流动放映系统用声频功率放大器技术要求和测量方法》《数字电影中档放映系统技术要求和测量方法》等。

电影院按照国家有关规定安装计算机售票系统便于真实、有效地统计电影票房,有利于规范电影市场,建立和完善"公开、公正、公平和透明"的电影市场体系。2014年,《国家新闻出版广电总局关于加强电影市场管理规范电影票务系统使用的通知》要求各有关电影单位和电影院票务管理系统软件(以下简称"影院票务软件")提供商应及时按照《电影院票务管理系统技术要求和测量方法》完成软件升级工作,不得安装不符合新标准的影院票务软件。该通知还在以下方面规范电影市场管理。

第一,严格完善票务软件产品市场准入制度。影院票务软件实行产品检测和备案的严格准入管理,由国家电影事业发展专项资金管理委员会办公室负责影院票务软件产品的备案管理,并对合格的影院票务软件产品予以备案公示。

第二,切实加强票务软件产品市场应用管理。影院在同一时期只能安装和使用一套符合国家颁布标准、通过备案准入的影院票务软件产品,影院须按规定使用影院票务系统出售电影票,并在规定的时间内向国家电影票务综合信息系统报送票房数据。

第三，严格规范影院经营行为。影院售出的电影票必须是通过经备案许可的计算机售票系统打印的电脑票，符合技术规范的要求，标明影院名称、影片片名、放映时间、票价、影厅名称、座位号及售票软件生成的影票信息二维码等必要信息。电脑票上打印的票价必须与观众实际支付的票款一致。严禁出票价格与观众支付金额不符的违规行为。

应用 ✎

相关立法

《国家新闻出版广电总局关于加强电影市场管理规范电影票务系统使用的通知》（2014年）

第三十一条 对电影录音录像的禁止性规定及处理措施

未经权利人许可，任何人不得对正在放映的电影进行录音录像。发现进行录音录像的，电影院工作人员有权予以制止，并要求其删除；对拒不听从的，有权要求其离场。

解读 📖

本条是关于对电影进行录音录像的禁止性规定及对非法录音录像的处理措施的规定。

电影作品是无数人日夜辛苦创作的成果，凝结了他们的智慧结晶，是受著作权法保护的作品。一部电影作品的问世往往需要历经磨难、克服重重阻碍，等到电影放映可以收获胜利的果实时，盗录者却轻轻松松将果实窃取，这严重损害了电影作品权利人的权益。

近年来，我国电影市场不断创造票房奇迹，电影市场蓬勃发展，但影院盗录情况却愈演愈烈。各种非法网站、盗版影片链接层出不穷，严重影响了中国电影正在建立的投资回报良性循环体系，损害了投资者对中国电影市场的信心和投资热情，伤害了创作人员的创作热情。为了电影市场的健康发展，这种情况亟须治理。电影院作为盗录的"第一案发现场"，有责任也有能力对盗录者进行制止。2015年，国家新闻出版广电总局电影局发布《关于严厉打击在影院盗录影片等侵权违法行为的通知》，要求加强和完善电影技术检测手段，利用数字电影水印技术追踪盗录影院及盗录时间，对于查证有盗录行为的影院将由《电影放映经营许可证》的核发机构根据情节轻重作出暂停或吊销该证的处理。

本条规定，未经权利人许可，任何人不得对正在放映的电影进行录音录像。这里的"权利人"是指对电影作品享有"著作权"或"专有使用权"的主体。其中"著作权"是指文学、艺术、科学作品的作者对其作品享有的权利（包括财产权、人身权）。著作权法第十七条规定，视听作品中的电影作品、电视剧作品的著作权由制作者享有，但编剧、导演、摄影、作词、作曲等作者享有署名权，并有权按照与制作者签订的合同获得报酬。"专有使用权"是指权利人仅授权一个主体在一定期限内以某种方式使用权利人作品的权利，在授权期限内权利人既不能另行授权，也不能自己使用作品。未经电影的著作权人及专有使用权人许可，任何人不得对正在放映的电影进行录音录像。

本条授权电影院在发现盗录行为时有对行为人进行及时制止、要求删除、要求离场的权利。该权限是衡量了个人财产权、消费者权益保护与知识产权保护后的合理安排。盗录者的录音录像设备属于个人财产，电影院一般情况下无权没收、损坏，盗录者花钱买票观影也是电影的消费者，而消费者的权益不应该受到侵害。电影院在发现盗录行为时先进行制止并要求删除盗录影像，在其拒不听从时有权要求其离场。这既保护了电影的知识产权，又没有对个人财产权、消费者权益造成侵害。除本法以外，著作权法、刑法对此也有相关规定。

应用

相关立法

《中华人民共和国刑法》（2021年）

第二百一十七条　【侵犯著作权罪】以营利为目的，有下列侵犯著作权或者与著作权有关的权利的情形之一，违法所得数额较大或者有其他严重情节的，处三年以下有期徒刑，并处或者单处罚金；违法所得数额巨大或者有其他特别严重情节的，处三年以上十年以下有期徒刑，并处罚金：

（一）未经著作权人许可，复制发行、通过信息网络向公众传播其文字作品、音乐、美术、视听作品、计算机软件及法律、行政法规规定的其他作品的；

（二）出版他人享有专有出版权的图书的；

（三）未经录音录像制作者许可，复制发行、通过信息网络向公众传播其制作的录音录像的；

（四）未经表演者许可，复制发行录有其表演的录音录像制品，或者通过信息网络向公众传播其表演的；

（五）制作、出售假冒他人署名的美术作品的；

（六）未经著作权人或者与著作权有关的权利人许可，故意避开或者破坏权利人为其作品、录音录像制品等采取的保护著作权或者与著作权有关的权利的技术措施的。

《中华人民共和国著作权法》（2021年）

典型案例

盗录电影侵犯著作权罪

简介：

2021年2月，公安部、国家版权局、国家电影局三部门联合发布了15个自2019年以来各地查办的院线电影盗录传播典型案例。其中包括江苏扬州马某等盗录传播院线电影案、宁夏平罗王某等盗录传播院线电影案、贵州惠水范某盗录传播院线电影案、广东中山某私人影院侵犯电影著作权案等。其中，江苏扬州马某等盗录传播院线电影案中的犯罪团伙违法所得高达数百万元，马某等二人盗录传播盗版电影413部，违法所得分别为404.4万余元、55.6万元；文某盗录传播盗版电影124部，违法所得103.5万余元；鲁某销售盗版电影，违法所得536万余元。

简评：

电影是众多电影从业者智力劳动的结晶，盗录电影，情节严重的，构成侵犯著作权罪，依法应当承担刑事责任。

第三十二条　电影院放映广告

国家鼓励电影院在向观众明示的电影开始放映时间之前放映公益广告。

电影院在向观众明示的电影开始放映时间之后至电影放映结束前，不得放映广告。

解读

本条是关于电影院放映广告的规定。

一方面，国家鼓励电影院放映公益广告；另一方面，禁止电影院在电影开始放映之后至电影放映结束前放映广告。这既促进了公益广告的放映，又保护了消费者的合法权益。

除本法外，广告法与《公益广告促进和管理暂行办法》等法规均规定了国家鼓励、支持开展公益广告活动，大众传播媒介有义务发布公益广告。电影院作为人员密集且受众广泛的场所，非常适合播放公益广告，电影院有能力也有义务通过这种方式承担社会责任，弘扬社会主义核心价值观。例如，我们经常在电影院会看到消防安全公益广告，此类公益广告向观影群众普及消防安全知识，增强消防安全意识，使消防安全更加深入人心。但公益广告的播放应该在向观众明示的电影开始放映时间之前。"向观众明示的电影开始放映时间"是指电影票面上显示的、观众提前知晓的电影播放时间。在向观众明示的放映时间到达后，电影院不可占用观众的正常观影时间。

除了公益广告，电影院主要放映的广告有贴片广告和映前广告两种，电影院也可以在向观众明示的电影开始放映时间之前播放这类广告。"贴片广告"也叫"随片广告"，是指广告运营商与电影制作方、发行方、放映方合作，在电影放映前播放客户的品牌广告，贴片广告同电影一同拷贝、一同播出。"映前广告"是指广告运营商与电影院合作，在所有播放的影片前播放的商业广告。电影院以其得天独厚的传播优势成为众多广告商的争抢之地，一方面，电影院的观众大多是有消费能力的工薪阶层或大学生群体，广告投放的产品可以很好地命中消费人群，增加产品销量；另一方面，电影院的银幕巨阵及内部环绕音响可以带给观众更加清晰、震撼的广告效果，并可以强效覆盖一个影厅内所有观众。我国电影广告虽然发展迅速，但是问题层出不穷，如影片贴片广告时间过长影响观影体验，影片贴片广告内容庸俗、格调不高，电影院不经电影版权方同意随意搭载或删减广告，以上问题损害了消费者和电影版权方的合法权益，干扰了正常的广告经营秩序。故本法通过法律的形式，明确规定了电影院在向观众明示的电影开始放映时间之后至电影放映结束前，不得放映广告。

应用

相关立法

《中华人民共和国广告法》（2021年）

第七十四条　国家鼓励、支持开展公益广告宣传活动，传播社会主义核心价值观，倡导文明风尚。

大众传播媒介有义务发布公益广告。广播电台、电视台、报刊出版单位应当按照规定的版面、时段、时长发布公益广告。公益广告的管理办法，由国务院市场监督管理部门会同有关部门制定。

《关于加强影片贴片广告管理的通知》（2004年）

《公益广告促进和管理暂行办法》（2016年）

第三条　国家鼓励、支持开展公益广告活动，鼓励、支持、引导单位和个人以提供资金、技术、劳动力、智力成果、媒介资源等方式参与公益广告宣传。

各类广告发布媒介均有义务刊播公益广告。

第三十三条 放映场所公共秩序、环境卫生、公共安全

电影院应当遵守治安、消防、公共场所卫生等法律、行政法规，维护放映场所的公共秩序和环境卫生，保障观众的安全与健康。

任何人不得携带爆炸性、易燃性、放射性、毒害性、腐蚀性物品进入电影院等放映场所，不得非法携带枪支、弹药、管制器具进入电影院等放映场所；发现非法携带上述物品的，有关工作人员应当拒绝其进入，并向有关部门报告。

解读 📖

本条是关于电影院等放映场所公共秩序、环境卫生以及公共安全方面的规定。

电影院是人员高度密集的场所，一旦发生安全事故后果将不堪设想，电影院应当承担起运营者的责任，切实保障观影群众的生命、财产安全和健康。本条第一款规定的责任主体为电影院，责任内容是遵守治安、消防、公共场所卫生等法律、行政法规，维护放映场所的公共秩序和环境卫生。关于公共秩序的法律法规包括《中华人民共和国治安管理处罚法》《中华人民共和国消防法》《公共场所卫生管理条例》《公共场所卫生管理条例实施细则》等。实践中，如在2021年春节期间，针对零星散发和局部聚集性新冠肺炎疫情交织状态，中国电影发行放映协会发布了《关于做好2021年春节档电影院疫情防控工作的通知》，要求各电影院线公司、各电影放映单位及其他会员单位要毫不松懈地做好电影院疫情防控工作，严格线上售票预约限流，确保场次间隔合理，做好观众入场检测，监督进入影院区域的工作人员和观众必须正确佩戴口罩，此举的目的就在于切实保障电影院工作人员及观影群众的健康安全。

本条第二款的责任主体是进入电影院等放映场所的任何人，包括电影院工作人员及观影群众，责任内容是不得携带相关危险物品进入电影院等放映场所。这里的"电影放映场所"不仅仅指电影院，还包括社区、农村放映点

等电影流动放映场所。"相关危险物品"包括爆炸性、易燃性、放射性、毒害性、腐蚀性物品，枪支、弹药、管制器具等。根据《公安部对部分刀具实行管制的暂行规定》的规定，管制的刀具是匕首、三棱刀（包括机械加工用的三棱刮刀）、带有自锁装置的弹簧刀（跳刀）以及其他相类似的单刃、双刃、三棱尖刀。制造上述管制范围内刀具的工厂、作坊，必须经县、市以上主管部门审查同意和所在地县、市公安局批准，发给《特种刀具生产许可证》，方准生产；单位和个人必须符合有关持有和使用的规定才能购买上述管制范围内的刀具。当电影放映场所的有关工作人员发现有非法携带上述物品的，应当拒绝其进入，并向公安机关等有关部门报告。刑法和治安管理处罚法也对非法携带枪支、弹药、管制刀具、危险物品的行为规定了处罚措施。

应用

相关立法

《中华人民共和国治安管理处罚法》（2013年）

第三十九条　旅馆、饭店、影剧院、娱乐场、运动场、展览馆或者其他供社会公众活动的场所的经营管理人员，违反安全规定，致使该场所有发生安全事故危险，经公安机关责令改正，拒不改正的，处五日以下拘留。

《中华人民共和国刑法》（2021年）

第一百三十条　【非法携带枪支、弹药、管制刀具、危险物品及公共安全罪】非法携带枪支、弹药、管制刀具或者爆炸性、易燃性、放射性、毒害性、腐蚀性物品，进入公共场所或者公共交通工具，危及公共安全，情节严重的，处三年以下有期徒刑、拘役或者管制。

《中华人民共和国消防法》（2021年）

《公共场所卫生管理条例》（2019年）

《公共场所卫生管理条例实施细则》（2017年）

《公安部对部分刀具实行管制的暂行规定》（1983年）

第三十四条　如实统计电影销售收入

电影发行企业、电影院等应当如实统计电影销售收入，提供真实准确的统计数据，不得采取制造虚假交易、虚报瞒报销售收入等不正当手段，欺骗、误导观众，扰乱电影市场秩序。

解读 📖

本条是关于电影发行企业、电影院等如实统计电影销售收入义务的规定。

本条的"电影销售收入"主要是指电影票房收入，对电影的制作方、投资方来说，电影票房收入是收回成本最重要的手段，电影发行企业、电影院等如实统计、提供电影票房才能保证电影的制作方、投资方的分成利益；对消费者来说，票房数据可以在一定程度上反映电影的质量和受欢迎程度，以便他们在观影时进行选择；对国家来说，真实准确的电影票房统计数据能够保证专项资金的发放和税费的收缴，也有利于我国电影产业的健康发展。只有明确电影票房统计的责任主体、禁止行为及惩罚措施，才能有力减少甚至杜绝票房作假行为的发生。

本条规定如实统计和提供电影销售收入的责任主体是电影发行企业、电影院等有关主体，某些情况下也包括电影制作方、营销方、放映方、投资方、与电影销售有关的其他主体。行为规范包括如实统计电影销售收入、提供真实准确的统计数据，不得采取制造虚假交易、虚报瞒报销售收入等不正当手段，欺骗、误导观众，扰乱电影市场秩序。"如实统计电影销售收入"是指电影发行企业、电影院等应当按照实际销售情况统计电影票房，不得采取两套记账系统进行统计。《关于加强电影市场管理规范电影票务系统使用的通知》也规定，影院在同一时期只能安装和使用一套符合国家颁布标准、通过备案准入的影院票务软件产品，以保证电影票房统计的真实性。"提供真实准确的统计数据"是指电影发行企业、电影院等在规定的时间内向国家电影票务综合信息系统报送真实准确的票房数据。本法第三十条通过强制性要求电影院按照国家有关规定安装计算机售票系统的方式，对电影票房进行监管。

"虚假交易"是指不存在、不真实的买卖行为。在电影行业中最典型的虚假交易行为是"买票房",即电影制作方或发行方等自掏腰包买电影票的行为,但是"买票房"没有合规的购票过程,也没有对应的真实观众,在业内被称作"过数",也即"幽灵场"。为了冲击高票房或者营造出票房高涨的假象,电影制作方或发行方与电影院达成协议,在午夜时分院线排出电影放映场次,显示场场爆满的放映厅内却空无一人。除此之外,偷票房手段还有"废票利用"(一张电影票多次利用)、"偷梁换柱"(买电影A的票,票面显示的是电影B)、"手写票钻空子"(手写电影票,不计入票务系统)等。

"虚报瞒报销售收入"主要指电影院低报、隐匿不报实际电影票房。在2014年以前,电影票房数据造假的主力就是电影院,通过人工进入电脑票房统计后台终端修改数据、使用两套系统作业等方式虚报瞒报电影票房。2014年以后,随着猫眼电影、灯塔、格瓦拉等的第三方电影票房统计平台的兴起,电影院虚报瞒报电影票房的情况才逐渐减少。

应用 ✍

典型案例

全国326家影院因瞒报票房被依法处罚

简介:

2017年3月21日,全国电影市场专项治理办公室对外通报:对首批查出存在违法经营行为的326家影院实施严厉处罚。通报称,63家影院瞒报票房超过100万元,情节特别严重,责令其自3月27日起停业整顿不少于90日,视整顿情况由原发证的电影主管部门重新核发其放映许可证;63家影院瞒报票房在50万元至100万元之间,情节严重的,责令其自3月27日起停业整顿不少于60日;110家瞒报票房在10万元至50万元之间的影院,处以20万元的罚款;对90家瞒报票房在10万元以下的影院,进行内部通报警示。①

---

① 全国326家影院因瞒报票房被依法处罚[EB/OL].(2017-03-21)[2021-02-16]. http://www.xinhuanet.com/legal/2017-03-21/c_1120668153.htm.

简评：

此次执法是自电影产业促进法实施以来全国电影市场专项治理办公室的首次执法行动，体现电影产业促进法为规范电影市场秩序提供了有效的法律依据。偷票房行为是一种典型的不正当竞争行为，扰乱了电影市场秩序，应当依法进行惩罚。

第三十五条　在境内举办涉外电影节（展）

在境内举办涉外电影节（展），须经国务院电影主管部门或者省、自治区、直辖市人民政府电影主管部门批准。

解读 📖

本条是关于在境内举办涉外电影节（展）的规定。

电影节是推动电影艺术发展，提高电影艺术水准，奖励有价值、有创造性的优秀电影作品，促进国际交流合作、开拓电影市场的重要艺术活动。世界上第一个国际电影节——意大利威尼斯国际电影节诞生于1932年8月6日。目前，法国戛纳国际电影节、德国柏林国际电影节和意大利威尼斯国际电影节是世界公认的三大电影节。我国的国际电影节主要有北京国际电影节、上海国际电影节以及国家新闻出版广电总局于2014年创办的以海陆丝绸之路沿线国家为主体的丝绸之路国际电影节。

"涉外电影节（展）"是指具有涉外因素的电影节（展），包括有境外电影参展、设置面向境外影片的奖项、举办某个国家的电影展映、有境外机构参与出资或委托举办等的电影节（展）。虽然本条没有明确在境内举办涉外电影节（展）的主体有哪些，但是从本法第五十二条可以看出，在境内举办涉外电影节（展）的主体包括法人、其他组织或者个人。

在境内举办涉外电影节（展）的审批机关为国家电影主管部门或者省级电影主管部门。根据《电影管理条例》和《广播影视节（展）及节目交流活动管理规定》的规定，举办国际性广播影视节（展）、节目交流活动和设评奖的全国性广播影视节（展），提供电影片参加境外电影展、电影节等，须经国务院广播影视行政部门批准。《电影管理条例》还规定了相应的处罚措施。

应用 ⚖

相关立法

《电影管理条例》（2002年）

第三十五条　举办中外电影展、国际电影节，提供电影片参加境外电影展、电影节等，应当报国务院广播电影电视行政部门批准。

参加前款规定的电影展、电影节的电影片，须报国务院广播电影电视行政部门审查批准。参加境外电影展、电影节的电影片经批准后，参展者应当持国务院广播电影电视行政部门的批准文件到海关办理电影片临时出口手续。参加在中国境内举办的中外电影展、国际电影节的境外电影片经批准后，举办者应当持国务院广播电影电视行政部门的批准文件到海关办理临时进口手续。

第六十一条　未经批准，擅自举办中外电影展、国际电影节，或者擅自提供电影片参加境外电影展、电影节的，由国务院广播电影电视行政部门责令停止违法活动，没收违法参展的电影片和违法所得；违法所得2万元以上的，并处违法所得5倍以上10倍以下的罚款；没有违法所得或者违法所得不足2万元的，并处2万元以上10万元以下的罚款。

《广播影视节（展）及节目交流活动管理规定》（2016年）

第二条　举办国际性广播影视节（展）、节目交流活动和设评奖的全国性广播影视节（展），须经国务院广播影视行政部门批准。

典型案例

某文化传媒公司未经批准举办涉外电影展被处罚

简介：

2017年9月，天津市文化市场行政执法总队发现某文化传媒公司未经有关电影主管部门批准擅自在境内举办涉外电影展，宣传举办"北欧电影俱乐部获奖作品展映"活动并通过网络微店铺对外售票，执法人员根据电影产业促进法的相关规定，依法给予该公司罚款人民币6万元的行政处罚。

简评：

在我国境内举办的国际电影节（展）已经具有巨大的国际影响力，如北京国际电影节、上海国际电影节等，国际电影节对于提升我国电影质量、弘扬中华民族优秀传统文化、增强文化自信有重要意义。在涉外因素存在的情况下，举办电影（展）等活动应当更加审慎。因此，在境内举办涉外电影节（展）必须经有关电影主管部门批准。

第四章　电影产业支持、保障

第三十六条　国家支持电影创作、摄制的范围

国家支持下列电影的创作、摄制：

（一）传播中华优秀文化、弘扬社会主义核心价值观的重大题材电影；

（二）促进未成年人健康成长的电影；

（三）展现艺术创新成果、促进艺术进步的电影；

（四）推动科学教育事业发展和科学技术普及的电影；

（五）其他符合国家支持政策的电影。

解读 📖

本条是关于国家支持电影创作、摄制范围的规定。

本条确定了国家对于电影创作、摄制予以支持的经济政策，划定了予以支持的电影题材范围，为本章其他条款规定的扶持政策明确了目标和对象。

在第十二届全国人大常委会第十七次会议上，国家新闻出版广电总局局长蔡赴朝指出，我国电影市场发育尚不成熟，市场诚信体系尚不健全，擅自拍摄放映电影、擅自举办电影节（展）等情况时有发生，有必要修改完善相关管理制度。此外，我国电影产业尚处于成长阶段，基础还比较薄弱，有必要借鉴国际成功经验，加大对电影产业的引导、扶持力度。

按照本条规定，国家支持电影创作、摄制范围主要包括以下五类。

一、传播中华优秀文化、弘扬社会主义核心价值观的重大题材电影

"中华优秀文化"既包括五千多年来的中国传统文化，又包括党和人民在伟大斗争中形成的革命文化和社会主义先进文化，也包括以改革开放为核心的时代精神。党的十八大以来，习近平总书记多次强调要传承和弘扬中国

传统文化。2015 年，中共中央办公厅、国务院办公厅印发的《关于推动国有文化企业把社会效益放在首位、实现社会效益和经济效益相统一的指导意见》提出"努力创作生产更多传播当代中国价值观念、体现中华文化精神、弘扬中华优秀传统文化、反映中国人民奋斗追求的优秀文化产品"。

党的十八大提出，倡导富强、民主、文明、和谐，倡导自由、平等、公正、法治，倡导爱国、敬业、诚信、友善，积极培育和践行社会主义核心价值观。电影作为一种特殊商品，具有意识形态和文化商品的双重属性，在电影产业中践行社会主义核心价值观，其所蕴含的价值理念、道德情操会对观众的思想行为产生潜移默化的影响，尤其对青少年的影响更深。

"重大题材"影片主要包括重大革命和重大历史题材影片。目前对于重大题材影片实行剧本审查机制，须进行立项审批。

二、促进未成年人健康成长的电影

未成年人属于身心尚未发育成熟的特殊群体，其具有感知表象化、好奇心强、自控能力差等特征，而电影作为对人们思想意识、生活方式影响颇深的文化传播方式之一，对未成年人的世界观、价值观等的养成均会产生潜移默化的影响。因此，国家、社会、学校及家庭要采取积极措施正面引导未成年人。2004 年，国家广播电影电视总局印发《广播影视加强和改进未成年人思想道德建设的实施方案》的通知，明确要求积极制作播出有利于未成年人思想道德建设的广播影视节目并要加大制作拍摄少儿电影的扶持力度，提高制作拍摄少儿电影的资助。第二项所称电影即通常所说的"少儿片"，其创作及摄制要贴近未成年人的实际生活及审美心理感受，同时摒弃不利于未成年人健康成长的思想倾向、价值取向和人生志向等内容。这正是对上述要求的进一步细化。

三、展现艺术创新成果、促进艺术进步的电影

第三项所称的电影即通常所称的"艺术影片"。艺术影片相较于商业影片，以追求艺术的创新和表现力为主，对电影艺术乃至文化艺术的发展繁荣发挥了重要作用。但近年来，商业片不断在创作、制作、排片、融资等方面挤压文艺片，造成文艺电影不断走入困境。从世界其他国家来看，通常采用

资助、发展艺术院线等方式支持艺术影片的发展。本条将艺术影片纳入国家扶持范围，是对我国电影产业扶持经验的总结延续，也是对国际行之有效之方法的借鉴，符合我国电影产业的发展规律。

四、推动科学教育事业发展和科学技术普及的电影

本项所称电影即通常所称的"科教片"。科教片具有广泛的群众基础和鲜明的形象性，长期以来成为传播科学技术知识的重要途径，受到人民群众的欢迎。科学技术普及法第十六条规定，影视生产、发行和放映机构应当加强科普影视作品的制作、发行和放映，同时还规定科普应当采取公众易于理解、接受、参与的方式。《国务院办公厅关于促进电影产业繁荣发展的指导意见》也提出，要积极促进动画片、纪录片、科教片以及适合网络、手机等新媒体新形式传播的产品的生产。

五、其他符合国家支持政策的电影

这一项规定为兜底性规定，即除上述四种电影外，国家可以根据不同时期的经济社会发展情况，调整支持政策，将需要予以扶持的电影纳入政策保障范围。

应用

相关立法

《中华人民共和国科学技术普及法》（2002年）

《中华人民共和国未成年人保护法》（2021年）

《电影管理条例》（2002年）

《改进少儿、农村题材影片资助工作的管理办法》（2007年）

《国务院办公厅关于促进电影产业繁荣发展的指导意见》（2010年）

第三十七条　电影产业资金、基金支持

国家引导相关文化产业专项资金、基金加大对电影产业的投入力度，根据不同阶段和时期电影产业的发展情况，结合财力状况和经济社会发展需要，

综合考虑、统筹安排财政资金对电影产业的支持，并加强对相关资金、基金使用情况的审计。

解读 📖

本条是关于引导相关文化产业资金、基金支持电影产业的规定。

电影产业的发展对振兴我国的文化产业及传播中华文化具有重要意义，但与国外的电影产业相比仍相差甚远，若仅仅依靠电影产业自身，则发展动力有限，必须依靠政府支持及引导，才能更快地促进电影产业的发展，打开世界市场。实践中，我国也出台了许多支持电影产业发展的财政政策，设立了文化产业发展专项资金、电影事业发展专项资金、电影精品专项资金及电影产业投资基金等。

一、文化产业发展专项资金

2008年，财政部设立文化产业发展专项资金，并配套制定了《文化产业发展专项资金管理暂行办法》，专项资金由中央财政安排，用于提高文化产业的整体实力，促进经济发展方式转变和结构战略性调整，推动文化产业跨越式发展。重点支持方向主要包括推进文化体制改革；培育骨干文化企业；构建现代文化产业体系；促进金融资本和文化资源对接；推进文化科技创新和文化传播体系建设；推动文化企业"走出去"以及财政部确定的其他文化产业发展领域。专项资金支持的项目分为重大项目和一般项目。重大项目是指财政部按照国家文化改革发展规划要求，组织实施的文化产业重点工程和项目。一般项目是指申请人按照本办法所确定的支持方向自行申报的文化产业项目。财政部根据专项资金支持方向和文化产业发展需要印发年度专项资金重大项目及一般项目申报通知，符合要求的企业或单位可进行申报。另外，专项资金的支持方式比较多元，主要包括项目补助、贷款贴息、保费补贴、绩效奖励及财政部确定的其他方式。

二、电影事业发展专项资金

2015年，财政部、国家新闻出版广电总局印发《国家电影事业发展专项资金征收使用管理办法》，明确电影专项资金属于政府性基金，全额上缴中央和地方国库，纳入中央和地方政府性基金预算管理。中央和省两级分别设立国家级和省级电影专项资金管理委员会，按照职责分工管理电影事业发展专项资金。办理工商注册登记的经营性电影放映单位（包括对外营业出售电影票的影院、影城、影剧院、礼堂、开放俱乐部，以及环幕、穿幕、水幕、动感、立体、超大银幕等特殊形式电影院）应当按其电影票房收入的5%缴纳电影专项资金，并按照4：6比例分别缴入中央和省级国库。电影专项资金使用范围包括资助影院建设和设备更新改造，资助少数民族语电影译制，资助重点制片基地建设发展，奖励优秀国产影片制作、发行和放映，资助文化特色、艺术创新影片发行和放映，全国电影票务综合信息管理系统建设和维护，以及经财政部或省级财政部门批准用于电影事业发展的其他支出。

三、电影精品专项资金

2007年，财政部制定了《电影精品专项资金管理办法》，2015年进行了修订。根据新修订的办法，电影精品专项资金由中央财政安排，主要用于支持优秀国产影片创作生产和宣传推广、电影人才队伍建设、国产电影新技术推广应用等。其适用范围主要包括中国电影华表奖和夏衍杯优秀电影剧本奖的评选、奖励，资助优秀国产影片剧本创作，资助优秀国产影片摄制，资助优秀国产影片宣传推广，资助国产电影"走出去"，资助电影人才队伍建设，资助电影新技术、新工艺的推广应用，资助购买农村电影公益性放映版权，资助打击电影走私盗版、保护电影版权，以及经财政部批准的其他支出。

四、电影产业投资基金

随着电影产业的迅速发展，国家财政支出、银行信贷、企业自有资金等传统资金来源已不能满足我国电影产业发展的资金需求，电影产业投资基金逐渐发展起来。电影产业投资基金能够为闲置资金寻找增值机会，同时解决电影产业融资难题，除此之外还能配合国家投资，推动电影产业基础设施的建设和发展，促进电影产业市场化程度的提高等。电影产业投资基金的资金来源主要包括政府、金融机构、企业及境外资本等。

除了上述国家设立的专项资金及基金外，各地政府陆续出台了相关政策加大影视产业的发展，比如北京市出台《关于推动北京影视业繁荣发展的实施意见》，提出"推动北京成为具有国际影响力和首都特色的影视之都"，上海市发布的《关于加快本市文化创意产业创新发展的若干意见》提出"把上海建设成全球影视创制中心"，浙江省出台的《加快促进影视产业繁荣发展的若干意见》提出"力争把浙江打造成全国影视产业副中心"。

应用

相关立法

《电影管理条例》（2002年）

《文化产业发展专项资金管理暂行办法》（2012年）

《国家电影事业发展专项资金征收使用管理办法》（2015年）

《中央级国家电影事业发展专项资金预算管理办法》（2016年）

第三十八条　电影产业税收优惠政策

国家实施必要的税收优惠政策，促进电影产业发展，具体办法由国务院财税主管部门依照税收法律、行政法规的规定制定。

解读

本条是关于电影产业税收优惠政策的规定。

电影产业作为文化产业的重要组成部分，关乎我国未来经济的发展。但目前我国电影产业所应承担的税负在一定程度上制约了电影产业的发展。一般来说，电影产业需要承担增值税、政府性基金收费和企业所得税等多种税负。本法实施以后，通过本法授权的国务院财税主管部门制定了减税、免税、优惠税率等税收优惠政策，有利于从整体上减轻电影产业从业主体的税负。

因税收优惠政策统一由专门税收法律法规规定，本条仅对税收优惠政策进行简要规定。一是明确国家实施税收优惠政策是为了促进电影产业的发展，二是明确税收优惠政策的对象、税种及减税、免税、退税、税收抵扣等具体措施应由国家财政部、国家税务总局依照税收相关法律法规的规定制定。如财政部、国家税务总局发布的《关于继续实施支持文化企业发展增值税政策的通知》中规定，对电影主管部门（包括中央、省、地市及县级）按照各自职能权限批准从事电影制片、发行、放映的电影集团公司（含成员企业）、电影制片厂及其他电影企业取得的销售电影拷贝（含数字拷贝）收入、转让电影版权（包括转让和许可使用）收入、电影发行收入，以及在农村取得的电影放映收入，免征增值税。一般纳税人提供的城市电影放映服务，可以按现行政策规定，选择按照简易计税办法计算缴纳增值税。

应用

相关立法

《关于国家电影事业发展专项资金营业税政策问题的通知》（2010年）

《关于继续实施支持文化企业发展增值税政策的通知》（2019年）

典型案例

三部门下发公告：疫情期间电影行业免征三项税费

简介：

2020年5月13日，财政部、税务总局发布《关于电影等行业税费支持政策的公告》，财政部、国家电影局发布《关于暂免征收国家电影事业发展专项资金政策的公告》，免征电影放映服务增值税、文化事业建设费、国家电影事业发展专项资金。符合规定的电影等行业可以免去八个月或一整年的电影事业发展专项资金（5%）、一整年的文化事业建设费（3%）、一整年的增值税（3%或6%）。

简评：

2020年，在新冠肺炎疫情致使影院关门178天，电影产业经受前所未有之打击的背景下，三部门联合实施的税费扶持政策无疑能够减少电影行业受疫情影响的损失。得力于上述税收优惠政策，电影产业税负大大减轻，复工复产才得以加速进行。

第三十九条　影院建设保障

县级以上地方人民政府应当依据人民群众需求和电影市场发展需要，将电影院建设和改造纳入国民经济和社会发展规划、土地利用总体规划和城乡规划等。

县级以上地方人民政府应当按照国家有关规定，有效保障电影院用地需求，积极盘活现有电影院用地资源，支持电影院建设和改造。

解读 📖

本条是关于保障、支持电影院建设和改造的规定。

党的十八大以来，中国电影发展取得了显著成就，在不断提高电影创作质量的同时，电影市场保持快速增长，电影基础设施建设得到长足发展。但与此同时，影院建设发展不平衡、不充分，中西部地区特别是县级城市及以下地区影院覆盖不足，电影院线制改革亟须深化等问题也越来越突出。电影院是电影产业的重要基础设施，是人民群众观赏电影的主要场所，也是实现电影价值、回收电影投资的关键环节。只有加快建设电影院，大幅度提高银幕数量，才能适应新时代、新要求，增强人们的文化获得感、幸福感；才能促进电影市场持续繁荣，为实现电影强国提供坚实支撑；才能落实城乡统筹发展要求，让中国电影发展成果更多惠及广大人民群众。

本条第一款是对电影院建设及相关规划的规定。电影院的建设技术含量及安全卫生要求存在诸多的国家标准及行业标准，如《电影院建筑设计规范》《数字影院暂行技术要求》《电影院星级的划分与评定》等，因此本款规定县级以上人民政府应当将电影院建设和改造纳入国民经济和社会发展规划、土地利用规划和城乡规划。国民经济和社会发展规划是全国或某一地区经济、社会发展的总体纲要，以国民经济、科技进步、社会发展、城乡建设为对象。土地利用规划是在一定区域内，根据国家社会经济可持续发展的要求和当地自然、经济、社会条件对土地开发、利用、治理、保护在空间上、时间上所作的总体的战略性布局和统筹安排。城乡规划是各级政府统筹安排城乡发展建设空间布局，保护生态和自然环境，合理利用自然资源、维护社会公正与公平的重要依据，具有重要的公共政策的属性。

根据2018年国家电影局印发的《关于加快电影院建设 促进电影市场繁荣发展的意见》，加强电影院建设主要包括以下措施。一是加快电影院建设发展。鼓励企业积极投资建设电影院；鼓励电影院积极采用先进技术，对放映环境和设备设施进行升级改造，提高放映质量，通过国家电影事业发展专项资金对先进技术提供资助；通过国家电影事业发展专项资金资助中西部地区（含国务院规定全面比照享受西部开发政策的地区）县城（县级市）新建（改扩建）影院；对新建或改扩建并加入城市院线的乡镇电影院给予资助；开展电影院星级评定工作。二是深化电影院线制改革，鼓励发展电影院线公司，按照"统一品牌、统一排片、统一经营、统一管理"的要求，投资建设或收购电影院，扩大规模，加强管理，提升服务。三是加快特色院线发展。加快发展"人民院线"，为国产优秀主旋律影片提供更大放映空间。加快发展艺术电影放映联盟，为优秀艺术影片提供更大放映空间。同时，鼓励发展校园院线等特色院线，面向特定观众群体发挥积极作用。四是规范发展点播影院和点播院线，制定完善相关技术标准和业务规则，推动点播影院和点播院线规范发展，积极拓展电影放映创新业务。

本条第二款是关于电影院用地保障的规定。县级以上地方人民政府在履行有效保障电影院用地需求职责时，应积极盘活现有的电影院用地资源。一方面，土地资源为稀缺资源，应高效利用。另一方面，擅自改变电影院建设用地土地用途的情况不断出现，2014年《关于支持电影发展若干经济政策的通知》中强调严格影院用地的供后监管，并确定了若干具体措施，提出实行差异化的土地供应政策，科学规划影院建设布局及总量，防止低水平重复建设和过度竞争等。

应用

相关立法

《中华人民共和国环境保护法》（2015年）

《中华人民共和国城乡规划法》（2019年）

《中华人民共和国土地管理法》（2020年）

《关于支持电影发展若干经济政策的通知》（2014年）

第四十条　电影产业金融支持

国家鼓励金融机构为从事电影活动以及改善电影基础设施提供融资服务，依法开展与电影有关的知识产权质押融资业务，并通过信贷等方式支持电影产业发展。

国家鼓励保险机构依法开发适应电影产业发展需要的保险产品。

国家鼓励融资担保机构依法向电影产业提供融资担保，通过再担保、联合担保以及担保与保险相结合等方式分散风险。

对国务院电影主管部门依照本法规定公告的电影的摄制，按照国家有关规定合理确定贷款期限和利率。

解读 📖

本条是关于电影产业金融支持的规定。

电影的拍摄、制作及后期的宣传、发行、上映等都需要巨大的资金支持。2010年，《国务院办公厅关于促进电影产业繁荣发展的指导意见》对金融机构支持电影产业的发展进行了规定，奠定了国家振兴电影产业与金融支持文化产业的政策基调。之后相继出台了《关于金融支持文化产业振兴和发展繁荣的指导意见》《关于支持电影发展若干经济政策的通知》等多项政策，倡导多方面拓展电影融资渠道，推动开发适合电影产业需求特点的信贷产品。另外，改善电影基础设施也需要巨大的资金支持。鉴于电影行业投融资的高风险性，保险机构提供的保险服务则能够在一定程度上解除融资的后顾之忧。

本条四款分别从融资、保险、担保、信贷等不同方面提出了具体措施。

一、融资机构的融资服务

电影产业的高风险性影响了电影产业对金融机构及其他社会资金产生的吸引力。近年来，随着电影产业投资规模的不断上涨，电影产业融资困难依旧成为限制其发展的重要因素，因此，国家提出鼓励金融机构为从事电影活动以及改善电影基础设施提供融资服务的总体要求。这一要求可以从三个方面解读：一是提供融资服务的为金融机构，如银行、证券公司、保险公司、信托投资公司及基金管理公司等，融资方式主要有银行贷款、证券市场融资、私募基金融资等；二是服务对象为从事电影活动及改善电影基础设施的主体；三是国家对融资服务的鼓励会通过政策予以落实，如2009年《文化产业振兴规划》提出，支持有条件的文化产业进入主板、创业板上市融资，鼓励已上市文化企业通过公开增发、定向增发等再融资方式进行并购和重组。

另外，本款还专门规定了知识产权质押融资这一充满电影行业特色的融资业务。知识产权质押是指权利人将合法拥有的专利权、商标权、著作权等知识产权中的财产权作为质押标的为债务进行担保，经评估作价后向银行等融资机构获取资金，并按期偿还资金本息的融资行为，这一融资行为能成为电影行业解决融资困难问题的有效路径。

二、保险机构的保险服务

电影产业的高风险性导致融资的高风险性，国家鼓励金融机构提供融资服务，必然需要通过保险业务来解决金融机构的后顾之忧。本款主要分为两个部分：一是依法开发电影保险产品，目前我国保险公司面向电影产业的保险产品数量较少，并不能满足电影产业的发展需要；二是开发的保险产品需要适应电影产业的发展，电影保险的服务范围非常广泛，开发保险产品必须适应电影产业的发展需要，推出更多的险种，增加保险产品的覆盖范围。

三、担保机构的担保服务

除了保险机构提供保险服务外，国家还鼓励担保机构为融资提供担保服务，具体包括再担保、联合担保及担保与保险相结合等具体方式。再担保是指为担保人设立的担保，当担保人不能独立承担担保责任时，再担保人将按照合同约定比例向债权人承担债务清偿责任。联合担保又称联保、分保和共同担保，即两个以上的担保机构为同一债权提供担保。担保与保险相结合是指一笔融资业务同时采取向保险机构投保和由担保机构担保的方式，以期进一步降低风险。

四、金融机构的信贷服务

本款理解分为两个部分：一是"合理确定贷款期限和利率"针对的对象为国务院电影主管部门依照本法规定公告的电影的摄制单位；二是贷款期限及利率需要遵照我国相关的法律规定。我国金融机构的贷款利率由中国人民银行统一管理。

应用 ✔

相关立法

《中华人民共和国中国人民银行法》（2004年）

《中华人民共和国保险法》（2015年）

《中华人民共和国证券法》（2020年）

《文化产业振兴规划》（2009年）

《国务院办公厅关于促进电影产业繁荣发展的指导意见》（2010年）

《关于金融支持文化产业振兴和发展繁荣的指导意见》（2010年）

第四十一条　鼓励跨境投资及保障用汇需要

国家鼓励法人、其他组织通过到境外合作摄制电影等方式进行跨境投资，依法保障其对外贸易、跨境融资和投资等合理用汇需求。

解读 📖

本条为鼓励电影产业跨境投资并保障相关用汇需要的规定。

影视产业"走出去"是中国的国家战略。2001年，《国家广播电影电视总局关于广播影视"走出去工程"的实施细则（试行）》颁布，明确提出培育我国影视节目国际竞争力是未来发展的重要目标，我国文化"走出去工程"正式启动。2012年，《国家"十二五"时期文化改革发展规划纲要》要求进一步落实有关财税政策，支持文化走出去。党的十八届三中全会通过的《中共中央关于全面深化改革若干重大问题的决定》进一步要求培育外向型文化企业，支持文化企业到境外开拓市场。2014年,《国务院关于加快发展对外文化贸易的意见》将文化产业"走出去"定位于整个国民经济的转型升级。

本条则是对上述政策的落实。主要包括以下两个方面。

一、国家鼓励境内企业通过多种方式进行跨境投资

本条所称的跨境投资既包括到境外合作摄制电影,也包括境外投资,即境内机构经境外直接投资主管部门核准,通过设立(独资、合资、合作)、并购、参股等方式在境外设立或取得既有企业或项目所有权、控制权或经营管理权等权益的行为。

二、依法保障对外电影投资的合理用汇需求

外汇管理是一国政府为平衡国际收支和维持本国货币汇率而对外汇进出实行的限制性措施,为使中国企业的"走出去"更加健康、有序,监管部门有必要加强对外直接投资的引导。《国务院关于加快发展对外文化贸易的意见》要求推进文化贸易投资的外汇管理便利化,确保文化出口相关跨境收付与汇兑顺畅,满足文化企业跨境投资的用汇需求。支持文化企业采用出口收入存放境外等方式提高外汇资金使用效率。简化跨境人民币结算手续和审核流程,提升结算便利,降低汇率风险。鼓励境内金融机构开展境外项目人民币贷款业务,支持文化企业从事境外投资。

应用

相关立法

《中华人民共和国外汇管理条例》(2008年)

《中外合作摄制电影片管理规定》(2017年)

《国家外汇管理局关于发布〈境内机构境外直接投资外汇管理规定〉的通知》(2009年)

《国务院关于加快发展对外文化贸易的意见》(2014年)

第四十二条 电影人才培养与扶持

国家实施电影人才扶持计划。

国家支持有条件的高等学校、中等职业学校和其他教育机构、培训机构等开设与电影相关的专业和课程，采取多种方式培养适应电影产业发展需要的人才。

国家鼓励从事电影活动的法人和其他组织参与学校相关人才培养。

解读 📖

本条是关于电影人才培养、扶持的规定。

人才建设是电影产业发展的基础性工作，又是需要长期培育方能见效的系统工程。但目前我国电影人才供给仍存在以下问题：一是人才供给结构未形成良好的阶梯式教育培训体系；二是高端人才培养方面，拔尖人才、领军人物数量尚不足；三是既懂文艺创作技巧又懂现代信息技术，既懂电影制作又能掌握产业运营规律等关联领域操作实务的复合型人才明显不足。

本条的电影人才扶持计划主要从以下三个方面着手。

一、实施电影人才扶持计划

实践中，政府及市场主体均对电影人才的扶持和培养采取了多项措施。政府针对青年人才的扶持计划主要有两个方面。一是培养青年电影编剧。自2008年开始，国务院电影主管部门便在北京电影学院、北京师范大学等九所高校实行"扶持青年优秀电影剧作计划"。爱奇艺也曾推出过一系列面向年轻创作者的扶持计划，如幼虎计划、开展高级编剧培训班、剧本推介会、成立创投基金等，助力优秀作品的孵化、提升行业内容的生产力，并于2020年发起了"2020编剧之夜"活动，旨在嘉奖优秀编剧人才，鼓励青年编剧，从创作上游推动行业良性发展。二是扶持青年电影导演。从2007年起，国家电影主管部门通过实施"青年导演资助计划"，为有潜力、有创新精神的45岁以下、取得过初步成绩的青年导演提供政府资金支持。自2015年起，国家新闻出版广电总局电影局又联合中国电影导演协会主办"CFDG中国青年电影导演扶持计划暨青葱计划"，对优秀青年电影导演进行挖掘、孵化、选拔和培养。除此之外，各大平台也在不断实施多面人才的储备策略。2018年，阿里文娱推出"锦橙合制计划"，侧重于联合开发和全产业链合作，在5年内结合四大档期推出20部作品，2020年上映的作品包括《拆弹专家2》等。2020年10月，腾讯影业携手新丽传媒、阅文影视发起"青年导演培养计划"，聚焦现实，关注社会，并选择与四位导演合作。导演宁浩发起的"坏猴子72变电影计划"于2020年再度升级，联手B站推出"B站X坏猴子影业青年导演扶持计划"。

二、对电影教育进行支持

《电影管理条例》第四十七条规定国家保障电影创作自由，重视和培养电影专业人才，重视和加强电影理论研究，繁荣电影创作，提高电影质量。2010年，《国务院办公厅关于促进电影产业繁荣发展的指导意见》要求创造条件，完善措施，积极发展电影高等教育和职业教育，加强在职人员的学习培训和实践锻炼，努力造就遵纪守法、爱国敬业、德艺双馨、技艺精湛、具有广泛社会影响力的优秀人才，重点加强创作、技术、经营、管理等各类专业人才队伍建设。高度重视青年人才的培养和使用，不断优化人才队伍结构。高度重视既懂艺术又懂现代信息技术的复合型人才，既懂经营管理又有外语交流能力、熟悉国际运作的外向型人才的培养。积极深化人事制度改革，建立和完善优秀电影人才脱颖而出的体制机制。根据本款规定，国家支持具备相应教学场所、设施、设备、资金等条件的高等学校、中等职业学校和其他教育机构、培训机构等主体，开设与电影相关的专业课程，采取高等教育、职业教育、技能培训及与国外教育机构、培训机构联合办学、培训等多种方式，按照电影产业健康发展繁荣的需要，有针对性地开展教育、培训工作。

三、电影产业主体参与学校相关人才培养

电影产业的发展对人才的素质提出了更高的要求，对高校的教育也提出了巨大的挑战。电影人才最终服务于电影产业，高校教育只有与电影产业相结合才是唯一的出路。电影产业主体参与学校电影人才培养可以通过以下三种途径开展：一是参与相关的职业学校、职业培训机构，或联合开展教学工作，推动学校教育的应用型转变；二是与学校合作，提供社会实践机会；三是委托学校对本单位职工和准备录用人员开展在岗培训、入职前培训等。

应用 ✔

相关立法

《电影管理条例》(2002 年)

《国务院办公厅关于促进电影产业繁荣发展的指导意见》(2010 年)

第四十三条 特殊地区电影产业扶持

国家采取措施,扶持农村地区、边疆地区、贫困地区和民族地区开展电影活动。

国家鼓励、支持少数民族题材电影创作,加强电影的少数民族语言文字译制工作,统筹保障民族地区群众观看电影需求。

解读 📖

本条是关于国家支持农村、边疆、贫困及民族地区开展电影活动,以及鼓励、支持与少数民族有关的电影活动的规定。

电影作为人民群众喜闻乐见的文化传播方式,其对于进一步维护边疆稳定、增进民族团结、提升国家认同感、推进少数民族地区经济社会的协调发展起到关键作用。《电影管理条例》第四十九条第一款第四项及第五十一条规定了国家对于农村、边远、贫困、少数民族地区的电影活动的扶持。2007年,《关于做好农村电影工作的意见》确立了"企业经营、市场运作、政府买服务"的农村电影改革发展新思路。2013年,《中央补助地方农村文化建设专项资金管理暂行办法》再次重申为农村电影公益放映提供资金的补助。

本条主要从两个方面对电影活动提供扶持。

一、对农村、边疆、贫困及民族地区电影活动提供扶持措施

国家扶持这四类地区的电影活动是推动基本公共文化服务标准化、均等化发展,引导我国文化资源向城乡基层倾斜,创新公共文化服务方式,保障人民基本文化权益的重要组成部分。具体的扶持措施主要包括以下四个方面。一是加大财税支持力度,通过项目补贴、定向投资、税负减免等政策措施发展公共文化服务事业。同时引导社会资本进入四类地区的电影活动市场，拓展资金来源渠道，加大政府投入与社会资本的统筹力度，创新投入方式。二是完善发行放映体制机制建设，积极培育发展多种所有制形式的农村电影院线公司和农村电影放映队，普及数字化流动放映，有条件的地方可充分利用乡镇综合文化站、村文化室建立固定放映点；建立健全公共财政保障机制和公益版权片源保障机制，加大投入、改善服务、创新机制、加强管理，积极推动农村电影放映规范化、制度化、长效化；鼓励电影企业深入城乡社区、厂矿、校园、军营和广场等开展公益放映活动。大力提倡电影发行放映企业采取优惠票价等多种方式满足农民工、城市低收入居民等群体的观影需求。三是加强放映场所的建设。采取信贷、税收优惠、补贴奖励等多种措施改善电影放映的基础设施条件；鼓励各类资本投资建设商业影院和社区影院。四是鼓励特定题材影片制作，把农村题材、少数民族题材电影纳入电影创作计划，保证这类电影的占比。

二、对少数民族题材电影和民族地区电影活动的支持

传承、发扬少数民族文化，丰富少数民族的精神文化生活，促进民族团结是我国的基本国策。为此，国家需要对少数民族题材电影和民族地区电影活动提供支持，进一步促进少数民族地区和民族地区的电影事业繁荣发展，主要从以下三个方面提供支持。

（一）鼓励和支持少数民族题材电影的制作

一方面，将少数民族题材电影纳入农村题材影片或重点影片的资助范围，另一方面，支持少数民族题材优秀电影参加各类评奖活动。《中华人民共和国国民经济和社会发展第十三个五年规划纲要》将"少数民族电影工程"列为文化重大工程，该工程由政府引导、支持，市场主体参与、运作的重要文化项目，以弘扬民族文化、繁荣电影事业、促进民族团结为主题。

（二）做好电影的少数民族语言文字译制工作

一方面，加快少数民族语言译制中心建设，鼓励各地广播影视类企业建立少数民族语言广播影视节目译制中心，增加优秀广播影视节目的民族语言译制量。另一方面，加大对译制工作的资金支持，通过"以奖代补"的方式为各译制中心提供资金支持。

（三）统筹保障民族地区群众观影需求

从国家层面予以保障，包括影院建设与布局、民族题材电影的生产、电影的少数民族语言文字译制等。

应用 ☝

相关立法

《电影管理条例》（2002年）

第四十九条　电影事业发展专项资金扶持、资助下列项目：

（一）国家倡导并确认的重点电影片的摄制和优秀电影剧本的征集；

（二）重点制片基地的技术改造；

（三）电影院的改造和放映设施的技术改造；

（四）少数民族地区、边远贫困地区和农村地区的电影事业的发展；

（五）需要资助的其他项目。

第五十一条　国家对少数民族地区、边远贫困地区和农村地区发行、放映电影实行优惠政策。

国家对从事农村16毫米电影片发行、放映业务的单位和个人予以扶持。具体办法由国务院广播电影电视行政部门、国务院文化行政部门会同国务院财政部门规定。

《国务院办公厅关于促进电影产业繁荣发展的指导意见》（2010年）

第四十四条　国产电影境外推广

国家对优秀电影的外语翻译制作予以支持，并综合利用外交、文化、教育等对外交流资源开展电影的境外推广活动。

国家鼓励公民、法人和其他组织从事电影的境外推广。

解读 📖

本条是关于我国电影境外推广的规定。

电影是向世界传播本国文化观念，提升文化软实力的重要载体，随着我国对外开放程度的不断加深，对外投资规模的日益扩大，特别是"一带一路"倡议的贯彻落实，推动电影的海外推广既是对"走出去"战略的落实，也是推动中国文化走出国门，扩大中华文化的国际竞争力和影响力，增强文化软实力的重要途径。目前，国家对国产电影境外推广主要从以下三个方面提供支持。

一、对优秀电影的外语翻译制作予以支持

国家电影主管部门在全国范围内积极遴选代表我国主流思想价值，展现中华民族优秀传统文化，真实反映中国国家形象的优秀电影，并要求申请机构具有作品版权、可组织高水平的译制工作、具有明确的海外销售推广计划。

二、综合利用外交、文化、教育等对外资源进行境外推广

外交方面，主要借助国家领导人出访、举办或参加国际论坛、领事馆日常工作等各种外交场合、渠道，推广国产电影。文化方面，可在中外互办文化年等文化交流中增加有关电影单元、环节。教育方面，则主要通过孔子学院办学、教育援外等渠道推广国产电影。

三、鼓励公民、法人和其他组织从事电影境外推广活动

税收方面，2009年《财政部、海关总署、国家税务总局关于支持文化企业发展若干税收政策问题的通知》第三条规定，出口电影和电视完成片按规定享受增值税出口退税政策。资金方面，加大对电影"走出去"战略的资金支持，包括优秀电影外语翻译制作、境外推广等的财政支持。营销方面，加快培育海外营销的市场主体，通过组织中介机构宣传代理、制片单位参加国际电影交易市场、委托中国电影海外推广公司等多种形式、拓展营销渠道。支持电影企业、电影作品参加重要的国际电影节（展）和交易市场。丰富中国电影海外推广渠道，通过长城卫星平台，采用频道时段合作、有线电视网络租用及互联网新媒体等方式实现中国电影的海外落地。[①]

相关立法

《电影管理条例》（2002 年）

第三十五条　举办中外电影展、国际电影节，提供电影片参加境外电影展、电影节等，应当报国务院广播电影电视行政部门批准。

参加前款规定的电影展、电影节的电影片，须报国务院广播电影电视行政部门审查批准。参加境外电影展、电影节的电影片经批准后，参展者应当持国务院广播电影电视行政部门的批准文件到海关办理电影片临时出口手续。参加在中国境内举办的中外电影展、国际电影节的境外电影片经批准后，举办者应当持国务院广播电影电视行政部门的批准文件到海关办理临时进口手续。

《广播影视节（展）及节目交流活动管理规定》（2016 年）

第四十五条　捐赠、资助电影产业

国家鼓励社会力量以捐赠、资助等方式支持电影产业发展，并依法给予优惠。

解读 📖

本条是关于国家鼓励社会力量支持电影产业发展的规定。

电影产业发展，不仅需要追求商业电影的繁荣，还需要关注公益电影、主旋律电影、纪录电影、实验电影、戏曲电影和少数民族电影等各类非商业性电影的发展。但由于非商业性电影的特性，使得其难以获得相应的收益来支持自己的生存和发展，因此，除了国家扶持外，还需要社会力量的支持。

本条可从以下四个方面进行理解。

---

① 许安标.中华人民共和国电影产业促进法释义［M］.北京：法律出版社，2017：210-211.

一、捐赠、资助的主体

本条规定捐赠、资助的主体为"社会力量"，主要指政府以外的个人和组织，既包括自然人，也包括法人和其他非法人组织。

二、支持的对象为公益组织和个人

根据公益事业捐赠法及慈善法的规定，自然人、法人和其他组织捐赠、资助的对象应为公益组织或个人。因此，本条规定的捐赠、资助对象一般为促进电影产业发展的公益性社会团体、公益性非营利的事业单位或者慈善组织，也可以向促进电影产业发展的个人捐赠。另外，本条所称的"电影产业"主要是指公益电影、主旋律电影、纪录电影、实验电影、戏曲电影和少数民族电影等的创作、摄制、发行和放映及院线的建设等。

三、主要方式为捐赠和资助

"捐赠"主要是指自然人、法人或其他组织自愿无偿向依法成立的公益性社会团体和公益性非营利的事业单位捐赠财产，用于公益事业。"资助"则是以资金的方式帮助电影产业的发展。国家鼓励非公有资本等社会力量以资助的方式促进电影产业的发展，将各种社会力量的资金引入电影产业的资金池，扩大电影产业的投资来源。

四、国家给予优惠政策

社会力量以捐赠、资助的方式支持电影产业的发展，应受到鼓励与提倡。目前，国家主要给予以下优惠政策。企业所得税法第九条规定，企业发生的公益性捐赠支出，在年度利润总额12%以内的部分，准予在计算应纳税所得额时扣除；超过年度利润总额12%的部分，准予结转以后三年内在计算应纳税所得额时扣除。个人所得税法第六条规定，个人将其所得对教育、扶贫、济困等公益慈善事业进行捐赠，捐赠额未超过纳税人申报的应纳税所得额30%的部分，可以从其应纳税所得额中扣除；国务院规定对公益慈善事业捐赠实行全额税前扣除的，从其规定。境外捐赠用于慈善活动的物资，依法减征或免征进口关税和进口环节增值税。其他优惠政策，慈善法第八十三条规定，捐赠人向慈善组织捐赠实物、有价证券、股权和知识产权的，依法免征权利转让的相关行政事业性费用。公益事业捐赠法第二十七条规定，对于捐赠的工程项目，当地人民政府应当给予支持和优惠。

应用 ✔

相关立法

《中华人民共和国公益事业捐赠法》（1999 年）

《中华人民共和国慈善法》（2016 年）

《中华人民共和国企业所得税法》（2018 年）

《中华人民共和国个人所得税法》（2019 年）

第四十六条　电影活动日常监管及信用档案建立

县级以上人民政府电影主管部门应当加强对电影活动的日常监督管理，受理对违反本法规定的行为的投诉、举报，并及时核实、处理、答复；将从事电影活动的单位和个人因违反本法规定受到行政处罚的情形记入信用档案，并向社会公布。

解读 📖

本条是关于要求县级以上人民政府电影主管部门应该加强电影活动的日常监管及建立信用档案的规定。

近年来，在电影市场不断繁荣的同时，也出现了很多管理乱象，票房造假、盗录盗播等问题屡禁不止，严重影响电影产业的健康发展。因此，国家有必要在进行简政放权激发市场活力的同时，加强电影市场的监管，规范电影行业的秩序。

本条可从以下四个方面理解。

一、监管主体为县级以上人民政府电影主管部门

本条规定监管主体为"县级以上人民政府电影主管部门"。其中包括国务院电影主管部门和县级以上地方人民政府电影主管部门，前者主要负责全国的电影管理工作，后者负责本区域内的电影管理工作。

二、职责为加强电影活动的日常监管

本条所称的"电影活动的日常监管"包括国家电影主管部门和地方电影主管部门，依据法律规定对电影行业行使管理职能，检查和督促电影行业有关主体遵守法律法规、履行法定义务等，维护电影市场的良好秩序。例如，检查是否有与许可证、有关批准或证明文件相关的违法行为等。

三、建立举报投诉机制

本条建立电影行业的举报投诉机制，为人民群众投诉举报，电影主管部门受理核查提供了法律依据。"投诉"是指自然人、法人或其他组织在参与电影活动时，其合法权利受到电影行业主体违法行为侵害，向电影主管部门反映、报案，要求主管部门依法查处违法行为，维护自身合法权益。"举报"是指自然人、法人或其他组织发现的电影行业的违法行为，向电影主管部门提供证据或线索，要求主管部门履行法定职责并予以查处。

县级以上人民政府电影主管部门在接到举报投诉后，应该按照以下原则予以处理：一是对属于本部门职责的，应予以受理，并组织人员进行核实、处理且及时答复投诉人或举报人；二是对不属于本部门职责的，应及时移交有权处理部门进行处理，并告知投诉人或举报人；三是电影主管部门应当及时处理，不得推诿。

四、建立信用档案制度

行业信用建设是社会信用体系建设的重要组成部分，对于促进企业和个人自律，形成有效的市场约束具有重要作用。本条信用档案制度的建立为电影行业信用制度建设提供了法律支撑。此制度包含两个方面：一是记入信用档案的内容为"从事电影活动的单位和个人因违反本法规定受到行政处罚的情形"；二是记入信用档案后须向社会公布。政府信息公开条例第二十三条规定："行政机关应当建立健全政府信息发布机制，将主动公开的政府信息通过政府公报、政府网站或者其他互联网政务媒体、新闻发布会以及报刊、广播、电视等途径予以公开。"因此，县级以上人民政府电影主管部门应该将信用档案的情况进行公布，保障公众的知情权。

应用 ✔

相关立法

《中华人民共和国行政处罚法》（2021 年）

《电影管理条例》（2002 年）

《企业信息公示暂行条例》（2014 年）

《中华人民共和国政府信息公开条例》（2019 年）

第五章　法律责任

第四十七条　擅自从事电影摄制、发行、放映活动的法律责任

违反本法规定擅自从事电影摄制、发行、放映活动的，由县级以上人民政府电影主管部门予以取缔，没收电影片和违法所得以及从事违法活动的专用工具、设备；违法所得五万元以上的，并处违法所得五倍以上十倍以下的罚款；没有违法所得或者违法所得不足五万元的，可以并处二十五万元以下的罚款。

解读 📖

本条是关于擅自从事电影摄制、发行、放映活动的法律责任的规定。

根据行为人违反的法律规范的不同，法律责任可以分为刑事责任、民事责任、行政责任三大类。本条是对违法当事人予以行政处罚的规定。行政责任为法律关系主体由于违反行政法律规范的规定，所应该承担的一种行政法律后果，根据追究机关的不同，行政责任可分为行政处罚和行政机关公务人员处分两类。按照行政处罚法的规定，行政处罚是指行政机关依法对违反行政管理秩序的公民、法人或者其他组织，以减损权益或者增加义务的方式予以惩戒的行为。行政处罚在文化和旅游市场监管中是最为常见的监管手段，主要类型有警告、通报批评、罚款、没收违法所得、没收非法财物、责令停产停业、暂扣或者吊销许可证、暂扣或者吊销执照、行政拘留、降低资质、限制从业等。

一、行政主体作出行政处罚时应当遵循一定的原则[①]

（一）处罚法定原则

行政主体作出行政处罚应当严格按照法律、法规或者规章规定，依照法

① 参见：《中华人民共和国行政处罚法》第一章。

定程序实施。主要包括简易程序、一般程序与听证程序。

（二）公正、公开原则

设定和实施行政处罚必须以事实为依据，与违法行为的事实、性质、情节以及社会危害程度相当。对违法行为予以处罚的规定必须公布。

（三）处罚与教育相结合原则

教育公民、法人或者其他组织自觉守法。

（四）权利保障原则

行政相对人享有陈述权、申辩权，以及对处罚不服之后的复议与诉讼权利。

二、本条所述"违反本法规定"主要指违反本法第十三条、第十四条、第二十四条的规定，依据本条应受处罚的行为

（一）擅自从事电影摄制活动

关于从事电影摄制，本法第十三条规定了拟摄制电影的法人、其他组织应当将电影剧本梗概向国务院电影主管部门或者省、自治区、直辖市人民政府电影主管部门备案；其中，涉及重大题材或者国家安全、外交、民族、宗教、军事等方面题材的，应当按照国家有关规定将电影剧本报送审查。电影剧本梗概或者电影剧本符合本法第十六条规定的，由国务院电影主管部门将拟摄制电影的基本情况予以公告，并由国务院电影主管部门或者省、自治区、直辖市人民政府电影主管部门出具备案证明文件或者颁发批准文件。

"擅自从事"意为违反本法规定，如电影剧本梗概未备案、未完成公告程序、未取得备案证明文件或者颁发批准文件等未经合法程序的行为。

（二）擅自从事电影发行活动

关于从事电影发行，本法第二十四条第一款规定了企业具有与所从事的电影发行活动相适应的人员、资金条件的，经国务院电影主管部门或者所在地省、自治区、直辖市人民政府电影主管部门批准，可以从事电影发行活动。

（三）擅自从事电影放映活动

关于从事电影放映，本法第二十四条第二款规定了企业、个体工商户具有与所从事的电影放映活动相适应的人员、场所、技术和设备等条件的，经所在地县级人民政府电影主管部门批准，可以从事电影院等固定放映场所电影放映活动。

本条所采取的行政处罚包括取缔、没收、罚款三种，"没收电影片和违法所得以及从事违法活动的专用工具、设备等"是必定面临的违法后果，其中，违法活动的专用工具、设备包含电影摄制设备、放映设备等。对于罚款，此处设定的界限为五万元，违法所得五万元以上的，必须并处罚款；违法所得五万元以下的，可以并处罚款。

应用

相关立法

《电影管理条例》（2002年）

第五十五条　违反本条例规定，擅自设立电影片的制片、发行、放映单位，或者擅自从事电影制片、进口、发行、放映活动的，由工商行政管理部门予以取缔；依照刑法关于非法经营罪的规定，依法追究刑事责任；尚不够刑事处罚的，没收违法经营的电影片和违法所得以及进行违法经营活动的专用工具、设备；违法所得5万元以上的，并处违法所得5倍以上10倍以下的罚款；没有违法所得或者违法所得不足5万元的，并处20万元以上50万元以下的罚款。

第五十九条　有下列行为之一的，由电影行政部门责令停止违法行为，没收违法经营的电影片和违法所得；违法所得5万元以上的，并处违法所得5倍以上10倍以下的罚款；没有违法所得或者违法所得不足5万元的，并处10万元以上30万元以下的罚款；情节严重的，并责令停业整顿或者由原发证机关吊销许可证：

（一）未经批准，擅自与境外组织或者个人合作摄制电影，或者擅自到境外从事电影摄制活动的；

（二）擅自到境外进行电影底片、样片的冲洗或者后期制作，或者未按照批准文件载明的要求执行的；

（三）洗印加工未取得《摄制电影许可证》、《摄制电影片许可证（单片）》的单位摄制的电影底片、样片，或者洗印加工未取得《电影片公映许可证》的电影片拷贝的；

（四）未经批准，接受委托洗印加工境外电影底片、样片或者电影片拷贝，或者未将洗印加工的境外电影底片、样片或者电影片拷贝全部运输出境的；

（五）利用电影资料片从事或者变相从事经营性的发行、放映活动的；

（六）未按照规定的时间比例放映电影片，或者不执行国务院广播电影电视行政部门停止发行、放映决定的。

《点播影院、点播院线管理规定》（2018年）

第四十八条　伪造、变造、出租、出借、买卖本法规定的许可证、批准或者证明文件等行为的法律责任

有下列情形之一的，由原发证机关吊销有关许可证、撤销有关批准或者证明文件；县级以上人民政府电影主管部门没收违法所得；违法所得五万元以上的，并处违法所得五倍以上十倍以下的罚款；没有违法所得或者违法所得不足五万元的，可以并处二十五万元以下的罚款：

（一）伪造、变造、出租、出借、买卖本法规定的许可证、批准或者证明文件，或者以其他形式非法转让本法规定的许可证、批准或者证明文件的；

（二）以欺骗、贿赂等不正当手段取得本法规定的许可证、批准或者证明文件的。

解读 📖

本条是对伪造或变造、非法转让、非法取得与电影管理有关的许可证、批准或证明文件的违法当事人予以行政处罚的规定。

本法规定的许可证、批准或者证明文件的种类有许可证、批准文件、证明文件。

一、本条规制的行为

（一）伪造与变造

"伪造"是指行为人自行制作假许可证、批准或者证明文件企图冒充合法的发证机关制作的文件。"变造"是指行为人利用真许可证、批准或者证明文件进行局部操作，进行加工改造的行为。

（二）出租、出借、买卖或者以其他形式非法转让

"出租"是指持有人以许可证、批准或者证明文件的使用权与他人交换财物或财产性利益的行为。"出借"是指持有人无偿将许可证、批准或者证明文件的使用权给予他人的行为。"买卖或者以其他形式非法转让"是指转让所有权的行为。

（三）非法取得

非法取得方式包含欺骗、贿赂电影主管部门工作人员，提供虚假资料、虚假叙述等。

二、本条实施行政处罚的主体、种类及幅度

（一）主体

此处存在两类实施行政处罚的主体：原发证机关及县级以上人民政府电影主管部门。

（二）种类及幅度

对于原发证机关而言，按照"谁发证、谁吊销"的原则，由原发证机关吊销许可证予以处罚，剥夺原许可给予违法主体的经营能力或经营资格。"撤销有关批准或者证明文件"性质与吊销许可证相似，都是剥夺某种能力或资格的行为。对于县级以上人民政府电影主管部门而言，实施的行政处罚措施为没收违法所得及罚款。违法所得五万元是必须并处罚款和可以并处罚款的分界线。

应用 ✔

相关立法

《中华人民共和国行政许可法》（2019年）

第九条　依法取得的行政许可，除法律、法规规定依照法定条件和程序可以转让的外，不得转让。

第八十条　被许可人有下列行为之一的，行政机关应当依法给予行政处罚；构成犯罪的，依法追究刑事责任：

（一）涂改、倒卖、出租、出借行政许可证件，或者以其他形式非法转让行政许可的；

（二）超越行政许可范围进行活动的；

（三）向负责监督检查的行政机关隐瞒有关情况、提供虚假材料或者拒绝提供反映其活动情况的真实材料的；

（四）法律、法规、规章规定的其他违法行为。

《电影管理条例》（2002年）

第五条　国家对电影摄制、进口、出口、发行、放映和电影片公映实行许可制度。未经许可，任何单位和个人不得从事电影片的摄制、进口、发行、放映活动，不得进口、出口、发行、放映未取得许可证的电影片。

依照本条例发放的许可证和批准文件，不得出租、出借、出售或者以其他任何形式转让。

《点播影院、点播院线管理规定》（2018年）

第三十条　违反本规定，擅自从事点播影院、点播院线电影放映、发行活动的，依照《中华人民共和国电影产业促进法》第四十七条的规定予以处罚。

伪造、变造、出租、出借、买卖或者以其他形式非法转让有关电影放映、发行许可证件，或者以欺骗、贿赂等不正当手段取得上述许可证件的，依照《中华人民共和国电影产业促进法》第四十八条的规定予以处罚。

第四十九条　发行、放映未取得电影公映许可证的电影等行为的法律责任

有下列情形之一的，由原发证机关吊销许可证；县级以上人民政府电影主管部门没收电影片和违法所得；违法所得五万元以上的，并处违法所得十

倍以上二十倍以下的罚款；没有违法所得或者违法所得不足五万元的，可以并处五十万元以下的罚款：

（一）发行、放映未取得电影公映许可证的电影的；

（二）取得电影公映许可证后变更电影内容，未依照规定重新取得电影公映许可证擅自发行、放映、送展的；

（三）提供未取得电影公映许可证的电影参加电影节（展）的。

解读 📖

本条是对未取得电影公映许可证擅自发行、放映、送展电影的违法行为实施行政处罚的规定。

本条规定与《电影管理条例》相比较有较大的不同：一是原发证机关吊销许可证不再是情节严重情况下的处罚措施；二是违法所得五万元以下的情形，不再必须并处罚款；三是罚款的倍数有所调整，倍数增大一方面是因为我国经济生活水平的提升，另一方面也体现了对擅自发行、放映、送展电影的违法行为施以更严格处罚的决心。

本条规制的违法行为包括以下三个方面。

第一，未取得电影公映许可证，或取得电影公映许可证后变更电影内容，未依照规定重新取得电影公映许可证擅自发行、放映电影的行为。本法第二十条第二款规定，未取得电影公映许可证的电影，不得发行、放映，不得通过互联网、电信网、广播电视网等信息网络进行传播，不得制作为音像制品；但是，国家另有规定的，从其规定。

第二，取得电影公映许可证后变更电影内容，未依照规定重新取得电影公映许可证擅自参加电影节（展）的行为。本法第十九条规定，取得电影公映许可证的电影需要变更内容的，应当依照本法规定重新报送审查，即一旦变更内容，就需重新报送并获得电影公映许可证。

第三，未取得电影公映许可证的电影参加电影节（展）的行为。本法第二十一条规定，摄制完成的电影取得电影公映许可证，方可参加电影节（展）。拟参加境外电影节（展）的，送展法人、其他组织应当在该境外电影节（展）举办前，将相关材料报国务院电影主管部门或者省、自治区、直辖市人民政府电影主管部门备案。

实施本条行政处罚的主体为原发证机关及县级以上人民政府电影主管部门。实施行政处罚的种类包含吊销许可证、没收及罚款。

应用

相关立法

《电影管理条例》（2002 年）

第五条　国家对电影摄制、进口、出口、发行、放映和电影片公映实行许可制度。未经许可，任何单位和个人不得从事电影片的摄制、进口、发行、放映活动，不得进口、出口、发行、放映未取得许可证的电影片。

依照本条例发放的许可证和批准文件，不得出租、出借、出售或者以其他任何形式转让。

第五十八条　出口、发行、放映未取得《电影片公映许可证》的电影片的，由电影行政部门责令停止违法行为，没收违法经营的电影片和违法所得；违法所得 5 万元以上的，并处违法所得 10 倍以上 15 倍以下的罚款；没有违法所得或者违法所得不足 5 万元的，并处 20 万元以上 50 万元以下的罚款；情节严重的，并责令停业整顿或者由原发证机关吊销许可证。

第五十条　承接含有损害我国国家尊严等内容的境外电影的洗印、加工、后期制作等业务的法律责任

承接含有损害我国国家尊严、荣誉和利益，危害社会稳定，伤害民族感情等内容的境外电影的洗印、加工、后期制作等业务的，由县级以上人民政府电影主管部门责令停止违法活动，没收电影片和违法所得；违法所得五万元以上的，并处违法所得三倍以上五倍以下的罚款；没有违法所得或者违法所得不足五万元的，可以并处十五万元以下的罚款。情节严重的，由电影主管部门通报工商行政管理部门，由工商行政管理部门吊销营业执照。

解读 📖

本条是对承接内容违禁的境外电影洗印、加工、后期制作的违法行为予以行政处罚的规定。

《电影管理条例》中的类似规定为电影洗印单位接受委托洗印、加工境外的电影底片、样片和电影片拷贝的，应当事先经国务院广播电影电视行政部门批准，并持批准文件依法向海关办理有关进口手续。洗印加工的电影底片、样片和电影片拷贝必须全部运输出境。然而，随着网络技术的发展加上"简政放权"的要求，《电影管理条例》的规定已经远远不能适应现实情况。所以本条未明确电影拷贝、样片、底片等实体形式，而是在行为方式上进行扩张，扩张到后期制作等业务。值得注意的是，本法第二十二条规定，公民、法人和其他组织可以承接境外电影的洗印、加工、后期制作等业务，并报省、自治区、直辖市人民政府电影主管部门备案，但是不得承接含有损害我国国家尊严、荣誉和利益，危害社会稳定，伤害民族感情等内容的境外电影的相关业务。也就是说，未经备案承接境外电影的洗印、加工、后期制作等业务的行为并非本法规制的对象，承接含前述特定内容的境外电影的洗印、加工、后期制作等业务的行为才是本法所规制的违法行为。

实施本条行政处罚的主体为县级以上人民政府电影主管部门及工商行政管理部门。

本条规定的行政处罚种类和幅度包括以下四种。

第一，责令停止违法活动。某一行为只要具有违法性，无论情节轻重程度如何，行政主管部门都应先行制止该违法行为。

第二，没收。这里是指没收违法所得，是行为人因承接含有损害我国国家尊严、荣誉和利益，危害社会稳定，伤害民族感情等内容的境外电影的洗印、加工、后期制作等业务所获得的一切违法收入。

第三，罚款。同样以五万元为界，区分必须并处与可以并处罚款，此处不再赘述。

第四，吊销营业执照。

应用 ✔

相关立法

《电影管理条例》（2002 年）

第二十三条　电影洗印单位不得洗印加工未取得《摄制电影许可证》或者《摄制电影片许可证（单片）》的单位摄制的电影底片、样片，不得洗印加工未取得《电影片公映许可证》的电影片拷贝。

电影洗印单位接受委托洗印加工境外的电影底片、样片和电影片拷贝的，应当事先经国务院广播电影电视行政部门批准，并持批准文件依法向海关办理有关进口手续。洗印加工的电影底片、样片和电影片拷贝必须全部运输出境。

第五十一条　制造虚假交易、虚报瞒报销售收入等行为的法律责任

电影发行企业、电影院等有制造虚假交易、虚报瞒报销售收入等行为，扰乱电影市场秩序的，由县级以上人民政府电影主管部门责令改正，没收违法所得，处五万元以上五十万元以下的罚款；违法所得五十万元以上的，处违法所得一倍以上五倍以下的罚款。情节严重的，责令停业整顿；情节特别严重的，由原发证机关吊销许可证。

电影院在向观众明示的电影开始放映时间之后至电影放映结束前放映广告的，由县级人民政府电影主管部门给予警告，责令改正；情节严重的，处一万元以上五万元以下的罚款。

解读 📖

本条共两款，第一款规定了对电影发行企业、电影院等制造虚假交易、虚报瞒报销售收入等行为如何处罚，第二款规定了电影院违规放映广告如何处罚。

本法草案二审稿中规定了虚报瞒报票房收入的法律责任，鉴于社会上普遍反映法律对虚报瞒报票房打击力度不够的情况，本法草案三审稿作出了回应，进一步加大了处罚力度，将罚款数额与造假金额挂钩，实行按倍计罚。

一、制造虚假交易、虚报瞒报销售收入

（一）规制的违法行为

本法第三十四条规定，电影发行企业、电影院等应当如实统计电影销售收入，提供真实准确的统计数据，不得采取制造虚假交易、虚报瞒报销售收入等不正当手段，欺骗、误导观众，扰乱电影市场秩序。"虚假交易"一般是指电影发行、放映方、制片方制造虚假的影片票房从而误导公众，以提升电影票房成绩。"虚报销售收入"是指制片方和发行方为了宣传营销，联合放映方大量自购电影票、虚假排场、电影幽灵场等方式虚报票房，制造虚假的票房成绩从而推动排片率，带动观众购票观影，此种方式虽然未造成市场环节中各个主体的经济损失，但是此种行为误导了观众，挤压了中小影片制作方的生存空间，扰乱了正常的竞争秩序。"瞒报销售收入"在实践中一般表现为如下情形：电影放映方为了获得需要分账的部分票房收益，隐瞒实际票房收入，同时，此举还能避免缴纳税收和国家电影事业发展专项资金。因此，本条意欲对不如实统计电影销售收入等行为进行处罚，主要是为了保证电影市场秩序的健康与繁荣。

（二）实施行政处罚的主体

县级以上人民政府电影主管部门及原发证机关。

（三）行政处罚的种类

责令改正、没收违法所得、罚款、责令停业整顿或吊销许可证。

二、电影院违规放映广告

（一）规制的违法行为

近些年来，电影广告被随意插播，损害了消费者的合法权益，干扰了正常的电影放映和广告经营秩序。因此，本法第三十二条规定，国家鼓励电影院在向观众明示的电影开始放映时间之前放映公益广告。电影院在向观众明示的电影开始放映时间之后至电影放映结束前，不得放映广告。

（二）实施行政处罚的主体

县级人民政府电影主管部门。

（三）行政处罚的种类

警告、责令改正及罚款。

应用

相关立法

《关于加强影片贴片广告管理的通知》（2004年）

《国家新闻出版广电总局电影局关于进一步规范电影贴片广告和映前广告管理的通知》（2009年）

典型案例

某县某影视公司因瞒报票房被行政处罚

简介：

某县某影视公司自2016年以来瞒报票房101251元。该县文化体育和广播影视局根据电影产业促进法第五十一条规定，决定责令某影视公司改正违法经营行为，并给予罚款20万元的行政处罚。后某影视公司提起行政诉讼。法院经审理认为，出现票房差额系2016年9月该影视公司影城3号厅新增变更服务器时，因未及时到电影主管部门登记备案所致，属于漏报并非偷瞒报的问题。原告出现上述情况系其自身过错造成，且原告也未提交相关证据证明其上报票房差额被定性为漏报。被告根据原告瞒报票房收入的事实，认定原告违反电影产业促进法第三十四条规定，构成瞒报电影销售收入的违法行为，并依照电影产业促进法第五十一条第一款规定，作出《行政处罚决定书》，适用法律正确。①

简评：

本条是对制造虚假交易、虚报瞒报销售收入等行为进行行政处罚的规定。本案中某县某影视公司认为自己被处罚的行为是漏报并

---

① 参见：四川省西充县人民法院，（2019）川1325行初22号判决书。

非偷瞒报，主观上缺少恶意。但是法院审理还是贯彻证据逻辑，认为原告出现上述情况系其自身过错造成，且原告也未提交相关证据证明其上报票房差额被定性为漏报，故还是支持了行政处罚的内容。

第五十二条　擅自在境内举办涉外电影节（展）等行为的法律责任

法人或者其他组织未经许可擅自在境内举办涉外电影节（展）的，由国务院电影主管部门或者省、自治区、直辖市人民政府电影主管部门责令停止违法活动，没收参展的电影片和违法所得；违法所得五万元以上的，并处违法所得五倍以上十倍以下的罚款；没有违法所得或者违法所得不足五万元的，可以并处二十五万元以下的罚款；情节严重的，自受到处罚之日起五年内不得举办涉外电影节（展）。

个人擅自在境内举办涉外电影节（展），或者擅自提供未取得电影公映许可证的电影参加电影节（展）的，由国务院电影主管部门或者省、自治区、直辖市人民政府电影主管部门责令停止违法活动，没收参展的电影片和违法所得；违法所得五万元以上的，并处违法所得五倍以上十倍以下的罚款；没有违法所得或者违法所得不足五万元的，可以并处二十五万元以下的罚款；情节严重的，自受到处罚之日起五年内不得从事相关电影活动。

解读 📖

本条是对擅自在境内举办涉外电影节（展）以及个人擅自提供未取得电影公映许可证的电影参加电影节（展）的违法行为予以行政处罚的规定。

本法实施前的《电影管理条例》规定，举办中外电影展、国际电影节，提供电影片参加境外电影展、电影节等，应当报国务院广播电影电视行政部门批准。

参加前款规定的电影展、电影节的电影片，须报国务院广播电影电视行政部门审查批准。参加境外电影展、电影节的电影片经批准后，参展者应当持国务院广播电影电视行政部门的批准文件到海关办理电影片临时出口手续。参加在中国境内举办的中外电影展、国际电影节的境外电影片经批准后，举办者应当持国务院广播电影电视行政部门的批准文件到海关办理临时进口手续。

本法第三十五条规定，在境内举办涉外电影节（展），须经国务院电影主管部门或者省、自治区、直辖市人民政府电影主管部门批准。

需要注意的是，本条的惩罚措施包含从业禁止条款，个人、法人或其他组织违反本条并被判断为情节严重的情况下，不得从事任何相关的电影活动，包含电影创作、拍摄、发行、制作、参评等一系列活动。

应用 ✔

相关立法

《电影管理条例》（2002年）

第六十四条　单位违反本条例，被处以吊销许可证行政处罚的，其法定代表人或者主要负责人自吊销许可证之日起5年内不得担任电影片的制片、进口、出口、发行和放映单位的法定代表人或者主要负责人。

个人违反本条例，未经批准擅自从事电影片的制片、进口、发行业务，或者擅自举办中外电影展、国际电影节或者擅自提供电影片参加境外电影展、电影节的，5年内不得从事相关电影业务。

第五十三条　被吊销许可证后的从业禁止责任

法人、其他组织或者个体工商户因违反本法规定被吊销许可证的，自吊销许可证之日起五年内不得从事该项业务活动；其法定代表人或者主要负责人自吊销许可证之日起五年内不得担任从事电影活动的法人、其他组织的法定代表人或者主要负责人。

解读 📖

本条是关于受到吊销许可证处罚的主体以及相关人员从业禁止义务的规定。

行政许可法第七十八条规定："行政许可申请人隐瞒有关情况或者提供虚假材料申请行政许可的，行政机关不予受理或者不予行政许可，并给予警告；行政许可申请属于直接关系公共安全、人身健康、生命财产安全事项的，申请人在一年内不得再次申请该行政许可。"第七十九条规定："被许可人以欺骗、贿赂等不正当手段取得行政许可的，行政机关应当依法给予行政处罚；取得的行政许可属于直接关系公共安全、人身健康、生命财产安全事项的，申请人在三年内不得再次申请该行政许可；构成犯罪的，依法追究刑事责任。"

以上规定确立了行政许可上一项重要的制度——当行政许可的申请人已取得行政许可后，由于实施了法律明文禁止的行为，除了不予受理或者不予行政许可、警告外，还设定了在一定期限内禁止该申请人申请行政许可。此项制度直接导致行为人在违法后的很长一段时间内不得从事相关业务，在很大程度上增加了行为人的违法成本。本条虽然与行政许可法的规定有所区别，但总的来说仍是规定了相关主体在一定期限内不得从事某项活动的法律后果。

本条规定的法律后果主要包含两个方面：一是不得从事相关业务，二是不得担任相关职务。法人、其他组织或者个体工商户的行为虽然是法人或组织的行为，但归根结底还是遵循自然人的意志作出的，所以法人、其他组织等经营活动的合法与否与法定代表人或主要负责人有着密切的关系。因此，除了对法人、其他组织或者个体工商户作出从业禁止的规定，还需要对法定代表人或者主要负责人作出相应的制裁措施。

应用

相关立法

《中华人民共和国行政许可法》（2019年）

《中华人民共和国行政处罚法》（2021年）

《电影管理条例》（2002年）

第六十四条　单位违反本条例，被处以吊销许可证行政处罚的，其法定代表人或者主要负责人自吊销许可证之日起5年内不得担任电影片的制片、进口、出口、发行和放映单位的法定代表人或者主要负责人。

个人违反本条例，未经批准擅自从事电影片的制片、进口、发行业务，或者擅自举办中外电影展、国际电影节或者擅自提供电影片参加境外电影展、电影节的，5年内不得从事相关电影业务。

第五十四条　违反有关规定的处罚

有下列情形之一的，依照有关法律、行政法规及国家有关规定予以处罚：

（一）违反国家有关规定，擅自将未取得电影公映许可证的电影制作为音像制品的；

（二）违反国家有关规定，擅自通过互联网、电信网、广播电视网等信息网络传播未取得电影公映许可证的电影的；

（三）以虚报、冒领等手段骗取农村电影公益放映补贴资金的；

（四）侵犯与电影有关的知识产权的；

（五）未依法接收、收集、整理、保管、移交电影档案的。

电影院有前款第四项规定行为，情节严重的，由原发证机关吊销许可证。

解读 📖

本条是关于与电影行政管理有关的其他违法行为处罚依据的引述性的规定。

一、违反国家有关规定，擅自将未取得电影公映许可证的电影制作为音像制品

本法第二十条规定，未取得电影公映许可证的电影，不得发行、放映，不得通过互联网、电信网、广播电视网等信息网络进行传播，不得制作为音像制品；但是，国家另有规定的，从其规定。此处需说明"违反国家有关规定"中的"规定"除了前述本法第二十条的规定外，还包含其他法规中的内容，如《音像制品管理条例》第三条第二款中对音像制品的禁止内容作了详细规定，并在第四十条中写明制作、复制、批发、零售、出租、放映明知或者应知含有本条例第三条第二款禁止内容的音像制品的，依照刑法有关规定，依法追究刑事责任；尚不够刑事处罚的，由出版行政主管部门、公安部门依据各自职权责令停业整顿，没收违法经营的音像制品和违法所得；违法经营额1万元以上的，并处违法经营额5倍以上10倍以下的罚款；违法经营额不足1万元的，可以处5万元以下的罚款；情节严重的，并由原发证机关吊销许可证。

二、违反国家有关规定，擅自通过互联网、电信网、广播电视网等信息网络传播未取得电影公映许可证的电影

除了本法，《信息网络传播权保护条例》《最高人民法院关于审理侵害信息网络传播权民事纠纷案件适用法律若干问题的规定》中都存在对应规定。如《信息网络传播权保护条例》第三条规定："依法禁止提供的作品、表演、录音录像制品，不受本条例保护。权利人行使信息网络传播权，不得违反宪法和法律、行政法规，不得损害公共利益。"《最高人民法院关于审理侵害信息网络传播权民事纠纷案件适用法律若干问题的规定》第三条规定："网络用户、网络服务提供者未经许可，通过信息网络提供权利人享有信息网络传播权的作品、表演、录音录像制品，除法律、行政法规另有规定外，人民法院应当认定其构成侵害信息网络传播权行为。"

三、以虚报、冒领等手段骗取农村电影公益放映补贴资金

本法草案二审稿对农村地区电影放映作了规定。有意见认为，在政府提供公共文化服务保障的同时应引导社会资本进入农村电影放映市场，利用市场改善农村群众观看电影条件。本法草案三审稿则加大了对农村电影放映的扶持力度，增加"积极引导社会资本投资农村电影放映"的规定。草案规定，国家加大对农村电影放映的扶持力度，由政府出资建立完善农村电影公益放映服务网络，积极引导社会资金投资农村电影放映。所以，现实中才出现了越来越充裕的"农村电影公益放映补贴资金"。

实践中，常常会出现社会新闻，如"虚报农村公益电影近6000场骗补助获刑"，这其实对各级财政、电影主管部门提出了多个方面的要求——要保证专项资金及时发放到位，不得以任何理由、任何形式挪用、少给或延误发放补贴费；要确保补贴资金的使用渠道方式，如是否用于影片购买费、放映交通运输费、放映人员劳务费和放映设备折旧费等各项内容；要建立农村公益

电影群众需求反馈机制、绩效评价体系和监管检查机制，会同审计、监察等相关部门对专项资金使用情况进行检查、公示，确保专款专用、注重服务实效，促进放映质量和服务水平不断提升。

为了减少以"假放映"等形式骗取农村电影公益放映补贴资金的行为，各级电影主管部门还可在放映期间开展实时监督，对发现的违规放映行为及时查处，对违规场次予以作废，情节严重的取消其放映资格，并向各级财政部门通报。

四、侵犯与电影有关的知识产权

本条款在一定程度上郑重申明了只要"与电影有关的知识产权"都受法律保护，任何组织和个人不得侵犯。除了电影本身可能涉及的相关著作权，如复制权、发行权、广播权、信息网络传播权等外，还可能涉及电影演员即表演者的权利保护。比如，2014年我国加入的《视听表演北京条约》就明确规定了表演者就"视听录制品"享有精神权利和财产权利，在缔约国之间，他人要对视听录制品进行复制、发行以及通过有线或无线向公众提供的，都要经过表演者的许可。这些规定在视听表演领域为表演者权利提供了全面的保护，进一步聚焦到电影领域和本法的具体规定，前述表演者权利也属于本条所述的与电影有关的知识产权。

五、未依法接收、收集、整理、保管、移交电影档案

本法第二十三条规定，国家设立的电影档案机构依法接收、收集、整理、保管并向社会开放电影档案。国家设立的电影档案机构应当配置必要的设备，采用先进技术，提高电影档案管理现代化水平。

摄制电影的法人、其他组织依照《中华人民共和国档案法》的规定，做好电影档案保管工作，并向国家设立的电影档案机构移交、捐赠、寄存电影档案。

除此之外，《中华人民共和国档案法实施办法》《电影艺术档案管理规定》也作出相应规定。其中，《电影艺术档案管理规定》第三十二条规定："违反本规定，电影艺术档案机构在保管、利用属于国家所有的电影艺术档案过程中，有下列情形之一的，由省、自治区、直辖市以上人民政府广播影视行政部门责令改正，给予警告，对单位可以并处3万元以下的罚款，对个人可以并

处5千元以下的罚款；情节严重的，对直接负责的主管人员和其他直接责任人员依法给予处分：（一）电影艺术档案发生超额损伤的；（二）损毁、丢失和擅自销毁电影艺术档案的；（三）利用电影艺术档案谋取非法利益的；（四）未经批准利用电影艺术档案的。"

应用 ✔

相关立法

《中华人民共和国档案法》（2021年）

《信息网络传播权保护条例》（2013年）

《中华人民共和国档案法实施办法》（2017年）

《音像制品管理条例》（2020年）

《电影艺术档案管理规定》（2010年）

《视听表演北京条约》（2020年）

《最高人民法院关于审理侵害信息网络传播权民事纠纷案件适用法律若干问题的规定》（2021年）

典型案例

无锡某文化传播有限公司侵犯影视作品著作权案

简介：

2018年11月，根据投诉，无锡市文化市场综合执法支队对无锡某文化传播有限公司运营的10个微信公众号侵犯影视作品著作权进行立案调查。经查，该公司通过搭建论坛类网站"粉丝社区"，并利用会员上传的各类影视资源文件的百度网盘链接及密码进行分享，网站内容关联到10个微信公众号，通过会员付费方式传播他人影视作品。2019年1月，无锡市版权局对该公司作出罚款15万元的行政处罚。①

---

① 江苏省版权局公布2019年度江苏省打击侵权盗版十大案件［EB/OL］.（2020-04-01）［2021-02-25］.http://www.jssxwcbj.gov.cn/art/2020/4/1/art_36_67141.html.

简评：

　　本案系利用微信公众号传播侵权影视作品的典型案件，涉及电影产业促进法第五十四条第一款第四项规定的情形。随着微信公众号的发展，未经权利人许可，通过微信公众号＋网站＋网盘＋侵权作品的信息网络传播的侵权行为逐步成为热点。该案的成功办理对加强网络平台治理、促进产业健康发展具有积极意义。

第五十五条　政府部门工作人员违法的行政处分

　　县级以上人民政府电影主管部门或者其他有关部门的工作人员有下列情形之一，尚不构成犯罪的，依法给予处分：

　　（一）利用职务上的便利收受他人财物或者其他好处的；

　　（二）违反本法规定进行审批活动的；

　　（三）不履行监督职责的；

　　（四）发现违法行为不予查处的；

　　（五）贪污、挪用、截留、克扣农村电影公益放映补贴资金或者相关专项资金、基金的；

　　（六）其他违反本法规定滥用职权、玩忽职守、徇私舞弊的情形。

解读 📖

　　本条是关于政府部门工作人员违法后如何处分的规定。

　　本条与公务员法、行政监察法中的规定保持一致，本条是针对严重阻碍电影管理的政府部门工作人员作出的特别规定。由于带有促进电影发展的目的，电影产业发展过程中涉及的主管部门除了电影主管部门外，还包括财政、税收、发展改革、知识产权、金融等部门。本条的"处分"是指行政机关内部，上级对有隶属关系的下级违反法律的行为或对尚未构成犯罪的轻微违法行为所给予的纪律制裁。公务员法就对"处分"的类型及适用的情节作出了详细的规定，从轻到重依次有警告、记过、记大过、降级、撤职、开除。

　　本条规定应受行政处分的对象和行为如下。

一、利用职务上的便利收受他人财物或者其他好处的

此条在适用中主要为电影主管部门或者其他有关部门的工作人员利用职务上对电影内容审核批准等的便利，非法收受他人的财物归自己所有。

二、违反本法规定进行审批活动的

本法与《电影管理条例》相比虽未新设行政审批项目，同时还取消了电影制片单位审批、摄制电影片许可证（单片）审批等行政审批项目、下放了电影片审查等多项行政审批项目。但是由于电影在社会传播与公民文化生活中的重要地位，行政审批仍是电影拍摄、发行与放映过程中的重要一环。违反本法进行审批，应当承担本条规定的法律责任。

三、不履行监督职责的

本法第四十六条明确了监管责任，要求实施信用制度、加强指导和监督，并且加强对有关机构特别是审查人员的培训工作，规范各地的审查、审批事项，推动形成统一开放的、竞争有序的市场环境。

四、发现违法行为不予查处的

查处违法行为是本法赋予电影主管部门的权力，同时也是义务。有关工作人员必须按照本法规定及公务员法等相关法律规定履行管理职责，忠于职守，执法必严，违法必究。

五、贪污、挪用、截留、克扣农村电影公益放映补贴资金或者相关专项资金、基金的

保证基本公共文化服务的标准化、均等化是政府的责任。所以本法明确要求将农村电影公益放映纳入农村公共文化服务体系建设规划，由政府出资建立完善农村电影公益放映服务网络，统筹保障农村地区观众观看电影的需求。同时规定，由教育和电影主管部门共同推荐有利于未成年人健康成长的电影，并采取措施支持接受义务教育的学生免费观看。此外，鼓励电影放映者采取多种措施，为未成年人、老年人、残疾人、城镇低收入居民及进城务工人员等观看电影提供便利，政府可以发放奖励性补贴。

六、其他违反本法规定滥用职权、玩忽职守、徇私舞弊的情形

本款是立法技术中常用的兜底性条款，具体来讲包括但不限于故意超过

职权范围行使职权或者不适当使用职权致使国家利益、人民利益或公共财产遭受损失的行为，为徇个人私利或私情违反法规破坏电影市场秩序的行为等。

应用 ✍

相关立法

《中华人民共和国公务员法》（2019年）

《中华人民共和国公职人员政务处分法》（2020年）

第五十六条 民事责任、刑事责任与行政责任

违反本法规定，造成人身、财产损害的，依法承担民事责任；构成犯罪的，依法追究刑事责任。

因违反本法规定二年内受到二次以上行政处罚，又有依照本法规定应当处罚的违法行为的，从重处罚。

解读 📖

本条分两款，第一款是关于违反本法规定应当承担的民事及刑事责任的原则性规定，第二款是关于行政责任中从重处罚的情形的规定。

《电影管理条例》第七章罚则部分第五十四条至第五十七条规定："……依照刑法有关规定，依法追究刑事责任；尚不够刑事处罚的……"可见当时的电影管理中，刑事责任先行。《电影管理条例》中没有民事责任的相关表述。

本法草案中，本条的表达为"违反本法规定，构成犯罪的，依法追究刑事责任；造成人身、财产损害的，依法承担民事责任"。最终本法将民事责任的叙述与刑事责任的叙述顺序对调。可以看出，本法作为电影产业基础性的、纲领性的制度规范，展现了民事责任先行的态度，而刑事责任作为更具强制性和严厉性的责任类型，在具有促进电影产业发展性质的法律即包含本法在内的法律中，体现出次等的位置。

一、违反本法的民事责任

本法的某些条款体现出了对民事权益的保护，如本法第七条第一款规定与电影有关的知识产权受法律保护，任何组织和个人不得侵犯。民事责任包含合同责任和侵权责任，本法此条规定为侵权责任，需承担停止侵害、排除妨碍、消除危险、返还财产、恢复原状、赔偿损失、赔礼道歉、消除影响等责任。

二、违反本法的刑事责任

本法未明确刑事责任的内容，是为了保证罪名及刑罚的体系性，一旦满足刑法中某些罪名的构成要件则构成该罪名并需要承担相应刑事责任。违反本法可能构成的刑事责任包括"伪造、变造、买卖国家机关公文证件印章罪""侵犯著作权罪""受贿罪""滥用职权罪""玩忽职守罪""徇私舞弊罪""贪污罪"等。

三、违反本法的行政责任

本法法律责任章节主要规定的是行政责任，责任类型包含多种，如没收违法所得、罚款、吊销许可证、从业禁止等。

应用

相关立法

《中华人民共和国刑法》（2021 年）

《中华人民共和国行政处罚法》（2021 年）

《电影管理条例》（2002 年）

第五十七条　行政处罚和行政强制措施

县级以上人民政府电影主管部门及其工作人员应当严格依照本法规定的处罚种类和幅度，根据违法行为的性质和具体情节行使行政处罚权，具体办法由国务院电影主管部门制定。

县级以上人民政府电影主管部门对有证据证明违反本法规定的行为进行查处时，可以依法查封与违法行为有关的场所、设施或者查封、扣押用于违法行为的财物。

解读 📖

本条共两款，第一款规定电影主管部门作出行政处罚应合法适当，第二款规定了电影主管部门可作出的行政强制措施的种类。

本条内容并未出现在本法征求意见稿中，在广泛征求社会意见后，电影产业促进法（草案）出现了这一规定，并在最终颁布的电影产业促进法中确定下来。

由于本书第四十七条解读部分已对行政处罚进行了详细解释，故不再赘述。

行政强制是指行政机关为了实现行政目的，依据法定职权和程序作出的对相对人的人身、财产和行为采取的强制性措施，主要包括行政强制措施与行政强制执行。行政强制措施是行政机关依其职权采取强制手段限制特定的相对人行使某项权利或强制履行某项义务的处置行为。一般是对尚未查清行为人的违法事实之前而采取的一种程序上的处置，即发生在行政决定之前，行政决定作出后行政相对人的最终结果才可以确定，包括恢复原状或者被处罚。因此，其具有暂时性、强制性与过程性，不是一种处罚性方式，其主要的目的在于保全，即维持相关人或者财产的当前状态，以便于行政主体开展对事件的调查等后续行为，包括限制公民人身自由，查封场所、设施或者财物，扣押财物，冻结存款、汇款与其他行政强制措施。行政强制执行是指行政机关或者行政机关申请人民法院，对不履行行政决定的行政相对人，依法强制履行义务的行为。其与强制措施不同，发生在行政决定之后，是强制相对人履行行政决定的行为。

行政强制应当遵循的基本原则如下。[1]

第一，强制法定原则。行政强制的设定和实施应当依照法定的权限、范围、条件和程序。

第二，适当原则。行政强制的设定和实施，应当适当，采用非强制手段可以达到行政管理目的的，不得设定和实施行政强制。

---

[1]　参见：《中华人民共和国行政强制法》第一章。

第三，教育与强制相结合原则。坚持教育与强制相结合原则要求监管机关在采取行政强制措施之前，必须告诫当事人，通过说服教育工作，给当事人依法自觉履行法定义务的机会。在行政强制执行过程中，行政机关既要保持严肃性、权威性，又要对当事人进行必要的说服教育。经说服教育后当事人仍不自觉履行法定义务的，方可实施行政强制。

第四，不得谋利原则。行政机关及其工作人员不得利用行政强制权为单位或者个人谋取利益，不得掺杂部门目的或个人目的，不得徇私枉法。行政强制权作为一种公权力，其存在和行使是为了维护公共利益。如果不能实现利益与行政强制权的分离，行政强制权必然会被滥用，成为"寻租"的工具，既损害行政执法机关及其工作人员的形象，也会对公民利益和社会公共利益造成严重的损害。

应用

典型案例

耒阳市某国际影城涉嫌制造虚假交易、扰乱电影市场案

简介：

耒阳市某文化传媒有限公司经营的耒阳市某国际影城于2017年7月29日16时至17时许在放映某电影过程中突然停电，造成电影院3号厅一场次放映中断，1号厅一场次未放映。对未退票的顾客，该影城未申请通过国家数据平台予以退票，而是给顾客发放观影票券，而对没要求补偿的则未作处理。耒阳市综合行政执法局认定某公司制造虚假交易，扰乱电影市场秩序，决定没收该公司违法所得290元，罚款50000元。该公司不服行政处罚，向法院提起诉讼。重审法院认为，虽然该公司未完全履行合同规定的放映义务，且违反了国家电影事业发展专项资金管理委员会办公室制定发布的《电影院票务系统（软件）管理实施细则》中有关退票和补登的规定，但原告的涉案行为并不符合"制造虚假交易，扰乱电影市场秩序"，故行政执法局以此认定原告制造虚假交易，扰乱电影市场秩序，从而作

出行政处罚决定，适用法律错误。[①]

简评：

　　本案行政处罚依据的是电影产业促进法第五十一条的规定，但法院重审认为行政执法局适用法律错误，最终撤销行政处罚决定。这提醒了电影主管部门及其工作人员须审慎思考与决断，应严格依照电影产业促进法规定的处罚种类和幅度，根据违法行为的性质和具体情节行使行政处罚权，避免造成误判误罚。

第五十八条　行政复议和行政诉讼

　　当事人对县级以上人民政府电影主管部门以及其他有关部门依照本法作出的行政行为不服的，可以依法申请行政复议或者提起行政诉讼。其中，对国务院电影主管部门作出的不准予电影公映的决定不服的，应当先依法申请行政复议，对行政复议决定不服的可以提起行政诉讼。

解读 📖

　　本条是关于当事人对县级以上人民政府电影主管部门以及其他有关部门依照本法作出的行政行为不服的救济途径的规定。

　　本条中"对国务院电影主管部门作出的不准予电影公映的决定不服的，应当先依法申请行政复议，对行政复议决定不服的可以提起行政诉讼"这一特别规定体现了电影审查专业性及技术性的特点。具体来说，行政复议具有一定的比较优势，体现在专业性、无偿性、便捷性等，行政机关一般有解决专业性问题的人才、经验及条件。若本条不将复议前置很可能导致司法系统的压力增大，审判时限变长。值得注意的是，本条仅规定了对国务院电影主管部门作出的不准予电影公映的决定不服的，应当先依法申请行政复议，也就是说，若对国务院电影主管部门作出的其他决定不服，仍可直接提起行政诉讼。

---

① 参见：湖南省耒阳市人民法院，（2019）湘0481行初8号判决书。

应用 ✔

相关立法

《中华人民共和国行政诉讼法》（2017年）

《中华人民共和国行政复议法》（2018年）

第六章　附　则

第五十九条　境外资本设立电影企业

境外资本在中华人民共和国境内设立从事电影活动的企业的，按照国家有关规定执行。

解读 📖

本条是关于境外资本在我国境内设立从事电影活动的企业适用法律的规定。

本条中"中华人民共和国境内"的含义与本法第二条相同，此处不再赘述。"境外资本"即指外国资本和港澳台资本。根据本法第二条第一款的规定，本条所称"设立从事电影活动的企业"是指设立从事创作、摄制、发行、放映等活动的企业。本条要规范的行为是设立企业的行为。

我国加入世界贸易组织时与电影有关的承诺主要可以概括为三项：一是允许以分账形式进口电影用于影院放映，每年20部；二是允许外国服务提供者建设、改造电影院，外资不得超过49%；三是允许外国服务提供者与中国合资伙伴设立合作企业，从事除电影外的音像制品的分销。

本条所称"国家有关规定"：一是指外商投资法等法律；二是指《电影管理条例》《外商投资电影院暂行规定》《电影企业经营资格准入暂行规定》《国务院关于非公有资本进入文化产业的若干决定》《关于文化领域引进外资的若干意见》等行政法规和部委规章；三是针对港澳台资本方面，有中央政府与香港、澳门特区政府签署的《内地与香港关于建立更紧密经贸关系的安排》《内地与澳门关于建立更紧密经贸关系的安排》以及补充协议和其他相关协议；四是为落实上述承诺及补充协议出台的《〈电影企业经营资格准入暂行规定〉的补充规定》，《〈外商投资电影院暂行规定〉的补充规定》和《〈外商投资电影院暂行规定〉补充规定二》等规范性文件。这些都是境外资本在我国境内设立从事电影活动的企业的有关依据。

应用 ✔

相关立法

《中华人民共和国外商投资法》（2020年）

《电影管理条例》（2002年）

《外商投资电影院暂行规定》（2015年）

《电影企业经营资格准入暂行规定》（2015年）

《内地与香港关于建立更紧密经贸关系的安排》（2003年）

《内地与澳门关于建立更紧密经贸关系的安排》（2003年）

第六十条　施行日期

本法自2017年3月1日起施行。

解读 📖

本条是关于本法施行时间的规定。

法律的施行日期，又称生效时间，是一部法律的重要组成部分，表明了法律在时间上的效力，影响着法律所调整对象的权利和义务。本法明确规定自2017年3月1日起施行，即2017年3月1日是电影产业促进法发生规范效用的开始。从此日开始，凡有关电影产业相关事件、行为均应受本法的调整。

本法于2016年11月7日由第十二届全国人民代表大会常务委员会第二十四次会议通过，同日由主席令第五十四号签署公布，但自2017年3月1日起施行的原因是本法采用了公布但不立即实施的方式，在正式生效前留有了一个预备期。该预备期的设置，一是为电影产业内外的公民、法人和其他组织创造时间了解法律、学习法律，进而做到遵守法律；二是为有关部门实施法律、执行法律留出准备时间，也有利于立法机构及时清理与本法规定不一致的规范，做好相关配套性规定的起草制定工作；三是利用这个时间进行宣传和普及法律的工作。

法律的生效时间，还涉及法律的溯及力问题。法律的溯及力，即法律溯及既往的效力，是指法律对其生效以前的事件和行为是否适用。如果适用就具有溯及力，如果不适用，该法就不具有溯及力。我国法律原则上不溯及既往，且只要法律中没有作出特别规定，该法就无溯及力。因此，本法不具有溯及力，不适用，也不能约束实施以前的事件和行为。

应用 ✔

相关立法
《中华人民共和国立法法》（2015年）

后　记

文化产业从业人员面临的法律风险无处不在，而整个行业的法律观念和法律知识较为薄弱，导致了很多不必要的纠纷发生，本书旨在为文化产业从业人员防范和化解法律风险提供指引，促使行业合法、健康、有序的发展。

本书的出版首先要感谢编写团队的倾情付出。从2021年年初开始策划，就迅速得到作者的热烈响应，编写过程中又多次集体讨论，反复筛选案例，推敲表述，统一体例。

编写人员如下（按撰写顺序排列）：

1. 郑宁（中国传媒大学文化产业管理学院法律系主任、文化法治研究中心主任，副教授，法学博士）：网络安全法概述、著作权法概述、电影产业促进法概述，网络安全法第1—20条。

2. 葛扬（中国传媒大学文化产业管理学院文化法治研究中心助理）：网络安全法第21—30条。

3. 王杰（北京华戢律师事务所律师助理）：网络安全法第31—39条。

4. 李博云（北京知产宝网络科技发展有限公司法律研究助理）：网络安全法第40—50条。

5. 杨加冕（中国传媒大学文化产业管理学院文化法治研究中心助理）：网络安全法第51—58条、第76—79条。

6. 周亮（北京市盈科律师事务所律师）：网络安全法第59—75条。

7. 王子璇（北京市浩天信和律师事务所律师）：著作权法1—8条。

8. 孟泽东（北京市盈科律师事务所律师）：著作权法9—21条。

9. 赵玲（中国传媒大学文化产业管理学院文化法治研究中心助理）：著作权法第22—25条、第62—67条。

10.曾坤（北京中视瑞德文化传媒股份有限公司版权事业部上海项目主管）：著作权法第26—37条。

11.兰钰翔（北京市浩天信和律师事务所律师助理）：著作权法第38—48条。

12.张妤（北京市环球律师事务所律师）：著作权法第49—61条。

13.李鸿江（中国传媒大学文化产业管理学院文化法治研究中心助理）：电影产业促进法第1—11条、第59—60条。

14.李玥琳（浙江春秋联合律师事务所律师）：电影产业促进法第12—23条。

15.姜雪如（泽东电影有限公司法务）：电影产业促进法第24—35条。

16.张艳丽（北京市京翰律师事务所律师助理）：电影产业促进法第36—46条。

17.鲁声遥（中国传媒大学文化产业管理学院文化法治研究中心助理）：电影产业促进法第47—58条。

感谢中国传媒大学文化产业管理学院文化法治研究中心科研助理葛扬，法律系2021级文化法治与知识产权硕士生李鸿江、赵玲、杨加冕等同学为本书的校对所做的贡献。

感谢中国国际广播出版社的章玲编辑为本书的策划和出版所付出的努力。

郑宁

2021年5月18日于北京